성경의 교육사상

성경의 교육사상

초판 1쇄 인쇄 2018년 6월 14일
초판 1쇄 발행 2018년 6월 19일

지 은 이 박아청
펴 낸 이 신일희
펴 낸 곳 계명대학교 출판부
출판등록 제347-1998-1호(1970. 9. 1)
주 소 대구광역시 달서구 달구벌대로 1095
대표전화 053-580-6233
팩 스 053-580-6235
홈페이지 www.kmupress.com

ISBN 978-89-7585-820-8 93230 정가 20,000원

이 도서의 국립중앙도서관 출판예정도서목록(CIP)은 서지정보유통지원시스템 홈페이지(http://seoji.nl.go.kr)와 국가자료공동목록시스템(http://www.nl.go.kr/kolisnet)에서 이용하실 수 있습니다.(CIP제어번호: CIP2018017896)

성경의 교육사상

The Ideas of Education in the Bible

박아청 지음

프롤로그 Prologue

교육자 하나님

이 책의 사상적 기저(基底)는 『성경』의 맨 첫 구절(창1:1), "태초에 하나님이 천지를 창조하셨다."는 말씀에 있다. 이 말씀이 『성경』의 뿌리라고 믿기 때문이다. 그것은 창세기 1장 1절이야말로 『성경』의 대전제이고, 이 대전제로부터 그리스도교의 신학과 교리와 신앙이 출발하고, 그리스도교적인 철학과 사상체계의 가장 핵심적인 뼈대를 형성하고 있다.

『성경』의 하나님은 교육자의 상(像)을 지니고 있다. 교육자로서의 하나님의 모습은 『성경』의 첫 번째 책, 창세기 1~3장의 인간 창조와 인간의 타락의 기사로부터 시작해서 마지막을 장식하는 책, 요한 계시록 21~22장의 신천신지(新天新地)와 새 인류군상(人類群像)의 묘사에 이르기까지 잘 나타나고 있다.

『성경』의 가르침은 하나님의 창조의 뜻에 어긋난 행위로 하나님과 올바른 관계를 상실한 인간을 회복하시기 위한 하나님의 노력 즉 하나님의 인간에 대한 교육을 위한 활동에 그 초점이 놓여 있다. 이렇게 『성경』은 간단히 말하자면 하나님의 인간에 대한 교육을 기록한 책이다.

『구약성경』은 성부 하나님이 주인공이시고 하나님이 교육자로서 활동하신 기록이다. 모세오경을 비롯한 예언서 또는 성문서 등을 포함한 『구약성경』은 하나님이 행하신 인간에 대한 교육을 기록한 책이다. 『신약성경』은 특히 복음서는 하나님이 인간의 몸으로 오신 성자 하나님이신 예수의 구원 활동(교육)을 기록한 책으로, 복음서 이외의 사도행전을 비롯한 사도들의 서신들은 성령 하나님의 구원 활동(교육)을 전하고 있다.

이상과 같은 생각을 기본으로 해서 『성경』의 교육사상을 고찰하려 한다. 『성경』의 교육사상의 기저에는 무엇이 자리를 잡고 있을까? 그렇게 함으로써 교육학적인 요소를 골고루 지니고 있는 『성경』이 제시하고 있는 어느 인간에게나 적용가능한 보편성을 추구하는 동시에 『성경』이 갖는 교육적 의미를 탐색할 수 있을 것으로 기대해 본다.

여기에서는 3권의 『성경』을 기준으로 했다. 한국어 성경은 『성경전서-표준새번역 개정판』(대한성서공회, 2001)을, 히브리어 성경은 『히브리어-한글직역 대조구약성경』(말씀의집)을, 헬라어 성경은 『Nestle-Aland NOVUM TESTAMENTUM GRAECEE with Korean Foreword/네스틀레 알란트 그리스어 신약성서(한국어

서문판, 27판)』(대한성서공회)를 사용하였다.

이 책 서술에는 물론 많은 선학들의 문헌과 논문으로부터 많은 도움을 받았다. 그들의 노고와 땀에 진정으로 경의를 표하며 감사를 드린다. 직접 책 편집에 필요한 자료를 제공한 참고문헌들과 논문들은 익명의 인터넷 자료를 제외하고는 이 책 말미에 밝혀 두었다. 물론 문헌을 인용할 때는 반드시 선학들의 존함과 자료 출처를 기재하도록 했다.

훌륭한 정보를 제공해 주시고 정보 공유에 참여하게 해 주심에 그저 고마움을 드릴 뿐이다.

2018년 4월에

박 아 청

목차 Contents

제4장

『구약성경』에 나타난 정서교육사상

제5장

예언서에 나타난 만민교육사상

제6장

유대민족의 교육사상

제2부

『신약성경』에 나타난 교육사상

제1장

예수의 삶에서 나타난 교육사상

제2장

교사 예수와 그의 교육 원리

제3장

마가복음서에 묘사된 교사 예수

제4장

마태복음서에서 호칭으로 본 교사 예수

제5장

누가복음서에 나타난 예수에 대한 헬라어 호칭들

제6장

요한복음서에 묘사된 교사 예수

제1부

『구약성경』에 나타난 교육사상

The Ideas of Education in the Bible

『성경』에는 하나님의 인간 구원을 위한 역사가 기록되어 있다.
인간을 창조하신 하나님 편에서 배반한 인간들에게로 향한
하나님의 일방적인 짝사랑의 절규를 나타낸다.
모세오경을 시작으로 예언서 말라기에 이르기까지
『구약성경』의 모든 책들이 성부 하나님의 인간에 대한
구원사역(교육 활동)을 보여준다.

『구약성경』의 기록 연대가 구약에 포함된 책에 따라 수백 년에서
수천 년의 차이가 나고 다양한 계층의 저자로 구성되어 있는 사실과
각 책이 여러 측면에서 각기 독특하고 다양한 내용이 있기 때문에
『구약성경』의 책 중 교육에 가장 많이 관련되어 있는 책들을 선정하여
거기에 담긴 교육사상을 논의하려 한다.

『구약성경』을 이루고 있는 모든 책의 메시지는 결국 하나로 귀결된다.
성부 하나님의 인간을 위한 구원 활동이다.

Chapter1 **제1장**

신명기에 나타난 모세의 교육사상

『구약성경』 가운데 교육이란 주제를 다루고 있는 책을 찾는다면 아마도 신명기를 내세울 수 있을 것 같다. 왜냐하면 신명기는 그 초반부에 제시된 쉐마(שְׁמַע, '들어라' 신6:4~9)는 이스라엘 사람들의 교육 모토가 되어 그들을 유일신 사상으로 무장하는 초석의 역할을 했기 때문이다.[01]

신명기가 예수와 사도들이 가장 많이 인용하였던 『구약성경』의 하나인 것도 그러한 이유에서일 것이다. 『신약성경』에는 신명기에 대한 언급이 80회 이상 나타난다.

신명기의 기본 주제는 언약의 갱신이다. 시내 광야에서 맺었던 옛 언약은 이스라엘 민족이 약속의 땅에 들어가기 직전 모압 평지에서 갱신되었다. 백성들은 무려 40년 동안을 광야에서 방황했다. 이 뼈저린 체험을 통하여 이스라엘은 하나님께 순종하고 축복을 받았던 시기뿐만 아니라 자신들의 죄로 인한 심판의 순간에도 하나님의 언약은 변함이 없음을 깨닫게 되었다.

01 | 장재(2013). 교육자 모세사상의 보고(寶庫), 신명기 32장. **개혁논총**. 제13집. 개혁신학회, p.76.

신명기의 기록 연대에 관한 논쟁은 오경의 고등비평연구 뿐 아니라 구약의 문학 비평 자체와 구약신학 전반에 걸쳐 결정적인 중요성을 갖고 있다.

그러나 현대 정통주의 신학자들은 교회와 유대인들의 오랜 전통에 따라 신명기는 모세가 모압 평지에 모여든 이스라엘의 회중에게 행하였던 마지막 선포이며, 기념설교라는 『성경』 자체의 순수한 증거를 강력하게 지지하고 있다. 31장 9, 24절에는 모세가 이 율법을 말했을 뿐만 아니라 직접 기록하였다고 기록되어 있다.

그런데 34장에 있는 모세의 죽음에 대한 기사는 모세가 쓸 수는 없었을 것이다. 히브리 문학에서는 어떤 위인의 마지막 작품에 사망기사를 첨가하는 것은 아주 관례적인 것이었는데, 그 누가 이 모세의 마지막 작품에 그의 죽음의 기록을 부가했다고 생각하는 것이 자연스럽다.

1. 신명기에 있는 모세의 설교 세 편

전통적으로 신명기는 모세가 전한 세 편의 설교와 부록(신33~34:)으로 구성되었다고 말한다. 보통 세 편의 설교란 각각 ① 신명기 1장 1절~4장 43절, ② 신명기 4장 44절~28장 68절, ③ 신명기 29장 1절~32장 52절을 일컫는다. 이를 보다 단순화하면 세편의 설교는 신명기 1~4장, 5~28장, 29~32장으로 간주된다.[02]

---

02 | D. T. Olson(1994). *Deuteronomy and the Death of Moses: A Theological*

그런데 이러한 분석은 신명기 33~34장이 부록, 곧 보다 정한 부분으로 여겨질 수 있다는 문제점을 안게 된다. 하지만, 전통적 견해에 따라 신명기가 모세를 통한 하나님의 설교라고 해도 크게 어긋난 평가는 아닐 것이다. 설교는 청중의 태도 변화를 목적으로 하는데, 거기에는 하나님과 인간과의 관계에 대한 교육 혹은 교훈적 요소로 가득하다.

그러므로 올슨(Olson, D. T.)과 같은 성경학자가 주장하듯이 신명기는 언약 백성에게 주어진 하나님의 뜻인 율법을 설명하는 「설교형태의 교리문답」(sermonic catechesis)이라 할 수 있으며[03] 신명기에 제시된 다양한 모세의 역할 중 '교육자로서의 모세'가 우선적으로 강조하는 것은 타당한 의견이라 말할 수 있다.

이러한 신명기의 교육적 성격은 신명기 서두에서부터 잘 제시하고 있다. "모세는 요단 강 동쪽 모압땅에서 이 율법을 설명하기 시작하였다"(1:5). 여기에서 '설명하다'(바에르 בְּאֵר)라는 동사는 세속 왕들이 추구하는 법적 강제성과는 거리가 멀다. 자세히 풀어 동기를 유발시키는 행위를 묘사하고 있기 때문이다.

여기에서 다룰 신명기 32장은 모세의 세 번째 설교의 마지막에 위치하고 있음을 알 수 있다. 설교의 마지막을 장식한다. 그런데 신명기 32장은 산문체가 아니라 운문체임을 유의할 필요가 있다. 신명기 저자 모세는 32장(1~43절)을 '노래'([하]쉬르 שִׁירָה)라고 소개하고 있다(신31:30).

따라서 학자들은 이를 "모세의 노래," 또는 '모세가 부른 백조의

Reading. OBT. Minneapolis: Fortress Press, pp.8-14.

03 | D. T. Olson(1994). *Deuteronomy and the Death of Moses: A Theological Reading.* pp.8-14.

노래'(Moses' swan song)라고 한다.[04] 백조는 전 생애 중에서 단 한 번 운다는 설이 있다. 생을 마감하기 직전 운다는 것이다. 신명기 32장을 '모세의 스완 송'이라 명명한 것은 그것의 유훈적 교육(farewell instruction)을 잘 표현한 것이라 할 수 있다.

신명기 32장은 호렙 언약의 갱신과 함께 주어지는 유훈으로, 모세가 생을 마감하면서 최종적으로 청중들에게 권면하는 말씀으로 노래로 지어 낭송한 신적 교훈이라고 할 것이다. 모세의 노래는 대대로 구전되어 모세 이후의 이스라엘 백성들의 삶을 지배했을 것이다. 그 영향력의 대단함을 구드리(Guthrie)는 다음과 같이 서술하고 있다.

> 전통적으로 신명기 32장 1~43절은 모세의 노래라고 불려진다. 이 본문은 최근의 연구자들에 의해서 신명기의 어떤 본문들보다, 그리고 구약의 어떤 다른 본문들보다 많은 관심을 받아 왔다.
>
> 이 모세의 노래는 성전, 회당 그리고 초대교회에서 예전적 목적으로 사용되었으며, 헬라어를 사용하는 유대인들 사이에서의 이 본문의 인기는 『칠십 인역』 시편 마지막에 있는 「The Odes」(솔로몬의 송가[05])에 이 노래가 나온다는 점에 의해서 분명히 드러난다.
>
> 탈무드에서는 모세오경에 나오는 두 찬양, 즉 출애굽기 15장과 신명기 32장이 기록될 때 특정한 방식으로

---

04 | 정중호(1991). 모세의 노래(신명기 32:1~43)와 호세아-베가의 갈등. **한국그리스도교신학논총**. 제8집, 한국그리스도교학회, p.120.

05 | 「솔로몬의 송가」는 동방그리스도 교회가 애송한 2세기초 시리아어로 기록된 작품으로 42편이 남았으나 제2장은 분실된 상태며 제1장은 콥트어로 남아있다.

기록되어야 한다는 규정이 있다. 따라서 신명기 32장은 과거 유대인들에게 아주 중요한 본문이었다.[06]

2. 신명기 32장에 나타난 율법 교육의 목표

모세는 신명기 32장에서 시내산 언약의 갱신을 다루면서 언약의 주되신 여호와 외에 다른 신이 없음을 천명하며, 언약에 충실할 것을 언약의 후손들에게 요구한다. 모세는 후손들에게 언약 교육을 시사하고 있음을 알 수 있다. 장재(2013)는 신명기 32장에 관한 논문[07]에서 구체적으로 다음과 같은 3가지의 교육 목표를 제시한다.

1. 언약 사상의 고취

앞서 언급한 바와 같이 신명기 29~32장은 모세의 노래가 속한 하나의 문학단위이다. 여기에서는 시내산 언약의 갱신을 집중적으로 다루고 있으므로, 모세의 노래의 주된 교육 내용은 언약 사상의 고취라 할 수 있다. 그런데 본문(신32:1~43)에서는 1부(1~6

06 | 장재(2013). **교육자 모세사상의 보고(寶庫)**. pp.321-322에서 재인용.

07 | 장재(2013). 위의 책. pp.92-100.

절)와 2부(7~14절)에서 이 주제가 집중적으로 나타나고 있다.

첫째, “언약의 주님은 어떤 분이신가?”하는 점을 제시하고 있다. 이를 보다 구체적으로 살펴보면 다음과 같은 2가지 점에서 다루고 있는 것을 알 수 있다.

(1) 우선 다양한 비유적 표현을 사용하여 여호와와 이스라엘의 관계를 드러내고 있다.

대표적인 은유는 32장 4절에 표현된 “그는 반석([하]쭈르 הצור) 이시다”이다. 이 은유를 분명히 하기 위해서 그 분의 성품이 곧 이어 제시한다.

> 하나님은 반석, 하시는 일마다 완전하고, 그의 모든 길은 올곧다. 그는 거짓이 없고, 진실하신 하나님이시다. 의로우시고 곧기만 하시다.

그런데 신명기 다른 구절들(15, 18, 30, 31절)에서 이 반석의 은유를 사용하면서 이스라엘 원수들이 믿는 신들에 대해서도 이 은유를 사용하고 있다. 원수들이 의뢰하는 반석은 4절에 제시된 여호와의 속성과 반대되며 거짓일 뿐이다. 그리고 『신약성경』의 마태복음 7장 24~27절의 건축 비유를 고려하면 반석의 반대되는 개념은 모래인 것을 알 수 있다. 광야의 모래는 바람에 의해, 창수에 의해 요동한다.

그러나 반석이신 여호와 하나님은 완전하고, 진실하고, 의로우신 분으로서 영원히 신뢰할 분이시다. 따라서 반석 은유는 헛된 신들의 허망함을 고발할 뿐만 아니라 언약 백성 이스라엘에 대한 고발을 위해 사용된다고 할 수 있다.

그리고 아버지 은유(6절), 독수리 은유(11절) 등을 통해서도 언약 백성을 보호, 인도하시는 분이 여호와이심을 묘사하고 있다. 이들 역시 언약 관계를 전제한 은유인 것이다.

(2) 언약의 주님에 대한 명칭에서도 "그 분이 어떤 분이신가?"하는 점이 잘 나타난다.

단적으로 "여호와는 우리의 하나님"이라는 신앙고백적 표현으로 여호와와 이스라엘이 언약 관계에 있음을 보여준다(3절). 그리고 3절 이하에서 반복적으로 '여호와'만을 언급하고 있는 것은 "여호와 우리의 하나님"([아도나이] 엘로헤누 אֱלֹהֵינוּ)에 대한 약술 형태라고 볼 수 있다.

신명기에는 여호와 하나님과 언약 백성 이스라엘에 대한 인격적 관계를 묘사할 때, 개인이나 공동체를 지칭하는 인칭대명사와 함께 사용한다. 따라서 다음과 같은 표현들이 자주 등장하는 것을 볼 수 있다. '여호와 너의 하나님'(229회), '여호와 너희의 하나님'(45회), '여호와 우리의 하나님'(23회).[08]

여호와라는 명칭이 유일하신 하나님께서 역사 가운데서 이스라엘과 관련하여 행하신 일 중 '큰일'과 관련해서 등장한다는 사실이 중요하다. 신명기 4장 32~35절은 이렇게 적고 있다.

> 32 당신들이 태어나기 전에, 하나님이 이 땅 위에 사람을 창조하신 날부터 이제까지, 지나간 때를 깊이 생각하여 보십시오. 하늘 이 끝에서 저 끝에 이르기까지, 온 세계를 깊이 생각하여 보십시오. 그리고 이런 큰일을 본

08 | 김영욱(2003). **신명기Ⅰ**. 서울: 그리심. p.70.

적이 있는지, 들은 적이 있는지 물어 보십시오.

33 당신들처럼, 불 가운데서 말씀하시는 하나님의 음성을 듣고도 살아남은 백성이 있습니까?

34 주 당신들의 하나님이 이집트에서 당신들이 보는 앞에서 하신 것처럼, 온갖 시험과 표징과 기사와 전쟁과 강한 손과 편신 팔과 큰 두려움으로 한 민족을 다른 민족의 억압에서 이끌어 내시려고 애쓰신, 그러한 신이 어디에 있습니까?

35 그러나 당신들에게 이것을 나타내셨으니, 그것은 주님이 곧 하나님이시고, 그분밖에는 다른 신이 없음을 알게 하시려는 것입니다.

33절은 시내산 언약 사건을, 34절은 출애굽 사건을 뜻한다. 후자는 전자의 근거이다. 이 두 사건이 창조 이래 다른 나라에는 행하신 일이 없는 '큰일'인 것이다. 이 큰일을 행하심은 두 가지 목적이 있다. 곧 여호와께서 이스라엘의 하나님이란 사실과 여호와께서 유일하신 신이시라는 점을 알리기 위함이다.[09]

① 모세의 노래에서도 11~12절에서는 이상의 큰일을 시적으로 표현한 것으로 이해된다. 여하튼 모세의 노래에서는 여호와 하나님과 이스라엘간의 인격적 관계를 함의하는 여호와라는 표현이 지속적으로 사용되는 것에서(3, 5, 6, 9, 10, 12, 13, 19, 30, 36), 본문이 가르치고자 하는 바는 하나님의 이름을 통한 언약 사상의 고취라고 볼 수 있을 것이다.

---

09 | 장미자(2007). **언약규정, 토라 준수의 중요성. 신명기: 어떻게 설교할 것인가?(목회와신학 편집부 편)**. 서울: 두란노 아카데미, p.56.

② 언약의 다른 당사자인 이스라엘의 불성실성을 통하여 언약 관계에 긴장 관계가 초래됨을 강조하여 종국적으로 언약 관계 회복의 필요성을 제시한다. 이상의 인용문(신4:32~35)에서 출애굽 사건이 시내산 언약의 근간이라고 했는데, 시내산이 출애굽의 최종목표는 아니었다.

이미 아브라함의 언약에서도 약속된 땅(창12, 13, 15, 17:)이 그 목적지였다. 모세의 노래에서도 그 부분이 이스라엘 역사의 중요한 과정이므로 약속의 땅으로의 진입을 노래하고 있다(창12:13~14). 이처럼 모세의 노래에서는 시적 내러티브를 통하여 이스라엘의 과거 역사를 회고하지만(7~18절), 후반부는 언약 백성의 삶이 저주를 자초하는 삶이라고 고발한다(15~18절).

특별히 그들은 여호와를 버리고 업신여겼다(15절). 이처럼 실패의 역사를 기억하게 한 이유는 무엇일까? 실패도, 거울로 자신을 돌아봄 같이, 교훈의 역할을 하기 때문이다(고전10:5~6). 반석이신 여호와께서는 불변하시지만, 이스라엘은 아침 안개와 같이 정함이 없다.

③ 이스라엘과 여호와 하나님 사이의 언약 관계를 묘사하는 특이한 표현을 통하여 가르친다. 출애굽과 시내산 사건을 통하여 여호와 하나님과 이스라엘은 언약 관계에 들어갔는데, 이러한 관계를 잘 표현하는 공식이 있으니 바로 "그래서 너희를 나의 백성으로 삼고, 나는 너희의 하나님이 될 것이다"(출6:7).[10]

신명기 4장 34절의 "너희의 하나님 여호와"는 "너희의 여호와 하나님의 백성"이라는 사실을 전제로 하고 있다. 그런데 신명기 32장 9절은 "야곱은 그가 차지하는 유산(나할라 .נחל)"이라고 한

10 | 손석태(2006). **목회를 위한 구약신학**. 서울: 그리스도교문서선교회, p.423.

다. 이는 출애굽기 19장 5절에서 이스라엘이 여호와 하나님의 소유(세굴라 סְגֻלָּה)라고 함과 일맥상통한다.

하나님께는 이스라엘이 가장 중요한 보화와 같은 존재라는 의미이다. 그렇다면 언약 백성 이스라엘의 기업(나할라 ,נַחֲלָה)은 누구일까? 말할 필요도 없이 언약의 주되신 여호와 하나님이시다. 신명기 18장 2절은 여호와께서 레위인의 기업이 되신다고 한다. 레위인이 이스라엘을 대표한다고 할 경우, "주님께서 친히 그들의 유산(18:2)이"요, 이스라엘은 여호와의 기업(32:9)이다.

결국, 신명기 32장 9절의 "야곱은 그가 차지하신 유산"이란 표현으로 여호와와 이스라엘의 언약 관계를 확실히 고양시킨다고 할 수 있다. 이 표현은 이스라엘과 여호와 하나님은 부자 관계에 있다는 것을 함의한다. 양자 간에는 동일한 생명이라는 공동 의식이 전제되고 있다.[11]

④ 진노 중에서도(19~35절) 긍휼을 베푸시는 하나님의 고뇌의 모습을 통하여(36~43절) 언약은 여호와께서 이루어 가신다는 점을 가르친다. 이 노래를 부르면서 언약 백성은 형통한 날에는 다가올 심판의 때를 생각하며 자중했을 것이며, 곤고한 날에는 하나님의 위로를 소망했을 것이다.

2. 역사 의식의 진작

모압 언약의 의식편인 신명기 29~30장에서 중요한 표현 중의 하나는 '오늘'이란 단어이다. 오늘은 과거와 미래를 연결하는 분

11 | 성주진(2002). **사랑의 마그나카르타**. 수원: 합동신학대학원출판부, p.191.

수령이다. 선포된 말씀에 대해 오늘 어떤 결단을 내리는가가 이스라엘의 미래 역사를 결정한다. 현재가 미래를 창조한다.

장재(2013)는 신명기 32장의 노래를 부르는 이스라엘은, "개인이든 공동체이든 간에, 노래를 부르는 순간이 바로 모압 언약에 참여하는 순간이 된다"[12]고 하였다. 과거를 망각한 존재는 미래가 없다.

예배는 기억을 새롭게 하는 중요한 요소 중의 하나인데, 이스라엘은 모세의 노래를 반복함으로 그때마다 역사의 현재화를 체험하게 되는 것이다. 결국, 노래를 통하여 오고 오는 세대를 모압 언약의 현장으로 인도하려 하는 것이 모세의 교육 의도라고 할 수 있다.

그렇다면 본문 자체의 역사 교육 내용은 무엇일까? 우선, 문답식교육을 통해 역사 의식을 전승할 것을 강조한다는 점이다. 이것은 7절에서 잘 나타난다.

> 아득한 옛날을 회상하여 보아라. 조상 대대로 내려온 세대를 생각하여 보아라. 너희의 아버지에게 물어 보아라. 그가 일러줄 것이다. 어른들에게 물어 보아라. 그들이 너희에게 말해 줄 것이다.

묻고 답하는 기회는 쉐마교육과 함께 가정에서(신6:7, 21~25), 공동체 구성원들이 모이는 성회에서(신31:13), 성문 등 공공장소에서 주어 졌다.[13]

---

12 | 장재(2013). **교육자 모세사상의 보고(寶庫)**. p.97.

13 | 손석태(2007). **여호와만을 사랑하라: 신명기 6~7장 주해와 적용. 신명기: 어떻**

다음으로 역사 자체보다 해석된 역사의 중요성을 일깨운다. 신명기의 대주제인 모압 언약에서는 출애굽 1세들의 역사 의식에 문제가 있음을 보여준다. 신명기 4장 3절에 언급된 바알브올의 일로 죽은 사람은 24,000명이었다. 이들은 광야 세대 곧 출애굽 2세대에 속하지만, 민수기에서는 마치 출애굽 1세대에 속한 것처럼 묘사되어 있다(민25:).[14]

출애굽 1세대는 출애굽이란 역사적 사건을 직접 경험했으나 그 역사의 현장에서는 출애굽의 의미를 찾지 못했다. 그 결과는 광야에서의 죽음이었다. 그런데 모세는 이를 해석하고 있다. 그리고 출애굽 사건과 시내산 언약 사건은 이제 모세의 노래에 시적으로 제시되어 있다(10~12절).

이런 해석된 역사, 곧 『성경』의 역사기록을 교육받지 못하면 역사를 통해서 일하시는 하나님을 알기 어려운 것은 당연하다.

마지막으로 과거를 회상하며 미래를 조망할 것을 독려한다. 본문 7절부터 마지막까지는 이스라엘 역사의 회고와 전망을 다룬다고 할 것이다.

3. 토라의 내면화

이상에서 논의한 언약 사상의 고취와 역사 의식의 진작은 토라를 내면화하기 전에는 불가능하다고 볼 수 있다. 토라가 마음에

게 설교할 것인가? 서울: 두란노 아카데미, p.273.

14 장재(2010). 모세가 제시한 바알브올 사건의 의의. **개혁논총**. 제13집. 개혁신학회, pp.259-288.

없는 언약 백성의 모습은 어떠한가? 15절은 이렇게 노래하고 있다.

> 이스라엘(여수룬)은 부자가 되었다. 반역자가 되었다. 먹거리가 넉넉해지고, 실컷 먹고 나더니, 자기들을 지으신 하나님을 저버리고, 자기들의 반석이신 구원자를 업신여겼다.

여기서 버리다(나타쉬 שטנ), 업신여기다(나발 נבל)는 언약용어이다. 18절 하반절에 표현된 "너희를 낳은 하나님을 잊었다"에서 "잊다"(사카흐 שכח)와 동의어라고 할 수 있다. 언약의 주를 망각하면 어떤 결과를 낳는가? 하나님께서 자신의 얼굴을 그들에게서 숨겨버리신다(20절).

축복과 저주에서 저주를 선택했기 때문이다. 이것이 망각의 결과이다. 따라서 여호와 하나님을 기억함이 없이는 "그들의 포도에는 독이 있어서 송이마다 쓰디쓴"(32절) 포도를 받는 저주받을 백성으로 전락한다(사5:1~7).

여기에 언약의 주되신 여호와만을 기억해야 하고, 그분께서 행하신 큰일을 기억해야 하며, 이를 위해서 토라를 마음에 새기고 묵상해야 할 이유가 있다(신6:4~9). 율법(토라)을 행하도록 모세는 이를 설명하고 동기를 부여한 것이다(신5~28:).

내면화된 말씀은 그에 상응한 행위를 유발한다. 그리하여 포도즙의 붉은 술을 마시게 된다(14절). 불리게 될 모세의 노래는 율법의 축약판으로서 언약 백성을 생명으로 인도할 중요한 기억의 도구인 것이다. 그리고 호렙 언약과 모압 언약을 기억하는 자만이 언약 백성의 정체성을 확립할 수 있다.

유대인의 전통적인 교육에서 강조하는 예배, 이야기와 시, 재진술, 반복적 설교, 반복 학습, 절기들, 기념물 및 안식일 등도 이스라엘 백성을 생명으로 인도하는 중요한 기억의 도구였던 것이다[15]

유대인공동체 가정중심으로 전수하고 있는 "말씀, 기도, 인성의 3대(代) 평생 학습"의 유산은 아브라함이 독자 이삭을 칼로 죽이려 할 때 순순히 순종하는 이삭의 모습에서 극적으로 확인될 뿐만 아니라 약 4천년이 지난 오늘날에도 여전히 유대인의 가정을 통하여 그대로 보존되고 있다.[16] 이처럼 구약시대의 율법 교육에는 가정의 역할이 매우 컸었고, 이와 관련된 연구들이 많이 되어 왔다.[17]

반면에 가정 밖에서 행하여진 구약시대의 신앙의 공적 교육에 대해서는 많은 학자들이 공적인 신앙교육시스템이 없었으며, 혹시 있었다 하더라도 그 증거가 희박하다고 한다.

증거가 희박하지만 『구약성경』 곳곳에는 공적인 신앙 교육의 존재를 보여주는 표현들이 있으며, 이 공적인 신앙 교육이 무너졌을 때 구약의 신앙 공동체도 멸망의 수렁으로 빠져 들어갔음을 보여주는 기록들이 있다.[18]

공적인 신앙 교육은 레위 제사장들과 예언자들을 통해 이루어졌다. 예언자들은 하나님의 예언을 기록하거나 당대의 중요 사건들을 기록하는 역할을 맡았고, 제자들과 함께 살면서 교육을 시켰고, 또한 율법을 백성들에게 가르쳤다. 하지만 공적인 신앙 교

---

15 | 박아청(2017). **교육학의 원조 구약성경**. 서울: 교육과학사. pp.127-143.

16 | 김진섭(2010). 토라 613계명(타르야그 미쯔보트)의 현대적 의미. **인성과 쉐마. 논문집**. 제2권, 쉐마교육학회, p.112.

17 | 유화자(1998). 이스라엘의 교육 방법에 관한 고찰. **성경과 신학**. 제25집. 한국복음주의신학회, pp.329-365.

18 | 기동연(2015). 구약시대의 공적인 형태의 신앙 교육. **성경과 신학**. 제75집. 한국복음주의신학회, pp.35-67.

육은 성공적이지 못하고 실패를 반복하였다.

구약시대의 공적인 형태의 신앙 교육을 살펴본 기동연(2015)은 이 모든 실패에는 "선지자들이 하나님과 그의 말씀을 경멸하는 마음이 자리를 잡고 있었고, 그들의 마음에 교만과 탐욕이 도사리고 있었기 때문"이라고 주장한다.[19]

박아청(2016)은 그의 『교육학의 원조 구약성경』(2016)에서 "지난 수십 세기 동안 이 지구상에서 사라져 간 나라들 가운데 많은 나라가 법이 없어서 사라진 것은 아닐 것이다. 그렇다면 유대인들만이 특별히 그들이 섬기고 있는 토라는 어떤 힘이 있었기에 그들의 정체성을 유지하는 데 도움을 주었는지에 대해서 생각해 볼 필요가 있다"고 하면서 결국, "율법 교육이 '이스라엘 민족의 유지와 보존'을 가능하게 하였고 유대인의 정체성을 유지해주었다"[20]는 결론을 내리고 있다.

이러한 교육을 통해서 이스라엘 백성은 새 언약의 은총을 대망하게 된다(신30:16; 렘31:31~34). 이런 소망의 가르침은 신명기 대주제인 셈이다.

이상과 같은 신명기 32장의 교육 목표는 다른 『구약성경』뿐만 아니라 『신약성경』의 기록에도 영향을 미친 것을 알 수 있다. 예컨대, 잠언서에서 6회(5회는 1~9장에서), 욥기에서 1회(11:4), 이사야서에서 1회(29:24) 사용된 것을 알 수 있다. 신명기 32장이 『신약성경』에서 사용된 것을 집중적으로 연구한 김경식(2012, 2008)에 의하면 『신약성경』 로마서와 고린도전서에서 사용된 바울의 윤리

19 | 기동연(2015) 구약시대의 공적인 형태의 신앙 교육. p.35.

20 | 박아청(2017). **교육학의 원조 구약성경**. p.104.

적 배경에서 찾을 수 있다.[21] [22]

그러므로 많은 학자들은 여러 예언서들 가운데 특별히 BC8세기 예언서들은 모세의 노래와 유사성을 띈다고 본다.[23]

---

21 | 김경식(2008). 바울 윤리의 기원과 배경-고린도전서 8:1~11:1을 중심으로. **신약연구**. 한신대학교4한신신학연구소, pp.83-515.

22 | 김경식(2012). 로마서에서의 신명기 32장 사용연구. **신약연구**. 한국복음주의신약학회, pp.930-960.

23 | 정중호(1995). 신명기 32:1~43과 호세아의 유사성에 관한 연구. **구약논단**. 제1집. 한국구약학회, p.91.

Chapter2 **제2장**

쉐마교육에 나타난 평생교육사상

교육은 유대인에게 있어서 고대로부터 이어진 질곡과 형극의 가시밭길 역사에서 유일하게 그들의 생존을 지켜주었던 자산이다. 자식 교육이 최대의 사업이라는 것이 유대인들의 공통된 생각이다. 교육이 과거의 삶을 지켜주었듯이 미래를 여는 열쇠라고 믿는 것이다.

교육의 목적은 청년들을 가르쳐서 하나님을 알고 섬기게 하는 것이다(신6:7; 잠1:7). 그렇게 함으로써 살아갈 동안 이 길에서 떨어지지 않게 하려는 것이었다(잠22:6). 그리하여 신앙 교육은 율법에 주의를 집중시켰고, 유대인을 교육시켜 살도록 하는 데 그 목표를 두었다.[24]

이는 생계를 위한 교육일 뿐만 아니라 인격 및 행동으로부터 유리되지 않았다. 좋은 성격은 율법 연구를 통한 하나님과의 올바른 관계에서 귀결되는 것이라고 생각하였다.

요람에서 무덤까지 율법의 우위성이 삶 전체를 포괄하였다. 배

24 | 서영준(2015). 개혁주의 관점에서 살펴본 쉐마교육. **개혁논총**. 제35권. 개혁신학회, pp.327-328.

우는 데 있어서는 남녀노소의 구별이 없었다. 이러한 생각도 삶의 모든 측면을 포괄하였다.

에스라시대 이래 유대인의 삶은 율법 중심이었다. 그들은 책의 백성(the people of the Book)으로 알려졌다. 이 점이야말로 유대인을 다른 민족으로부터 구별시켜 주었다.

히브리 민족의 교육 목적은 배타적으로 종교적이어서 문화 발전을 무시한 점도 없지는 않다. 특히 후기 유대교에 있어서 이러한 율법에 대한 열성은 사소한 일에 구애되는 율법주의 체계로 발전하여 자가당착에 빠지는 경우도 있었다.

그러나 이러한 편협성에도 불구하고 히브리 교육 목표는 유대인 교육은 방향 감각을 잃지 않았다. 그 교과내용은 학술적이고 전문적인 지식교육이 아니라 거룩함의 교육이었다.[25]

1. 평생 공부하는 유대인

유대인들은 가르친다는 것과 배운다는 것이 가장 중요한 예배라고 믿는다. 즉, 가르친다는 것은 하나님을 존경(예배)하는 것이요, 또한 공부하는 것은 하나님께 드리는 최고의 기도라고 본다. 그러므로 회당의 예배에서도 가장 중요한 일은 함께 모여 토라를 공부하는 일이다.

사람이 일생 동안 공부해야 한다는 것이 유대교의 기본적인 믿

25 | 박아청(2016). **교육학의 원조 구약성경**. pp.112-113.

음이다. 아무리 지혜로운 사람이라도 배우기를 중단하면 그 순간에 지금까지 배운 모든 것을 잊게 된다고 생각한다. 유대인들은 이러한 평생 배움을 통하여 신앙을 키우고 있다.

유대인은 "모든 진리는 하나님에게서 나온다"고 믿고 있다. 진리는 인간이 만드는 것이 아니라 주어진 것을 단지 발견하는 것이라는 생각이다. 유대인들은 모든 과학 기술도 하나님이 창조한 세상과 생명의 원리를 인간이 이해하여 모방한 것이라는 시각을 갖고 있다. 이러한 믿음은 자연히 유대인들로 하여금 하나님의 섭리를 하나라도 더 이해하기 위한 배움으로 이끈다.[26]

구약학자 김진섭(2010)은 유대인의 쉐마교육을 3대(代)로 진행되는 '평생 학습'이라는 개념을 도입하여 유대인의 교육에는 평생교육사상이 저변에 깔려 있음을 주장한다.[27]

역사적으로 보면, ① 하나님께서 아브라함을 선택하여 75세에 메소포타미아의 지구라트(Ziggurat, 신전) 문화와 종교 가운데 부르셔서 이스라엘의 조상으로 만드시고, ② "하늘의 별같이, 바다의 모래같이, 땅의 티끌같이" 많은 후손과, ③ "땅의 모든 족속이 '네 안에서'(베카) 복을 얻을 것이다"(창12:3; 28:14; 갈3:8)고 약속하셨다.

④ 그 후, 25년 만에 독자 이삭을, 85년 후 쌍둥이 야곱을, 그리고 175세에 죽어, "아브라함의 하나님, 이삭의 하나님, 야곱의 하나님"이란 3대를 잇는 '대대로'의 민족으로, ⑤ 마침내 모세를 중심한 아브라함의 후손들과 시내산에서 신성 국가로서의 언약을

---

26 | 홍익희(2013). **유대인 창의성의 비밀**. 서울: (주)행성B잎새, pp.94-95.

27 | 김진섭(2010). 성령님과 쉐마교육-말씀·기도·인성의 3대(대) 평생 학습. **인성과 쉐마**. 제1권 1호, 쉐마교육학회, pp.85-137.

맺으셔서, "제사장 왕국, 거룩한 백성"(출19:6; 신7:6; 롬9:4~5)으로 선택되었고, 구약 역사 전반에 걸쳐 "나는 너희 하나님이며, 너희는 내 백성이라"는 언약 관계로 재천명되었다.

창세기가 소개하는 이스라엘의 족장 3대를 직계 가족으로 보아 "아브라함과 이삭과 야곱의 하나님"(출3:16; 행3:13; 7:32)이라 부른다. 즉 아브라함(BC2166~1991년), 이삭(BC2066~1886년), 야곱(BC2006~1859년), 요셉(BC1916~1806년)의 삶을 통해 야곱은 15세가 될 때까지, 요셉은 30세가 될 때까지, 각각 조부 아브라함과 이삭의 신앙과 인격의 감화를 받은 셈이다.

유대인 남자의 '성년'(바르 미쯔바, '계명의 아들')이 만 13세임을 감안하면, 야곱과 요셉은 성년이 지나도록 최상의 교육 환경을 제공받은 것이다.[28]

하나님의 언약 백성인 이스라엘이 하나님의 계명을 익히고 순종하는 삶은 반드시 "너와 네 아들과 네 손자들"(신4:9; 6:2; 사59:21; 욜1:3) 3대가 함께 하는 것이고, 복 가운데 제일의 복은 3대가 함께 신앙생활을 하는 것이다(욥42:16; 시128:6; 잠17:6).

이 전통은 놀랍게도 신약시대의 초대교회(딤후1:5; 2:2)와 오늘날 정통파 유대인들에게 그대로 전수되고 있다.

28 | 김진섭(2010). 앞의 책. p.90.

2. 유대인의 평생 교육의 핵심: 『구약성경』의 위탁과 전수

유대인의 조상 아브라함에게 "땅의 모든 족속이 '너 안에서'(베카) 복을 얻을 것이다"(창12:3; 28:14; 갈3:8)고 약속하시고, 마침내 모세를 중심한 아브라함 후손들과 시내산에서 신정국가로서의 언약을 맺으셨다.

이스라엘은 "제사장 왕국, 거룩한 백성, 보물 같은 백성"(출19:6; 신7:6)으로 선택되었고, 구약 역사 전반에 걸쳐 "나는 너의 하나님이며, 너희는 내 백성이다"(레6:12; 렘31:33)는 언약 관계가 재천명되었다.

유대인은 하나님으로부터 말씀을 위탁받았다. 인류 역사에 하나님의 '목소리'(신28:1의 '말씀'의 원어인 '콜')와 '심장'(삼하7:21의 '말씀'[다바르]의 연계어인 '레브')인 하나님의 말씀이 위탁된 민족은 유대인이다(신4:8; 시147:19~20).

① 유대인에게는 하나님께서 두 돌판에 두 번이나 직접 기록한(출32:15~16; 34:28) 십계명과 ② 유대인 가정의 3대가 매일 아침 저녁으로 암송하는 쉐마(신6:4~9; 11:13~21; 민15:37~41)와 ③ 토라(율법서 모세오경) 및 ④ '율법과 선지자'(마22:40; 행28:23; 롬3:21) 또는 타나크(토라-네비임-케투빔의 첫 글자들의 합성어, 눅24:44)란 명칭의 『구약성경』 전체가 그 증거이다.

쉐마에 명시된 ① 왼손과 이마에 부착하는 경문 상자인 테필린, ② 문설주와 바깥문에 부착하는 메주자, ③ 기도숄(Prayer Shewl)인 탈리트와 가장 자리에 달린 술인 찌찌트와 청색 끈과 함께, 하나님의 말씀을 가르치는 교사(랍비)와 그 말씀을 기록 보존하는 서기관(쏘페르)을 통해 지금까지도 그 말씀 위탁과 전수의 유대인 전통은 계속되고 있다.

Chapter3 **제3장**

고대 이스라엘의 교육사상

앞서도 언급한 바와 같이 『구약성경』 가운데 교육이란 주제를 다루고 있는 책을 찾는다면 아마도 신명기를 내세울 수 있을 것이다. 왜냐하면 신명기 초반부에 제시된 쉐마(신6:4~9)는 이스라엘 사람들의 교육 모토가 되어 그들을 유일신 사상으로 무장하는 초석의 역할을 했다고 볼 수 있기 때문이다. 뿐만 아니라 신명기 전체가 개략적으로 보아 법전(法典)이기도 하지만 교육의 책이라고 할 수 있기 때문이다.

그러므로 『구약성경』에 나타난 교육사상은 출애굽 사건과 시내산 여호와의 계시 사건에서 기원하고 있다고 말할 수 있다.[29] 출애굽 역사 전승과 여호와의 계약 관계에서 취득한 십계명과 거룩한 율법의 준수라는 신적 명령이 존재한다.

고대 이스라엘 민족은 여호와와의 인격적 만남과 여호와의 언약 백성으로서의 자기 정체성에 근거하여 거룩한 백성과 제사장 국가라는 신성한 민족적 목표에서 율법 교육을 계승해 왔던 것이다.

---

29 | 임상국(2016). 구약성서에 나타난 토라 교육사상. **신학과 세계**. 제88집. 감리교신학대학교, p.37.

1. 고대 이스라엘의 민족 교육의 원형인 토라 교육

고대 이스라엘이 한 민족으로서 그들의 정체성을 규정하였던 교육의 원형인 토라 교육을 살펴보기로 한다. 그 이유는 『구약성경』의 교육사상을 논할 때는 반드시 그들의 근원적인 교육 전통을 소급해서 고찰하지 않으면 전체상을 파악하기 어렵기 때문이다.

그리고 토라 교육의 핵심은 고대 이스라엘 민족의 기원을 형성한 출애굽 사건의 역사를 상기하고 역사 교육을 후손들에게 가르침으로 계승되었기 때문이다.[30]

출애굽의 역사 전승에 등장하는 유월절은 고대 이스라엘 민족이 해방하신 여호와 하나님에 의해서 노예의 집 이집트에서 구출된 날을 기념하는 절기이다. 따라서 잊을 수 없는 역사체험은 자식들에게 반드시 교육하지 않으면 안 되었다.[31]

유월절 절기 의식에 포함된 '무교병 규정'(누룩을 넣지 않은 빵)에 관해서도 자녀들에게, "'이 예식은, 내가 이집트에서 나올 때에, 주님께서 나에게 해주신 일을 기억하고 지키는 것이다' 하고 설명하여 주십시오"(출13:8)라고 가르치고 또한 이 성구로 기도할 때에 손에 감은 표나 이마 위에 붙인 표와 같이 주님의 법을 늘 되

30 | John Goldingay(2003). *Old Testament Theology: Israel's Gospel*. Downers Grove: IVP Press, pp.363-450.

31 | Shigeyuki Nakanose(2004). *Josiah's Passover: Sociology and the Liberating Bible*. Eugene: Wifp & Stock Pub. pp.57-59.

새기도록 교육해야 한다(출13:3~10).[32]

이어서 가나안땅에 이르러 처음 낳은 가축의 첫 태생의 수컷을 주님께 바치라고 명령하고 있으며, 이에 대해서 자녀들이 그 의미에 대해서 물을 때에, "주님께서 강한 손으로 이집트 곧 종살이하던 집에서 우리를 이끌어 내셨다. 그때에 바로가 우리를 내보내지 않으려고 고집을 부렸으므로, 주님께서, 처음 난 것을, 사람뿐만 아니라 이집트 땅에 있는 모든 처음 난 것을 죽이셨다.

그래서 나는 처음 태를 열고 나온 모든 수컷을 주님께 제물로 바쳐서, 아들 가운데서도 맏아들을 모두 대속하는 것이다"(출13:14~15)라고 가르치며, 기도할 때에 손과 이마에 표를 붙이라고 명령하고 있다.

이처럼 고대 이스라엘 민족은 그들의 민족형성의 초창기부터 엄격히 준수된 유월절예식을 지켜나갈 때, 해방신 여호와가 히브리 노예인 이스라엘을 노예의 집 이집트에서 구출해내시고, 그 결과 이스라엘은 여호와에게 쓰임을 받는 자유인으로서 독립된 민족이 되었다는 점을 자녀들에게 가르치도록 명령하고 있음을 알 수 있다.

바로 이 역사 전승의 내용이 이스라엘 역사 교육의 원형적인 중심이라 할 수 있다.

이스라엘 민족의 교육의 중심 또는 역사 전승의 기층전승(基層傳承)[33]은 고대 이스라엘이 다윗-솔로몬왕국을 건설하기 훨씬 이전부터 소급되는 소위 부족연맹체 시대에서부터 일찍이 신앙고백

---

32 | Nahum M. Sarna(1996). *Exploring Exodus: The Origins of Biblical Israel*. New York: Schocken Books, pp.81-102.

33 | 소수의 사람들에 이루어진 상층 사회 문화에 비해 매우 광범위하고 계층이 두텁고 넓은 기층문화에서 전승되는 것을 말한다.

의 일환으로서 부족연맹의 주요 성소에서의 축제의 장에서 또는 각각 씨족단위의 가정에서 낭송되며 재확인하는 일련의 과정이 존재하였다.[34]

히브리 노예들이 출애굽 사건을 집단적으로 경험하고, 자유인의 신분으로서 시내산에서 여호와와의 계약 관계를 체결함으로 민족으로서의 존립 기반을 다지며, 십계명을 비롯한 여러 율법이 수여되었다는 사건이 『구약성경』에 나타난 교육의 기초이자 중심을 이루게 된 것이다.

출애굽에 기술된 BC7세기말 요시야의 사회-종교 개혁과 관련된 것으로 특히 시내산에서 수여된 율법의 엄정한 준수를 신명기 4장에서 강조하고 있다.

유명한 '쉐마 이스라엘'의 신앙고백 역시 문자 그대로 교육의 중심임을 강조하며 신명기 6장에서 그 계명의 준수를 권면하고 있다.

> 4 이스라엘은 들으십시오. 주님은 우리의 하나님이시오, 주님은 오직 한 분뿐이십니다.
> 5 당신들은 마음을 다하고 뜻을 다하고 힘을 다하여, 주 당신들의 하나님을 사랑하십시오.
> 6 내가 오늘 당신들에게 명하는 이 말씀을 마음에 새기고,
> 7 자녀에게 부지런히 가르치며, 집에 앉아 있을 때나 일어나 있을 때나, 언제든지 가르치십시오.

---

34 | Gerhard von Rad(1962). *Old testament: The Theology of Israel's Histrorical Traditions*, trans. D.M.G. Stalker. New York: Harper & Row Publishers, p.78.

2. 출애굽 사건과 토라 교육

출애굽 사건은 초월신 여호와가 지상의 역사에 개입하여 이집트제국의 억압적 질서와 지배 체제를 근저에서부터 뒤흔들어 놓은 정치사적 사건이었다.[35] 해방신 여호와는 출애굽의 지도자 모세를 통하여 시내산에서 여호와의 계시법인 '십계명'(신 4:13)과 '토라법'을 이스라엘 민족에게 수여한다.

시내산에서 여호와와 이스라엘 민족이 맺은 계약 체결을 통해서 이스라엘은 계약 백성이 되며, 여호와가 그들에게 수여한 '십계명'과 '토라법'은 사회학적 연관관계로 묶여있는 계약 체결의 내용인 것이다.

여호와는 계약 백성으로서의 자각된 정신과 여호와의 거룩한 백성으로 성별되게 살도록 토라 교육의 중요성과 그 교육적 유산의 계승을 설파한다. 신명기 6장 4~9절은 이른바 '쉐마의 교육학'의 내용으로 신앙고백적 내용을 압축적으로 표현한 고대 이스라엘 교육의 현장으로 중시되고 있다.

이스라엘 교육의 중심에는 이스라엘 역사 전승의 중심에 서 있는 초월신 여호와라는 신관(神觀)이 존재한다. 이 여호와는 본성상 초월신이면서 동시에 인간의 역사에 개입하는 역사신으로 등장하고 있다. 초월신 여호와와의 정신적 결합은 고대 이스라엘 민족의 신앙적 원형이며, 다신론적 세계에서 배타적인 충성심을 보이는

35 | Nahum M. Sarna(1996). *Exploring Exodus: The Origins of Biblical Israel*. pp.7-14.

유일신적인 신앙이 자리하고 있다.

이러한 독특한 신관의 형성은 다신교적 고대 근동의 보편적 종교문화의 세계관의 시각에서 볼 때, 매우 이례적이며 이질적인 사례라고 말할 수 있을 것이다.

이와 같은 고대 근동의 문맥에서 초월적인 신관을 소유하고 있다는 의미는 무엇인가?

초월의 이념을 신앙하는 것은 본질적으로 지상의 역사에 내재하고 있는 모든 문명이나 문화와 종교적 세계를 상대화하는 것이다. 초월은 내재적 세계로부터 초연하며 자유로우며 지상의 모든 정치질서와 가치와 억압적인 지배 체제에 대해서 저항할 수 있는 비판적 기능의 능력을 소유하고 있다는 것을 의미한다.

임상국(2016)은 그의 논문에서 존 D. 레벤슨(1987)이 그의 저서 『시내산과 시온』(*Sinai and Zion*)에서 초월신 여호와가 문명의 영향력이 미치지 않는 지리적인 위치에 있는 시내산에서 자신을 계시한 사건의 심오한 신학적 함의에 대해서 상세하게 설명하고 있다.[36]

토라 교육의 본질적인 내용에는 여호와 주권의 신학적 기반에 근거하여 지상의 질서를 상대화하고 비판하는 정신적인 원리가 숨겨져 있다. 초월적 성격의 토라 정신과 신적인 지혜와 단절된 고대 근동의 문명적인 지혜와 지식은 기술론적 이성과 계몽 이성적 차원과 연결되어 있기 때문에 두 차원의 세계는 본질적인 측면에서 매우 이질적인 성격의 지혜인 것이다.

---

36 | 임상국(2016). 구약성서에 나타난 토라 교육사상. **신학과 세계**. 제88집. 감리교신학대학교, p.48.

3. 솔로몬 시대의 지혜와 토라 교육

BC10세기의 솔로몬 시대의 특징은 토라 백성으로서 자기 정체성을 부정하고, 여호와의 토라적 생명의 질서를 이탈하여, 고대 근동의 선진적 제국의 문명과 질서세계로 몰입한 시대라고 볼 수 있다.

그러면 솔로몬 시대의 지혜운동이 갖는 사회적 성격과 전통주의적 토라 교육의 가치적 측면이 어떠한 관계를 갖고 있는지를 살펴보려 한다.

먼저, 전통사회적 성격의 고대 이스라엘 사회에서는 토라 교육이 어떻게 고대 근동의 지혜 문학적 전통에 근거한 지혜운동의 압도적인 흐름의 방향으로 급격한 사회 변화가 초래되었는가에 대한 문제의식을 생각해 보자.

이 사회 변화를 주도했던 솔로몬의 통치내용을 다루는 문헌자료는 열왕기서 3~11장의 내용이다. 솔로몬의 전승과 그의 통치기에서 볼 수 있는 주목할 부분은 솔로몬은 획기적으로 탈전통사회를 의도적으로 추구하면서, 고대 근동문명의 중심국가를 모델로 삼았다.[37]

이 시대의 이러한 사회 인식론적의 변화를 주도한 솔로몬 시대의 지혜운동의 중심에는 서기관계층의 엘리트그룹이 있었다. 이 전문집단의 존재는 다윗 통치기에서 유래하는 것으로 추정된다. 다윗이 처음으로 시스템사회를 경험한 것은 사울왕의 정치적 박해를

37 | 임상국(2016). 위의 책. pp.48-49.

피하여 블레셋으로 망명하였을 때를 상정할 수 있다.

다윗은 블레셋에 체류하면서 에게해(海)문명의 유산을 계승한 관료제적 기술사회와 블레셋의 선진화된 사회조직과 기술력을 보게 되었다.

다윗이 사울왕을 승계하면서 새로운 국가를 건설할 때에 '블레셋 도시국가 모델'을 염두에 두었을 것으로 추정한다. 임상국(2016)은 그렇게 추정하는 문헌적 증거는 다윗왕정의 관직표(官職表)에서 찾는다. 이는 다윗의 통치 스타일이 사울시대와는 근본적으로 달랐음을 보여주고 있다.

사무엘기하 8장에서는 그의 왕정의 관직을 설명하고 있다.

> 15 다윗이 왕이 되어서 이렇게 온 이스라엘을 다스릴 때에, 그는 언제나 자기의 백성 모두를 공평하고 의로운 법으로 다스렸다.
>
> 16 스루야의 아들 요압은 군사령관이 되고, 아힐룻의 아들 여호사밧은 역사 기록관이 되고,
>
> 17 아히둡의 아들 사독과 아비아달의 아들 아히멜렉은 제사장이 되고,
>
> 18 여호야다의 아들 브나야는 그렛 사람과 블렛 사람의 지휘관이 되었다.

위의 관직표가 블레셋에서 직접적으로 영향을 받았는지에 대해서는 확인할 수 없다. 그러나 다윗의 국가건설의 이념에는 블레셋이나 페니키아와 같은 가나안 도시국가들에 대한 강렬한 모방의식과 추월의식을 엿볼 수 있다.

다윗과 더불어 시작된 강한 국가와 새로운 관료계급의 출현에

는 고대 근동의 선진 제국의 국가모델이 자리를 잡고 있다.

근린 국가와의 접촉은 국가 이해를 확대하였으며, 보편주의적 세계정신의 지평확장을 가져왔다.

역대기상 27장 32절에 따르면, "다윗의 삼촌 요나단은 고문이며 서기관이다. 그는 사리에 밝은 사람이다. 학모니의 아들 여히엘은 왕자들을 돌보았다"라는 기술에서 다윗시대에도 이미 이스라엘 사회에 고대 근동의 지혜문화가 일상에 뿌리를 내리고 있음을 알 수 있다.

또한 열왕기서(4:29~34)에 의하면, 솔로몬의 통치는 부왕 다윗의 발전논리를 좀 더 적극적으로 확대하여 이집트제국과 가나안 도시국가 페니키아를 또 다른 발전모델로 삼아서 '이집트-페니키아적 근대화 모델'을 통해서 국가발전을 모색하였다.

아우벳(Maria Eugenia Aubet)의 연구에 의하면 BC10세기의 이집트 정치력의 약체화, 다윗의 블레셋 패퇴, 시리아의 아람왕국의 여전히 불확실한 상황, 동부의 앗시리아제국의 무기력 등의 고대 근동의 정치상황은 이후 300년 동안 도시국가 페니키아의 상업적, 영토적인 확장을 가능하게 하였다는 것이다.

솔로몬은 이러한 상승가도에 있는 페니키아와 긴밀하고 외교적이며 상업적인 관계를 맺으며 비약적으로 발전하였다고 한다.[38]

솔로몬은 부왕 다윗의 물리적인 영토확장의 통치스타일과는 달리 이스라엘의 사회적-정치적-경제적 영향력을 예루살렘 왕정통치의 권력구조에 집중함으로서 고대 근동의 주요국가로 우뚝 서게 만들었다.

---

38 | Maria Eugenia Aubet(1993). *The Phoenicians and the West: Polictics, Colonies and Trade*. Cambridge: Cambridge University Press, pp.35-37.

그 해답은 임상국(2016)이 지적하고 있듯이 솔로몬 시대의 국가교육정책과 깊은 관련이 있다.[39] 즉 솔로몬은 고대오리엔트문명의 중심에 서 있는 고대제국들이 보유한 풍요로운 지성사적 유산과 기술발전을 적극적으로 흡수하였다. 그는 배타적 여호와 신앙의 토라적 전통에서 탈피하여 고대 근동의 보편주의적 문명세계에 자기를 개방하고 철저히 모방함으로 이스라엘 사회를 본질적으로 변모시켰다.

4. 솔로몬의 근대화 정책의 결말

고대 이스라엘 사회에서의 문자의 사용에 대한 가장 초기의 기록은 『구약성경』의 사사기 8장의 기록이다.

사사시대의 배경을 이루는 본문에서 사사 기드온에게 전쟁 포로로 잡힌 숙곳의 어떤 젊은이가 그에게 숙곳의 지도자들과 장로들 모두 77명의 명단을 적어주는 내용이 등장하고 있다(삿8:14). 이 기사는 고대 이스라엘 사회에서의 문자의 사용은 이미 국가형성 이전의 시대인 BC12세기의 사사시대 이후부터 일상적으로 사용되었음을 추론할 수 있다.

BC10세기 솔로몬 시대의 서기관의 사회적 지위와 기능은 솔로몬왕정에서 없어서는 안 되는 절대적 권한과 지배력을 가진 문화권력 집단이었다. 이들은 솔로몬이 꿈꾸는 부국강병의 국가정책을

39 | 임상국(2016). 구약성서에 나타난 토라 교육사상. p.51.

실질적으로 수행한 집단이었다.

그들은 고대 근동의 지혜 문학서를 중심으로 인문학적 가치를 지닌 세계문학을 창조적으로 수용함으로 다윗왕조의 왕정신학의 구축과 더불어 고대 이스라엘 사회에 지혜운동을 통한 정신 문화의 르네상스를 주도하였다.

또한 서기관 집단의 교육적 기능으로 상류층자제들의 교육을 위한 학교와 전문성을 갖춘 관료들을 양성하기 위한 훈련 과정이 있었을 것으로 추정한다. 학자들에 의하면 메소포타미아와 이집트에 존재하는 학교를 모델로 세웠고, 최초의 교사들은 해당 국가에서 청빙해 와서 직접교육을 수행하였을 것으로 추정한다.

물론 교과과정과 학습내용은 이스라엘적인 가치와 필요에 맞추어 구성되었으며, 그 교육 내용의 출처는 외국자료에 유래한 것이었다. 외국의 영향이 가장 명료하게 나타난 것은 잠언서의 경우이다.

잠언서는 고대이집트의 지혜 문학적인 영향이 심층적으로 반영된 지혜의 중시와 처세와 관련된 지혜 문학이다. 잠언서는 자연과 사회와 세계를 처음 의식적으로 직면하는 젊은이들에게 충동적인 행위를 자제하고 언행에 신중하고 사려 깊은 예의와 성찰을 강조한다.

또한 자연현상에 대한 섬세한 관찰과 인내심을 중시하는 인문-자연과학적 지혜를 강조하고 있다.[40]

40 | 박아청(2017). **교육학의 원조 구약성경**. pp.220-222.

5. 『구약성경』에 나타난 이스라엘의 교육사상

『구약성경』에 나타난 고대 이스라엘의 교육사상의 중심은 여호와 하나님에 의해서 이스라엘이 이집트에서 구출되고, 시내산에서 여호와와 계약 관계를 맺음으로 독립된 자유민이 되었다는 역사를 잊지 말고 여호와의 계약 백성으로서 자각된 정신을 가지고 살아가야 한다는 생각이 근저에 놓여 있다.

즉, 『구약성경』의 출애굽 역사 전승과 시내산 계약전승의 내용에는 초월신 여호와가 수여한 영원한 생명이 토라 정신에 응축되어 있다는 것이다.

그러나 이 토라 교육의 정신은 BC10세기 다윗-솔로몬 시대의 국가정책의 방향전환으로 변화를 맞았다. 이 정책의 변화는 예루살렘의 인구구성에 있어서 다양한 이해집단들이 존재하였으며, 이해관계의 조정을 위해서는 균형과 화합의 통합원리가 필요하였기 때문이다.[41]

솔로몬 시대는 분명히 국가를 선진 제국의 수준으로 올려놓았고 근동제국 문화의 도입의 결과로, 외부적으로는 국가의 경제적 성장과 국력의 확대를 가져오게 되었으며 이제 세계 여러 제국과 어깨를 같이하는 왕국으로서의 위치에 올라서게 되었다.

그러나 내부적으로는 고대 이스라엘 사회의 내부는 초승달 지역의 공통 문화의 농경적 다산 종교 및 종교적 복합 주의와 가치의 상대주의 등의 세속화 현상과 외래 정신의 이식으로 심대한 토라

41 | 임상국(2016). 구약성서에 나타난 토라 교육사상. p.57.

교육의 위기를 초래하였다.

결국 왕국의 분열이라고 하는 처참한 결과를 초래하고 말았다. BC10세기의 솔로몬의 통치기의 정책과 교육은 토라 교육의 원형 정신을 파기한 채, 국가근대화정책의 탐욕적인 목표를 향하여 마치 고삐가 풀린 말처럼 앞을 향하여 맹목적으로 질주해 나간 역사였다.

솔로몬 시대는 고대 근동제국의 관료제적 왕정 제도의 통치기술과 물질문화 모방에 전력해 온 역사로 판단된다. 이는 하나님의 초월과 자기비판과 자기절제라는 상대화의 원리를 상실한 국가지도자가 얼마나 비극적으로 사회구성원들에게 해악을 끼쳤는가에 대한 신명기 개혁신학자들은 솔로몬 이후의 절대왕정과 왕권을 견제하고 제한하기 위한 목적으로 기술한 '이스라엘의 왕도'(王道, 하멜렉 미쉬파트 המלכ משפט)에 주목할 가치가 있다(신17:14~20).

여기서 '왕도'라 한 것은 '왕의 가야 할 길', 즉 왕으로서 해야 할 직무를 말한다.

> 14 주 당신들의 하나님이 주시는 그 땅에 들어가서 그 땅을 차지하고 살 때에, 주위의 다른 모든 민족같이 당신들도 왕을 세우고 싶다는 생각이 들거든,
> 15 당신들은 반드시 주 당신들의 하나님이 택하신 사람을 당신들 위해 왕으로 세워야 합니다. 당신들은 겨레 가운데서 한 사람을 왕으로 세우고, 같은 겨레가 아닌 외국 사람을 당신들의 왕으로 세워서는 안 됩니다.
> 16 왕이라 해도 군마를 많이 가지려고 해서는 안 되며, 군마를 많이 얻으려고 그 백성을 이집트로 보

내서도 안 됩니다. 이는 주님께서 다시는 당신들이
그 길로 되돌아가지 못한다고 말씀하셨기 때문입
니다.
17 왕은 또 많은 아내를 둠으로서 그의 마음이 다른
데로 쏠리게 하는 일이 없어야 하며, 자기 것으로
은과 금을 너무 많이 모아서도 안 됩니다.
18 왕위에 오른 사람은 레위 사람 제사장 앞에 보관되
어 있는 이 율법책을 두루마리에 옮겨 적어,
19 평생 자기 옆에 두고 읽으면서, 자기를 택하신 주
하나님 경외하기를 배우며, 이 율법의 모든 말씀과
규례를 성심껏 어김없이 지켜야 합니다.
20 마음이 교만해져서 자기 겨레를 업신여기는 일도
없고, 그 계명을 떠나서 좌로나 우로나 치우치지도
않으면, 그와 그의 자손이 오래도록 이스라엘의 왕
위에 앉게 될 것입니다.

6. 왕도(王道)는 토라 교육 활동이 최우선

왕의 가르치는 기능은 이스라엘의 교육을 생각하는 데 있어서 흔히 간과되어 왔다. 그러나 왕을 가르치는 직무는 앞서 말한 '왕도'에서 분명하게 제시되어 있다. 그러므로 이스라엘 역사에서 왕의 치세를 평가하는 가장 중요한 기준은 그가

얼마나 여호와 하나님의 율법을 잘 수호했느냐는 것이었다.[42]

이 율법서는 군마(軍馬)를 많이 두지 말고, 군마를 얻기 위하여 '다시 백성을 이집트로 팔지 말라'는 경구(16절)와 왕이 많은 처첩을 두는 것을 금지시킨 조항(17절)과 왕실에 많은 은금 쌓아두지 말라는 조항의 내용은 왕의 사치가 민중에게 혹독한 부담이 됨을 의미한다.

대신에 이스라엘왕이 정신을 써야 할 것은 율법 연구이다. 왕은 평생 율법을 자기 옆에 두고 읽어야 한다(19절).

여기서 주목해야 할 점은 첫째로, 왕이 매일 율법을 연구하기 위해서는 레위지파 제사장 앞에 보관되어 있는 율법서를 두루마리에 복사해야 한다는 점이고, 둘째로는 율법 연구의 목적이 타자를 지배하기 위한 목적이 아닌 왕 자신이 바로 살기 위해서라는 점이다(19절).

이렇게 이스라엘왕에게 율법 연구를 권고하는 본문의 의미를 고려할 때, 율법과 이스라엘 왕권 사이의 관계를 이스라엘 사회에서 어떻게 보고 있는지를 가늠할 수 있다.

위의 내용을 추론해 볼 때, 신명기 기록자는 계약 민족으로서의 이스라엘이 솔로몬의 전제 군주적인 왕권에 의해서 왜곡되고 변질된 사회 현상을 신랄하게 비판하고 있다. 이는 고대 근동의 제국들로부터 수입된 국가 지혜의 본질은 제왕 중심적이며 억압과 통제의 관료 지배적이며, 계약 백성으로서의 왕의 통치가 토라 정신이 사라질 때, 의미 상실과 소외의 문제를 초래한다는 것이다.

신적인 계시와 선물로 주어진 토라 정신의 핵심은 모든 지혜의

42 | 박아청(2017). **교육학의 원조 구약성경**. pp.205-207.

근본은 여호와 하나님 경외에서 시작한다는 것이다.[43]

솔로몬 시대의 이스라엘 교육의 세속화에 수반된 사회인식론의 변모는 토라 정신을 상실하게 하였다. 그 시대는 고대 근동의 선진 제국을 모방하는 일에 정신을 빼앗겨서, 여호와의 토라 교육과 결별하였다. 이는 계약 백성으로서의 자유정신이 완전히 소실된 하나님의 부재의 상실의 시대를 가져왔던 것이다.

왕도가 제기하는 문제도 바로 이러한 시대의 타락상을 가져 오게 한 지도자의 잘못된 사상을 바로 잡기 위한 하나의 수단이었던 셈이다. 토라 교육의 정신을 다시 일깨우려고 한 것이었다.

7. 왕에 대한 평가 기준

그런데 왕의 가장 중요한 직무가 이스라엘 교육에 미치는 영향은 매우 컸다. 예컨대, 다윗의 노래는 상당한 교육적 효과를 가지고 있었다. 이스라엘왕인 다윗의 아들들은 다윗 왕권에 즉위하는 조건으로 율법 수호를 책임졌다.

> 만일 네 자손이 나와 더불어 언약을 맺은 언약을 지키고, 내가 가르친 법도를 지키면, 그들의 자손이 대대로 내 뒤를 이어서 네 보좌에 앉을 것이다(시131:12).

43 | H. A. McKay & D. J. Clines(1993). *Of Prophets' Visions and the Wisdom of Sages. JSOTSup*. 109. Sheffield: Sheffield Academic Press, pp.166-168.

여호사밧왕은 그의 왕자들을 유대 전역의 모든 성에서 그 백성들을 가르치도록 파견시켰다. 솔로몬의 지혜는 고대 근동 세계 전체에 걸쳐 잠언이 되었고, 그 때문에 스바여왕조차 그의 지혜를 시험하러 왔던 것이다.

때때로 왕들은 가르치는 직무에 적당하지 못했다. 많은 왕들은 곧잘 그들 자신의 삶에 있어서 율법을 무시했고, 국가를 하나님에 대해 죄 짓도록 이끌고 갔다.

그러므로 이스라엘에서는 왕에 대한 평가 또는 선한 왕인가 아니면 악한 왕인가 하는 기준도 그가 하나님을 얼마나 잘 섬기는가 아니면 그렇지 않은가 하는 것에 두었다.

그런데 이것은 현대에서도 통하는 극히 어려운 문제를 제기한다. 말하자면 예언자들은 언제나 왕을 규탄하는 자세를 취하고 있는데, 순정치적으로 평가하여, 예언자들에게 규탄을 받는 왕이 반드시 무능한 것이 아니라 정치적으로는 오히려 명군(名君)으로 불러도 좋을 왕들이 많기 때문이다.

이스라엘왕국의 오므리(BC885~874), 아합(BC874~853)에 이어 계속되는 아하시아(BC853~852), 요람(BC852~841)은 오므리왕조라는 하나의 왕조로 그것은 북 이스라엘에서 가장 안정되고 번영한 시대였다.

앗시리아의 문서에는 이스라엘이라는 이름은 없고, 오로지 '오므리의 집안'이라는 호칭이 나올 정도로 유력한 한 나라를 형성하고 있었던 시대였다.

오므리왕은 매우 인덕도 있고, 통치능력도 있으며, 동시에 선견자적인 눈을 가지고 사마리아의 언덕을 구입하여 그 위에 수도를 건설했다.

그때까지는 북 이스라엘왕은 오프라, 또는 세겜에 있었는데, 오므리가 수도를 시리아로 이전한 것은 거기가 전략상 요지였기 때문이다. 오늘날 보아도 역시나 할 정도로 좋은 장소에 도시를 세웠다고 할 수 있다.

조그마한 분지와 같은 지형에서 그 가운데에 조금 높은 곳에 성벽을 쌓은 도시가 있는데, 이것이 나중에 몇 번이고 앗시리아의 포위를 견딜 수 있었던 이유였다. 이처럼 그는 앗시리아가 아마 공격해 올 것을 예감하고 세운 도시였다.

그러나 이와 같은 것을 예언자는 평가하지 않는다. 오히려 오므리왕이 페니키아와 외교 관계를 세우고 아들 아합을 시돈의 왕녀인 이세벨과 결혼시켜 그 결과, 외국의 종교, 우상숭배와 이교의 풍습을 받아들여 주 하나님과의 계약을 무시하는 상태를 초래했다는 것에 예언자는 규탄했다.

유일신에 대한 이스라엘 종교를 순수 그리고 충실하게 섬기는가 아닌가 하는 이 한 가지 점만으로 예언자는 왕을 평가했던 것이다.

Chapter4 **제4장**

『구약성경』에 나타난 정서교육사상

『구약성경』에서 마음은 레브(לב) 또는 레바브(לבב)로 표기된다. 일반적으로 『구약성경』에서 말하고 있는 마음이란 비유적인 의미로 사용되었으며 모든 정신적 활동의 원천으로 묘사되고 있다. 그러므로 마음의 영역은 단순히 육체적 기관으로서의 심장으로부터 인간의 근본적 내면의 중심으로서의 자아에 이르기까지 다양하다고 볼 수 있다.[44]

그런 면에서 『구약성경』에서 마음이라고 표현한 것을 오늘날 표현 방식을 따르자면 정서(情緖, affection)란 말로 표현할 수 있을 것이다. 마음이 정신적 활동과 품성의 통일적 원천이라고 할 때 인간의 모든 행동들은 마음 작용의 결과물이라 할 수 있다

『구약성경』의 문학 전통에서 정서를 어떻게 이해하고 있는가를 살펴본다.

44 | 안근조(2013). 구약성서 잠언에 나타난 마음교육. **그리스도교교육정보**. 제39집, 한국그리스도교교육정보학회, p.375.

1. 율법서에서 강조하는 순종 정서

율법서에서 제시하고 있는 정서는 다양한 의미를 나타낸다. 창세기 18장 5절에서 아브라함이 나그네들을 초대하면서 하는 말 즉, "기분이 상쾌해진 다음에 길을 떠나시기 바랍니다"는 정서가 단순히 정신적인 활동뿐만 아니라 육체적인 활동까지도 관련되어 있는 것으로 볼 수 있다.[45]

그러나 정서는 무엇보다도 모든 다양한 감정의 기반으로 작용한다. 예를 들면, 기쁨(출4:14), 미움(레19:17), 공포심(레26:36), 무서움(신20:3), 복수심(신19:6) 등이다.

또한 어떤 선한 일의 동기로 정서가 묘사되기도 하고(출25:2 등), 어떤 능력이나 기술을 지니고 있는 원천으로도 표현된다(출28:3 등). 그런데 근대 이후 이성의 시대에서 중시되는 사유와 인식의 차원에서의 정서의 기능은 율법서 전체에서 단 두 군데, 그것도 신명기에서만 등장한다(신8:5; 30:1).

> 나는 당신들에게 당신들이 받을 수 있는 모든 복과 저주를 다 말하였습니다. 이 모든 일이 다 이루어져서, 당신들이 주 당신들의 하나님이 쫓아내신 모든 나라에 흩어져서 사는 동안에, 당신들의 마음에 이 일들이 생각나거든(신30 : 1).

---

45 | 박종수(2010). 구약성서의 인간 이해. **한국그리스도교신학논총**. 제73집. 한국그리스도교학회, pp.7-8.

그리고 성품으로서의 마음의 차원이 신명기 9장 5절에서 보인다. 앞으로 논의하게 될 잠언의 정서 교육과 관련된 구절은 신명기 29장 4절에서 볼 수 있다.

> 그러나 바로 오늘까지, 주님께서는 당신들에게 깨닫는 마음과 보는 눈과 듣는 귀를 주지 않으셨습니다(신29:4).

그러나 율법서에서 지배적인 정서에 대한 묘사는 '순종 심성'과 관련되어 있다. 바로 하나님의 말씀인 토라와의 관계성에서 마음을 이해할 수 있다. 먼저 순종하는 정서의 필요성을 부각시키기 위해 정서의 약함을 자주 드러낸다.

특히, 창세기 6장 5절과 8장 21절은 예쩰 레브(יצר לב), 즉 '마음의 계획'이 항상 약함을 지적한다. 이것은 본래 인간의 부패한 성향을 말하는 것으로 하나님의 뜻을 거역하거나 이탈되어 있는 상태를 일컫는다.

이것이 율법서에서는 크게 다음의 네 가지 현상으로 나타난다.

(1) 우상숭배에 미혹되는 마음이다(민15:39; 신11:16 등). 특별히 민수기 15장은 미혹되는 마음과 미혹되는 눈이 동일한 의미로 쓰인다.

(2) 교만한 마음이다(신8:14 등). 하나님이 없는 인간 자율성의 폐단을 지적한다.

(3) 강퍅한 마음이다. 특히 히브리 노예들을 풀어 주지 않으려는 바로의 고집에서 자주 등장한다(출7:3 등). 또한 이웃에게 대한 강퍅함이 인색한 마음으로 나타난다(신15:7 등).

(4) 선포된 명령을 소홀히 여기고 인간의 고집을 내세우는 경우이다(출9:21, 신29:19).

본래 부패한 심성에 대한 처방책은 정서가 딱딱해지는 것에 대한 경계이다. '강퍅한 마음'과 '곧은 목'은 말씀을 따르는 순종으로 나오는 것을 방해하기 때문이다. 이를 위해 신명기는 순종 심성을 위한 두 가지 방안을 제안한다.

첫 번째는 마음의 뜻을 다하여 하나님을 구하고 사랑하고 섬기는 일이다(4:29 등). 바로 의지적 신앙의 자리로 초대하고 있다. 흥미로운 것은 이 본문들은 하나같이 마음(레브)과 더불어 뜻(네페쉬)을 함께 사용하여 온 마음과 뜻을 다하는 신앙을 강조하고 있다.

당신들이, 오늘 내가 당신들에게 명하는 그의 명령들을 착실히 듣고, 주 당신들의 하나님을 사랑하며, 온 마음과 정성을 다하여 주임을 섬기면(신11:13).

두 번째는 궁극적 순종 심성을 위한 방안을 제시한다. 바로 마음에 할례를 행하는 일이다. "그러므로 당신들은 마음에 할례를 받고, 다시는 고집을 부리지 마십시오"(신10:16). 겉으로 행하는 형식 행위가 아닌 속으로 행하는 말씀 순종을 의미한다.

그러므로 신명기 5장 29절 전반절에 진정한 여호와경외를 전제하였고("그들이 언제나 이런 마음을 품고 나를 두려워하며") 궁극적으로 6장 6절에서 마음판에 새긴 말씀을 강조하는 것이다.

"내가 오늘 당신들에게 명하는 이 말씀을 마음에 새기고". 이것은 후에 예언서에 나타난 마음판에 새긴 언약(렘31:33)과 긴밀한 관계성을 보인다.

모세오경에서는 다양한 정서의 기능이 드러나 있지만 토라경외와 관련하여 순종의 심성이 강조되어 있는 것을 확인할 수 있다. 불순종의 부패한 마음에서 하나님 경외와 사랑으로 나아오라는 순종 심성의 강조는 이미 오경에서도 정서 교육과 관련된 가르침이 진행되고 있음을 알 수 있다.

특히, 신명기 6장 5절의 '쉐마 명령' 이후 자녀들에게 말씀순종의 교육을 당부하고 있는 장면은 잠언에서 분명하게 드러나는 정서 교육의 원형으로 작용하고 있다.

> 오늘 내가 당신들에게 증언한 모든 말을, 당신들은 마음에 간직해두고, 자녀들에게 가르쳐, 이 율법의 모든 말씀을 지키게 하십시오(신32:46).

제사장 사무엘이 죄를 범한 사울 왕에게 꾸짖으며 말씀하셨다. "잘 들으십시오. 순종이 제사보다 낫고, 말씀을 따르는 것이 숫양의 기름보다 낫습니다"(삼상15:22).

2. 예언서의 갱신 심성

오경과는 달리 예언서에서는 정서에 관하여 다양한 측면을 언급하지는 않는다. 다만 감정의 기반으로서의 정서를 주로 말할 뿐이다. 예컨대, 두려움(사7:2; 렘8:41; 겔21:7), 탄식

(사15:5), 놀람(사21:4), 근심(렘51:46; 겔13:22), 즐거움(사65:14, 렘15:16, 겔36:5, 슥10:7) 등이 나타난다.

다른 어떤 신체 기관, 실질적인 기능이나 지혜 또는 품성 등의 의미로 정서가 사용되고 있지 않다. 단지 이성적 능력으로서의 사유하는 정서의 능력은 가끔씩 등장한다(사44:19; 렘51:50; 말2:2).

예언서에서 지배적으로 등장하는 정서의 모습은 인간의 부패한 심성이다. 흥미로운 것은 죄 된 인간의 심성과 더불어 하나님의 정서가 신인동형론적으로 묘사된다는 점이다. 예언자들은 하나같이 인간 자체의 심성으로는 심판 받을 수밖에 없음을 지적한다.

그러나 하나님의 긍휼히 여기시는 마음으로 인하여 인간의 마음이 갱신될 수 있다고 본다. 그것은 바로 새 마음(레브 하다쉬 חדש לב, 겔36:26), 새 언약(베릿 하다샤 ברית חדשה, 렘31:31)에 관한 약속이다.[46]

(1) 예언자들이 말하는 부패심성은 앞서 언급한 바와 같이 오경에서 말하는 네 가지 병폐, 즉 우상숭배에 미혹되는 정서, 교만, 강퍅한 정서, 고집 등의 성향과 대동소이하다. 그러나 미혹되는 정서는 다른 신을 섬기는 음란의 죄 또는 반역의 죄로 구체화 된다(사44:20; 렘5:23; 겔6:9; 호10:2).

(2) 강퍅한 마음은 이제 인간의 자율성으로 진전되고 있음을 예언자들은 지적한다(사57:17; 렘14:14; 겔13:2; 슥7:12).

---

46 | H.-J. Fabry(1995). "לב leb; לבב lebab." *Theological Dictionary of the Old Testament*, vol VII. Michigan: William B. Eerdmans Publishing Incorporated, pp.399-437.

(3) 인간의 고집은 우둔함과 삶의 어두움으로 표현된다(사6:10; 호7:2). 이외에도 예언자들은 거짓된 마음(사59:13; 렘23:26), 병든 마음(사1:5), 완악한 마음(사9:9; 렘3:17), 망각의 정서(호13:6) 등으로 이스라엘의 죄악상을 고발한다.

모든 표현에서 마음(레브 또는 레바브)이라는 단어가 사용된다.

그러나 동시에 하나님의 정서 또한 예언자들은 알고 있다. 하나님의 정서는 이스라엘의 죄악을 분노하시며(렘23:20; 30:24), 심판하시지만(렘5:9) 동시에 탄식하시고(렘48:36) 긍휼히 여기신다(호11:8). 따라서 예언자들은 이스라엘에게 계속해서 마음을 찢고 돌아와(욜2:13) 새로운 정서를 품도록 종용한다(겔18:31).

여기에서 이스라엘의 소망이 정치나 경제를 통한 외적인 변화에 있지 않고 정서를 새롭게 하는 내재적 변화에 있음을 볼 수 있다. 마음을 새롭게 하기를 기대하였다.

이러한 정서의 변화와 갱신을 예언자들은 '마음의 할례'(렘4:4; 겔44:7)라고 표현하고 있다. 이를 통하여 새로운 정서의 존재로 갱신된다(렘31:33; 겔36:28).

3. 시편의 경외 심성

시편에서의 정서는 주로 하나님과의 관계성을 드러낸다.[47] 하나님과의 관계가 온전하지 못할 때 슬픔과 근심이 닥친다. 반면에 하나님과의 관계가 회복될 때 기쁨이 임재한다. 따라서 오경과 예언서에서처럼 감정의 기반으로서의 정서는 여전히 시편에서도 유효하다.

예를 들면, 기쁨(4:7; 13:6; 19:8; 28:7; 119:111 등), 근심(13:2; 25:27; 69:20), 번민(22:24; 38:8 등), 두려움(27:3; 143:4), 상한 마음(34:18; 51:17), 분노(39:4), 절망(40:12; 107:12)이다.

한편으로는 예언서에서는 자취를 감추었으나 오경에서 표현되었던 것처럼 정서의 정신적인 작용뿐만 아니라 육체적 활동까지 연결되어 있는 표현들이 등장한다. 예컨대, 생명력(22:26), 마음을 기쁘게 하는 포도주(104:15), 몸과 마음의 쇠퇴(73:26) 등이다. 또한 정신적인 활동에 있어서는 이성의 사유작용으로서의 보다 진전된 표현들을 찾을 수 있다.

마음의 묵상(19:14; 49:3; 77:6), 마음의 계획 또는 소원(20:4; 21:2; 73:7), 마음의 기억(31:12), 마음의 생각(35:25; 36:1), 마음에서 나오는 좋은 말(45:1), 마음의 계교(74:8), 마음의 의지성(76:6; 112:8) 등에서 본다.

오경과 예언서와 결정적으로 다른 점은 시편은 인간의 정서 일

---

47 | 김진규(2012). 시편의 문맥적 이해의 복음주의적 성경 해석의 기여. **성경과 신학**. 62집, 한국복음주의신학회, pp.187.

반의 부패성을 지적하기 보다는 하나님과의 관계성으로부터 이탈된 마음의 상태를 드러내는 데 집중한다는 점이다.[48]

구체적인 시편 구절에서 보면 하나님을 경홀히 여기는 마음(10:6; 13:), 하나님 존재의 부정(14:1; 53:1), 하나님 안에서 굳게 서지 못한 마음(78:8; 37), 하나님으로부터 떠나고 왜곡된 마음(95:10; 101:4)이다.

물론 다른 오경과 예언서 전통에서처럼 정서의 강퍅함(81:12; 95:8)이나 교만한 마음(101:5; 131:1)이 언급된다. 그러나 시편 전통에서는 하나님과의 관계성에서 이탈된 불신앙적 마음의 상태에 집중하는 것을 알 수 있다.

4. 잠언서에서 나타난 주체적 존재로서의 정서

잠언의 정서는 주체적 존재로 등장한다. 따라서 자아의 특성이 다분히 부각된다. 앞서 언급한 오경과 예언서 그리고 시편에서의 정서와는 매우 다른 면모를 보여준다. 물론 잠언서는 오경과 같이 순종하는 정서를 강조하는 특성도 나타난다.

왜냐하면 잠언서의 전체적인 기조는 "아이들아"로 시작하는 아버지 또는 스승의 가르침과 훈육으로 나타나기 때문이다.

그러나 오경과 같은 절대법 앞에서의 순종보다는 알고 깨달아 결단하는 주체적 순종이 잠언의 본질적 특성이다. 잠언서 전체를

48 | 안근조(2013). 구약성서 잠언에 나타난 마음교육. p.384.

꿰뚫어 흐르는 주제는 삶의 지혜, 여기에는 어리석음, 죄, 선함, 재물, 가난, 말하는 것, 자만심, 겸손, 공의, 복수, 싸움, 사랑, 색욕, 게으름, 친구, 가정, 삶과 죽음에 대한 특별한 교훈이 포함되어 있는데 이러한 정서에 대한 개인의 주체적 결단으로서의 순종을 요구하는 책이다.[49]

이처럼 잠언서는 시편과 같이 하나님의 성소에서 경험하는 영성적 묵상과 깨달음보다는 현실 일반의 삶에서 구체적으로 드러나는 일들에 더 관심을 갖는다. 그것은 잠언서는 바로 개인의 주체적 결단과 실천이 필요한 것에 초점을 맞추고 있기 때문이다.

잠언의 정서는 먼저 인지적 이해의 주체로 소개된다. "지혜에 네 귀를 기울이고, 명철에 네 마음을 두어라"(2:2), "지혜가 네 마음속에 들어가고, 지식이 네 영혼을 즐겁게 할 것이다"(2:10). 곧 지혜와 명철 그리고 지식을 터득하는 곳이 마음이다.

잠언서의 주체적 정서에 주목하는 가장 중요한 이유는 정서의 어떠함이 한 개인의 전체적 삶의 방향을 설정해 주기 때문이다. 곧 모든 삶의 원천인 마음의 중심을 잡는 일이다. 잠언서 3장 5절에서 지혜자는 다음과 같이 말한다. "너의 마음을 다하여 주님을 의뢰하고, 너의 명철을 의지하지 말아라."

이것은 단순한 신앙의 삶을 의미하지 않는다. 바로 다음 절에서 이와 같이 마음의 길이 하나님 중심 안에서 잡힐 때 세세한 삶을 지도하시리라 선포한다. "네가 하는 모든 일에서 주님을 인정하여라. 그러면 주님께서 네가 가는 길을 곧게 하실 것이다"(3:6).

특히, 4장 23절은 인생의 가장 근본적 태도가 바로 마음을 지키는 일임을 천명한다. "그 무엇보다도 너는 네 마음을 지켜라. 그

49 | 박아청(2017). 교육학의 원조 구약성경. pp.222-223.

마음이 바로 생명의 근원이기 때문이다." 개인의 기본 마음태도가 욕망과 감정 그리고 가치관을 결정하기 때문이다.

잠언서에 나타난 정서는 우리 존재 자체 또는 자아의 정체성과 동일하게 묘사되는 점에 주목할 필요가 있다. 잠언서 14장 10절은 다음과 같이 정서에 대하여 표현한다.

"마음의 고통은 자기만 알고, 마음의 기쁨도 남이 나누어 가지지 못한다". 개인의 희노애락을 체험하는 주체로 정서를 그리고 있다.

23장 7절은 "무릇 그 마음의 생각이 어떠하면 그의 사람됨도 그러하니, 그가 말로는 '먹고 마셔라' 하여도 그 속마음은 너를 떠나 있다"는 뜻은 어떤 사람이 겉으로 아무리 좋은 이야기를 할지라도 그 속마음이 함께 하지 않는다면 아무 소용이 없는 것을 말한다. 결국 마음과 존재의 일치를 밝힌다.

23장 15절은 아들의 지혜로운 삶을 통해 아버지의 마음이 즐겁다는 표현을 통해서 아버지의 마음으로 대표되는 아버지 자신의 즐거움을 드러낸다. 23장 26절 "내 아이들아! 나를 눈 겨워 보고, 내가 걸어온 길을 기꺼이 따라라"는 말은 아들의 마음을 아버지의 가르침에 집중하도록 초대하면서 아들의 존재성이 아버지의 가르침 가운데 녹아지기를 소원하고 있다.

잠언서의 가장 의미심장한 정서에 대한 구절은 27장 19절이다. "사람의 얼굴이 물에 비치듯이, 사람의 마음도 사람을 드러내 보인다." 물에 자신을 비추어 보면 자신의 모습을 볼 수 있는 것처럼 마음에 자신을 비추어 보면 자신의 정체성을 찾을 수 있다는 뜻이다.

자신의 마음이 욕심으로 가득 차 있으면 그는 욕심쟁이이고 마음이 사랑으로 충만하면 그는 사랑의 사람인 것이다. 마음은 곧 자기 자신이다. 이처럼 지혜로운 마음을 소유하고 있는 사람은 곧 지혜자이며(10:8; 11:29; 15:14; 15:28; 23:15), 미련한 마음은 곧 어리석은 자(12:23; 19:3; 28:26)인 셈이다.

이외에도 잠언서에는 마음의 감정이 의지적인 것과 관련된 표현들이 많이 등장한다. 예를 들면, 17장 22절에서 "즐거운 마음은 병을 낫게 하지만, 근심하는 마음은 뼈를 마르게 한다"는 것이나 24장 17절에서 "원수가 넘어질 때에 즐거워하지 말고, 그가 걸려서 쓰러질 때에 마음에 기뻐하지 말아라"는 표현은 의지적 작용이 반영된 정서를 말한다.

이처럼 잠언서의 정서에 대한 묘사는 주체적 자아의 인지 능력과 근본 태도, 정체성 그리고 판단의 요소가 작용하고 있다. 잠언서는 다른 『구약성경』의 문학 전통과는 달리 자아의 세계 경험과 긴밀한 관련이 있음을 알 수 있다.

5. 욥기를 통한 경외 심성

『구약성경』의 성문서(聖文書, 케튜빔)에 속하는 욥기를 통해서 하나님의 연단(훈련)과 인생의 고통 그리고 전능자의 섭리와 의인 욥의 인내의 신앙을 배운다.

이스라엘 민족이 중동의 조그마한 부족 국가로서 수 천 년 동안이나 여러 개의 문명권을 지나는 동안에서 사라지지 않고 생존하게 된 그 배경에는 이스라엘 민족이 시련을 극복하는 정서 교육을 받았기 때문이다.

그들의 믿음의 조상이라고 하는 아브라함으로부터 시작하여 수많은 선조들의 시련을 극복하는 신앙과 심성을 성공적으로 계승했기 때문이다. 선조들의 삶에서 뿐만 아니라 선조들이 남긴 문화유산을 통해서도 교육을 받았기 때문이다.

특히, 욥기와 같은 지혜 문학을 통해서 그들은 생존을 위한 심성을 전수하였다. 욥기의 목적을 다음 몇 가지로 나누어 볼 수 있다.[50]

> (1) 인생고(人生苦)의 문제를 취급하고 그 해결을 시도한다. 인생고란 단순히 인과적인 것이 아니라, 고난이 하나님의 섭리 아래에 있다는 것을 말해 주는 것이다.
>
> (2) 욥기는 인생의 고난 가운데 특히 의인의 고난을 다룬다. 의인은 고난을 통하여 연단을 받으며, 종국에 가서는 하나님의 능력과 은총의 손길을 통하여 더욱더 큰 복을 받는다는 사실을 밝히고 있다.
>
> (3) 욥기는 대화의 의미와 효능을 보여준다. 특히 하나님과 사탄의 대화, 욥과 세 친구의 대화, 욥과 하나님과의 대화를 통하여 원인을 알 수 없는 의인의 고통을 풀어나간다.
>
> (4) 욥의 인내가 모든 문제 해결의 실마리가 된다는 것을 보여준다.
>
> (5) 엘 샤다이(전능자 하나님)가 완전히 해결의 열쇠를 쥐고 있다는 사실을 분명히 언급한다.

50 | 강성두(2006). **욥기의 삶과 고난이해**. 서울: 대한기독교서회.

욥기는 고대히브리인의 고난신학에 깊이 뿌리를 박고 있다. 이스라엘 백성들이 광야의 고난을 통하여 여호와에게 의지하는 신앙을 배웠고, 바빌론의 포로생활을 통하여 시온의 향수를 갈망하게 된 것처럼, 욥기는 고난을 통하여 하나님과 더욱 깊은 교제를 갖는 신앙의 바른길임을 말하고 있다.

즉, 전통적 응보 사상이나 인과론은 인간을 절망의 늪으로 몰아넣는 결과를 낳지만,[51] 하나님의 섭리를 믿는 신앙과 인내는 반드시 행복한 결과를 가져온다는 것을 보여주는 것이다.

특히 욥기는 전통적인 히브리 문학의 형식을 철저히 고수하고 있다. 고대 그리스 문학의 특징은 희극에서 시작하여 인본주의를 거쳐 비극으로 끝나는 것이 통례이지만, 히브리 문학은 비극에서 시작하여 여호와 신앙을 거쳐 해피엔딩에 이르는 것이 특징이다.

히브리 문학의 금자탑인 욥기에서 주인공 욥은 몸이 병들고 재산과 자식을 잃고 난 뒤 모든 사람에게 버림을 받았지만, 결국 여호와신앙을 통하여 후에 갑절의 복을 받는다. 이러한 히브리 문학 형식은 룻기에서도 분명히 나타난다.

『구약성경』 밖의 다른 고대 근동 문헌들 또한 인간이 겪게 되는 고통에 대해 묘사하고 있지만, 욥기야말로 그 어느 작품과도 비교할 수 없을 만큼 탁월하게 이를 표현하고 있다. 마지막 순간까지 지속되는 극적인 특성, 전혀 새로운 모티브를 생각해 보아도 이 점을 충분히 알 수 있다.[52]

이처럼 욥기는 고통이라는 현실 앞에서 절대 신앙으로 인내하는 참 유대인의 모습을 보여주는 교과서라고 할 수 있다. 유대인들

51 | 山本七平(1980). **聖書の常識**. 東京: 講談社, pp.182-183.

52 | 박요한 영식(2002). **고통은 왜: 욥기 해설**. 서울: 성바오르, pp.84-85.

은 이 책을 통하여 '하나님의 섭리', '시험'과 '인내'와 '고난' 그리고 '인생'을 배웠던 것이다.

『구약성경』의 성문서의 특징과 목적이 바로 여기에 있다고 해도 과언이 아닐 것이다.

6. 신앙의 선조들의 삶에서 배우는 생존 의식

창세기에는 이스라엘 민족의 믿음의 조상이라고 하는 아브라함과 이삭, 야곱, 요셉, 모세, 다윗 등 수많은 선조들의 삶을 아주 세밀하게 묘사하고 있다. 이들은 위기와 절망에서 벗어나 삶의 자족을 누린 신앙의 위인들이었다. 성공적인 삶을 산 선조들은 모두가 시련이라는 대학을 졸업한 사람들이다.

신앙의 아버지라고 불리는 아브라함도 하나님으로부터 직접 시험(시련)을 받고 통과한 사람이다. 신앙의 선조들 가운데 특히, 다윗은 누구보다도 고난을 통해서 인생과 신앙의 완성을 이룬 사람이다.

왕이 되기 전에는 사울왕의 시기와 질투로 몇 번이나 죽을 고비를 넘겼고, 말년에 이르러선 아들 압살롬의 반역으로 고통과 고뇌에 빠지곤 했다. 이러한 시련을 통해서 다윗은 하나님께 더욱 가까이 다가갔으며, 결과적으로 건짐과 구원의 은혜를 체험하게 되었다.

도덕적으로나 인격적인 면에서 다윗은 불완전한 인간에 불과했다. 이를테면 우리아를 살해하고 그의 아내 밧세바를 취한 일은 불륜 중에도 불륜이다. 그러한 다윗은 진정 저주의 대상이지 축복의 대상은 못 된다.

그러나 다윗은 이스라엘 역대 왕 중에 가장 위대한 왕이었으며 하나님의 은혜의 복을 많이 받아 누린 사람이었다. 그것은 말할 것 없이 고난을 통하여 회개하고 하나님을 신뢰했으며, 끝까지 하나님의 언약을 저버리지 않았기 때문이다.

이스라엘 백성들은 이러한 위대한 인물들의 역경을 극복한 삶의 모습에서 살아가는 법의 정수를 배웠다.

7. 『구약성경』의 정서 교육에 나타난 교육 원리

1. 자발성의 원리

인지적 이해를 위한 정서 교육의 원리는 첫째로 '듣는 마음'(래브 쇼마 לֵב שֹׁמֵעַ, 왕상3:9)이 중요하다. 즉, "그러므로 주님의 종에게 지혜로운 마음을 주셔서, 주님의 백성을 재판하고, 선과 악을 분별할 수 있게 해 주시기를 바랍니다"라는 듣는 태도가 중요하다.

교육은 철저히 언어와 논리적 특성으로 이루어진다. "아이들아, 내 가르침을 잊지 말고, 내 계명을 네 마음에 간직하여라. 그러면 그것들이 너를 장수하게 하며, 해가 갈수록 더욱 평안을 누리게 할 것이다."

그러나 정서 교육은 인지적 이해를 말하더라도 단순한 지적 차원에 머무르지 않는다. 교육을 받는 자의 배움에 대한 모든 열의와 정성이 나타난 교육의 현장을 전제한다.

정서 교육의 특징은 이성의 작용으로서의 앎보다는 귀를 기울이고 마음을 두면서 지식과 명철을 얻으려는 배움에 대한 열정이 고스란히 드러나 있다는 것에 있다. 바로 배우는 학생의 전인격적 존재가 녹아들어 있는 교육을 의미한다.

누가 강제로 배우라고 시켜서 하는 공부라기보다는 본인이 스스로 찾고 갈망하고 즐기는 학습이다. 정서 교육의 강점은 자발성이다.

따라서 교육 방법의 가장 기본적인 반복 학습은 정서 교육을 따르는 자들에게는 더 이상 지루한 작업이 아니다. 오히려 열정적 학업태도로 인한 새로운 발견의 계기를 준다.

2. 가치화의 원리

윤리적 판단을 위한 정서 교육의 원리는 "마음을 지키는 일"(4:23)이다. 정서는 인간의 진정한 모습뿐만 아니라 되고 싶어 하는 모습이 그려지는 곳이며 감정과 무감각이 머무는 곳이다. 또한 강한 것 같으면서도 상처 받기 쉬운 곳이다. 동시에 새롭게 회복과 치유가 일어나는 곳이기도 하다.

그러므로 학습자가 말씀을 감수하고 반응하는 것을 통해서 얻은 결과를 자기의 것으로 만들 필요가 있다. 학습자가 그 정서가 일관성과 안전성이 충분하여 하나의 신념 또는 태도로서의 특징을 가져야 한다.

학습자는 적절한 상황에서 아주 일관성 있게 이러한 행동을 나타내기 때문에, 그는 하나의 가치를 보유하고 있다는 정서적인 안

정감을 갖게 되는 것이다.

이러한 사람은 다른 사람을 설득시키려고 애쓰며, 자기의 주위에 따르게 하려고 노력하는 것이다. 그 정서가 개인에게 있어서 가치화가 이루어졌을 때 비로소 그것은 개인의 정서적 특성으로 될 수 있다.

그러므로 어떤 성경학자는 잠언서의 교육은 지혜 여인의 길과 음녀의 유혹 사이에서 인간 욕구를 수양하는 태도를 가르치고 있다고 역설한다.

즉, 어느 하나를 택하고 다른 하나를 버리는 양자택일의 가르침이 아니라 인간 욕구의 근원적 통찰로부터 욕구를 다스리고 수양해야 한다는 현실적 가르침이 잠언서에서 행해지고 있다는 것이다.[53] 잠언서는 철저하게 그 목적과 주제를 강조하고 있다.

> 이 잠언은 지혜와 훈계를 알게 하며, 명철의 말씀을 깨닫게 하며, 정의와 공평과 정직을 지혜롭게 실행하도록 훈계를 받게 하며, 어수룩한 사람을 슬기롭게 하여 주며, 젊은이들에게 지식과 분별력을 갖게 하여 주는 것이니, 지혜 있는 사람은 이 가르침을 듣고 학식일 더할 것이요, 명철한 사람은 지혜를 더 얻게 될 것이다. 잠언과 비유와 지혜 있는 사람의 말과 그 심오한 뜻을 깨달아 알 수 있을 것이다(잠1:2~6).

53 | Christine Roy Yoder(2010). 'Shaping Desire: A Parent's Attempt.' *Journal for Preachers*. Vol.33, p.56.

3. 관계성의 원리

통합적 주체를 위한 정서 교육의 원리는 '관계성'이다. 『구약성경』에서 의미하는 정서 교육은 몇 가지 관계적 차원에서 설명할 수 있다.

영적인 정서 교육은 ① 나와 하나님과의 관계, ② 나와 나와의 관계, ③ 나와 타인과의 관계, ④ 나와 세상과의 관계를 전제로 해야 한다.

정서 교육의 목표가 나와 하나님 사이의 관계로부터 나 자신과의 관계, 타인과의 관계, 그리고 세계와의 관계로 나아가기 때문이다. 정서 교육은 이러한 여러 차원의 관계성의 중심에 정서가 자리를 잡고 있음을 유의하지 않을 수 없다. 인간의 정서는 인지적 영역으로부터 심리적이고 감추어져 있는 영역에까지 활동범위가 두루 퍼져 있기 때문이다.

언어로 분석되거나 표현되지 않는 영역에서 관계성은 형성된다. 하나님과 사람들과의 관계를 통해 그리고 세계와의 연결을 통해 정서는 닦이고 연단된다(잠17:3; 27:19). 그러나 궁극적으로 하나님과의 관계가 촉발되었을 때 나와 타인 그리고 세계와의 관계도 비로소 온전한 관계성의 삶으로 연결될 수 있다.

결국 정서 교육의 중심에는 잠언서의 전통적 명제가 자리하고 있다.

> 주님을 경외하는 것이 지혜의 근본이요, 거룩하신 이를 아는 것이 슬기의 근본이다(잠 9:10).

유대인들은 첫째는 하나님과의 관계를 강조하고 두 번째는 이웃과의 관계를 중시한다. 특히 유대인들은 그들이 모두 한 형제라는 사실을 잊지 않으려고 한다.

> 그 얼마나 아름답고 즐거운가? 형제자매가 어울려서 함께 사는 모습!(시133:1).

이스라엘에서는 어린이들은 어디를 가나 서너 명이 그룹을 이루어 활동한다. 따라서 여럿이 하는 또래 놀이에 익숙하며 상호 작용을 통해 자연스럽게 사회성을 기른다. 유대인 교육은 스스로 생각하는 아이, 말하기를 겁내지 않는 아이, 가르치기보다는 직접 깨닫는 아이로 키우는 것을 표방한다. 이렇게 교육 받은 유대인들은 어려서부터 공동체 의식이 자연스럽게 몸에 베인다.

전도서 4장 12절에는 "혼자 싸우면 지지만, 둘이 힘을 합하면 적에게 맞설 수 있다. 세 겹 줄은 쉽게 끊어지지 않는다"라는 말이 있다. 유대인들은 어려서부터 이 협력론으로 공동체 의식을 강조한다.

이는 유대신앙이 강조하는 생활 철칙으로 유대인들은 서로에 대해 책임을 지고 있다는 의미이다. 또한 유대인은 모두가 한 가족으로 전 세계에 뿔뿔이 흩어져 있어도 대가족으로 뭉쳐서 있다는 이미를 내포하고 있기도 하다. 이러한 정신은 고대로부터 전래되어 온 디아스포라 수칙에서부터 유래되었다.

Chapter5 **제5장**

예언서에 나타난 만민교육사상

아브라함의 후손들과 맺은 하나님의 언약은 이스라엘 민족을 다른 모든 민족들과 구분되도록 하였다. 그들의 구분은 잡혼을 금지하고(출34:15~16; 신7:1~5), 그 구분을 유지할 수 있도록 마련된 다양한 음식 규례들과 다른 법례(레11장; 신4:)를 확립하였던 율법에서 강조되었다.

이와 같은 구별에 대한 강조에도 불구하고, 『구약성경』은 이방인들을 적대감을 가지고 보지 않으며 이방인들도 유대인들과 같은 법 아래에서 살도록 하였다. 그리고 오히려 구약 율법들은 거주하고 있는 이방인들의 권리를 보호해 주었다(출12:43~48).

예언서들을 보면 유대 민족주의적인 사고를 기본으로 하고 있는 『구약성경』 가운데서도 이방인에게도 하나님은 관심을 갖고 계시며 선지자를 통하여 회개하도록 가르쳐 주시고 계심을 알 수 있다. 예컨대, 이사야서 56장 3~7절까지 말씀을 보면 이방인에게도 하나님은 깊은 사랑과 관심을 갖고 계심을 본다.

3 이방 사람이라도 주님께로 온 사람은 '주님께서 나를 당신의 백성과는 차별하신다'하고 말하지 못하게

하여라. 고자라도 '나는 마른 장작에 지나지 않는다'
하고 말하지 못하게 하여라.
4 이러한 사람들에게 주님께서 이렇게 말씀하신다.
"비록 고자라 하더라도, 나의 안식일을 지키고, 나를
기쁘게 하는 일을 하고, 나의 언약을 철저히 지키면,
5 그들의 이름이 나의 성전과 나의 성벽 안에서 영원
히 기억되도록 하겠다. 아들딸을 두어서 이름을 남
기는 것보다 더 낫게 하여 주겠다. 그들의 이름이 잊
혀 지지 않도록, 영원한 명성을 그들에게 주겠다."
6 주님을 섬기려고 하는 이방 사람들은, 주님의 이름
을 사랑하여 주님의 종이 되어라. "안식일을 지켜 더
럽히지 않고, 나의 언약을 철저히 지키는 이방 사람
들은,
7 내가 그들을 나의 거룩한 산으로 인도하여, 기도하
는 내 집에서 기쁨을 누리게 하겠다. 또한 그들이 내
제단 위에 바친 번제물과 희생제물들을 내가 기꺼이
받을 것이니, 나의 집은 만민이 모여 기도하는 집이
라고 불릴 것이다."

요엘서 2장 28~31절에 보면 만민에게 성령을 주실 것을 약속하고 있다.

28 "그런 다음에, 내가 모든 사람에게 나의 영을 부어
주겠다. 너희의 아들딸은 예언을 하고, 노인들은 꿈
을 꾸고, 젊은이들은 환상을 볼 것이다.
29 그 때가 되면, 종들까지도 남녀를 가리지 않고, 나

의 영을 부어 주겠다.
30 그 날에 내가 하늘과 땅에 징조를 나타내겠다. 피
와 불과 연기구름이 나타나고,
31 해가 어두워지고 달이 핏빛같이 붉어질 것이다. 끔
찍스럽고 크나큰 주의 날이 오기 전에, 그런 일이
먼저 일어날 것이다."

여호와 하나님께서는 이방인에 대한 사랑을 구체적으로 '요나'라고 하는 한 선지자의 행위를 통해서 보여주고 있다. 요나서를 통해서 하나님이 이방인 역시 이스라엘 백성과 마찬가지로 하나님의 백성이며 사랑의 대상임인 것을 이스라엘 백성들에게 깨우쳐 주고 있다.

이 요나서는 주요 인물인 아밋대의 아들 요나(비둘기라는 뜻)의 이름을 따라 그 제목이 붙여졌다. 열왕기하 14장 25절에 요나에 관한 짧은 기사가 나온다. 그는 현재의 갈릴리 지방인 스불론 땅 가드-헤벨 출신[54]으로 당대의 유명한 선지자였다.

어떤 학자는 이 책이 에스라와 느헤미야의 배타주의를 반대하기 위해서 BC430년 무렵에 하나의 비유로 저술한 책이라고 간주한다.[55]

비역사적 해석법에 의하면 대개 요나는 불순종한 이스라엘을 나타내고, 니느웨는 하나님의 말씀을 기다리는 이방 세계를, 바다는 이방인들을, 큰 고기는 바벨론을, 고기 뱃속에서 지낸 삼일은 유

54 | 이곳은 스불론 영토로 나사렛 북방 8.4Km 지점에 위치하고 있다.

55 | Ryan McDermott(2013). The Ordinary Gloss on Jonah. *The Journal of the Modern Language Association of America*, 128(2), pp.424-438.

대인들이 바벨론에 포로된 사실을 각각 나타낸다는 것이다.

그러나 열왕기하서 14장 25절에 따르면 요나는 실제 인물일 뿐만 아니라, 예수 그리스도는 물고기뱃속에 있었던 요나의 경험을 사실적인 것으로 생각하였다(마12:39~41).

1. 이방인에 대한 재발견

한편, 제2장의 기도문이 단수 1인칭의 형식을 갖고 있기는 하나 본문 어디에도 요나가 이 책을 썼다는 직접적인 언급은 없다. 유대의 전승은 요나가 이 책의 저자인 것으로 전하고 있으나, 최근에는 본서가 요나의 기록이 아니라 요나에 관한 기록이라고 보는 사람이 많다.[56]

다른 예언서들에는 해당 예언자들의 개인 역사가 미미한데 반해, 요나서에는 처음부터 끝까지 예언자 자신의 경험한 사실들이 실려 있다. 그래서 많은 학자들은 요나서를 '예언자 요나의 말'이 아닌 '예언자 요나에 관한 이야기'라고 그 성격을 규명하기도 한다.[57]

요나서에 나타난 니느웨는 대제국의 수도가 아닌 도시국가의 형태로 나타나고 있고, '니느웨왕'(욘3:6)이란 명칭은 앗수르제국이 현존하고 있을 때에는 사용될 수 없는 이름이었다. '하늘의 하

56 | 김정훈(2004). 선지자 요나의 메시지 초점연구. **인문학연구**. 제8집. 관동대학교 인문과학연구소, p.6.

57 | 임동원(1996). 요나서에 나타난 아이러니의 기능. **신학과 현장**. 제6권, pp.166-167.

나님 여호와'(אלהי השמים 엘로헤 하샤마임)란 말은 주로 포로 후기에 사용된 말로 대부분의 학자들은 하나님과 뱃사람들의 신을 구별하고 있다.[58]

이런 이유로 대부분의 학자들은 이 책을 이스라엘인이라는 한계를 벗어나 전 세계적인 하나님의 사랑을 담고 있는 전형적인 포로기 이후 5세기의 예언서로 구분하고 있다. 이 시대는 에스라-느헤미아의 활동과 동시대이다.

따라서 이 책은 당시의 배타적 경향에 대한 항의를 대표한다고 할 수 있을 것이다. 이러한 주제는 BC5~4세기 바벨론으로부터 귀환한 직후 유대사회에 만연했던 이방민족과의 관계단절 흐름에 대한 정면 도전이다.[59]

그렇다면 요나서에 등장하는 유일한 이스라엘 사람인 요나는 당시 국수주의를 대표한다고 할 수 있다. 요나서는 편협한 민족주의적 성격을 지닌 요나를 주인공으로 등장시켜 그의 편협한 국수주의적 민족주의는 하나님의 뜻이 아님을 독자들에게 가르친다고 보아야 할 것이다.[60]

이에 반해 뱃사람들과 니느웨 사람들은 모두 하나님을 알지 못하는 이방인들이다. 이 둘 사이에 긴장이 진행되고 있다. 그 긴장은 이방인이 일으키는 것이 아니라 요나가 일으키고 있다.

스스로를 가리켜 이방인과 대조되는 '히브리 사람'으로 소개하는 요나는 '악독이 가득한 큰 성읍 니느웨로 가라'는 하나님의 얼굴을 피해 세계의 끝(다시스)으로 향하고 있다. 세상의 끝으로 가

---

58 | Karin Almbladh(1986). Studies in the Book of Jonah. Lund: Bloms Boktyrckeri AB, p.21.

59 | 김의원·민영진(2007). **사사기/룻기**. 서울: 대한그리스도교서회, p.699.

60 | 유은종(2011). **마음으로 읽은 소예언서**. 용인: 킹덤북스, p.134.

면 하나님을 피할 수 있으리라는 생각은 “바다와 육지를 지으신 하늘의 하나님”(욘1:9)이라는 개념과 정면으로 충돌하고 있다.

고대 시대의 대부분의 다른 신들에게는 정해진 통치 영역이 있지만, 천지를 지으신 하나님께는 그 제한이 없다는 사실을 망각하고 있는 것이다.

하나님을 피해 도망하는 요나는 끊임없이 ‘내려간다’. 먼저 욥바로 내려가더니(욘1:3) 그곳에서 다시스로 가는 배를 만났고 배 밑층에 내려가서 누워 깊이 잠에 빠진다(욘1:5). 그리고 나아가 물고기 뱃속에서는 죽음의 세계로 한 걸음 더 ‘내려간’ 자신을 경험한다(욘2:6).

폭풍을 만나 배는 거의 깨질 지경에 이르렀고, 사공들과 함께 사투를 벌이던 선장은 잠자고 있는 요나를 깨워 하나님께 기도하라고 책망한다. 요나의 길을 막는 하나님의 개입은 이방인선장과 선원들로 하여금 여호와를 두려워하고 예배하고 서원하게끔 만드는 반면(욘1:16), 정작 하나님을 경외하던 요나는 이방인들의 책망을 받는다.

“네가 어찌하여 그렇게 행하였느냐”(욘1:10)는 하나님의 뜻을 거스르는 편협한 국수주의에 대한 책망이다. 그들이 하나님이 말씀하신 니느웨 사람들인지는 알 수 없다.

하지만 요나서 안에서 또 하나의 작은 이방인 그룹인 그들은 자기를 들어 바다에 던져야 폭풍이 사라지리라는 말에도, 요나를 곧 바로 바다에 던지지 않았다. 요나와 자신들이 다 살기 위해 노력하다가(욘1:13) 여호와께 부르짖었고 기도하면서 마지못해 요나를 바다에 던지고야 만다(욘1:14).

이방인들이 하나님께 기도하고 제물을 드리고 안전하게 육지에 닿으면 다시 제사하기로 서원하는 동안에도(욘1:16) 정작 히브리 사람 요나는 단 한 마디의 기도도 하지 못하고 있다. "바다와 육지를 지으신 하늘의 하나님 여호와를 경외하는 히브리 사람" 예언자가 하나님의 뜻을 거슬러 자신 안에 갇혀 있는 반면, 하나님을 알지 못하던 이방인들은 진심으로 하나님을 두려워하는 마음이 대조되고 있는 것이다.[61]

요나서는 니느웨의 멸망(BC612년) 이전에 일어난 사건들을 기록한 책이다. 이 책은 요나에게 하나님의 예언이 주어진 점, 체험 당사자인 요나가 생생한 기록을 남긴 점, 그리고 이 책의 2장의 기도가 1인칭으로 기록된 점 등으로 미루어 많은 논란을 일으키고 있음에도 불구하고 요나의 저작으로 인정받고 있는 것은 사실이다.[62]

앞서도 언급한 바와 같이 요나를 '아밋대의 아들'로 소개한 것은 요나서의 시대적 배경을 두고 많은 논의를 불러일으켰다. 역사적으로 '아밋대의 아들' 요나는 BC8세기 여로보암 2세가 치리하던 시대에 활동했던 예언자이다. 하지만 요나서가 전하는 이야기가 아밋대의 아들 요나가 생전에 실제 경험한 역사적 기사라는 명확한 증거는 없다.[63]

---

61 | 이사야(2015). 예언서에 나타난 선교사상. **대학과 선교**. 한국대학선교학회., 제30집, p.55.

62 | 김상래(2014). 요나의 기도(욘 1:17~2:10)에 묘사된 요나의 성격 이해. **구약논단**. 제53집. 한국구약학회, pp.223-234.

63 | 홍국평 옮김(2015). **예언서(마빈 A. 수위니 지음)**. 서울: 대한그리스도교서회, p.237.

2. 선민의식을 깬 예언자 요나

많은 학자들은 요나서의 기록시기를 대략 BC5세기 무렵으로 추정하는데, 그 근거는 다음과 같은 3가지를 든다.[64]

(1) 이스라엘의 선민사상과 대조를 이루는 만민구속사상은 포로 이후에 보편화된 사조이다.

(2) 니느웨 사람들의 회개를 다루는 것으로 보아, 앗시리아에 대해 상당히 긍정적인 시각을 보인다. 앗시리아는 BC722년에 북 이스라엘을 멸망시킨 나라로, 니느웨가 수도였다. 이스라엘에 있어서 적국이었던 앗시리아를 긍정적으로 보는 것은 이미 앗시리아가 오래된 국가로 간주되던 시기에 기록되었음을 암시한다.

(3) 미드라시 문학 스타일은 포로 이후에 유행된 문체다.

이상의 근거들을 볼 때, 요나서는 포로 이후에 일어난 민족주의적 개혁과 배타성을 비판하는 작품이라고 볼 수 있다. 이스라엘 사람들이 그토록 적대심을 가지고 있는 앗시리아 사람들까지도 구원의 대상이 될 수 있음을 주장하는 내용이 이를 뒷받침한다.

---

64 | 김혜원(2012). **예언서**. 서울: 생활성서사, pp.212-213.

3. 예언자 요나를 등장시킨 시대적 상황

이스라엘 백성에게 바벨론으로의 포로는, 사회, 정치적 측면에서 뿐 아니라 신학적인 측면에서도 그들의 유일한 주님이신 하나님과의 관계 단절을 가져 온 재앙이었다. 그러나 그들은 자신들의 죄를 깨닫고 회개하면서 하나님께서 구원해 주실 것이라는 믿음과 희망을 간직했다.

그리고 그들이 희망했던 대로 이스라엘은 포로에서 해방되어 고국에 돌아와 무너진 성전과 성벽을 재건하고, 토라를 중심으로 새로운 신앙과 삶을 다짐했다.

이러한 상황들 안에서 내외적으로 여러 가지 어려움과 갈등이 드러났다. 이스라엘 민족과 사마리아인 사이의 고조되는 긴장 속에서 사마리아는 BC4세기 중엽에 그리심산에 성전을 세워 이스라엘과 팽팽하게 맞섰다.

포로 이후의 이스라엘 안에서는 성전과 토라를 중심으로 한 민족주의적인 색채를 띄우게 되었다. 포로 이후에도 여전히 페르시아에게 정치적으로 예속된 삶을 살았던 이스라엘에게는 현실에 대한 반향으로 나온 당연한 결과라 할 수 있다.

그러나 이스라엘 내외에는 이러한 주류적인 흐름과는 다른 사상적 조류 등이 있었다. 이는 말라기서나 요나서에서 나타나듯이, 인간이 이루는 공동체가 아닌 '하나님이 통치하실 보편적인 세계 공동체'에 대한 것이었다.

이는 배타적인 민족주의가 이스라엘 사회를 지배하던 때에, 오히려 보편적이고 세계적인 사상적 분위기 속에서 삶의 의미를 성찰하고자 했다.

하나님으로부터 부름을 받은 구약의 예언자들 가운데 하나님의 손에서 벗어나 도망가려고 했던 유일한 예언자가 요나다. 이 요나서는 4장밖에 되지 않아서 단번에 쭉 읽을 수 있는 책이다. 하나님께서 『성경』의 주인공으로서 인간에게 무엇을 전하려고 하시는지를 명확하게 가르쳐 준다.

요나의 사명은 앗시리아의 성읍인 니느웨로 가서 하나님의 임박한 심판이 그 성에 내릴 것을 선포하는 것이다. 하나님의 부르심을 피해 도주하다가 큰 물고기에게 삼켜졌고, 특별히 예비된 것이라고 믿어지는 이 사건 이후에 요나는 니느웨에 도착한다. 그곳에서 그는 회개하면 하나님께서 그 성에 내리려던 재앙을 거두실 것이라는 확신에 찬 말을 선포한다.

그러나 사실 하나님의 분노가 그 성에 내리기를 기대했던 요나는 심판의 불꽃이 터지지 않았을 때 크게 실망했다. 하나님께서 진정한 회개가 하나님의 자비를 구할 가치가 있는지를 요나에게 물었다. 그리고 하나님의 사람 요나는 단지 침묵으로 동의했다.

이미 언급된 요나서의 주제에 덧붙여 중요한 국수주의(國粹主義)가 있었음을 알 수 있다. 초기 예언자 시대에 여호와 하나님은 단지 이스라엘의 신이었으나, 요나 시대에는 앗시리아가 인정하지는 않았다 하더라도 여호와 하나님이 앗시리아의 신이었음을 짐작할 수 있다.

4. 선민사상의 한계

요나는 여호와 하나님은 자기 국가의 하나님이지 이방에 이르기까지 전 지구상의 하나님이시라는 것을 모르고 있었다. 사실 이스라엘 사람이라면 누구나가 그와 같은 생각을 하고 있을 것이라 짐작된다. 말하자면 유대인들은 선민의식에 사로잡혀 있었던 것이다.[65]

『구약성경』은 본질적으로 다른 종교를 가지고 있는 민족을 이스라엘의 신앙 범주 안으로 끌어오기 보다는 처음부터 그들을 배척하고 가까이 하지 말 것을 율법으로 천명하고 있기 때문이다.

> 주 당신들의 하나님은 그들을 당신들의 손에 넘겨주셔서, 당신들이 그들을 치게 하실 것이니, 그 때에 당신들은 그들을 진멸시켜야 합니다(신7:2).

신명기는 이방인과 사귀지 말라는 이 말씀 직후에 하나님께서 이스라엘 백성을 사랑하셔서 선택하셨음을 선포한다. "당신들은 주 당신들의 하나님의 거룩한 백성이요, 주 당신들의 하나님이 이 땅 위의 많은 백성 가운데서 선택하셔서, 자기의 보배로 삼으신 백성이기 때문입니다"(신7:6).

선민의식의 토대가 되는 신명기의 이 선언은 유대교인과 그리스

65 | 소형근(2012). 역대기 역사서에 나타난 이방인 이해. 구약논단. 제44집. 한국구약학회, pp.158-177.

도인 모두에게 가슴 뭉클한 감동을 전한다. 아무런 공로나 자격이 없는 이스라엘 백성을 하나님께서 무조건적인 사랑으로 당신의 백성으로 택하셨다는 것(신7:8)은 비단 이스라엘의 역사를 넘어, 이 시대에까지 적용되는 그리스도교적 구원론을 보여주고 있기 때문이다.

그러나 동시에 이스라엘이 하나님의 백성(리르암 לי לעם '내 백성'), 하나님의 소유(리 스굴라 לי סגלה '내 소유')가 된다는 것은 하나님이 이스라엘만의 하나님으로 제한된다는 위험을 내포하기도 한다. 실제로 『구약성경』 역사서에 나타난 하나님은 당신의 백성에게 약속한 땅을 주기 위해 가나안의 일곱 족속을 진멸하거나 추방시키면서도 전혀 그들을 불쌍히 여기지 말라고 명령하시는 잔인한 분으로 묘사되기도 한다(신7:2; 사60:12).

아브라함의 후손들과 맺은 하나님의 언약은 이스라엘 민족을 다른 모든 민족들과 구분하도록 하였다. 그들의 구분은 잡혼을 금지하고(출34:15; 신7:15) 그 구분을 유지할 수 있도록 마련된 다양한 음식 규례들과 다른 법례(레11장; 신4장)를 확립하였던 율법에서 강조되었다.

특히, 포로기 이후 에스라-느헤미야의 대대적인 종교적 사회적 개혁 정책은 이러한 이스라엘의 배타적 민족주의적 성향을 가속화시켰다.[66] 포로 후기 시대 유다의 귀환자들은 그들의 민족적, 문화적 및 종교적 정체성을 위한 투쟁을 전개하였다. 그들 자신을 '거룩한 씨'와 '참 이스라엘'로 생각하면서 귀환자들은 비록 '땅의 백

66 | 이사야(2015). 예언서에 나타난 선교사상. **대학과 선교**. 제30집, 한국대학선교학회. p.46.

성'도 여호와를 예배했지만 이들과 교제하기를 거부했다.[67]

유대인에게 선민의식을 부수려고 시도한 것은 요나를 예언자로 내세운 하나님의 의도가 아니었을까?

그런데 이 요나서를 읽어보면, 앞서도 지적한 바와 같이 그 당시 유대인들은 지방신이 아닌 우주의 신이신 하나님의 뜻을 명확하게 이해하고 있었던 것은 아니었다.

하나님은 예언자 요나를 택하여 도망가는 그를 굳이 붙잡아 이방의 나라에 가서 전도하게 한 가장 중요한 목적이 우리들만의 하나님이 아니라 우주적인 하나님이심을 알리려고 부르신 것이다.

이스라엘이 하나님께 선택받았다는 것은 다른 민족들에 대한 배타성을 전제하지는 않는다. 오히려 선택받은 민족이기 때문에 하나님의 도구가 되어 그분의 사랑과 자비를 모든 민족들에게 전하고 구원을 받을 수 있도록 이끌어야 한다.

요나의 고통은 그가 모르는 이방 지역에서, 상대의 잔혹함과 본인의 부족함을 생각해서, "내가 어떻게 사명을 감당하는가?"라는 선교사로서의 사명에 대한 두려움 때문에 생겨난 자연스러운 고통과 고민이라기보다는 민족주의에 근거한 편협한 배타주의로 보아야 할 것이다.[68]

이러한 입장에서 볼 때, 이 요나서의 가장 핵심적인 사상은 박넝쿨 하나가 강한 햇볕에 죽었다고 원망하는 요나에게 하시는 다음과 같은 하나님의 말씀에 담겨져 있다고 할 수 있을 것이다.

---

67 | 이사야(2015). 위의 책. p.61.

68 | 박창현(2009). 요나서에 드러난 하나님의 선교. 선교신학. 20집, 한국선교신학회, p.170.

10 주님께서 말씀하셨다. "네가 수고하지도 않았고, 네
가 키운 것도 아니며, 그저 하룻밤 사이에 자라났
다가 하룻밤 사이에 죽어 버린 이 식물을 네가 그
처럼 아까워하는데,
11 하물며 좌우를 가릴 줄 모르는 사람들이 십이만 명
도 더 되고 짐승들도 수없이 많은 이 큰 성읍 니느
웨를, 어찌 내가 아끼지 않겠느냐?(욘4:10~11).

5. 보편주의(普遍主義) vs. 국수주의(國粹主義)

요나서가 말하는 마지막 구원 대상은 편협한 국수주의적 민족주의에 사로잡혀 있는 요나 자신이었다. 성서 신학자 란데스(G. M. Landes)는 요나서의 핵심 주제를 요나의 감사시에 나오는 여호와의 구원(욘2:10)에서 찾는다.[69]

이미 한 번 구원받은 요나를 다시 구원하신다. 폭풍 속에서 요나를 건지시기 위해 큰 물고기를 예비하셨던 하나님은(욘1:17) 차라리 죽는 것이 사는 것보다 낫다고 떼를 쓰는 요나를 구원하시기 위해 또 다른 것들을 예비하고 계셨다. 박 넝쿨을 예비하셨고(욘4:6), 벌레(욘4:7)와 햇볕과 뜨거운 동풍(욘4:8)을 예비하셨다.

니느웨가 구원받는 것을 불평하던 요나는 박 넝쿨로 인해 조금

69 | G. M. Landes(1967). 'The Kerygma of the Book of Jonah: The Contextual Interpretation of the Johan Psalm,' *Interpretation*, 21, p.30.

편해지자 "기분이 무척 좋았던" 그가 이내 넝쿨이 말라버리자 다시 한 번 죽고 싶다고 한다. 요나의 불평에 하나님은 당신의 관심이 (이스라엘 민족뿐만 아니라) 모든 사람에게 있고 하나님은 모든 민족의 하나님이심을 가르쳐 주시면서 요나서는 막을 내린다.

하나님과 요나 사이에 벌어진 이 격렬한 논쟁은 하나님의 보편적 구원 의지와 배타적 국수주의의 관심을 대변해 준다. 요나를 달래시는 하나님의 모습은 『신약성경』에 등장하는 탕자의 비유에서 돌아온 탕자로 인해 분노하는 맏아들을 달래는 아버지와 비슷하다(눅15:31~32).

심판으로 인해 영원히 잃어버릴 뻔 했던 영혼을 다시 찾은 하나님의 기쁨의 소리가 들려온다.

"내가 어찌 아끼지 않겠느냐"는 하나님의 음성 속에 의인을 부르러 온 것이 아니요 죄인을 불러 회개시키려 오시고(눅5:32), 잃은 양과 드라크마와 아들을 찾고 기뻐하시며(눅15:1~32), 모든 족속으로 하여금 회개하여 죄사함을 얻게 하는 사랑이다(눅15:47).

프렛하임(T. E. Fretheim)과 시몬(U. Simon)도 요나서가 하나님과 예언자 사이의 보편주의라는 신학적 갈등을 묘사하고 있다는 데 의견을 같이 한다.[70]

요나의 관심은 '작은 식물인 박 넝쿨' 하나에 있었던 반면, 하나님의 관심은 십이만 명의 주민이 살고 있는 큰 성읍 니느웨이다.

요나는 박 넝쿨을 재배하거나 그 성장에 아무런 기여한 바가 없으나, 하나님은 그들을 자라게 하셨다. 박 넝쿨은 하룻밤 사이에

---

70 | Terence E. Fretheim(1977). *The Message of Jonah: A Theological Commentary*. Minneapolis: Augusburg, p.20. Uriel Simon(1999). Jonah, JPS Bible Commenatary, Philadelphia: Jewish Publication Society, xx, p.167.

생겨났다가 죽어버렸지만, 하나님이 그들을 양육하는 데에는 여러 해가 걸렸다. 이 하나님의 말씀에 대한 요나의 반응은 나타나지 않는다.

요나서의 저자는 그 반응을 포로 후기의 공동체의 상상과 결단에 맡기고 있다.

우리가 알 수 있는 것은 하나님의 사랑과 구원은 우리가 원하는 사람에게만 독점될 수 없다는 사실과 하나님은 모든 사람이 회개하고 구원을 얻을 수 있도록 할 수 있는 모든 것을 예비하셨다는 것이다. 그것은 에스라-느헤미야의 철저한 종교적, 정치적 개혁의 분위기 속에서 공동체가 놓치지 말아야 할 보편적 만인교육 사상이었던 것이다.

요나가 스올의 뱃속에서 경험한 하나님의 구원은 모든 사람들이 경험해야 할 은혜였고, 니느웨 사람들은 하나님이 잠시 '잃어버린 자들'이었을 뿐이다. 요나서가 말하는 하나님의 백성은 이스라엘이라는 민족적 범주를 뛰어넘는다.

요나서는 하나님의 일반적 셈어 이름인 '엘로힘'(אלהים)과 이스라엘이 고백하는 '여호와'(יהוה)를 조심스럽게 구별한다. 3장 5~8절의 니느웨 회개 단락에 등장하는 것은 하나님이다. 니느웨 사람들이 믿은 이는 엘로힘이다(욘3:5). 그러나 4장 6절에서 여호와 하나님이 사용된 것은 니느웨 사람들이 믿은 엘로힘(=하나님)이 실제로 이스라엘의 여호와임을 말해 준다.

교육학적 관점에서 요나서를 볼 때, 요나서에 흐르는 가장 중요한 신학적인 문맥은 하나님의 만민 교육에 대한 관심과 하나님께서 이스라엘을 택하신 목적이 단순히 이스라엘에게만 복 주시기 위해서가 아니라 이스라엘을 통하여 모든 민족이 복을 받게 하려는데 있다는 사실이다.

또한 이스라엘의 자기 민족 중심적인 편협한 태도가 결코 하나님의 이러한 목적을 방해할 수 없으며, 하나님의 세계 만민을 위한 구원의 목적은 반드시 성공하고야 만다는 것이다.[71]

하나님의 교육은 이스라엘만 구원을 받고 이방민족들은 모두 심판을 받아야 한다는 당시의 편협한 국수주의를 거부하고 니느웨 사람들을 포함한 모든 이방인들에게 미치고 있는 것이다. 요나서의 저자는 배타적 국수주의의 대변자라고 할 수 있는 요나의 편협된 생각에 대한 독자의 비판을 이끌어 냄으로써 포로 후기 모든 유형의 배타주의에 신랄한 책망을 나타내고 있다.

요나서는 죽음의 자리에까지 내려간 이스라엘뿐 아니라 폭풍과 큰 물고기, 박 넝쿨까지 예비하시고 니느웨의 짐승을 포함한 모든 피조물을 그 범주에서 배제하지 않으시는 하나님의 사랑을 보여준다.

71 | 백금산(2009). 하나님의 더 큰 열심 때문에. 요나·하바국: 어떻게 설교할 것인가?(목회와신학 편집부 엮음). 서울: 두란노 아카데미. p.25.

Chapter6 **제6장**

유대민족의 교육사상

유대인들은 가르친다는 것과 배운다는 것이 가장 중요한 예배라고 믿는다. 즉, 가르친다는 것은 하나님을 존경(예배)하는 것이요, 또한 공부하는 것은 하나님께 드리는 최고의 기도라고 본다. 그러므로 회당의 예배에서도 가장 중요한 일은 함께 모여 '토라'를 공부하는 일이다.

사람은 일생 동안 공부해야 한다는 것이 유대교의 기본적인 믿음이다. 아무리 지혜로운 사람이라도 배우기를 중단하면 그 순간에 지금까지 배운 모든 것을 잊게 된다고 생각한다. 유대인들은 이러한 평생배움을 통하여 신앙을 키우고 있다.

1. 유대민족 교육의 이념과 목적

이스라엘 사람들은 부름을 받아 자기 자신을 하나님의 백성으로 이해하였고, 나아가 어떻게 하면 그들을 섬길

수 있을까를 알게 되었다. 그러므로 모든 교육 활동의 일차적인 목적은 종교적인 것이었다. 이는 창세기에서 하나님이 아브라함에게 직접 말씀하신 것임을 알 수 있다.

> 내가 아브라함을 선택한 것은 그가 자식들과 자손을 잘 가르쳐서, 나에게 순종하게 하고 옳고 바른 일을 하도록 가르치라는 뜻에서 한 것이다. 그의 자손이 아브라함에게 약속한 대로 다 이루어 주겠다(창18:29).

비록 이스라엘 백성이 때때로 이 이념을 망각했을지라도 이스라엘에는 그들을 깨우쳐 줄 제사장, 예언자, 서기관, 지혜로운 자, 랍비, 교사들이 언제나 존재했었다. 중심은 인간이 아니라 하나님이었다. 목적은 의로움이지 자기 이익이 아니었다(출19:6).

교육은 유대인에게 있어 고대로부터 이어진 질곡과 형극의 가시밭길 역사에서 유일하게 그들의 생존을 지켜주었던 자산이다. 자식 교육이 최대의 사업이라는 것이 유대인들의 공통된 생각이다. 교육이 과거의 삶을 지켜주었듯이 미래를 여는 열쇠라고 믿는 것이다.

교육의 목적은 청년들을 가르쳐서 하나님을 알고 섬기게 하는 것이다. 그렇게 함으로써 살아갈 동안 이 길에서 떨어지지 않게 하려는 것이었다(잠22:6). 그리하여 종교교육은 율법에 주의를 집중시켰고, 유대인을 교육시켜 살도록 하는 데 목표를 두었다.[72]

72 | 서영준(2015). 개혁주의 관점에서 살펴본 쉐마교육. **개혁논총**. 제35권. 개혁신학회, pp.327-328.

자녀에게 부지런히 가르치며, 집에 앉아 있을 때나 길을 갈 때나, 누워 있을 때나 일어나 있을 때나, 언제든지 가르치십시오(신6:7).

주님을 경외하는 것이 지식의 근본이거늘, 어리석은 사람은 지혜와 훈계를 멸시한다(잠1:7).

마땅히 걸어야 할 그 길을 아이에게 가르치라. 그러면 늙어서도 그 길을 떠나지 않는다(잠22:6).

이는 생계를 위한 교육일 뿐만 아니라 인격 및 행동으로부터 유리되지 않았다. 좋은 성격은 율법 연구를 통한 하나님과의 올바른 관계에서 귀결되는 것이라고 생각하였다.

요람에서 무덤까지 율법의 우위성이 삶 전체를 포괄하였다. 배우는 데 있어서는 남녀노소의 구별이 없었다. 이러한 생각도 삶의 모든 측면을 포괄하였다.

에스라시대 이래 유대인의 삶은 율법 중심이었다. 그들은 책의 백성(the people of the Book)으로 알려졌다. 이 점이야말로 유대인을 다른 민족으로부터 구별시켜 주었다.

히브리 민족의 교육 목적은 배타적으로 종교적이어서 문화 발전을 무시한 점도 없지는 않다. 특히 후기 유대교에 있어서 이러한 율법에 대한 열심은 사소한 일에 구애되는 율법주의 체계로 발전하여 자기당착에 빠지는 경우도 종종 있었다.

그러나 이러한 편협성에도 불구하고 히브리 교육 목표는 결코 방향 감각을 잃지 않았다.

그 교육 내용은 학술적이고 전문적인 지식 교육이 아니라 거룩함의 교육이었다.

이스라엘 자손은 온 회중에게 말하여라. 너는 그들에게 이렇게 일러라. 너희의 하나님인 나 주가 거룩하니, 너희도 거룩해야 한다(레19:2).

비록 이스라엘 백성이 때때로 이 이념을 망각했을지라도 이스라엘에는 그들을 깨우쳐 줄 제사장, 예언자, 서기관, 지혜로운 자, 랍비, 교사들이 언제나 존재했었다. 중심은 인간이 아니라 하나님이었다. 목적은 의로움이자 자기 이익이 아니었다(출19:6).

한 법학자에 의하면 『구약성경』의 율법들이 국가공동체의 사회적 삶을 규정하고 있는 시민법적인 요소를 보이지만, 근본적으로 여호와와 이스라엘의 계약이라는 특수 상황에서 효력을 가진 종교적인 법령들이었다는 것이다.

구약 율법이 현재의 세속 국가의 법령들과 가장 큰 차이를 드러내는 것은 『구약성경』의 율법에는 연대 책임, 공동체 책임 등의 개념들이다.

개인의 죄악에 대한 개인의 죄책원리가 없는 것은 아니지만, 많은 경우, 『구약성경』의 율법들은 어떤 율법이 지켜지지 않아 파국이 초래되는 경우, 공동체 구성원 모두를 향해 죄책을 책임질 것이라고 말한다. 또한 『구약성경』 율법들은 율법을 어겼을 때 받게 되는 징벌도 강조하지만 그것을 지켰을 때 받게 될 보상들과 복들에 대해서도 아주 많이 강조하고 있다.[73]

73 | 김회권(2008). 구약성경의 율법들-계약법전, 성결법전, 그리고 신명기법전의 원천: 십계명. **법학논총**. 제19집. 숭실대학교 법학연구소, p.49.

2. 유대인의 이상적인 인간상

유대인에게 있어 종교는 신앙 이전에 어머니로부터 받아먹는 모유와 같다. 그들은 태어나 한두 달이 지나 말귀를 알아듣게 되면 엄마로부터 율법을 배우기 시작한다. 유대교에서는 『성경』과 탈무드 등의 유대교 경전들을 배우고 연구하는 것이 하나님을 믿는 신앙과 동일시된다.

그러므로 유대인들이 추구하는 이상적인 인간상(人間像)은 평생 공부하는 인간상이다. 유대인들은 가르친다는 것과 배운다는 것이 가장 중요한 예배라고 생각한다. 즉, 가르친다는 것은 하나님을 존경(예배)하는 것이요, 또한 공부하는 것은 하나님께 드리는 최고의 기도인 것이다.

그러므로 회당의 예배에서도 가장 중요한 일은 함께 모여 토라를 공부하는 일이다.

사람은 일생 동안 공부해야 한다는 것이 유대교의 기본적인 믿음이다. 아무리 지혜로운 사람이라도 배우기를 중단하면 그 순간에 지금까지 배운 모든 것을 잊게 된다고 생각한다.

유대인은 "모든 진리는 하나님에게서 나온다"고 믿고 있다. "진리는 인간이 만드는 것이 아니라 주어진 것을 단지 발견하는 것"이라는 생각이다. 유대인들은 모든 과학 기술도 하나님이 창조한 세상과 생명의 원리를 인간이 이해하여 모방한 것이라는 시각을 갖고 있다.[74]

74 | 홍익희(2013). **유대인의 창의성의 비밀**. p.94에서 재인용.

이러한 믿음은 자연히 유대인들로 하여금 하나님의 섭리를 하나라도 더 이해하기 위해 배움으로 이끈다.

유대교는 인간이 하나님의 형상을 본받아 지음을 받았기에 인간 내면에 무한한 잠재력과 가능성이 있다고 가르친다. 창세기에 보면 하나님이 인간을 빚은 뒤 코에 생기를 불어넣는 장면이 나온다. 유대인은 이 생기가 바로 하나님의 영혼이라고 믿는다.

곧 "한 명 한 명 만들 때마다 하나님은 자신의 영혼을 불어넣었고, 그 영혼이 인간의 몸 안에서 살다가 죽으면 다시 하나님께로 되돌아간다"는 것이다. 이 같은 유대인의 사고에 따르면 결국 실존하는 것은 인간이 아니라 인간 안에 깃든 하나님의 영혼이다.

BC1세기의 유명한 랍비였던 힐렐(Hilel, BC60~AD20)은 "인간 속에 심은 하나님의 형상이 완전히 개발되어 세계와 우주를 이해하고 지배하여, 모든 인류의 삶이 하나님의 평화에 이르는 것이 성경 전체의 뜻이다"라고 가르쳤다. 이 기본 신앙 이외에 나머지 설명들은 다 주석에 불과한 것이라고 했다.

예수와 동시대의 사람이었던 위대한 랍비 힐렐에 관한 에피소드가 전해 내려오고 있다.

힐렐에게 한 이교도가 다가와 "당신이 한 다리로 서 있는 동안 토라 전체를 암송할 수 있다면, 나는 유대교로 개종할 것이요"라고 말했다. 힐렐은 이렇게 대답했다. "당신 스스로에게 혐오스러운 일을 이웃에게 하지 마시오. 이것이 토라의 전부이며 나머지는 그저 각주일 뿐이니, 가서 이것을 공부하시오"라고.[75]

그는 여기에서 신의 유일성, 천지창조, 출애굽 혹은 613개 계명

75 | Yitzhak Buxbaum(2008), *The Life and Teachings of Hillel*. Brand: Jason Aronson, Incorporated, p. 304

과 같은 교리를 언급하지 않는다.

이 모든 것은 힐렐에게 그저 황금률(Golden Rule)에 대한 각주에 불과하다. 다른 유일신 전통에서도 마찬가지다. 다른 헌신의 행위와 믿음 체계가 중요하지 않다는 의미는 아니다. 이것들 보다 훨씬 중요한 것은 다른 사람에 대한 이기심 없는 배려라는 것이다.

3. 유대민족 교육의 상징

유대인들의 축제는 독특한 방식으로 히브리 민족정신을 결집시키는 데 이바지하였다. 축제일은 민족의 거룩한 날인 동시에 휴일이었다. 이 축제를 통하여 유대인들은 음식물과 보호물을 마련하는 데 있어서 하나님에 대한 그들의 의존성을 구체화시켰다.

1. 유대인에게 있어서 축제의 의미

에스라 이전 시대에 학교가 아직 존재하지 않았을 때, 축제는 교육상 가장 중요했는데 학교가 시작된 이후에도 사정은 마찬가지였다. 율법에 의하면 아버지는 그의 아들에게 축제를 설명해 주어야 했다.

그 날에 당신들은 당신들 아들딸들에게, '이 예식은, 내가 이집트에서 나올 때에, 주님께서 나에게 해주신 일을 기억하고 지키는 것이다'하고 설명하여 주십시오(출 13:8).

당신들은 오로지 삼가 조심하여, 당신들의 눈으로 본 것들을 잊지 않도록 정성을 기울여 지키고, 평생 동안 당신들의 마음속에서 사라지지 않도록 하십시오. 또한 그것을 당신들의 자손에게 길이 알리십시오(신4:9).

나중에 당신들의 자녀가, 주 당신들의 하나님이 당신들에게 명하신 훈령과 규례와 법도가 무엇이냐고 당신들에게 묻거든, 당신들은 자녀에게 이렇게 일러주십시오.

'옛적에 우리는 이집트에서 바로의 노예로 있었으나, 주님께서 강한 손으로 우리를 이집트에서 이끌어 내셨다'(신6:20~21).

축제에 참여함으로써 어린이들은 그 의미를 알게 되었는데, 이러한 식으로 축제는 마음에 지울 수 없이 새겨진 삶의 일부분이 되었다. 축제는 젊은이들에게 유대교 신앙의 위대한 진리를 가르치기 위한 독특한 기회였다.

그들은 역동적이고 생동적이고 진정 재미있는 교육 방식을 마련하였다. 이것은 추상적인 관념과 철학적인 원리에 의한 것보다 훨씬 더 효과적인 교육 수단이었다. 이런 식으로 하나님이 그 백성을 어떻게 다루는 가는 종교 의식을 통하여 효과적으로 주목하였다.

모든 축제는 오색찬란하였으며, 매우 재미있었다. 어린이는 항상 축제 한 복판에 있었다. 이것이 유대민족의 천재성이다. 그들은 어린이를 삶의 중심에 놓았고 유대 역사와 종교는 다음 세대에 넘어 갈 것이라고 확신하면서 교육 매체를 통해 발전해 나갔다.

거룩한 날 중 가장 중요한 날은 안식일이었다. 그것이 중요한 한 가지 이유는 일주일에 한 번씩 찾아오는 날로써 하나님을 예배하며 안식하는 날이었기 때문이다.

노동을 하지 않으면서 유대인들은 생활필수품을 모두 공급해 주시는 하나님에 대한 신앙을 행동에 의해서 표시했다.

"안식일은 신앙을 표시하는 날이요, 주 안에서 기뻐하는 날이요, 예배를 위해 모이는 날이요, 학습하고 교육하는 날"이었다. 어떤 의미에서는 전 계약 신앙이 모여 안식일 준수로 상징화되었는지도 모른다.

2. 일곱 개의 중요한 축제들

구약시대 동안 7개의 중요한 축제가 있었고, 신약시대에 앞서 마지막 하나가 추가되었다. 각 축제는 유대교 신앙의 한 측면을 상징하였다. 모든 축제는 그 나름의 예배적 교훈을 담고 있었다.[76]

첫 축제는 누룩을 넣지 않고 만든 빵의 절기로서 시기적으로는 유월절에 앞섰다. 이스라엘 백성은 출애굽할 때 하나님의 말씀대로 급하게 나오느라 발효되지 않은 반죽을 출애굽할 때 갖고 나와서 누룩을 넣지 않고 만든 빵을 만들어 먹었다.

두 번째 축제는 맥추절로서 수장절(收臟節)이라고도 불렀다(출 23:16; 34:22; 민28:26). 후에 이 축제는 오순절로 알려지게 되었

76 | 강용태(2015). 구약성경의 제사와 예배적 교훈에 관한 연구. 중앙신학대학교 박사학위논문, pp.81-118.

다. 유월절 후 7주를 지난 50일 만에 지키는 절기여서 칠칠절, 오순절이라고도 한다. 첫 수확기에 지키는 절기여서 초실절이라고도 한다.

세 번째 축제는 초막절로서 올리브, 포도 등을 추수하여 저장한 후 티쉬리 월(7월, 태양력으로 9~10월) 15일부터 지키는 감사 절기를 말한다(출23:16; 34:22; 레23:24; 신16:13).

초막절에는 식구들이 함께 초막을 세우고 상징되는 열매와 식물들로 초막을 장식하고, 그 곳에서 식사하고 잠을 자기도 하며, 과거 조상들의 광야생활을 간접경험을 통해 배운다.

네 번째 축제는 '안식일'로서 레위기 23장 2, 3절을 보면 절기로 간주되어 있다. 유대인들이 휴일로 지키는 토요일을 말하며 히브리어 샤밧은 '쉬다' 또는 '중지하다'라는 뜻을 어근으로 한다. 안식일의 기원은 하나님께서 6일간 창조하시고 7일째 되는 날에 안식하신 것에서 유래한다.

다섯 번째는 '나팔 부는 날'로 제7월(티쉬리 월, 태양력으로 9~10월) 1일에 지키는 절기이다(민29:1). 이 날에는 성회로 모이며 노동은 금지되었고 번죄, 속죄제, 소제, 상번제, 전제, 화제를 드렸다(레23:24~25).

여섯 번째는 '속죄일'이었다. 일 년에 한 번 하나님께 대제사장과 백성의 죄를 대속하는 날로 이스라엘 종교력으로 7월(티쉬리 월 태양력으로 9~10월 무렵) 10일을 말한다(출30:10; 레23:26~31).

일곱 번째 축제는 에스더 9장에 묘사된 '부림절'[77]인데 이는 하만의 밀모(密謀)로부터의 구원을 기념하는 것이었다. 이날은 축연

77 | '제비뽑기'를 의미하는 앗시리아어 '부르'(Pur)의 복수인 '부림'(Purim)은 유대인들이 하만의 음모에서 벗어난 것을 기념하는 축제의 이름이다.

과 기쁨의 날이었다. 율법에는 명시되어 있지 않다.

『구약성경』이 완결된 이후에 제정된 축제는 수전절(修殿節)로서 예루살렘 성전이 안티오쿠스 에피파네스(Antiochus Epiphanes)에 의해 더럽혀진 후 BC164년 유다스 마카비(Judas Maccabees)가 이를 정화한 일을 기념하고 의식화한 것이었다. 이는 빛의 절기로 불려 지기도 했다.

그 밖에도 할례예식, '장자의 속전', '성인예식' 등 여러 가지 예식에 자녀들을 참여하게 함으로써 그들로 하여금 "왜 그렇게 하는가?", "무슨 의미가 있는가?"라는 질문을 유발시킨다.

부모들은 그 질문에 대해 자신이 알고 있는 의미를 자연스럽게 설명해 준다. 예식에 참여하던 자녀들은 의미를 깨닫고, 그 의식에 기쁘게 참가하여 후에는 그 자신이 훌륭한 역사의 계승자로 성장하게 된다.

3. 온 몸으로 신앙을 보여주는 예언자들

예언자들도 백성들에게 보내는 그들 메시지의 의미를 강조하기 위하여 상징의 방법을 사용하였다. 이러한 상징은 예언자의 '징조'로 서술되었다. 방법은 선언된 말의 의미를 실제 행동으로 표현하는 것이었다. 이러한 예는 이사야서 8장 1절 이하에 나타나 있다.

이 구절을 보면 하나님께서 이사야에게 이르시되 큰 서판을 취하여 그 위에 통용 문자로 기록하라고 하셨는데, 이때 이사야는 그의 자녀들에게 예언의 의미를 내포하는 어떤 이름을 지어 주라는 하나님의 말씀을 들었다.

예레미야서 13장 1~11절을 보면 예레미야도 하나님의 말씀을 들었는데 이는 베띠를 사서 그것을 처음 빨기도 전에 썩게 하라는 것이었다. 이러한 실제 행동은 하나님께서 유다의 교만을 꺾는다는 것을 보여 주는 행동이었다.

예레미야는 목에 나무멍에를 메고 돌아 다녔는데 이는 이스라엘 백성이 느부갓네살의 종이 될 것을 상징하였다(예28:13). 예언자 에스겔도 이와 비슷한 말씀을 들었다.

> 너는 가서 하나나에게 이렇게 전하여라. '나 주가 말한다. 너는 나무로 만든 멍에를 꺾어 버렸으나, 오히려 그 대신에 쇠로 멍에를 만들고 말았다(예28:13).

에스겔은 상징적인 행동을 통하여 예루살렘에 대한 파괴와 파멸의 메시지를 선포하였다. 그는 공포로 몸을 부들부들 떨면서 빵을 먹고 물을 마셨는데 이는 예루살렘에 닥쳐오는 재앙의 그것과 몰고 올 공포를 상징적으로 묘사하는 것이었다.

> 너는 그들이 보는 앞에서 어깨에 짐을 메고, 어두울 때에 나가거라. 너는 얼굴을 가리고, 다시는 그 땅을 보지 말아라. 내가 너를 이스라엘 백성에게 주는 '징조'로 삼았기 때문이다(겔12:6).

예레미야는 여호와의 말씀대로 토기장이의 집으로 내려가서 진흙으로 만든 그릇을 산산조각으로 만들었다. 토기장이는 그것으로 자기 의견에 선한 대로 다른 그릇을 만들었다. 이 예레미야의 행동은 여호와께서는 이 진흙그릇이 토기장이의 손에 있는 것 같이 이스라엘족속이 여호와의 손에 있는 것을 알게 하려는 의도에 따른 것이었다.

보다 가내적인 차원에서 사용된 다른 성질 품목은 술(민15:39~41; 신22:12), 부적(출13:1~10; 신6:4~9; 11:13~21), 문설주(신11:20)였다.

호세아 예언자는 그의 결혼 생활 조차 이스라엘 하나님께서 그의 백성에 대한 사랑을 알리기 위한 상징적인 행동을 하도록 명령받았다. 방종한 부인과 화해하려는 호세아의 노력은 궁극적으로 이스라엘의 회복을 보여 준다.

4. 유대민족 교육의 원리

유대인들이 그들의 교육에서 중요시한 것을 다음과 같은 몇 가지로 정리할 수 있다.

1. 조기 교육

첫 번째로 조기 교육을 들 수 있다. 어린 나이에 교육을 시작한다는 것이다. 유대인 어머니는 늘 아이 곁에서, 아이의 눈높이에 맞추어 이야기한다. 아이가 태어나서 만나는 첫 교육자가 어머니다. 아이가 한 명의 온전한 유대인으로 클 수 있는 것은 엄마의 힘이 절대적이다.

그래서 지금도 이스라엘에서는 어머니가 유대인인지 여부가 유대인 판정의 가장 중요한 요소로 본다.

유대인들은 네 살이 되면 히브리어를 배운다. 율법을 암기하기 위해서이다. 특히, 13세 때 성인식을 치르기 위해서는 모세오경 가운데 한 편을 모두 암기해야 한다. 그리고 성인식에 참석한 사람들을 대상으로 『구약성경』을 토대로 자기가 준비한 강론을 해야 한다.

2. 아동의 성인식

유대인은 하나님이 자녀를 13살 성인식 때까지는 부모에게 맡긴 것이라고 생각한다. 그래서 그들은 자녀를 한 사람의 온전한 유대인으로 만들어 성인식 때 하나님께 드려야 한다고 믿는다.

유대인에게는 13세가 된다는 것은 아주 특별한 의미를 가진다. 이때부터는 성인 대접을 해 준다. 이제는 하나님 앞에 스스로 모든 것을 책임져야 한다고 생각한다. 때문에 13세가 되는 생일날 하는 '성인식'은 정말 성대하게 거행한다. 개인의 일상에서 결혼식과 함께 가장 중요한 날이다.

성인식을 히브리어로 '바르/바트 미츠바'라 부른다. 유대인 남자의 경우 13세, 여자의 경우 12세가 되면 각자의 행동에 책임을 질 나이가 된다고 여기며, 이에 따라 성년의례를 행하고 이들이 '바르 미츠바가 되었다' 혹은 '바트 미츠바가 되었다'라고 표현한다.

히브리어로 '바르'(בר)는 '아들'을, '바트'(בת)는 '딸'을 의미하는 단어로, 풀이하면 '율법의 아들(딸)이 되었다'는 뜻이 된다. 유대교회에서는 남녀 아이들이 각각 13세 및 12세가 되면 바르 미츠바(바트 미츠바)가 되었음을 축하하는 행사를 갖는다.

이 나이는 아이들이 사춘기에 접어드는 시기와도 일치한다. 이 나이가 되기 전에는 아이들의 부모가 자녀의 유대교율법 및 전통 준수에 대한 책임을 진다. 그러나 이 나이가 되면 아이들은 유대교 율법 및 전통, 윤리 등과 관련한 책임을 스스로 지게 되며, 이와 함께 유대인사회의 모든 활동 영역에 참여할 수 있는 권리도 얻는다.

곧 아이 교육의 책임이 부모로부터 하나님께로 넘겨진다는 의미다. 아이가 부모로부터 독립하여 하나의 온전하고 독립적인 인격체가 되는 것이다.[78]

자녀도 이제부터는 하나님의 도움을 받아 스스로 평생 공부를 하여야 한다. 유대교는 모든 유대인들이 평생을 통하여 토라를 공부하도록 평생 교육을 의무적으로 규정하였다.[79]

토라뿐만 아니라 유대인들은 생명이 있는 한, 쉬지 않고 공부하여 하나님의 진리를 발굴하고 인류에 공헌해야 한다는 신념이 있다. 평생 교육을 옛날부터 당연한 것으로 받아들인 것이 유대인들이다.[80]

유대인들의 종교관에 의하면 사람 영혼의 세계에는 여러 층이 있는데 '네시마'라고 불리는 영혼의 세계는 13세부터 시작된다고 한다. 이때부터 사람이 지각있는 판단력을 지닐 수 있어 하나님과 계약을 맺을 수 있는 능력이 있으며 또한 그 계약을 수행할 수 있

---

78 | 현용수(2006). 자녀교육: 유대인의 선민교육. **인성과 쉐마**. 제51권, 한국상담선교연구원. pp.43-58.

79 | 김진섭(2010). 성령님과 쉐마교육-말씀·기도·인성의 3대(대) 평생 학습. **인성과 쉐마**. 제1권 1호. 쉐마교육학회, pp.85-137.

80 | 김진섭(2010). 토라 613계명(타르야그 미쯔보트)의 현대적 의미. **인성과 쉐마**. 제2권. 쉐마교육학회, p.109.

다고 믿는다.

할례가 하나님과 사람 사이에 계약이 있다는 사실을 계약 당사자의 몸에 객관적으로 표시하는 행위라면, 성인식은 그 사실을 주관적으로 받아들이고 그렇게 살겠다는 의지를 표현하는 의식이다.

유대인들은 1년 동안의 성인식 준비를 통해 내가 무엇이며, 왜 이 세상에 나왔으며, 무엇을 해야 하나를 고민한다. 그런 의미에서 유대인의 성인식은 정체성확립 선언의 장이 된다. 성인식을 맞는 아이는 히브리어로 된 토라의 한 부분이 적힌 두루마리를 펴고 축복문을 낭송한다.

유대인들은 많은 사람들 앞에서 공식적으로 토라를 읽는 것을 특별한 축복으로 여기는데, 성인식 때는 히브리어로 읽어야 하기 때문에 보통 성인식 1년 전부터 히브리어 공부를 한다.

아이가 히브리어로 축복문을 낭송하면 부모는 "이 아이에 대한 책임을 면하게 해 주신 하나님을 찬송할지어다"라고 화답한다. 이와 같이 선포함으로써 앞으로 아이의 모든 종교적 잘못에 대한 책임은 본인 스스로에게 있다고 확신하는 것이다.

성인식을 하는 13세 아이는 이제 더 이상 종교적으로 부모에게 예속되지 않으며 스스로 독립적인 종교인임을 인정한다는 것이다.

그 다음 순서는 성인식을 맞는 당사자가 강론하는 '드라샤' 시간이다. 유대 율법 가운데 한 가지를 여러 사람 앞에서 설교하는 것이다. 1년 동안 자신이 성인식에서 할 설교를 준비하면서 끊임없이 원고를 다듬어 이를 대중 앞에서 발표한다.

성인식을 마친 유대인아이들은 당연히 그때부터 성인으로써 결혼이 가능하다. 그리고 성인이 됨과 동시에 자기의 평생 직업을 선택할 수 있는 권리를 갖는다. 성인식을 계기로 인생관과 직업관에 세워지는 것이다.

3. 아침에 교육 실천

유대인들은 학생이 정신이 맑은 아침이 교육하기에 가장 좋은 때라고 보았다.

> 주 하나님께서 나를 학자처럼 말할 수 있게 하셔서, 지친 사람을 말로 격려할 수 있게 하신다. 아침마다 나를 깨우쳐 주신다. 내 귀를 깨우치시어 학자처럼 알아듣게 하신다(사50:4).

4. 눈높이교육

어린이에게는 이해수준에 맞게끔 끊임없이 주제를 제시하는 것이다. 이것은 다시 교육이 이미 알려진 지식에서 모르는 사실로 발전해 갔다는 네 번째 원리로 이어진다.

모세가 전해 준 율법은 어떤 성문법보다도 '정의와 평등'을 목표로 '민주주의 정신과 여성 존중'이라는 새로운 시대 정신을 담고 있다. 특히, 그 무렵 '법 앞의 평등'이라는 개념은 파격이었다.

율법에 담긴 "하나님 아래 모든 인간은 평등하다"는 유대인의 사상은 애굽탈출 이후 세계 최초의 민주주의 제도를 도입하게 된다. 왕이 없는 지파별 공동체를 꾸려 평등 사회를 지향했고, 지파간의 이해관계를 조정해 줄 사사(士師, 또는 判官)를 민의로 뽑아 재판을 맡겼다.

나중에는 전쟁 통에 일사불란한 지휘 체계를 위해 왕을 뽑았다. 그러나 그도 다른 나라처럼 절대 군주가 아니라 단지 하나님의 통치와 율법 아래, 즉 입헌 군주제하의 대표자일 뿐이었다. 다윗이 호구조사를 하다 하나님께 크게 벌 받은 이유가 바로 하나님만이 유대인의 유일한 통치자이자 군주라는 사상을 어기고 월권을 했기 때문이었다.

이러한 평등사상이 현대에 이르러 이른바 '후츠파 정신'(chutzpah)[81]을 낳았다.

후츠파 정신은 역사의 산물이다. 유대인들은 "생각이 바로 경쟁력이다"라는 철학이 있다. 사고의 범위를 무한대로 넓혀야 성공한다는 생각이다. 그렇기에 타인의 생각에 자신을 묶어주지 않는다.

유대인들은 나이나 직위에 상관없이 모두가 평등하다는 뿌리 깊은 믿음을 갖고 있다. 따라서 그들은 수평적인 관계 속에서 상호 묻고 답하며 논쟁하는 것이 습관화되어 있다. 다른 사람의 의견에 대해 의문이 생기거나 이해가 안 되면 누구에게나 주저하지 않고 질문하고 따지는 것이 몸에 밴 것이다.

5. 암송의 중요성

다섯 번째는 망각의 문제가 주목되어 특히 반복 학습의 필요성이 인식되었다. 예컨대, 신명기 4장 9절을 보면, "기억하라"는 등의 권고는 계속 되풀이 된다.

81 | 후츠파(라틴어 알파벳: chutzpah, 히브리 문자: חוצפה)는 무례, 뻔뻔, 철면피 따위를 뜻하는 히브리어 말이다. 이와 함께 용기, 배포, 도전성 따위를 뜻하기도 한다. 후츠파는 이스라엘의 독특한 정신 문화로서, 권력자 또는 권위자에게 자기 생각을 과감하게 표현하는 용기의 밑바탕이 된다.

당신들은 오로지 삼가 조심하여, 당신들의 눈으로 본 것들을 잊지 않도록 정성을 기울여 지키고, 평생 동안 당신들의 마음속에서 사라지지 않도록 하십시오.

모세가 백성들에게 선포하였다. "당신들은 이집트에서 곧 당신들의 종살이하던 집에서 나온 날을 기억하십시오(출13:3).

당신들은 광야에서 주 당신들의 하나님을 얼마나 노엽게 하였던가를 잊지 말고 기억하십시오(신9:7).

6. 기억술 개발

결국 이스라엘 상황에 있어서는 기억술에 강력한 강조가 이루어졌다. 기억 개발은 기억형태로 제시되는 교수 방법의 개발, 즉 기억술 개발을 가져 왔다.

예컨대, 잠언서 31장 10~31절을 보면, 구절의 첫 단어를 히브리어 알파벳 첫 글자인 알렙(א)으로부터 마지막 글자인 타우(ת)에 이르는 알파벳의 다음 문자로 시작하게끔 고안되었다. 이런 문학 형식은 시편 119편에서도 나타난다.

시편 119편 1~8절은 매 절마다 히브리어 알파벳 첫 글자인 알렙(א)으로, 9~16절은 매 절마다 히브리어 알파벳 두 번째 글자인 베트(ב)로, 그리고 17~24절은 매 절마다 기멜(ג)로 시작하고, 25~32절은 매 절마다 달렛(ד)으로 시작하는 형식을 취한다. 매 일곱절씩마다 알파벳순서로 노래를 한다.

기억은 또한 비유(משל), 신탁(민23:7), 유비(類比, 삼상10:12), 수수께끼(겔17:2), 생생한 도덕 이야기(삼하12:1) 사용으로 촉진되었다.

이스라엘 교육에 있어서 문자 교육은 중요한 역할을 맡았다. 그렇지만 문자 교육 형태는 구전 교육(口傳教育)의 중요성을 시사한다.[82]

> 내가 너에게, 건전한 충고가 담긴 서른 가지 교훈을 써 주지 않았느냐?(잠22:20).
>
> 이제 너는 가서, 유다 백성이 어떤 백성인지를 백성 앞에 있는 서판에 새기고, 책에 기록하여서, 오고오는 날에 영원한 증거가 되게 하여라(사30:8).

7. 질문법의 활용

다양한 축제와 법제를 통한 역동적인 교육의 중요성은 이미 말한 바와 같다. 확실히 예언자들은 메시지의 요점을 강조하기 위하여 상징의 방법을 사용하였다. 이들은 잠언과 비유를 즐겨 사용하였다.

> 그 때가 오면, 사람들이 더 이상 '아버지가 신포도를 먹었기 때문에, 자식들의 이가 시게 되었다'는 말을 하지 않을 것이다(렘31:29).

또한 교육은 교리문답 형식으로 주어졌다. 예컨대, 아모스 예언

82 | 박아청(2017). 교육학의 원조 구약성경. p.133.

자는 수사학적 질문법을 사용하였다. 질문과 대답형식은 예레미야서 15장 11절, 신명기 6장 20절 등에서 보다 완전하게 나타난다.

> 두 사람이 미리 약속하지 않았는데, 그들이 같이 갈 수 있겠느냐? 사자가 먹이를 잡지 않았는데, 숲 속에서 부르짖겠느냐? 젊은 사자가 움켜잡은 것이 없는데, 굴속에서 소리를 지르겠느냐?
>
> 덫을 놓지 않았는데, 새가 땅에 놓인 덫에 치이겠느냐?
>
> 땅에서 새 덫이 튀어 오르겠느냐? 성읍 안에서 비상나팔이 울리는데, 사람들이 두려워하지 않겠느냐? 어느 성읍에 재앙이 덮치면, 그것은 주님께서 하시는 일이 아니겠느냐?
>
> 참으로 주 하나님은, 당신의 비밀을 그 종 예언자들에게 미리 알리지 않고서는, 어떤 일도 하지 않으신다.
>
> 사자가 으르렁거리는데, 누가 겁내지 않겠느냐?
>
> 주 하나님이 말씀하시는데, 누가 예언을 하지 않을 수 있겠느냐?(암3:3~8).

미가서 6장 6~8절은 교리문답 일과(日課)로서 제시된 질문에 대한 답변이 함축되어 있는 수사학적 형식으로 되어 있다. 절정은 8절에 나타나 있다.

> 너 사람아, 무엇이 착한 일인지를 주님께서 이미 말씀하셨다. 주님께서 너에게 요구하시는 것이 무엇인지도 이미 말씀하셨다. 오로지 공의를 실천하며 인자를 사랑

하며 겸손히 네 하나님과 함께 행하는 것이 아니냐?

8. 다양한 방법 활용

『구약성경』에서는 다양한 방법이 사용되었다. 히브리서 기자는 "하나님께서 옛날에는 예언자들을 통하여, 여러 번에 걸쳐 여러 가지 방법으로 우리 조상들에게 말씀하셨다"(히1:1)고 했다.

하나님은 얼굴과 얼굴을 맞대고 모세에게 말씀하셨으며, 예언자들에게 환상과 꿈으로 말씀하셨고, 자연과 일상생활의 평범한 사건을 통하여 말씀하셨다. 그는 역사적 사건 속에서 말씀하셨고, 제사장, 예언자, 다른 그의 종들을 통해 말씀하셨다.

그의 목소리는 양심을 통해 들을 수 있었으며 그의 뜻은 율법을 통해 알 수 있었다.

교육과 훈련(יסר 야싸르, 연단)과 뗄 수 없이 결합되어 있었다.

"사람이 자기 자녀를 훈련시키듯이, 주 당신들의 하나님도 당신들을 훈련시키신다는 것을 마음에 새겨 두십시오."(신8:5; 엡6:4). "훈계를 너의 마음에 간직하고, 지식이 담긴 말씀에 너의 귀를 기울여라. 아이 꾸짖는 것을 삼가지 말아라. 매질을 한다고 하여서 죽지는 않는다. 그에게 매질을 하는 것이 오히려 그의 목숨을 스올에서 구하는 일이다"(잠23:12~13).

이와 같이 훈련은 교육의 필수 불가결한 부분으로 생각되었다. 훈련은 하나님의 사랑이 그 백성의 삶 속에서 그 목적을 성취하는 한 수단으로 생각되었다(사54:8; 렘31:18~20).

하나님께서 이스라엘을 연단할 때, 이스라엘을 그에게로 데려 올 수가 있었다. 잠언서의 교사는 "아이들아, 주님의 훈계를 거부하지 말고, 그의 책망을 싫어하지 말아라. 주님은 당신의 사랑하시는 사람을 꾸짖으시니, 마치 귀여워하는 아들을 꾸짖는 아버지와 같으시다"(잠3:11~12)고 권고하였다.

훈련과 매질은 그 사랑하는 자를 가르치시는 하나님의 사랑과 관심의 표시로서 간주되었다(시94: 8~13). 때때로 매질은 아무 결실도 맺지 못할 때도 있었다(렘4:22; 5:3; 암4:6~12). 이러한 경우 매질은 형사 소추의 강조점을 갖고 있었다(겔21:8; 암4:6~12).

교육 수행의 방법으로서의 훈련은 보상과 책벌의 자극제로 귀결되었다. 보상과 책벌은 각각 선행과 고역으로 인도하는 것이었다(사52:13; 53:12).

여호와께서 훈련의 방법을 자극제로 사용하여 이스라엘이 깨닫도록 한 것 같이, 이스라엘의 현명한 교사들도 그들의 학생들을 훈련시켰다.

5. 유대 교육은 신앙 교육에 기초된 종교교육

무엇보다도 유대 교육은 하나님 자신을 계시하였다는 신앙에 기초한 종교교육이었다. 이는 언제나 계시를 전제한 교육이었다.

그러므로 이 교육 체제에 있어서 철학은 어떠한 역할도 갖고 있지 않다. 유대 교육 체제가 배타적으로 종교적이고 과학과 기타 연구는 종교 지식을 가르치는 과정에서 우연히 배우는 성격을 가지고 있었기 때문에 유대 교육은 과학적인 지식을 결여하고 있었고 사실상 과학 이전의 것이었다.

이는 문화를 도외시하였으나, 그럼에도 불구하고 헬라 및 로마 교육 체제가 실패한 곳에서 성공을 거두었다. 어떤 의미에서는 유대 교육 체제도 실패했던 셈이다. 왜냐하면 이는 율법주의적이고 사소한 것을 따지는 것으로 되었기 때문이다.

그런데 흥미로운 점은 오늘날에서 이스라엘에서는 앞서 시행했던 것과 같은 전통적인 교육 목적과 전통적인 방법을 그대로 실시하고 있다는 점이다.

제2부

『신약성경』에 나타난 교육사상

The Ideas of Education in the Bible

“

『신약성경』의 교육사상을 설명하는 데 헬라어 원어를
많이 그리고 자주 사용한 이유는 다음과 같다.

우리말 『성경』에는 똑같은 우리말로 번역되어 있는 내용도
원어를 보면 복음서 기자에 따라 뉘앙스가 각기 다른 헬라어를 사용하고 있다.
기록의 목적은 동일하지만 저자의 관점이나 등장인물들의 심정의 변화를
섬세하게 표현하기 위해서는 다른 뉘앙스를 지닌 원어를 사용하여 표현한 것이다.

복음서 속에서 예수에 대한 호칭도 각기 뉘앙스가 다른 어휘들을 사용하고 있다.
그것은 그 호칭을 통해서 예수 주변의 사람들의 예수에 대한 이미지에
미묘한 변화가 생기고 있음을 보여준다. ”

Chapter1 **제1장**

예수의 삶에서 나타난 교육사상

1. 피교육자로서의 예수

예수에 대한 연구는 신학에 의해 독점되었고, 타 학문의 관심을 끌지 못한 것이 현실이다. 그러나 역사적으로 볼 때 예수의 가르침과 삶이 인류에게 미친 영향은 대단하다. 그런 점에서 예수에 대해서 관심을 가지고 그의 교육적 환경을 보면서 그의 교육적 사상이 형성된 배경을 살펴보려고 한다.

1. 예수의 가정 교육

특히, 유대인의 교육은 가정 교육에서 시작한다. 그리고 가정에서의 가장(아버지)이 얼마만큼 경건한 신앙생활을 하고 있느냐에 따라 자녀들의 교육에 영향을 주었다. 예수의 가정 교육을 알기 위해서는 우선 가장이었던 아버지 요셉의 모습을 생각하지 않을 수 없다.

그가 율법 교육을 중히 여기는 경건한 유대인이었다면 예수는 어린 시절부터 정상적인 유대식 가정 교육을 받으셨을 것이기 때문이다.

『신약성경』에 나타난 요셉의 상은 첫째, 그가 목수였다는 것과, 둘째, 그가 다윗의 혈통이었다는 것, 셋째 그가 경건한 이스라엘인이었다는 것이다(눅1~2장; 마1~2장; 마13:55).

제레미아스(Jeremias)와 한(Hahn)이 밝힌 대로 예수가 다윗의 가문에 속하셨다는 것은 역사적 신비성을 지니고 있다.[83] 최근 리스너(Riesner)의 연구 논문에 의하면 마리아가 제사장 집안과 친척관계에 있었든지 혹은 마리아 자신이 제사장 가문출신일 가능성이 높다.[84]

또 요셉만을 '의로운 사람'(δίχαιος)이라 부른 것이 아니고(마1:19), 예수의 동생 야고보도 '의로운 자'라는 별명을 부른 점이라든지 또 야고보가 후에 예루살렘 모교회의 지도자로 부각된 것 등(행15:13~21; 21:18~25)으로 보아, 예수께서 자라나신 가정이 전반적으로 경건한 유대인 가정이었음을 짐작할 수 있다.

예수는 모든 유대인 가정의 보통 아동들처럼 가정에서 율법 및 종교, 생활 교육만을 받으신 것이 아니라 부친 요셉으로부터 목수로써의 직업 교육도 받으셨다(막6:3; 마13:55).

탈무드 일부 구절에서는 '목수'를 거의 율법 교사와 동일시할 정도로 당시 목수직은 율법 지식에 능한 직업으로 알려져 있었다.[85]

---

83 | 성종현(1995). 유대교 교육제도에 비춰 본 예수의 제자 교육과 바울의 성도교육. **장신논단**. 제1집. 장로회신학대학교 기독교사상과 문화연구원, p.218.

84 | 성종현(1995). 위의 책, p.219에서 재인용.

85 | 성종현(1995). 위의 책에서 재인용.

이런 모든 점을 감안할 때, 예수는 어느 유대인에게도 손색없는 유대식 가정 교육을 받으셨으리라 짐작할 수 있다.

2. 예수의 회당 교육

오늘날 고고학적 발굴들을 통해서 예수의 자라나신 고향이 누가복음서(눅4:16)의 언급대로 실지 나사렛 동네였다는 것이 실증되고 있다.[86]

공관복음서 기록대로 나사렛에 마을 회당이 있었다(마13:54; 막6:2; 눅4:16). 당시의 풍습대로 예수는 어려서부터 부친과 함께 이 회당 예배에 참석하셨을 것이고, 거기서 충분한 회당 교육을 받으셨으리라 볼 수 있다. 예수의 가르침 속에서 이러한 회당 교육의 흔적이 여러 곳에서 나타나고 있다.

회당은 당시 일반 개인이 소유하기에는 너무 값비싼 성경 두루마리들을 보관하고 있었고, 아무리 작은 회당이라도 최소한 모세오경 두루마리는 소유하고 있었다. 회당에서 가장 많이 사용되던 성경두루마리는 모세오경, 이사야 그리고 시편두루마리들이었다.[87]

나사렛 회당도 모세오경외에 이사야서(눅4:17), 시편(눅20:42), 에레미야서, 다니엘서 그리고 소예언자서 두루마리들을 소유하고 있었음을 알 수 있다. 왜냐하면 복음서에 나타난 예수님의 말씀들 속에서 이 성경 두루마리들의 내용이 직접 혹은 간접 인용된 것으

86 | Bellarmino Bagatti(1969-2001). *Excavations in Nazareth*. Jerusalem: Franciscan Printing Press, p.222.

87 | 성종현(1995). 유대교 교육제도에 비춰 본 예수의 제자 교육과 바울의 성도교육. p.220.

로 나타나고 있기 때문이다.

그 밖에도 유대교 묵시 문헌의 일부를 예수께서 알고 계셨고, 기타 회당 문헌들을 통하여 다양하고 폭넓은 성경 지식을 소유하고 계셨음을 알 수 있다.

당시 나사렛의 지리적 문화적 상황으로 봐서 나사렛 회당에서는 주로 히브리어와 아람어가 예배 용어로 사용되었으리라 볼 수 있다. 나사렛의 회당은 공생애를 시작하시기 전까지 나사렛에 줄곧 살아오신 예수에게 있어서 가장 중요한 교육장(敎育場)의 역할을 하였으리라 본다.

예수의 초등 교육 이수를 뒷받침해 줄 수 있는 두 가지 사실은 첫째 나사렛에 예배와 종교교육의 장이었던 회당이 있었다는 점과 둘째 예수께서 비교적 율법 교육을 중시여기는 경건한 가정에서 자라나셨다는 점이다.

달만(Dalman)은 이러한 이유로 예수께서 나사렛 회당에서 율법에 대한 초등 교육을 받으셨으리라 보고 있다. 리스너도 예수의 성경 지식, 어학지식, 그의 대화 속에서 사용된 여러 헬라초등학교용 우화와 속담, 그리고 누가복음서 2장 46~47절; 요한복음서 8장 6절 등에서 나타난 그의 교육 수준을 통하여 예수께서 나사렛 회당소속 율법 교사로부터 초등 교육을 받으셨으리라 본다.[88]

리스너의 주장대로 누가복음서 4장 20절에서 언급된 '시중드는 사람'(ὑπηρέτης, 우페레테스)이 지방에서는 아동 및 청소년들의 율법 교사 역할을 겸해서 했다면 나사렛 마을에서도 이 율법 교사를 중심으로한 초등 교육 과정이 있었으리라 볼 수 있고, 또 예수께서 이 교육 과정을 밟으셨으리라는 것을 짐작할 수 있다.

---

88 | 성종현(1995). 위의 책, p.221.

목수의 직업 교육을 받으신 예수는 그 당시 대부분의 목수들처럼 나사렛 주위의 이웃 마을을 자주 왕래하셨을 것이고, 특히 가까운 주위 야파(Japha)와 세포리스(Sepphoris)[걸어서 한 시간 이내 거리]는 자주 가셨으리라 볼 수 있는데, 그 마을 회당들을 통해서도 예배 및 율법 교육 분위기를 접하실 수 있었으리라 생각된다.

피교육자로서 예수를 이해하는 데 또 한 가지 중요한 점은 예수의 예루살렘 방문 건이다. 당시 대부분의 경건한 유대인 경우처럼 예수 자신도 유대교 주요 절기에 따라 예루살렘 성전을 방문하였을 것이고, 예수에게 있어서 이러한 거의 매년의 예루살렘 방문은 회당 학교 교육 못지않게 실습 교육의 역할을 할 수 있었으리라 생각된다.

종합적으로 볼 때 예수는 특별한 랍비 교육이나 예외적인 율법 교육을 받지는 않았음을 알 수 있다. 그러나 그는 다윗(요셉)과 제사장직(마리아) 가문의 경건한 분위기 속에서 일반 유대인들에 뒤지지 않는 가정 교육과 회당 교육을 받으셨고, 회당에서 실시하던 일반 초등 교육 과정을 이수하셨음을 알 수 있다.

또 목수로써 인근 도시와의 왕래가 잦으셨고 최소한 일 년에 한 번씩은 예루살렘을 방문하심으로써 나사렛의 울타리를 넘는 폭넓은 산교육을 받으실 수 있었으리라 본다. 그러나 지금까지 살펴본 것은 인간 예수로서 당시 모든 유대인들과 같이 밟으셨을 교육 과정들이다. 여기에는 예수와 하나님과의 특별한 관계로 인한 계시와 성령의 사건들은 포함되지 않았음을 밝힌다.

2. 예수의 삶에 대한 교육학적 해석

예수에 대한 다양한 접근 방식은 나름대로 예수에 대한 이해의 폭을 확장시켜 나가는 데 기여한 것처럼 예수에 대한 교육학적 접근 역시 예수의 삶에 대한 새로운 이해 지평을 열어줄 것으로 기대할 수 있을 것이다.

최근에 예수에 대한 교육학적 연구의 동향을 살펴보면,[89] 예수를 교육사의 한 부분으로 도입하면서 예수를 위대한 성현의 한 사람으로 언급하고 있는 경우가 대부분이며, 예수가 취한 사랑의 교육 방법으로 채택하여 접근하려는 시도가 있어왔다.[90]

여기에서는 예수의 삶에 대한 방법론적 역사 비평이 필요하지만, 더 나아가 신앙적 실존 안에서 예수의 삶을 조명함으로써 예수의 삶이 오늘날 상황 안에서 의미 있게 다가오기를 기대한다. 여기서 말하는 신앙적 실존이란 신앙을 지탱해 주는 그리스도 교회의 가르침, 신앙을 이끌어 주는 성령의 역사를 뜻한다.

결국 이러한 맥락에서 볼 때 교육학적인 관점을 가지고 예수의 삶에 대해 접근하여 해석할 수 있는 가능성을 지니며, 더 나아가 이러한 교육학적인 해석을 통해 예수의 삶에 대한 이해를 보다 풍요롭게 해주고, 이러한 풍요로움이 교육 과정의 한 방법으로 제시된다면 그 해석에 대한 의미와 타당성을 찾아 볼 수 있을 것이다.

---

89 | 유재덕(2015). 교사로서의 역사적 예수 연구: 유대적 관점에서. **그리스도교교육논총**. 제44집, pp.145-175.

90 | B. Bruce(1991). *Life Application Bible Study Notes*. Tyndale House Publishers, Inc., Carol Stream, IL.

교육학의 이해 지평이 예수 그리스도의 삶과 융해되어, 예수의 삶을 더욱 의미 있게 바라보게 된 것이고, 이로써 교육학의 지평 또한 확대되는 것이다.

비록 예수의 삶 자체가 구조적으로 볼 때 교육적으로 밀접한 관계를 살펴볼 수가 있어도 『성경』 자체가 신앙의 유산이므로, 구체적인 내용을 살펴보면 교육적인 면으로 파악되지 않는 초자연적 영역이 있으며, 이 부분을 배제하고자 예수의 삶을 올바르게 이해한다는 것은 불가능한 일임을 전제로 하여 교육학적 접근 시도가 이루어져야 할 것이다.

1. 예수의 삶에서 나타난 교육적 과정

여기에서는 교육적 방법론을 토대로 예수의 삶 안에서 드러나는 교육적 활동을 통해 교육의 내재율에 대한 성실함과 교육적 과정을 살펴보려 한다.

교회는 신앙고백을 통해 "전능하사 천지를 만드신 하나님 아버지를 내가 믿사오며, 그 외아들 우리 주 예수 그리스도를 믿사오니, 이는 성령으로 잉태하사 동정녀 마리아에게 나시고, 본디오 빌라도에게 고난을 받으사, 십자가에 못 박혀 죽으시고 …"라고 고백하고 있다.

"자기를 비워서 종의 모습을 취하시고, 사람과 같이 되셨습니다"(빌2:7). 이처럼 하나님의 아들이 우리의 구원을 완성하기 위해 인간의 본성을 취하신 일을 '도성인신'(道成人神, incarnation)이라고 한다. 그리스도교에서 예수는 신성(神性)과 인성(人性)이라는 두 특성이 한 몸에 공존하고 있음을 고백하고 있다. 즉 예수는 참 하나님이시며 참 인간이라는 것이다.

신성과 인성이 한 주체에 공존한다는 사실은 양립할 수 없는 두 체제의 공존이라는 논리적 모순을 내포하고 있기 때문에 이를 이해한다는 것은 어려운 과제이다. 이러한 문제를 교육적 입장에서 바라보면 쉽게 해소될 수도 있을 것이라고 남승택(2001)은 그의 '선진'과 '후진'이란 용어를 사용하여 설명하고 있다.[91]

교육적 논리에 따르면 선진과 후진 간에는 품위의 논리적 간극이 존재한다. 선진은 후진과는 다른 품위 수준에 있기 때문에 체험 구조상의 균열이 존재하게 마련이다. 즉, 선진과 후진 사이에는 품위의 총체적 차이가 존재하며 따라서 그들이 경험하는 체험세계는 동일한 것이 아니므로 그들 간에는 평등한 의사소통이 일어나지 않는다.

즉 선진에게 귀한 것이 후진에게는 전혀 의미가 없는 것일 수 있으며, 후진에게 귀한 것이 선진에게는 쓸데없는 것일 수 있다. 이러한 양자의 간극을 해결하기 위해서 먼저 선진은 자신의 수준을 낮추어 후진이 인식 가능한 범위까지 내려가서 의사소통을 시도해야 한다.

따라서 선진은 자신의 기준으로 제자를 이해하려고 하는 것이 아니라 후진의 수준으로 내려가는 것을 의미한다. 이러한 하화적(下化的) 이해는 품위의 차이에 따른 논리적인 간극을 뛰어넘어 과거의 어리석고 어두운 소굴로 회귀하는 것을 의미한다. 즉 예수는 세상 사람들이 동류의식을 가질 수 있는 인간의 허물을 쓰고 오신 것이다.

예수의 탄생을 이러한 신성과 인성이라는 두 품위 사이에 개재

91 | 남승택(2001). 예수의 삶에서 드러난 교육적 과정. p.79.

된 모순을 해결하고자 선진 예수가 자발적으로 선택한 교육적 노력의 일환이라고 이해할 수 있다.

예수는 보통 인간처럼 한 여자의 모태를 통해 잉태되고, 자라 한 여자에게서 태어났다. 온 우주를 창조하신 하나님은 연약한 인간들의 도움이 없이는 한시도 생명을 유지할 수 없는 철저히 무력한 수준에 놓이게 된다.

예수는 일생의 많은 기간을 대부분의 사람들과 같은 조건에서 사셨다. "기한이 찼을 때에, 하나님께서는 자기 아들을 보내셔서, 여자에게서 나게 하시고, 또한 율법 아래에 놓이게 하셨습니다."(갈4:4). 예수는 어린 시절 나사렛에서 전통적인 유대 교육을 받으며 성장하셨다. 마을에는 회당이 있었으며, 거기에 참석하여 교육받은 것을 알 수 있다(눅4:16).

또 부모의 걱정과 슬하에서 보호를 받으며(눅2:48), 가난한 부모 밑에서 목수일을 배우고 그것으로 생계를 유지하며 살아가는 법도 배웠다(마13:55)는 점으로 볼 때 예수도 교육에 대한 태도가 충실하신 것으로 보인다.

예수는 30년이란 세월 동안 자신을 아래로 향하게 하는 인간의 일상생활, 육체적인 생활, 유대인의 종교 생활 등을 경험하고 공감해 간다. 그는 30여년의 지상 생활을 통해서 인간의 한계와 역경을 친히 경험하였으며, 이러한 지상 생활을 통해서 예수는 본격적인 하향하는 생활을 실현하는 배경을 갖게 된다.

『성경』을 살펴보면 예수는 자신의 정체가 드러나는 대목에서 반드시 자기의 죽음을 예고하고 있다(막8:31; 9:30~32; 눅9:22; 9:44; 18:32~33; 요12:33; 18:32). "많은 사람을 위하여 자기 목숨을 몸값으로 치러 주려고 왔다"(마20:28)는 표현을 통해서 죽음 역시 그의 사명임을 말해주고 있다.

예수는 십자가에 죽기 위해서 인간으로 태어났다고 할 수 있다. 예수가 육체를 지니고 세상에 태어난 것은 인간의 한계인 육체의 죽음을 체험하기 위한 것인지로 모른다. 왜냐하면 예수의 인성은 인간들을 신성으로 인도하기 위한 최선의 방법일 수 있기 때문이다.

즉, 예수의 인성이란 신성으로의 고양을 위하여 적극적으로 해체되어야 하는 것이라고 할 수 있다. 예수의 죽음은 그의 높은 품위로서 신성의 죽음이 아니고 교육적 변신을 통하여 얻은 낮은 품위(品位)인 인성의 죽음이다.

교회는 예수의 부활을 역사적이며, 초월적인 사건이라고 정의하고 있다. 따라서 예수의 부활은 한 단계의 상향적 변화가 귀착된 새로운 품위의 출현을 의미한다.

예수의 부활은 죽음의 상태에서 시간과 공간을 초월한 다른 생명의 세계로 넘어가는 것이다. 그러므로 예수의 부활한 육체는 거듭난 것이며, 새로운 것으로서 죽음 이전의 것과는 질적인 차이를 보이고 있다.

그것은 이전의 예수의 육체가 가지고 있던 한계인 죽음이라는 모순을 해소하여 죽음을 이겨낸 영생할 수 있는 새로운 차원의 육체인 것이다.[92]

2. 예수의 교육학적 기반

예수는 그리스도교에서 '하나님의 아들'이요, '그리스도로 불리

92 | 남승택(2001). 예수의 삶에서 드러난 교육적 과정. p.85.

는 사람이다. 그에 관한 첫 복음서인 마가복음서는 서두에서 "하나님의 아들 예수 그리스도에 관한 복음의 시작"(1:1)이라고 밝힘으로써, 자신이 앞으로 진술하는 모든 이야기들이 바로 그것에 관한 이야기일 것임을 밝히고 있다.

또한 마지막 복음서인 요한복음서는 말미에서 "예수는 메시아이며 하나님의 아들임을 여러분이 믿게 하려는 것"이 바로 자신이 복음서를 저술한 목적이라고 밝히고 있다.

마가복음서와 요한복음서, 두 복음서들을 포함한 『신약성경』의 복음서들은 사실 모두 같은 목적으로 쓰여진 것이다. 즉, 예수는 '하나님의 아들'이며 '그리스도'라는 것을 모든 사람들이 믿게 하려는 것이다. 그리하여 일차적으로 『신약성경』의 복음서들은 학문적 관점에서 볼 때, 신앙을 연구대상으로 하는 신학의 주제로서 주로 다루어야 할 대상으로 생각할 수 있다.

그러므로 예수를 교사라고 부를 수 있을까? 과연 역사적 예수는 오늘날 감각에서마저 역시 교육자라고 볼 수 있을까? 이러한 질문의 배경에는 다음과 같은 이유가 있음을 정웅섭(1979)은 밝히고 있다.

> 먼저 교육사적으로 볼 때, 지식 전달을 중심으로 한 이론적, 체계적 교육 과정은 그리스 시대의 산물인 반면, 예수 당시의 유대 교육은 주로 경험적, 비형식적 교육이었다. 또한 신학적으로 볼 때, 예수는 일차적으로 교사로서의 역할보다는 '하나님 나라'라는 기쁜 소식을 선포하고 실현하는 자로 이해되어 왔다. 실제로 복음 안에 나오는 예수의 가르침(디다케)들은 대부분 그가 선포(케뤼그마)한 내용들을 보충 설명하는 부가적 역할을 한다는 것

이었다.[93]

그럼에도 불구하고 '예수는 위대한 교사'로 보는 연구들은 많다. 그러나 최준규(2007)가 지적하고 있듯이 어떤 연구자들은 자신의 신앙적 열성 때문인지, 객관적인 논거를 제시하지 않은 채 '예수는 우리의 훌륭한 교사'라는 결론을 서두르는 것 같은 인상을 준다. 그들이 신앙의 대상인 예수에게 현대적 의미의 이상적인 교사상을 성급하게 투사시키는 시도는 오히려 연구의 설득력을 떨어뜨리는 결과를 초래하였다.[94]

따라서 "예수의 교육론을 연구할 때에 주의할 점은 현대교육학의 틀에 맞추어 역사적 예수의 교육을 재단(裁斷)하는 접근을 피하는 대신, 역사적 예수에 대한 유일한 자료인 복음서를 천착(穿鑿)하여 그의 진정한 관심과 교사의 면모를 객관적으로 접근해야 한다"[95]는 최준규(2007)의 주장을 지지한다.

그러므로 여기서는 예수의 행적과 교육적 행위를 집중적으로 기록한 복음서를 중심으로 그의 교육적 행위들을 살펴보려고 한다.

실제로 정작 복음서들을 읽어보면, 예수는 단지 '하나님의 아들'이나 '그리스도'라는 칭호로만 불리는 것이 아니라, '선생님'이라는 칭호로도 자주 불리고 있다는 것을 쉽게 알 수 있다. 뿐만 아니라 그는 실제로 사람들을 '가르쳤다'는 진술이 많이 등장한다.

그러므로 복음서에 등장하는 '선생님'이란 칭호나 그가 '가르쳤다'는 단어를 보면 그는 교육자임에 틀림이 없다는 사실을 알 수

---

93 | 정웅섭(1979). 교사 예수의 교육. **그리스도교사상**. 제25권, p.66.

94 | 최준규(2007). 예수의 교육 원리와 현대적 의미. **종교교육학연구**. 제25권. 한국종교교육학회, p.66.

95 | 최준규(2007). 위의 책, p.66.

있다. 그리고 그의 '가르침'은 동서고금을 통하여 수많은 사람들의 인생과 교육에 영감을 주어왔고 또 현재에도 주고 있다.

이처럼 복음서에서 볼 수 있는 교육자로서의 예수의 활동과 모습에서 그의 교육학적 이론을 '예수 교육학'이라고 불러도 무방할 것이다. 왜냐하면 하나의 독특한 교육적 기반을 충분히 갖추고 있기 때문이다. 복음서에 나타난 예수의 교육적 활동과 내용, 예수에 대한 호칭 등에 대한 교육학적 의미를 살펴보면 그의 교육학에 대한 기반을 그릴 수 있을 것이다.

아울러 지금까지 예수의 교육론에 대한 연구의 결과 제시된 예수의 교육 원리—즉, 예수가 교육적 행위를 하는 데 기준이 되는 개념적, 실천적 틀을 의미하는 교육적 원리—를 살펴보는 것은 예수 교육학의 이론적 정립에 주요한 시사를 줄 것으로 기대한다.

3. 예수의 활동과 내용에 대한 교육학적 용어

예수는 BC4년과 7년 사이에 당시 로마 제국의 속주였던 유대에서 태어나, AD1세기의 전반기에 유대의 수도인 예루살렘을 중심으로 활동하다가, AD30년 무렵에 유대인들의 고발에 의해 십자가형을 당해 죽었다.

그러나 복음서들에 의하면, 예수는 죽은 지 사흘 만에 무덤으로부터 부활하였으며, 부활한 스승을 목격한 제자들은 그가 참으로 '하나님의 아들'이며 '그리스도'라고 선포하고 증언하기 시작하였다. 그리고 그들의 선포와 증언에 의해서 예수를 믿는 이들이 생겨났으며, 이들은 주변 사람들에 의해서 '그리스도인'(Χριστιανός)이라 불리게 되었다(행11:26).

그런데 예수는 정작 아무런 저술을 남기지 않았다. 그리하여 역사상으로나 신앙상으로나, 예수의 생애와 죽음, 더 나아가서 그의 부활과 신분에 관하여 알 수 있는 자료는 '복음서'로 알려진 이 문헌들 사본밖에 없다. 그리고 예수에 관하여 이야기하는 이 복음서들은 모두 당대 로마 제국의 한 공용어였던 고대 그리스어의 한 방언인 '코이네'(Κοινη)로 기록되었다.

복음서들에서 보이는 예수의 교육적 신분이나 활동 그리고 내용 등을 나타내는 교육 관련 용어들을 고찰한 이용우(2008)의 연구는 이 방면에 주요한 시사를 준다.[96] 그는 예수의 교육에 대한 4복음서들의 보도에 있어 사용된 용어들은 모두 '디다케'(가르침) 어군(語群)이라고 결론을 내리고 있다.

그리하여 TLG(The Thesaurus Linguae Graecae)[97]의 복음서들에서 '디다…'라는 어근을 검색어로 지정하여 찾아본 이용우(2008)는 '디다스칼로스'라는 명사가 '선생님'이란 의미를 표현하기 위하여, '디다스케인'이라는 동사가 '가르치다'라는 의미를 표현하기 위해서, 그리고 '디다케'라는 명사가 '가르침'이란 의미를 표현하기 위해서 각각 출현하고 있음을 알 수 있었다.

복음서에서는 예수에 대한 다양한 호칭이 전개되고 있는데 예수에 대한 호칭은 복음서가 보여주려는 예수를 이해하는 데 특별한

---

96 | 이용우(2008). 디다케, 예수의 교육학-복음서들에 나타난 '디다케' 어군의 내용분석을 통한 예수의 교육에 대한 고찰. **미래교육학연구**. 제21권 제1호. 연세대학교 교육연구소, pp.35-68.

97 | TLG(A Digital Library of Greek Literature)는 캘리포니아대에 있는 특수연구프로젝트로서 호머시대로부터 AD 1453년 비잔틴의 패망시까지 기록된 그리스어 작품들을 수집, 전산화하기 위해 설립된 연구기관.

역할을 한다.[98] 앞으로 예수의 호칭 가운데 교육과 깊게 관련된 호칭을 상세하게 살펴봄으로써 예수의 교육적 의미를 탐색하는 데 주요한 시사를 찾을 것으로 기대한다.

복음서들에는 '랍비'라는 표현이 등장하는데, 이는 '선생님'이란 의미를 지닌 아람어를 그리스어로 음역한 것이다. "이것을 '랍비'란 그리스어로 '디다스칼로스'와 같은 의미를 지니고 있다고 친절하게 설명해 주고 있는 요한복음서 1장 38절과 20장 16절을 통해서 그것이 또한 복음서들에서 '선생님'이 의미를 지닌 용어로서 출현하고 있음을 알 수 있다.[99]

1. 선생님

예수가 교사였다는 증거는 복음서에서 세 가지 근거로부터 발견된다.

첫째 근거는 예수가 제자들, 일반 사람들, 그리고 심지어 그를 경계하고 적대시했던 바리새인들(마12:1~8, 38~42; 22:15~22)과 사두개인들(마12:22, 23~38) 그리고 율법 학자(요3:1~12)를 가르쳤다는 점이다.

둘째 근거는 당시의 사람들이 예수를 선생 혹은 교사로 불렀다는 점이다. 예를 들면, 사람들은 예수가 그런 것을 명한 일이 없음에도 불구하고 예수를 '랍비'(ραββι, '선생') 혹은 '라부니'(Ραββου

98 | 곽노경(2008). 호칭을 통해 다시 읽는 마태복음. **신앙과 학문**. 제13권 제3호. 그리스도교학문연구회, p.63.

99 | 이용우(2008). 디다케, 예수의 교육학-복음서들에 나타난 '디다케' 어군의 내용 분석을 통한 예수의 교육에 대한 고찰. p.42.

ιι, '나의 선생')로 불렀다. 혹은 디다스칼로스(διδασκαλος, '교사', '가르치는 사람')로 불렀다.

셋째 근거는 당시 예수를 따르던 무리들은 사람들로부터 제자 혹은 학생으로 번역되는 헬라어 '마데테스'(μαθηιής)로 불렸는데, 이 단어는 복음서 안에서만 250회 가량 사용되었고, 그리고 거의 항상 예수의 추종자들을 가리킬 때 사용되었다는 점이다.[100]

복음서들에서 예수에 대하여 가장 많이 사용된 칭호는 '주님'이란 의미를 지닌 '퀴리오스'(κυριος)로서, 이것은 그를 지칭하여 112번 사용되었으며, 이어서 두 번째로 많이 사용된 칭호는 '그리스도'라는 의미를 지닌 '크리스트스'(Χριστς)로서 50번 사용되었다.

그리고 그 다음 세 번째로 많이 사용된 칭호는 바로 '디다스칼로스'로서 49번 사용되었는데, 이는 바로 '선생'이란 의미를 지닌 것이다.

여기서 '주님'이나 '그리스도'라는 칭호는 '역사의 예수'보다는 '신앙의 그리스도'를 반영하는 색채가 강하므로, 이 둘을 제외한다면 '디다스칼로스'와 '랍비', 즉 '선생'이라는 칭호는 '역사의 예수'에게 가장 많이 사용된 칭호라고 볼 수 있다.

복음서들에서 '디다스칼로스'가 사용된 49번의 빈도 가운데에서 41번은 예수가 주어이거나 그를 지칭하는 경우들이었고, 나머지 8번은 그를 지칭하지 않는 경우들이었다. 그리고 이 41번의 빈도는 3가지로 분석할 수 있다.

첫째, 문법적으로 분석해 보면 모두 직접화법의 인용문 안에서 사용되었음이 드러난다.

100 | 게르하르트 킷텔·게르하르트 프리드리히 지음(1986). **신약성서 신과사전(브라밀리 편역. 번역위원회 옮김)**. 서울: 요단출판사, p.1901.

둘째, 격어미(格語尾)에 따라 더욱 세밀하게 분석하면 그중에서도 31번은 호격(呼格)으로 사용되고 있음을 알 수 있다.

셋째, 그 분에 대한 '디다스칼로스'의 사용 주체에 따라 분석해보면 그를 '디다스칼로스'로 부르는 사람들에는 복음서들에 등장하는 거의 모든 인물들이 계층과 관계없이 해당된다는 것을 알 수 있다.

복음서들에서 예수에 대한 '디다스칼로스'의 호칭이 저자들의 설명문이 아닌 오직 등장인물들의 인용문 안에서만 사용되고 있다는 사실은 복음서 저자들이 예수의 교육적 신분을 가능한 한 자신의 글을 통해서보다는 등장인물의 입을 통해서 더욱 생생하게 전달하려 했음을 드러내는 반증이라 할 수 있다.

이러한 인용은 그 칭호가 예수의 사후에 소급된 '신앙의 그리스도'가 아닌 예수의 생전에 형성된 '역사의 예수'를 역력하게 반영하고 있음을 보여주는 증거가 될 수 있다.

그리고 예수를 '디다스칼로스'로 부른 칭호가 인용문 안에서 41번의 빈도 중 31번에 걸쳐서 주로 호격으로 사용되었다는 사실은, 화자(話者)들이 타인이 아닌 본인의 언어로 그 칭호를 그에게 사용하고 있다는 것을 보여주고 있으며, 이는 예수의 교육적 신분이 사람들에 의해서 주체적으로 받아들여지고 있었다는 것을 말해준다.

복음서들에서 예수를 '디다스칼로스'로 부르는 주체에는 그를 따르던 제자들과 군중뿐만 아니라, 정치적 권력자들 그리고 예수의 공생활 내내 그를 적대시하여 결국은 죽음에 이르게 한 바리새인과 사두개인 등 복음서들에 등장하는 거의 모든 계층에 해당된다.

예수의 제자들은 그에게 "선생님, 우리가 다 죽어 가는데 모른

척 하십니까?"(막4:38)라고 외쳤으며, 한 율법 학자는 "선생님, 당신이 가는 곳이라면 저도 따라 가겠습니다."(마8:19)라고 고백하였다.

그리고 한 바리새인은 "선생님, 율법 중에서 가장 큰 계명은 무엇입니까?"(마22:36)라고 물었으며, 한 권력자는 "선하신 '선생님', 어떻게 해야 영원한 생명을 얻을 수 있겠습니까?"(눅18:18)라고 물었고, 군중 가운데 한 사람은 "'선생님, 제 아들을 봐주십시오!"(눅9:38)라고 요청하였다.

이렇게 계층의 제한이 없이 동시대의 사람들에게 일반적으로 불리어지고 알려진 예수는 다른 무엇보다도 바로 '선생님', 즉 '디다스칼로스'였다.

더구나 예수는 사람들에 의해서 '디다스칼로스'로 인식되고 그렇게 호칭되었을 뿐만 아니라, 예수 스스로도 자신이 '디다스칼로스'라는 것을 인정하고 수용하였다. 즉 마가복음서 9장 17절에서 어떤 사람이 그분 앞에 무릎을 꿇고 "선하신 선생님, 제가 영원한 생명을 얻으려면 무엇을 해야 합니까?"하고 질문했을 때, 그는 18절에서 "어찌하여 나를 선하다고 하느냐?"며 "하나님 한 분 외에는 아무도 선하지 않다"고 대답하였지만, 자신을 '선생님'으로 부른 호칭에 대해서는 부인하지 않았다.

요한복음서 13장 14절에서 그는 "너희가 나를 '선생님', 또 '주님' 하고 부르는데, 그렇게 하는 것이 옳다. 나는 사실 그러하다"며 '디다스칼로스'의 칭호가 자신에게 적용되는 것에 대해서 적극적으로 긍정하고 있다.

『신약성경』에서 누가복음서를 제외한 마태복음서, 마가복음서, 요한복음서에서는 예수가 '랍비' 혹은 '라부니'로 불렸다고 14번에 걸쳐서 보도하고 있다. 이 보도들은 그것들이 모두 설명문이 아닌

인용문의 형태를 취하고 있다.[101]

그리고 예수를 랍비로 부르는 사람들은 '디다스칼로스'의 경우처럼 그를 따르던 제자들이나 군중뿐만 아니라, 예수의 적수였던 바리새인들이나 사두개인들, 그리고 백성의 원로들과 대제사장들도 모두 포함되는 특징을 보여준다.

나아가서 복음서 기자들이 『구약성경』을 인용할 때 사용했던 70인역에도 전혀 나타나지 않고, 같은 『신약성경』의 바울의 편지들에도 전혀 사용되지 않은 아람어의 호칭 '랍비'의 그리스어 음역이 공관복음서에서 한결같이 인용문에 등장하는 사실은 오히려 실제로 예수가 그 칭호로 그렇게 불렸을 진정성을 강화해 주고 있다.

그런데 마태복음서 23장 8절에는 예수가 제자들에게 "율법 학자들과 바리새인들은 사람들에게 '랍비'로 불리기를 좋아하지만, 여러분들은 '랍비'라고 불리지 않도록 하십시오. 여러분의 '디다스칼로스'는 한 분뿐입니다."라고 말하는 구절이 나오는데, 여기에서는 '랍비'와 '디다스칼로스'가 의미의 차이 없이 혼용되고 있다는 사실을 알 수 있다.

요한은 마가복음서 12장 14절과 마태복음서 22장 16절, 그리고 누가복음서 20장 21절의 병행 구절에서 동일하게 사용된 '디다스칼로스'를 자신의 병행 구절에서 '랍비'로 바꾸어 표기하였고, 같은 구절에서 화자는 예수에게 "'랍비', 우리는 당신이 '디다스칼로스'로서 하나님께로부터 오신 분이라는 것을 알고 있습니다."라고 고백하였다.

바리새인 니고데모가 한밤중에 예수를 찾아왔을 때, 예수는 그

101 | 이숙종 옮김(1994). **그리스도교교육의 발생**(L. J. 쉐릴 지음). 서울: 대한그리스도교서회, p.17.

를 "이스라엘의 '선생'(디다스칼로스)"(3:10)이라 불렀다고 요한은 기록하고 있다. 나아가서, 마태나 마가와 달리 요한은 2번에 걸쳐서 사람들이 예수를 불러 호칭한 아람어 '랍비', 혹은 '라부니'를 "이것은 '디다스칼로스'란 뜻이다"라며 결정적으로 친절하게 그리스어로 번역하여 부연하고 있다(요1:38; 20:16).

따라서 복음서들을 통해서 AD1세기에 '랍비'와 '디다스칼로스'의 두 칭호들이 같은 의미를 지닌 동의어로 사용되었으며, 이를 예수에게 적용하면 그가 '랍비'인 '디다스칼로스'였다는 결론을 얻을 수 있다. 즉, 예수는 유대교적 '랍비'의 의미를 지닌 '디다스칼로스'였던 것이다.

그러나 율법 학자들과 바리새인들에게 '랍비'는 공식적인 칭호였고, 예수 역시 '랍비'라 불리었지만, 마태복음서 23장 1~36절에 나오는 그들에 대한 예수의 집중적인 비난에서 쉽게 알 수 있듯이, 그는 그들이나 그들의 공식칭호인 '랍비'에 대해서 그리 긍정적인 태도를 갖고 있지 않았다.[102]

이러한 예수의 태도로 인해서 마태복음서, 마가복음서, 그리고 요한복음서에서 '디다스칼로스'보다 훨씬 적은 빈도로 예수에게 적용되던 '랍비' 칭호는 누가복음서와 사도행전에서는 전혀 사용되지 않으며, 『신양성경』 후반부에 해당하는 바울 사도의 서신문들과 공동 서신문들, 그리고 요한 계시록에도 전혀 나타나지 않을 뿐만 아니라, 이후 '랍비'는 그리스도교에서도 전혀 예수를 호칭하는 칭호로서 사용되지 않는다.

이러한 점을 고려할 때 우리는 예수가 일반적으로 생각하는 평범한 교사가 아니라는 점을 유추하게 된다. 그 근거는 두 가지이

102 | 유재덕(2015). 교사로서의 역사적 예수 연구: 유대적 관점에서. pp.156-157.

다.

첫째, 복음서의 저자들이 전달하고 싶어 하는 바는, 예수는 자신에 대하여 믿음이 약한 제자들에게 그리고 심지어 악의를 가진 사람들에게마저 가르치는 사람으로 인정받았다는 점이다.

둘째, 복음서가 보다 중요하게 부각시키려고 했던 바는 예수가 단순한 선생이나 교사 이상의 존재였다는 점이다. 제자들은 실제로 예수를 '선생'(교사)으로 보다는 '주인님'(Master), '주님'(Lord), '구원자'(메시아)로 불렀다.

그리스도교가 유대교와 결별하게 된 이유는 같은 회당에서 예배를 드리면서도 그리스도인들은 예수를 단순히 '랍비'로 부르지 않고 '주'로 불렀기 때문이다.[103] 베드로의 신앙고백처럼 예수를 단순히 '인간 랍비'로 부르는 것이 아니라 '살아 계신 하나님의 아들 그리스도'로 불러야 했다.

이것은 유대교가 예수 출생 이후를 전후하여 '랍비' 문학을 발달시키며 오늘날까지도 '랍비'들이 그 종교의 중심을 구성하고 있다는 사실과 지극히 대조된다. 그리스도교는 '랍비'라는 예수의 칭호에 대한 결별을 통해서 기존의 유대교와 확실하게 결별한 것이라 생각된다.[104]

---

103 | McGrath, Alister E.(2006). *Christianity: An Introduction*. Malden, MA: Blackwell Publishing (2006). p.174.

104 | Jonathan Bourgel(2017). "The Holders of the 'Word of Truth': The Pharisees in Pseudo-Clementine Recognitions 1. 27-71," *Journal of Early Christian Studies* 25. 2, pp.171-200.

2. 가르치다

복음서들은 한결같이 예수가 단지 사람들에 의해서 '선생님'으로 알려지고 불리어진 것만이 아니라, 실제로 사람들을 '가르쳤다'고 전하고 있다. 그리고 복음서들이 그의 교육 활동 내지 교육 행위를 묘사하기 위해서 사용하는 동사는 바로 '디다스케인'(가르치다)이다.

'가르치다'를 의미하는 '디다스케인' 동사가 복음서들에 나타난 빈도는 모두 59번인데, 그중에서 49번은 예수를 주어로 사용된 경우들이며, 나머지 10번은 예수가 3인칭을 주어로 하여 제자들에게 말씀하신 것이거나(마5:19[2번]), 『구약성경』의 인용이거나(마15:9; 막7:7; 요6:45), 혹은 하나님과 성령을 주어로 한 것이었다(눅12:12; 요8:28; 14:26).

'디다스케인'이란 동사가 복음서에서 예수의 교육적 활동을 의미하기 위해서 사용될 때, 이 동사는 교육 방법이나 교육 장소를 의미하는 전치사구, 교육 목적이나 교육 내용을 의미하는 직접 목적어, 교육대상을 의미하는 간접 목적어를 동반하고 있으며, 다른 동사와 대치되어 동의어로 사용되고 있는 경우도 있다.

예수 교육학의 기반을 살펴보는 의미에서 예수가 사용하고 있는 각 용례들을 몇 개의 단위들로 특정화하여 '교육 방법', '교육 목적', '교육 내용', '교육 장소', '교육과 복음 선포', 그리고 '교육 대상'으로 범주화하여 '가르치다'라는 범주에 대한 하위 범주들로 구성하여 살펴본다.[105]

105 | 이용우(2008). 디다케, 예수의 교육학-복음서들에 나타난 '디다케' 어군의 내용 분석을 통한 예수의 교육에 대한 고찰. pp.51-62.

교육 방법

헬라어로 '가르치다'라는 의미를 나타내는 '디다스케인' 동사는 복음서들에서 많은 경우에 '비유(比喩)로'라는 표현을 동반하고 있는데, 이는 '예수가 비유로 가르쳤다'라는 의미이다.

예수는 자신의 가르침을 전개하는 데에 있어서, 많은 경우에 '비유'법을 사용하였다. 비유란 수사학의 한 기법으로서, 이야기하는 사람이 자신이 말하고자 하는 주제를 듣는 사람에게 전달하는 과정에서 화자의 설득력과 청자의 이해력을 높이기 위해 직유 내지 은유적으로 꾸민 이야기를 말한다.

예수의 비유에 대해서는 보다 깊게 살펴볼 필요가 있다. 왜냐하면 예수의 교육 방법 가운데 가장 중요한 방법이기도 하지만 그 비유 방법을 사용할 때 예수의 교육 목적을 시사하는 내용이 많기 때문에 예수가 사용한 비유에 대해서는 보다 깊은 고찰이 필요하다.

비유의 주제를 논의할 때면 예수의 비유를 먼저 생각하게 된다. 왜냐하면 예수의 가르침 속에는 비유의 완전한 형태가 나오기 때문이다. 예수는 제자들을 가르치든지, 그의 말을 듣기 위해 몰려든 군중들에게 설교하든지, 서기관 및 바리새인들과 논쟁을 하든지 항상 비유를 사용하였다.

마태복음서 13장 34절에 의하면 "예수께서 이 모든 것을 비유로 무리에게 말씀하셨다. 비유가 아니고서는, 아무것도 그들에게 말씀하지 않으셨다"고 했다. 예를 들면, 예수는 그의 제자들에게 '회개하지 않은 종의 비유'를 말했으며, 군중들에게는 '씨 뿌리는 자의 비유'와 함께 '밀과 가라지의 비유'를 말씀하였다.

그리고 바리새인 시몬에게는 '빚진 자 두 사람의 비유'를 말하였다. 그는 예루살렘을 향하여 '열매 맺지 못하는 무화과나무의 비유'를 말했으며, 그곳의 유대교지도자들에게는 '포도원의 비유'를 말하였다. 이 때 유대교지도자들은 "예수의 이 비유는 자기들을 가리켜 말씀하신 줄 알고" 있었다.

19세기에 리스코와 페아방(Lisco & Fairbairn)은 예수의 비유는 눈에 보이는 세계로부터 빌려 온 이야기를 통해서 '보이지 않는 세계'를 보여 주었다고 하였다.[106]

이와 유사하게 20세기 성경학자 버클레이(W. Berclay)는 예수는 인간의 마음을 하늘나라의 개념으로 하늘나라로 인간을 유도하기 위해서 자연세계와 영적 질서 사이의 간격을 채워 주셨다고 하였다.[107]

교육 목적

예수가 어떤 목적을 가지고 사람들을 가르쳤는가에 대해서 복음서 기자들은 '디다스코' 동사가 사용된 문맥을 통해서 직접 보여주지 않고 있다. 그러나 앞서 언급한 바와 같이 예수의 교육 방법으로 사용된 비유들이 제시하는 주제 안에서 그의 교육 목적을 충분히 추적할 수 있다.

복음서 기자들은 예수의 교육적 활동을 전하기 위해 '디다스케인'이란 동사를 사용할 때 많은 경우에 그가 '비유로 가르쳤다'고 설명하고 있을 뿐만 아니라, 이러한 비유의 내용들은 또한 대부분 직유적으로 "하나님의 나라는 …."(막4:26~29, 30~32; 마13:24~30, 32~32, 33, 44~46. 47~50; 20:1~16; 22:1~14; 25:1~13,

---

106 | Friedrich Gustave Lisco(1850). *The Parables of Jesus*. Daniels and Smith Publishers, Philadelphia, pp.9-11.

107 | William Barclay(1999). *The Parables of Jesus*. The William Barclay Library, The William Barclay Library. Louisville: Westminster John Knox, p.12.

14~30; 25:1~13. 14~30; 눅13:18~19, 20~21; 19:11~27)라는 서두로 시작하고 있다는 것이다.

누가는 여러 비유들에서 굳이 그러한 서두로 시작하지 않는 경우에도, '하나님의 나라'라는 주제를 중간이나 말미에서 은유적으로 밝히고 있다(14:15~24; 15:8~10, 11~32; 16:19~31; 20:9~19). 즉, 예수는 비유로 사람들을 가르쳤으며, 그 비유는 바로 '하나님의 나라'를 설명하기 위한 목적을 가지고 사용되었다고 복음서 기자들은 기록하고 있다.

예수의 교육적 활동에 있어서 그 교육 목적인 '하나님의 나라'는 비유라는 교육 방법을 통해서 교육 활동인 '디다스케인'과 연결된다. 사실 예수에게 있어서 '하나님의 나라'의 선포는 그의 전 인생에 있어서 일관된 하나의 목적이었다(눅4:43).

'하나님의 나라'는 복음서 안에서 다른 주제와 비교할 수 없을 만큼 강조되었다. 한 연구에 의하면 복음서 안에서 하나님 나라에 대해서 예수가 100여 번이나 언급하였으며,[108] 그 언급의 핵심은 하나님의 나라가 아주 가까이(혹은 이미) 왔으므로 하나님의 나라의 도래를 기도하고 추구해야 하며, 신비인 하나님의 나라를 이해하기 위해 귀 기울여 말씀을 들어야 한다는 것이다.

그리하여 교육이 역사의 예수의 말씀과 행적에 있어서 그중심을 차지하고 있다면, '하나님의 나라'는 그 교육의 중심을 차지하고

---

108 | 조규만(2005). **하느님 나라**. 서울: 가톨릭대학교출판부, p.62. 연구자마다 복음서의 하나님 나라 언급에 대해 차이를 보인다. 예컨대, 조규만((2005)은 '하나님의 나라'라는 용어가 마태복음서에 50번, 마가복음서에 15번, 누가복음서에 41번으로 말하고 있고, J. Dupont은 예수가 친히 발설한 경우만을 계산하여 마태복음서에 36번, 마가복음서에 13번, 누가복음서에 21번, 요한복음서에 2번으로 보았다. 한편 Morgenthaler는 마태복음서에 55번, 마가복음서에 20번, 누가복음서에 46번으로 계산하였다.

있는 것이다.

사실 하나님 나라는 예수의 창작물이 아니라, 『구약성경』과 후기 유다이즘에서 회자되어 오던 개념을 도입한 것이었다.[109] 이스라엘 역사 안에서 조상들을 이집트에서 탈출시켜 자유인이 되게 하신 '해방의 하나님 여호와'의 개념은, 훗날 왕정 제도의 도입과 더불어 '왕이신 하나님'이라는 개념으로 변화되었다.

하나님은 창조활동과 해방의 행위를 보여주신 바로 그 하나님이며, 그분이 이제 위대한 왕으로 오신다(시45; 74; 92; 95~98). 나아가 후기 유다이즘에 와서 하나님 나라는 메시아 사상과 연결을 갖게 되는데, 종말에 메시아가 나타나 하나님 나라를 지상에 건설할 것이며, 이 나라는 '제사장들'의 왕국, '거룩한 자들'의 왕국이요, 궁극적으로는 하나님께서 친히 통치하시는 왕국이라는 것이었다.[110]

예수는 『구약성경』과 후기 유다이즘에서 유래한 하나님 나라를 재해석하였다. 예수는 하나님 나라를 종말적 심판이라는 후대 유다이즘의 개념에서 자비와 사랑의 하나님 통치라는 것을 기쁜 소식의 개념으로 바꾸어 전달하였다.[111]

예수의 하나님 나라는 이전에 한 번도 지상에서 실현되지 않았던 이상적인 하나님 통치의 실현이었다. 그리고 예수의 하나님 나라는 질병, 기아, 절망, 자포자기, 죄, 악, 사탄의 세력으로 고통 받는 사람들을 치유되는 과정을 통해 가시적으로 나타났다.[112]

---

109 | 조규만(2005). 위의 책. p.58.

110 | 조규만(2005). 위의 책. pp.59-60.

111 | 최준규(2007). 예수의 교육 원리와 현대적 의미. p.71.

112 | 악령에 사로잡힌 사람의 치유(막1:21~28; 5:1~20; 7:24~30과 그에 병행하는 마태와 누가의 치유 전승), 열병을 앓는 사람의 치유(막1:29~32와 그에 병행

'하나님의 나라'는 그리스어로 '바실레이아 투 데우'(*βασιλεία τοῦ Θεοῦ*)이다. 이 단어의 영어 번역은 '하나님의 왕국'(the Kingdom of God)이지만, 적절한 번역은 아니다. 이것은 마치 하나님의 나라가 하나님이 거처하신 곳, 혹은 신도들이 죽어서 가는 곳이라는 일종의 장소 개념을 전달하기 때문이다.

명사 '바실레이아'(왕국)는 동사 '바실레우'(*βασιλεῦ*, '통치하다')에서 나왔는데 공간적인 의미보다는 동사적인 실행의 의미를 지닌다. 따라서 '바실레이아'의 영문 번역은 'the reign of God' 혹은 'the rule of God'이 적절하다.[113]

같은 맥락에서 성경학자들은 예수가 하나님의 나라에 대하여 한 번도 하나님의 나라를 구체적으로 정의한 적이 없다는 점에 주목하였다. 앞에서 예수의 비유에 대한 설명에서 언급한 바와 같이 예수는 하나님 나라를 비유를 사용하여 은유적으로만 표현하였다.

구약성경학자 안병무(1990)는 비유들에 대해 "하나같이 하나님 나라가 사람에게 어떤 현실을 가져오느냐에 대해서 말하고 있는 것이지, 그 나라가 '무엇'이냐에 대해서는 말하고 있지 않다"고 보았다.[114]

하나님 나라는 그것에 참여한 이들이 맛볼 수 있는 현실이다. 그 현실은 하나님 나라를 얻은 사람들의 누리는 '기쁨'인 것이다.

하는 마태와 누가의 병행 구절), 나병 환자의 치유(막1:40~45와 그 병행 구절들), 중풍병자의 치유(막2:1~12와 그 병행 구절들; 마8:5~13과 그 병행 구절들: 요5:1~8), 손이 오그라든 사람의 치유(막3:1~6과 그 병행 구절들), 혈루증 환자의 치유(막5:25~34와 그 병행 구절들), 귀먹은 반벙어리의 치유(막7:32~37; 마9:32~34; 눅11:14), 소경의 치유(막8:22~26; 10:46~52와 그 병행 구절들; 마9:27~31; 12:22; 요9:1~34), 악령의 발작으로부터 고쳐 주신 이야기(막9:14~29와 그 병행 구절들) 등이 있다.

113 | 정승우(2005). **예수, 역사인가 신화인가**. 서울: 책세상, pp.113-114.

114 | 안병무(1990). **갈릴래아의 예수**. 서울: 한국신학연구소, p.116.

복음서는 이미 하나님 나라를 누리는 사람들의 기쁨에 대해 많은 증언을 하고 있다.

앞서 비유에 대한 설명에서도 언급한 바와 같이, 마태복음서 13장은 하나님 나라를 발견한 자의 기쁨을 밭에 감춘 보물을 발견한 장사꾼의 기쁨에 비유하고 있으며, 누가복음서는 이를 잃어버린 양을 찾은 목자의 기쁨(눅15:3~7), 잃어버린 동전을 찾은 여인의 기쁨(눅15:8~10), 그리고 잃어버린 아들을 찾은 아버지의 기쁨(눅15:11~32)을 전하고 있다.

본래 이스라엘의 진정한 역사는 그들이 팔레스틴에서 땅을 점령하는 것으로 시작된다. 그들은 하나님께서 그 땅을 그들의 조상 아브라함을 통하여 약속하시고 자신들에게 선사하신 것으로 믿었다(창12:1; 13:15; 15:7).

그들이 그 땅을 차지한 후부터 그들의 역사는 그 땅을 지키기 위한 전쟁과 투쟁으로 점철되었으나, 그들은 결국 BC572년에 신(新)바빌론에 의해 예루살렘이 함락됨으로써 그 땅을 완전히 잃고 말았다. 『구약성경』은 땅을 중심으로 한 그들의 역사를 생생하게 그리고 있으며, 그들이 땅을 잃게 된 이유를 하나님께 대한 신앙의 상실로 지적하고 있다.

이 과정에서 이스라엘의 예언자들은 끊임없이 이스라엘 백성이 하나님 여호와께 돌아오도록 회개를 촉구하였으나, 회개로 인한 회복의 희망은 끝내 성취되지 못하였다.

그런 가운데 팔레스틴이 신바빌론과 페르시아, 그리고 프톨레마이오스의 뒤를 이어 로마에 의해 지배되고 있을 때, 예수는 유대인들만을 위한 폐쇄적 '땅의 나라'가 아닌 인류 모두를 위한 개방적 '하나님의 나라'에 대한 하나님의 약속과 선사를 선포하며 그 성취를 희망의 교육을 전개하였던 것이다.

『구약성경』과 유대인에게 있어서 그중심이 '땅의 나라'였다면, 『신약성경』과 그리스도교에 있어서 그중심은 바로 '하나님의 나라'였다고 할 수 있으나, 그 성격은 근본적으로 서로 다르다고 할 수 있다.

왜냐하면 그것은 '땅의 나라'에 비해서 무엇보다도 첫째 자신의 성취를 위해 남에게 십자가를 지움으로써 얻는 것이 아니라 자신이 남을 위해 짐으로써 차지할 수 있는 것이었다(막8:34~38; 마16:24~28; 눅9:23~27). 그리고 혼자 추구해서 얻는 개인적인 것이 아니라 이웃과 함께 공동체 의식을 가지고 서로 사랑하고 봉사하고 나누고 희생함으로써 얻어지는 공동의 것이었기 때문이다(막10:17~27; 마19:16~26; 눅18:18~27).

'땅의 나라'가 이기적이고 닫힌 사회를 지향하고 구현하고자 하는 목적을 가진 데에 비해서 예수가 가르치는 '하나님의 나라'는 이타적이고 열린 공동체를 지향하고 구현하고자 하는 목적을 가지고 있다.

더군다나 누가복음서 17:20~21절에서 예수는 '하나님의 나라'가 단순히 죽은 후에야 도달할 수 있는 천국만을 의미하는 것이 아니라 '지금 그리고 여기서'(hic et nunc) 실재할 수 있고 체험할 수 있는 공동체라고 말하고 있다(눅17:20~21).

그러나 하나님의 나라는 아직 완성된 것이 아니다. 예수는 하나님의 나라가 '이미'(already) 시작되었지만, '아직'(yet) 완성된 것이 아니라고 했다.[115]

'이미'와 '아직'의 하나님 나라는 이를 맞이하는 이들에게 긴박한 긴장을 불러일으킨다. 이들에게 이미 현실로 시작되었지만 아직은

115 | 조규만(2005). 하느님 나라. p.122.

완성되지 않은 '중간적 시간'은 아주 중요하다. 이 시간에 자신의 태도를 어떻게 하는지 또 어떻게 하나님의 뜻에 맞게 사는지 여부가 하나님의 나라에 합당한 자와 그렇지 못한 자를 구별 짓는 중요한 기준이 된다.

그러므로 예수는 사람들은 하나님 나라에 합당한 자로서 회개하라고 거듭 외쳤던 것이다. 마가복음은 예수가 공생활 시초에 처음으로 선포한 하나님의 나라와 회개의 삶을 외치고 있음을 전하고 있다(막1:15).

교육 내용

복음서들에서 예수를 주어로 사용하여 사용된 '디다스케인' 동사를 그 문맥 안에서 분석할 때 무엇보다도 먼저 드러나는 특징은 그것이 직접 목적어, 즉 교육 내용을 수반하지 않고 사용되는 경우가 대단히 많으며, 그 빈도는 무려 41번에 달한다.

뿐만 아니라 그러한 용례가 어느 특정한 복음서에 한정되지 않는다는 사실이다. 그나마 직접 목적어가 수반되는 경우에도 그것은 '많은 것'(막4:2; 6:34)이거나 '모든 것'(마28:20; 요14:26)이라는 집합명사로 막연하게 표현되고 있다.

이는 복음서 기자들에게 교육이 예수의 활동에 있어서 특수한 행위보다는 일반적인 행위로 이해되었음을 말해 주는 것이다.

복음서들이 아주 명확하게 '디다스케인'의 직접 목적어, 즉 교육 내용을 제시하고 있는 경우가 있는데, 그것은 바로 '하나님의 길'(막12:14; 마22:16; 눅20:21)이라는 것이다.

즉, 공관복음서 기자들은 바리새인들의 입을 통해서 "'선생님'이 '하나님의 길'을 참되게 가르친다"는 것을 천명하고 있다. 그들은 상호 병행하는 구절들에서 '디다스케인'을 매우 자유롭게 첨삭하거나 다른 단어로 바꾸어 사용하는 경우가 많은 데에 비해서, 유독 '디다스코'(διδάσκω)의 직접 목적어로 '하나님의 길'을 제시하는 이 구절에서만큼은 완전하게 일치하고 있다.

이는 그만큼 이 발언의 진정성을 증명하는 것이기도 하지만, 더 중요한 것은 그들이 이 직접 목적어를 매우 중시했다는 것을 보여주는 증거이기도 한 것이다.

그러면 공관복음서 기자들이 한결같이 제시하고 있는 예수가 가르친(디다스케인) '하나님의 길'이란 무엇인가? 공관복음서들 안에서는 오직 이 병행 구절에서만 그 표현이 쓰였기 때문에 그 자체 안에서 해석할 여지가 별로 없지만, 요한복음서 14장 6절에서 예수가 "나는 길이요, 진리요, 생명"이라고 한 선언에서 그 실마리를 찾을 수 있다.

즉, 예수 자신이 '하나님의 길'인 것이다. 그러므로 결국 예수가 수많은 비유와 말씀을 통해서 사람들에게 가르치고자 했던 그 교육 내용은 그 자신에게로 귀착된다. 예수의 교육에 있어서는 다른 지식이나 기술 혹은 개념이나 재주가 아닌 바로 인간이 인간에게 그 교육 내용으로 제시된 것이다.

예수는 한마디로 남을 위한 사람이었다. 그는 사람들이 '하나님의 나라'라고 하는 인생의 궁극 목적을 알고 얻을 수 있도록 가르치는 데에 평생을 헌신하였다. 그리고 자신의 그러한 삶이 단순히 자신에게서 그치는 것이 아니라, 자신의 제자들과 자신에게서 가르침을 배우는 사람들이 계승하고 지속해 나가기를 바랐으며, 그들이 자신의 남을 위한 사랑을 본받도록 또한 가르쳤다(요13:12~15).

그런 의미에서 볼 때, 사람들이 그가 가르치는 교육 목적으로서의 '하나님의 나라'를 어떻게 얻을 수 있는지를 그는 가르침을 통해서 뿐만 아니라 자신의 삶과 죽음을 통해서 남을 위한 아가페(αγαπη)적 사랑을 온몸으로 보여 준 것이다.

교육 장소

복음서들에서는 예수가 사람들을 가르치는 장소로서 회당과 성전이 자주 언급되고 있다. 예수는 공생애를 시작하면서 첫 활동으로 안식일에 회당에 들어가서 가르치기 시작하였으며(막1:21), 사람들은 그의 가르침을 듣고 놀랐다(막1:22).

우선 예수의 교육 장소 중 하나는 성전이었다. 그는 유대인들의 전통적인 교육의 장소를 존중하였다. 예수가 성전에 들어가서 사람들을 가르치고 토론하였다는 기사는 복음서에 자주 언급되고 있다. 복음서는 예수가 '날마다' 성전을 자신의 교육의 장소로 사용했다는 예수 자신의 증언을 전해준다.

"내가 날마다 성전에 앉아서 가르쳤다"(마26:55). 특히 십자가의 죽음을 앞둔 바로 전 주까지도 늘 하던 대로 성전에서 가르쳤다.

예수의 또 다른 교육 장소는 회당이었다. 성전과 마찬가지로 회당은 유대인의 종교적 삶의 중심이었고 예배와 교육이 이루어지는 장소였다. 예수 역시 어려서부터 회당 학교에서 교육을 받았던 체험이 있었다.

예수가 안식일에 회당에서 사람들을 가르쳤다는 것은 여러 구절에 반복되어 나온다(막6:2; 마4:23; 9:35; 13:54; 눅4:15, 31; 13:10; 요6:59; 18:20). 더 나아가서, 예수는 나사렛의 회당에서 뿐만 아니라 예루살렘의 성전에서도 사람들을 가르쳤다(막12:35; 마21:23; 눅19:47; 20:1; 21:37; 요7:14, 28).

당시 회당이나 성전은 유대교의 공식적인 집회와 예배를 행하는 장소인 동시에 체계적인 교육이 이루어지는 장소이기도 하였다.

주로 안식일에 회당에서 이루어지는 유대교의 교육 순서는 다음과 같았다.

먼저, 안식일이 되어 사람들이 회당에 모이면 '선생'은 자리에서 일어나 『구약성경』을 받은 후 정해진 구절을 봉독한다. 다음에 자신이 읽은 그 구절에 대한 설교를 한다.

누가복음서 4장 16~21절의 내용은 예수가 이와 같은 관습을 그대로 따라서 교육을 실행했다는 것을 보여준다.

따라서 누가복음서 4장 16절에서 예수가 안식일에 나사렛 회당에서 이사야 예언서를 '봉독'했다는 것은 그것이 유대교의 관례에 따라서 이루어진 교육 행위였다고 할 수 있다. 실제로 누가의 이 구절에 대한 마가와 마태의 병행 구절에는 '봉독하다' 대신에 '가르치다', 즉 '디다스코'(διδάσκω)로 표현되어 있다(막6:2; 마13:54).

예수가 '전혀 새로운 가르침'(막1:27)을 가르치면서 전혀 새롭지 않은 회당이나 성전을 자신의 교육 장소로 이용하는 것은 그가 자신의 가르침을 과거의 전통에 거슬러 행하는 것이 아니라, 오히려 그것을 더욱 심화하고 완성하는 것이었음을 드러내는 것이다.

그러므로 예수가 "내가 율법이나 예언자들의 말을 폐하러 온 줄로 생각하지 말아라. 폐하러 온 것이 아니라, 완성하러 왔다"(마5:17)고 선언한 것은 예수의 교육이 과거에 대해서 어떤 태도를 지녀야 하는가 하는 시사를 주는 것이다.

그러나 그것은 과거의 답습 내지 전수가 아니라 극복이자 완성이기에, 근본적으로 과거와 긴장 관계를 가져야 하는 과제를 안고 있지 않을 수 없다.

그러나 예수의 교육 장소는 유대인의 전통적인 장소인 성전과 회당에 국한되지 않았다.[116] 그의 가르침은 어떤 곳에서나 벌어졌다. 그는 도시(마11:1), 마을(막6:6), 산(마5:2), 또는 바닷가(막2:31), 배 안(눅5:3), 혹은 길거리(막9:31)에서 가르쳤다.

그에게 특별히 교육하기에 적합한 장소란 존재하지 않았다. 그는 다양한 장소에서 여러 유형의 사람들을 가르쳤다. 예수의 대상자들은 대부분 유대인이었으나, 그 외에 그리스인(요7:35)과 사마리아인(요4:)도 있었다. 때로는 그들은 소수인 제자들이기도 했고(마11:1), 수많은 대중이기도 했다(마9:31).

예수는 자신의 교육이 전통적인 유대인들의 교육 장소인 성전과 회당에서 이루어질 때, 그것이 유대인들에게 얼마나 강력하고 정당하게 받아들여지는지를 알고 있었다. 하지만 그러한 한편으로 예수는 또한 이런 전통적인 장소가 죄인과 가난한 사람들이 올 수 없는 장소임을 잘 인식하고 있었다.[117]

교육과 복음 선포

마태는 예수를 주어로 하는 '디다스케인' 동사를 3번에 걸쳐서 '선포하다'라는 의미를 지닌 '*κηρυσσειν*'(케뤼쎄인) 동사와 병행하여 함께 사용하고 있는데(마4:23; 9:35; 11:1), 이는 일종의 동의어 반복으로서, 히브리어『구약성경』에서 자주 인용되는 수사법이다.

예컨대, 시편 6편9절에서 "주님께서 내 탄원을 들어 주셨다. 주님께서 내 기도를 들어 주셨다"는 표현은 간청과 기도라는, 의미적으로 비슷한 단어들을 병렬로 엮어서 말하고자 하는 바를 더욱

116 | 이희능(2005). 마태복음 25:14-30에 나타난 예수의 교육 원리. **그리스도교교육정보**. 제12집, pp.220-222.

117 | L. Magness(1975). "Teaching and Learning in the Gospels: The biblical basis of Christian Education." *Religious Education*. Nov-Dec., p.633.

강하게 표현하는 것이다.

위에서 인용한 마태의 세 구절들에서, '디다스케인'(가르치다)과 '케뤼쎄인'(선포하다)은 같은 의미를 가지는 단어들로서 하나의 뜻을 표현하는 수사법으로 하나의 세트로 엮어져 있으며, 이는 마태에게 있어서 '디다스케인'과 '케뤼쎄인'은 같은 의미를 가진 동의어라는 의미인 것이다.

누가는 예수를 주어로 하는 '디다스케인' 동사를 '소식을 전하다'라는 의미를 지니며 '케뤼쎄인'의 동의어로 종종 사용되는 '유앙겔리제인'(ευανγελιζειν, '복음을 전하다')과 함께 사용하고 있는데, 그 의도는 마태와 동일하다. 즉, 수사법적으로 '디다스케인'과 '소식을 전하다'를 하나의 세트로 묶으며 둘의 의미를 상호 강조하기 위한 것이다.

마태복음서 9장 35절에 병렬로 표현된 '디다스케인'과 '케뤼쎄인'은 본래 마가복음서 6장 6절에서는 '디다스케인' 동사 하나로 표현되어 있었던 것인데 '케뤼쎄인'인 첨가되어 있는 것이며, 병행하는 누가복음서 8장 1절에서는 '디다스케인'이 빠지고 '복음을 전하다'는 의미를 지니면서 '유앙겔리제인'으로 바꾸어 표현되었다.

마가복음서 2장 2절의 '케뤼쎄인'은 누가복음서 5장 17절에서 '디다스케인'으로 바뀌어 사용되고 있다. 즉, '가르치다'라는 의미를 지닌 '디다스케인'과 '선포하다'라는 의미를 지닌 '케뤼쎄인', 그리고 '복음을 전하다'는 의미를 지닌 '유앙겔리제인'은 예수의 활동 안에서 언제든지 서로 대체될 수 있는 동의어로서 복음서 저자들에 의해서, 특히 공관복음서 저자들에 의해서 공통적으로 이해되고 있는 것이다.

그러므로 이것은 예수의 활동에 있어서 교육과 복음 선포가 하나의 동의어 세트로서, 동전의 양면처럼 세속적인 차원과 종교적인 차원을 동시에 지니고 있다는 것을 내포하는 것이라 볼 수 있다.

예수의 교육과 복음 선포를 복음서를 통해 조사한 이용우(2008)는 "예수에게 있어 교육이 없는 복음 선포는 있을 수 없는 것이며, 복음 선포가 없는 교육도 생각될 수 없는 것이었다."[118]고 결론을 내린다.

교육대상

복음서들에서 '디다스케인'이 예수를 선생으로 하여 사용될 때 등장하는 학생들은 대체로 두 종류로 대별되는데, 하나는 '군중'으로 번역되는 '오클로스'(*οχλος*) 혹은 '백성'으로 번역되는 '라오스'(*λαος*)이며, 다른 하나는 그의 '마데테스'(*μαθητης*, '제자')들이다.

그러나 제자들은 예수에 의해 선발된 이후 줄곧 그와 동행하였으므로, 그가 가르치는 화자(話者)로 등장하고 군중이 배우는 청자(聽者)로 등장할 때에는 언제나 그 자리에 함께 있었다.

여기에서는 예수를 교육자의 측면에서 집중적으로 다루기 때문에 '선생'이라는 신분을 부각시키며 강조하고 있지만, 사실 복음서들에서 묘사되는 예수는 무엇보다도 '말하는 사람'이며, 그에 대해서 군중은 '듣는 사람'이다.

그러기 때문에 복음서들에서 군중은 누구보다도 예수의 말을 많이 듣는 주요 대상으로 등장한다. 이에 반해 제자들은 특히 '배

118 | 이용우(2008). 디다케, 예수의 교육학-복음서들에 나타난 '디다케' 어군의 내용분석을 통한 예수의 교육에 대한 고찰. p.58.

우는 사람'이라고 할 수 있을 것이다. 그러므로 예수는 복음서들에서 무수한 경우에 군중에게 '말하며', 때때로 제자들에게 "따로 모든 것을 설명해 주셨다"(막4:43).

『신약성경』 전체에서 '군중'은 179번에 걸쳐서 언급되지만, 그중 150번은 복음서들에서 집중적으로 등장한다(마태: 11번; 마가: 39번; 누가: 42번; 요한: 20번). 이에 반해서 '백성'은 『신약성경』 전체에서 122번에 걸쳐서 언급되지만, 그중 47번만 복음서들에서 사용되었다(마태: 11번; 마가: 2번; 누가: 31번; 요한: 3번).

따라서 복음서 저자들은 예수의 듣는 사람을 표현하는 데에 있어서 '백성'보다는'군중'을 더 선호하였다고 볼 수 있다. 다만 누가의 경우 비슷한 빈도로 사용하였다. 이들은 적지 않은 경우, 예수의 듣는 사람으로서 헬라어로 단순히 여격이나 목적격으로 '그들'이라고 표현될 뿐이다.

그리고 49번에 걸쳐서 사용된 예수를 주어로 하는 '디다스코' 동사의 용례에 있어서 명사 '군중'이 몇 번 나타났는가?, 혹은 '백성'은 몇 번 등장했는가? 하는 분석은 별 의미가 없다. 분명한 것은 예수가 가르치고 또 그의 가르침을 받아들이는 주요 인물들은 바로 이들이었다는 사실이다.

이들은 예수가 가는 곳마다 그에게서 치유와 가르침을 받기 위해 몰려든 바로 그 주체일 뿐만 아니라(막1:32, 45; 2:2, 13; 3:7, 8, 20; 4:1; 5:21; 6:31; 6:54; 8:1; 10:1; 마4:24, 25; 8:1, 16; 12:15; 13:2; 15:30; 19:2; 20:29; 눅4:40; 5:1; 8:4, 40; 9; 37; 12:1; 14:25; 요6:2; 12:9, 12), 예수가 자신에게 몰려든 그들의 모습을 보고 '목자 없는 양(羊)들 같아' 측은지심(惻隱之心)을 가지고 '많은 것을 가르쳐 준' 바로 그 대상이었다(막6:34).

복음서 중에서 유일하게 마가복음서가 전하는 바에 의하면, 군중이 그에게 모여들었을 때 그는 "늘 하시는 대로, 다시 그들을 가르치셨다"(1:1). 이로 미루어 보면, '선생님' 예수는 자신의 학생들이라고 할 수 있는 군중들에게 언제나 열린 마음과 관대한 태도를 가지고 대했다고 볼 수 있다.

복음서들에서 군중이 예수를 찾아 몰려오며, 그의 가르침을 받았다는 면에서 그들은 예수의 학생들이었다고 할 수 있다. 그러나 복음서들은 그들을 '스승'의 상대어(相對語)인 '제자'라고 지칭하지 않는다. 예수의 제자들은 따로 있었다.

복음서들은 한결같이 예수가 12명의 제자들을 가지고 있었다고 말하고 있다. 이들은 예수에게 '몰려온' 군중과는 달리 예수에 의해서 '선발된'(막3:13~19; 마10:1~4; 눅6:12~16) 사람들이었다.

예수는 먼저 어부 시몬과 그의 동생 안드레에게 "나를 따라 오너라"고 불렀고(막1:17; 마4:19), 이어서 야고보와 그의 동생 요한을 같은 방식으로 불렀으며(막1:19~20; 마4:20), 그렇게 해서 열두 명의 제자들을 선발하였던 것이다(막3:13~19; 마10:1~4; 눅5:1~11).

그들이 선발된 목적은 그 부름에 나와 있듯이 그를 따르게 함이었고, 이 '따른다'는 말은 그와의 육체적인 동행뿐만 아니라, 그에 대한 전폭적인 추종과 그의 활동에 대한 전인적인 계승의 의미를 함께 담고 있는 것이었다.

그들은 예수에게 선발된 후 줄곧 그를 '따라다니며' 그의 여행을 동반하고, 스승의 곁에서 함께 지내며 그에게 시중을 드는 제자들이었을 뿐만 아니라, 군중과 함께 '하나님의 나라'에 대한 그의 가르침을 배우기도 하며, 때로는 별도로 특별 교육을 받기도 하는 제자들이었다.

'제자'란 본질적인 차원에서 무엇보다도 먼저 스승에게서 가르침을 받은 사람들이다. 그들은 스승에게서 군중과 함께 산상설교를 배웠으며(마5:1~7:29), 따로 '주기도'를 가르쳐 달라고 청하기도 하였고(마6:9~13; 눅11:1~4), 예수는 그들에게 군중과는 달리 별도로 비유의 의미를 가르쳐주기도 했던 것이다(막4:34).

『신약성경』에서 '제자'란 단어는 모두 268번 등장하지만, 그중에서 복음서가 아닌 곳에 등장하는 경우는 31번에 불과하며, 그것도 누가복음서의 저자가 집필한 것으로 알려진 사도행전에만 30번 나타난다.

즉, 제자란 단어는 복음서들과 사도행전에만 집중적으로 사용되었으며, 이는 『신약성경』에서 모두 85번이 사용된 가운데 복음서들에서는 단 10번만 나타난 '사도'(아포스톨로스, *αποςτολος*)와 극단적으로 대비된다.

다시 말하자면 복음서들의 제자는 『신약성경』의 다른 부분들에서 사도로 전환되었음을 의미한다. 예수는 자신의 제자들이 위선적인 '랍비'로 불리는 것에 반대하면서, 오히려 그들을 헌신적인 '사도'로 교육시켰던 것이다.

그의 교육 목적으로서 그의 제자들이 사도를 실현하는 것은 그가 기대한 또 다른 열매였던 것이다. 스승은 제자를 가르친다. 그리고 제자는 사도가 되어 스승을 계승하여 다른 사람들을 가르친다.

이것이 예수의 교육학에서 볼 수 있는 교육의 순환이었다. 마태복음서 28장 19절에서 예수는 제자들에게 말하였다.

> 너희는 가서, 모든 민족을 제자로 삼아서, 아버지와 아들과 성령의 이름으로 세례를 주고, 내가 너희에게 명령한 모든 것을 그들에게 가르쳐 지키게 하여라.

3. 가르침

'가르침'을 의미하는 '디다케'는 복음서들에서 12번 사용되었는데, 그중에서 '바리새인들의 가르침'(마16:12)으로 사용된 경우를 제외하면 11번이 모두 예수에게 집중된 경우들이며, 그중에서 8번은 예수를 명확하게 지칭하는 소유형용사인 '그의'(His)를 수반하며 사용되었다.

예수가 안식일에 회당에 들어가 가르쳤는데 사람들이 '그의 가르침'에 몹시 놀라거나(막1:22; 마7:28; 눅4:32) '감탄하였다'(막11:18; 마22:22)는 것이다. 그러므로 복음서들에서 '디다케'란 바로 그의 가르침 즉, 예수의 가르침을 의미하는 것이라고 말할 수 있다.

이러한 '그의 가르침'은 복음서 저자들이 자기 복음서의 전반에 걸쳐서 기록한 예수의 가르친 내용을 모두 응집시킨 하나의 집합적 의미를 지니고 있다.

'디다케'는 복음서들에서 예수의 가르침을 한데 모아 총체적으로 집결시키는 기능을 하고 있는 것이며, 따라서 복음서 저자들은 '디다케'를 '그의 가르침'으로 표기하는 데 있어서 그것이 특정한 교의나 윤리, 혹은 지식이나 기술로 이해될 여지를 남기지 않았다.

그러므로 마태복음서 28장 19절에서 예수 자신이 제자들에게 "너희는 가서, 내가 너희에게 명령한 모든 것을 가르쳐 지키게 하여라"는 지시는 바로 그런 의미에서 이해되어야 할 것이다.

예수의 가르침을 『신약성경』 전반적으로 살펴본 이용우(2008)는 "예수의 교육은 홀리스틱 교육"이라고 말하면서 복음서 기자들이 사용한 디다케를 다음과 같이 설명하고 있다.

왜냐하면 복음서 기자들이 '그의 가르침'을 사용할 때 그것은 언제나 '모든 것'을 의미하기 때문이다. 다만 그것은 '내가 명령한' '모든'이라는 한정적인 특징을 동시에 지니고 있다. 다시 말하자면 그것은 인간이 '하나님의 나라'에 이르는 길로서의 이타적인 모든 것이지, 인간이 성취하고자 욕망하는 이기적인 모든 것을 의미하지는 않기 때문이다. 그러한 '그의 가르침'을 예수는 자신이 걸어간 '길'로서 모범으로 보여 주었던 것이다. 그러기에 복음서들의 '디다케'는 더욱 '그의 가르침'이 되었다.[119]

119 | 이용우(2008). 위의 책. p.62.

Chapter2 **제2장**

교사 예수와 그의 교육 원리

나사렛 예수는 위대한 교사였다고 말한다. 그런데 예수의 설교에 관한 차고 넘치는 학문적 성과에 비해 예수 그 인간에 대해서는 생각 이외로 사람들이 관심을 갖고 있지 않은 것 같다.

거기에는 변증법적 신학의 흐름과 여기에 호응하는『신약성경』의 종말론이나 불트만(R. Bultmann)의 영향을 받아 선교의 주체로부터 선교의 객체로의 전환이라는 사태를 초래한 '케뤼그마' 그리스도론으로 기울어진 것, 나아가서 '역사적 예수'의 문제를 둘러싼 논쟁 등 상당한 이유가 있을 것이다.[120]

---

120 | 山內一郎(2014). 新約聖書の教育思想. 東京: 日本キリスト教團出版局, p.14.

1. 교사 예수의 이미지

오늘날에는 복음서 가운데서 예수가 훌륭한 교사, 스승이라 부르고 있음에도 불구하고 예수의 '구원자 그리스도'로서의 주되심(Lordship)이 강조되다 보니 예수의 교사됨(teachership)에 관해서 충분한 해명이 이루어지지 않고 거의 등한시되어 온 이유는 무엇인가?

본래 이전부터 주(主)로서 그리스도 교육의 실천적 관심에서 교사 예수를 다루어 고찰한 논문은 적지 않다. 그러나 그 근거와 의미를 근세에 이르러 성경학, 예수 및 복음서 연구의 성과에 비추어 재검토하고 신학적으로 구명하는 시도에 대해서는 남겨진 채였던 사정이 있었다.

비교적 최근에 이르러 주목할 만한 논문들이 차례차례로 발표되기 시작하였다.[121] 여기에 1980년대 후반의 '예수연구의 르네상스'[122] 발흥 이후, 나사렛의 예수와 교사의 관계, 즉 부활 이전의 예수의 언동에서 '디다케' 교사론의 부흥을 시도한 새로운 지평이 개척되고 있다고 볼 수 있을 것이다.

『성경』의 '예수 그리스도 이미지'의 배후에는 역사적 인격으

---

121 | Marcus J. Borg(1987). *Jesus: A New Vision*, E. P. Sanders(1985). *Jesus and Judaism*, James H. Charesworth(1985). *Jesus within Judaism: New Light from Exciting Archaelogical Discoveries*, Bruce Chilton(1989). *Profiles of a Rabbi: Synoptic Opportunities in Reading about Jesus*, BJS 177, P. Perkins(1989). *Jesus as Teacher*, John Dominic Crossan(1991). *The Historical Jesus: The Life of a Mediterranean Jewish Peasant*.

122 | 유재덕(2015). 교사로서의 역사적 예수 연구: 유대적 관점에서. p.148에서 재인용.

로서의 예수의 실재가 살아있고 양자 사이에는 '이미지의 대비'(analogia imaginis)가 이루어지고 있다. 복음서의 예수상(像)은 예수 사후에 성령의 역사에 의해 새롭게 만나는(=부활 체험), 신앙에 의해 수용된 '그리스도로서의 예수', 말하자면 해석 체험을 이매지네이션(상상력)으로 바꾸어 묘사한 재현을 시도한 것이다.

물론 다양한 전승이 부각시키는 예수의 전체 이미지에서 그 특징을 역사적으로 실증하는 것은 쉽지 않다. 그럼에도 불구하고 아마도 이와 같은 '실재적 화상'(real picture)을 매개로서 비로소 상기(想起)하게 되어 그렇게 '내재하시는 그리스도'(갈2:20)를 믿는 사람들 사이에 새로운 '생명'과 힘으로서 역사하고 있는 현실도 또한 부정할 수 없다.

누가복음서의 1장 2절의 프롤로그식으로 말하자면 "우리 가운데서 일어난 일" 즉, 하나님이 '우리들의 외부'로 성취된 구원의 일이 단순한 학문적 구성물 이상의 '사실'을 포섭하기 때문에 그 내실(內實)을 '이야기'의 스타일로 증언하는(눅1:1~2) 것의 의미와 필연성이 인정하지 않을 수 없다.

즉, 여기에는 초월적인 계시가 역사에 내재한다고 하는 방식이 아니라, 역사를 매개하는 일로서 파악하여, '이미지의 비교'라는 새로운 전달의 길이 제시되어 있다.

덧붙여 그리스도 신앙이 역사 비판에 대해서도 갖는 적극적 관련 때문에 복음서 자체가 부활 이전의 '역사적 예수'의 탐구를 '허용할 뿐만 아니라 요구'하고 있다는 테마가 예수 연구에서 주어진 신학적 전제인 것이다.

앞으로 '역사의 예수'가 '신앙의 그리스도'를 비로소 정립한다는 말하자면 앞의 양자 간의 비연속을 매개로한 대응 관계를 통찰하는 입장에서 복음서 전승 자료 속으로 들어가서, 부활절 이후의 증언에 결정적인 의미를 가질 것으로 추측된다.

그러므로 여기에서는 제자들과의 관계를 염두에 두고 교사로서의 예수의 이미지를 탐구하여 스케치하려 한다.

따라서 중심 과제는 복음서에서 각각 묘사하고 있는 개성적인 교사 예수상의 탐구에 앞서, 오히려 전승의 오랜 역사를 통해 부각되어 오는 본래의 예수의 이미지와 언동에서 그 지향성을 통찰하고, 부활 후의 초대교회가 왜 반복해서 교사로서의 예수의 지상 과제를 상기하고 열심히 재현했는가, 그 이유와 의미를 알아보려고 한다.

2. 예수에 대한 호칭과 그 배경

복음서 가운데 '하나님의 아들', '그리스도' 등 모든 그리스도론적 존칭을 능가하여 예수에 관한 가장 대중적인 호칭과 이미지는 디다스칼로스(δι ἀσκαλος, '교사')로 41회의 사용 가운데 요한복음서 20장 16절을 제외하고 부활 전 지상의 예수의 언동과 결합하여 그 많은(29회)것이 직접적인 호격 디다스칼레(δι ἀσκαλε)의 형태로 거의 아람어의 랍비, 라보니에 대응하는 동의어로서 나타난다.

마가복음서와 요한복음서는 모두 오래된 랍비 호칭을 보존하고 있는데(막9:5; 요1:38), 마태복음서와 누가복음서의 경우는 특히 제자들에 의해 이들의 호격이 꾸리에(κύριε, '주님') 또는 에피스타타(ἐπιστάτα, Meister)를 가지고 각각 랍비, 디다스칼레에 대입하는 경향을 보인다.

꾸리에(κύριε)라는 헬라어 단어는 일반적으로 소유인, 주인을 뜻하는데 초대교회 시대에는 잡신을 지칭하기도 하였다. "이른바 신(神)이란 것들이 하늘에든 땅에든 있다고 칩시다. 그러면 많은 신과 많은 주가 있는 것 같습니다."(고전8:5).

초대교회 당시 근동의 여러 밀교(密教)에서 사용하던 주님이라는 호칭을 빌어 예수를 신으로 신봉하던 헬라계 공동체와 함께 바울이 계발했다는 부쎄트(W. Bousset)의 설(說)은 더 이상 언급할 필요가 없다. 왜냐하면 바울이 고린도전서 16장 22절에서 '마라나 타'(Μαρανα θα[123], '우리 주님')라는 용어를 사용하면서, '주님'이라는 호칭의 출처를 명확히 해 주었기 때문이다.[124]

그리고 복음서가 묘사한 예수는 실질상 하나같이 교사로서의 이미지와 사역을 선명하게 인상을 짓게 하고 요세푸스가 예수를 디다스칼로스로서 특징짓는 것과도 일치한다(막2:13; 마7:28~29; 눅5:3; 요13:13).

또 이와 관련하여 바울이 성찬 전승을 도입할 때, "내가 여러분에게 전해 준 것은 주님으로부터 전해 받은 것입니다"(고전11:23)는 경우, '받았다'(παραλαμβάνω)든가 '전했다'(παραδίδωμι)는 술어를 사용하여 주(κύριος)이신 예수를 랍비니즘에서 구두(口頭) 전승의 연속 루트의 기점에 위치를 설정하고 있는 점도 주목된다.

그러나 예수 시대의 랍비가 과연 서임(敍任)을 받은 전문적인 공인 교사에 대한 칭호이었는지에 대해서는 분명하지 않다.

---

123 | 아람어로 "주님 어서 오시옵소서"란 뜻으로 신약성경에서 바울에 의해서 한 번 사용되었다.

124 | 문세화(1979). 호칭 그리스도론. **신학전망**. 1979년 6월호. 광주가톨릭대학교 신학연구소, p.29.

랍비는 본래 '위대한'을 의미하는 라브(רב)에 유래하는 비종교적 호칭으로 직업적 교사나 학자에게 한정되지 않고 존경할 고위층 인물에게는 누구든지 적용되어 요한복음서는 니고데모를 이스라엘의 교사로 부르고 있다(요3:10).

디다스칼로스 자체는 그리스도론적 함의를 갖지 않는다. 오히려 메시아적 존칭에서 구별되는 비(非)도그마적 호칭인 것으로 보아(막5:35; 마9:11; 17:24; 요3:2), 대부분은 직업적 교사에 한정하지 않고 넓은 의미에서 경칭 일반으로서 사용되는 선생에 상당하는 것이라 생각할 수 있다.

그들은 각지의 회당에서 예배를 드리고 율법 교육에 종사했는데 대부분은 일상 생계를 위해 직장, 의복집, 상인, 목수, 천막장이, 구두수선 등 별도의 직업에 임하였다. 사두개파의 상급 제사장이나 산헤드린의 장로들에 대해서 바리새적 소시민의 혁신 세력을 대표했을 수도 있다.

그러면 이 전문적인 유대적 랍비, 디다스칼로스가 예수에 대한 호칭으로서 사용되었을 경우에 어떠한 의미를 가졌을까?

예수가 생전 랍비, 디다스칼로스를 자기에 대한 호칭으로 받아들였을까? 실제로는 명확하지 않다. 전승 가운데 예컨대, ① 마가복음서 14장 14절, 마태복음서 26장 18절, 누가복음서 22장 11절에는 이른바 '수난이야기' 전승에 속한 2차적이지만, ② 마태복음서 23장 8절에는 오히려 유일한 '랍비'로서의 '하나님'의 이미지가 반영되어 있다.

또 ③ 누가복음서 6장 40절은 유대교 지혜 문학의 '격언'을 채용하고 있고, ④ 요한복음서 13장 13절 이하는 이 전승 양식을 예수의 자기를 나타내는 것에 적용한 것이라 생각된다.

그러나 이상의 부정적인 예증에도 불구하고 랍비, 디다스칼로스 예수를 초대 그리스도 교회의 해석적 소산으로 돌릴 수는 없다. 나사렛 예수는 동시대의 바리새, 사두개, 엣세네 등 어떤 기성의 유대교 여러 종파에도 참여하지 않았다.[125]

그의 활동은 오히려 언어를 주요한 매개로 하는 힐렐파의 '랍비' 층과 다양한 모습을 가지고 있었으며, 적어도 사람들이 생전의 예수를 거의 배타적으로 비그리스도론적인 경칭으로 '랍비, 선생'이라 부른 기초적인 사실은 흔들리지 않을 것이다.[126]

안식일에 회당에서 『성경』을 읽고 설교하시는 예수의 행위에는 랍비층에게 전형적인 모습이라 생각되지만, 이 소식을 전하는 누가복음서 4장 16~30절에는 한편, 성취 모티브, 이방인이나 가난한 사람에 대한 복음의 강조 등 누가복음서 특유의 구속사관이 명료하게 나타난다.

그러나 다른 한편으로는 예수가 공생애에 들어가기까지 약 30여 년간 유대인으로서 그 호흡 속에서 자라나고 유대교의 건전한 전통을 몸에 익히고, 이것을 계승했다는 측면이 있다.

따라서 복음서 계승이 이념적으로 그 흔적을 찾아서 그림을 그리듯이 예수의 랍비적 활동의 외적 특징을 묘사하고 있을 가능성을 전면 부정할 이유는 없다.

그리고 진정성의 기준으로서의 '비유사성' 또는 비유대화의 시도가 항상 유효, 적절하다고는 말하기 힘들다. 오히려 나사렛과 같은 작은 마을에서도 회당이 넓은 교육센터(학교)로서 기능을 하고 있었다.

---

125 | Alfred Edersheim(1999). *The Life and Times of Jesus the Messiah*. Grand Rapids, Mich.: Christian Classics Ethereal Library, pp.213-235.

126 | J. Donaldson(1973). "The Title Rabbi in the Gospels-Some Reflections on the Evidence of the Synoptic," *The Jewish Quarterly Review* 63, p.287.

따라서 예수 전승 원초의 양식사학파가 주장하는 민간전승의 종류에 한정되지 않고 유대교에서의 '교수-학습'의 장(場)이었던 사실도 역사적으로 시인하지 않을 수 없다.

예수는 제자를 부르고 모아(막1:16~20), 열심히 가르치고(막1:21~27; 12:35~40; 마4:23; 9:35; 눅4:15), 풍부한 랍비적 요소와 논법을 몸에 익힌 뛰어난 율법의 교사, 현인으로서 교묘하게 문답하고 토론을 하였다(막12:13~17, 18~27, 28~34).

다른 한편으로는 동시대의 율법 학자들과는 달리 오히려 순회 교사로서(막8:20), 호숫가, 길옆이나 들판, 야외에서 또는 개인의 집에서 언제, 어느 곳에서든지 공공연하게 가르치고(막2:13; 4:1), 갈릴리의 민중과 함께 하여, 가난한 사람, 병인, 여성이나 어린이들, '죄인'이나 비유대인 등 '아웃사이드'를 포함한 만인에 대한 열린 태도로 자유롭게 행동하는, 말하자면 생동적인 설교가였다(막1:29~34; 2:15~17; 7:24~30; 10:13).[127]

그러나 예수는 때때로 『구약성경』을 끄집어내어(막10:5), 지혜문학에 공통된 여러 양식, 즉 비유(막2:21, 4:30~31; 마13:33; 눅6:39), 직유, 비유(마5:13; 7:13~14; 10:16; 눅13:32) 또는 격언(막2:17; 6:4; 마6:21), 묵시적 예언(막13:21, 32)에 추가하여 과장법(막10:25; 마7:3~5)이나 대구법(마7:18), 및 평행법(막3:24; 마7:7~8)을 활용하였다.

나아가서 리듬, 음율 등을 시적으로 풍부한 이해와 기억을 도우는 탁월한 화법으로 '지혜 있는 교사'로서 생생하게 효과적으로

---

127 | H. R. Weber(1979). *Jesus and the Children, Biblical Resources for Study and Preaching*. John Knox Press.

가르친 것에 대해서도 의심할 여지가 없다.[128]

3. 예수의 직접적인 확증

이상을 살펴본 후, 다시 검토해 보아야 할 문제는 '하나님의 아들, 그리스도'가 랍비, 교사로 부르는 이유는 무엇이며, 교사 예수와 주 그리스도와의 관계는 어떠한가 하는 것이다.

역설적인 사태를 올바르게 파악하고, 교사 예수의 내실을 해명하기 위하여 먼저 예수에 관련되어 있는 디다스칼레('선생님이여!')와 꾸리에('주여!')라는 호격의 대구법(對句法)에 주목할 필요가 있다.

즉, 제자들을 포함한 사람들의 직접적인 호칭 '주여!'의 배후에는 아람어의 마리(mari, 'my lord')가 상정되었다. 그것은 유대교의 「랍비문헌」(Rabbinic literature)[129] 속에서 아마도 권위 있는 사람(가장, 재판관, 성인, 왕 등)에 대한 인간적인 경외로 부르는 호칭으로 '랍비'의 동의어로서 사용되었다는 것을 말한다.

그리고 예수의 주도 곧 그리스도론적 타이틀이 아니라 오히려

---

128 | R. H. Stein(1978). *The Method and Message of Jesus' Teaching*. Philadelphia: Westminster Press, p.27.

129 | Jacob, Neusner(1994). *Introduction to rabbinic literature*. The Anchor Bible reference library. New York: Doubleday. 유대교의 구전 율법(口傳律法, Oral Law)을 랍비들이 AD220경 티베리아에서 집대성하여 편찬한 문헌을 말한다.

주인(Meister)과 같은 일반적인 경칭의 의미로(막7:28; 마8:8; 눅7:6), 디다스칼레(선생님)와 교환 가능한 자연히 비(非)타이틀적인 호칭으로서 사용되었을 가능성이 검토되기도 했다.[130]

본래 주종(主從) 관계를 나타내는 꾸리에와 신앙고백의 성격을 나타내는 꾸리오스 사이에 인정된다(고전16:22). 이러한 여러 가지를 고려한다면 부활 전의 나사렛 예수는 교사로서 경외를 받고, 가끔 디다스칼레, 꾸리에로 불리어졌다는 것을 알 수 있다.

그 사실과 상기가 초대교회의 주(κύριε) 예수 고백의 뒷받침이 되어 또는 복음서에서 현저한 교사 그리스도론의 길을 준비했다는 주장도 긍정적이라 할 수 있을 것이다.

예수의 사후, 갑자기 제자들이 교사로 부르지 않았던 이유도 여기에 있는 것으로 생각된다. 세례자 요한도 또는 주의 형제들도 예수에게 무게를 두지 않을 수 없었기에 예수의 형제 야곱에게서도 예수는 더 이상 교사가 아니었던 것이다.

"또 너희는 지도자라는 호칭을 듣지 말아라. 너희의 지도자는 그리스도 한 분 뿐이시"(마23:10)기 때문이다.

예수의 가르침에는 『구약성경』, 유대교의 율법이나 교의를 고정화시키는 방향이 아니라, 오히려 넓은 의미의 종말론에 기초를 두고 자유롭게 직접적인 초청의 성격이 명료하고(막1:15), 쿰란의 『공동체 규율서』(Qumran Rule of Community)나 바리새인들의 권위와는 다른 새로운 '권위'가 충만해 있었다.

하지만 예수의 언어는 전통적인 율법 해석을 지양하고, 하나님의 뜻을 구체적인 상황으로 의미를 깊게 육체적으로 느끼도록 계

130 | B. T. Viviano(1990). "Rabbouni and Mk. 9:5," *Revue Biblique*. Vol. 97 No. 2, pp.207-218.

시적인 기능을 담당하였다.

실제로는 가족(막3:35), 재산(막10:23; 12:43), 권력(마5:6), 신앙(12:38~39) 등에 관련되는 유대인, 더욱이 지도자층의 관습적인 감정에 대한 비판을 불가피하게 관여하였고 교사 예수가 기본적으로는『구약성경』의 예언자의 계열 속에 위치를 설정하였다.

사실 복음서에는 '예언자 예수'의 이미지가 매우 강하게 정착되어 있다(막6:15; 8:28; 마21:11; 46; 23:34, 37; 눅7:16, 39; 24:19; 요6:14; 7:40).[131] 예수 자신과 결합한 언급에도 '비유'에 의한 예리한 관찰(막2:17, 19, 22; 마20:1~15; 눅16:1~8), 이외로 예언자적 통찰(막3:24~25; 눅13:3, 5)이나 일부 묵시 문학의 응보 사상을 포함한 경고와 희망의 말이 적잖게 볼 수 있다.

종말론적 서신이기 때문에 고난을 받아들이는 예언자상을 방불케 하는 점이 있다(막6:4; 마5:12; 눅13:31~33).

예수의 예언자적 자각은 예컨대, 아페스타렌(ἀπεσταλην, '내가 보냄을 받았다') 언급(마15:24; 눅4:43)에 추가하여 보다 직접적인 헬돈(ἦλθον, '내가 왔다') 언급(막2:17; 마10:34; 눅12:49)에 의해서도 언어로 표현되어 있는데, 나아가서 예루살렘 입성(막11:1~10), 성전 청결(막11:15~19), 또는 최후의 만찬(14:22~26) 등, 세워진 상징적 행위에 의해서도 강화되는 것이라 할 수 있다.

그러나 예수의 경우, 예언자의 이름을 갖고 있지만 그 사람의 인격과 처신에 따라 속 깊은 곳을 내다보는 패러독스의 성격은 충분히 규정할 수 없다.

예수의 종말(목적)론적 메시지와 그의 전 활동은 예언자, 무엇

---

131 | H. Koester(1971). "One Jesus and Four Primitive Gospels." *Trajectories through Early Christianity*, p.168.

보다 세례자 요한으로부터 구별되어, 이스라엘의 아버지와 전승의 권위를 휘두르는 학자들의 "이렇게 기록되어 있다" 또는 예언자들의 "주는 이렇게 말씀하신다"는 의존적 발상을 초탈하여 형식적이지 않다.

오히려 자유자재로 "그러나 나는 여러분에게 말한다"는 문장의 도입에서 부르고, 안티테제를 설교하였다(마5:21~48).

이와 같은 강한 어조로 어필하여 듣는 사람은 '파견되고', 예수와 함께 '파견하는' 주체로서의 하나님과 '아버지-자식'관계는 예수에게 있어서 독자적인 사명의 자각을 직감한 것에 다름 아니다(마11:11, 25~28; 13:27).

이러한 예수 자신의 권위(위탁된 힘)의 밑바탕에는 통상적인 '랍비'나 '예언자'의 의식을 흔드는 초월자와의 인격적인 교제(나-너)의 지평이 넓혀져 간다는 것은 복음서의 곳곳에서 발견되는 기도의 실천이 강조되는 것에서도 알 수 있다(마7:7~11; 눅11:5~8; 18:1~5).

앞서도 언급한 바와 같이 예수의 미션은 단순히 아버지 전승의 전하는 것을 해석하는 것이 아니라 하나님의 백성의 역사 속으로 하나님 자신이 개입하고 활동을 하는 '하나님의 나라'(근원적인 하나님의 지배), 즉 무조건적 용서, 흔들림이 없는 희망 때문에 신앙에 기반을 둔 자신의 증명이었던 것이다.

이 즐거운 하나님 사랑의 지배와 초청의 메시지는 남녀, 노소, 의인과 죄인 등 구분이 없는 만인에 이르는 것이다. 그런 만큼 예수는 학자, 바리새인, 제사장, 백성의 장로 등 유대의 지도자층의 불신을 문제시하였으며, 뼈를 깎는 아픔을 갖고 그들을 신랄하게 비판하였던 것이다(막2:17; 마21:31; 23:16~19, 23).

예수는 자기에게 공감하는 제자나 군중에게는 하나님의 나라의 도래의 현재와 희망을 비유로 매우 쉽게 가르쳤다. 그리고 그는 "그들의 마음을 뒤흔들어 놓았다".[132] 예수는 그들이 생각을 비약하게끔 격려하고 도전을 하게 만들었던 것이다.[133]

이와 같이 하나님의 실재 체험을 기저로 한 '직접적인 확증'을 가진 예수야말로 그 인격의 비밀이 있었던 것이었다. 그러기에 예수의 설교를 들은 사람들은 모두 놀라서 "이게 어찌된 일이냐? 권위 있는 새로운 가르침이다!"(막1:27)라고 외쳤던 것이다.

마가복음서에 의하면 믿지 않는 사람들이 예수의 가르침을 믿지 않는 것에 예수는 놀랐다(막6:1~6). 예수의 종말론적인 초청하는 소리에 반발한 유대 지도자들이나 이것을 정치적으로 위험시한 이방인들은 예수에게 대항을 하였으며, 그들에 의한 모의(막3:6)에 의해, 그리고 드디어 예수는 로마 측의 정치범으로 재판을 받고 십자가 형벌에 처해지고 말았던 것이다.

이것은 객관적으로 알려진 가장 확실한 역사적 사실과 일치한다.

4. 스승과 제자가 함께 하는 길

예수와 제자들 간의 관계에 가장 가까운 '랍비',

---

132 | 김상화(1975). 교사로서의 예수. **그리스도교사상**. 제202호, p.78.

133 | J. D. Pentecost(1998). *The parables of Jesus: lessons in life from the Master Teacher*. Kregel Publications, p.10.

'탈미드'(talmid)[134]의 패튼이다. 제자의 개념 자체가 예수에 있어서는 거의 환골탈태(換骨奪胎)되어 있는 것 같은 사정이 있다.

유대교 랍비니즘에 있어서는 학생(선생)이 되는 탈미드가 의지를 세워 입문하고 한 사람의 랍비에게 사사하는데, 그것이야말로 "스승의 그림자도 밟지 않는다"는 발걸음에 들어가는 것을 말한다. 그런데 예수의 경우, 전승은 일치해서 그(스승)의 주도에 의해 제자들이 초청되고, 새로운 '신도'의 길(道)이 시작된다고 전한다(막1:17; 20; 2:14; 눅19:5; 요1:48, 15:16).

예수가 택한 4명의 어부들도, 세리 레위도 회당의 부속학교가 아니라, 일상의 노동 가운데서 부름을 받았다. 탈미드는 배우는 장(場)에 오로지 전승의 습득과 율법의 해석에 종사하지만, 예수는 제자들을 친구로 부르고(눅12:4; 요15:14; 마26:50), "자기와 함께 있게 하시고"(막3:14), "사람을 낚는 어부"(막1:17)라고 하는 사명을 공동으로 갖게 하였다.

초청한 이상, 소명은 '은혜의 의한 만남'(요15:16)이요, '무상의 사랑과 용서'(마18:12~14, 23~35) 바로 그것이었다.

탈미드의 목표는 일정한 수업을 한 후에 랍비의 자격을 취득하고 독립하는 것이지만, 예수의 제자들에 의해 신도(믿는 사람)는 임시적인 것이 아니라 평생에 걸쳐서 과격한 신도(독일어로 Nachfolge, "따르라")로, 일방통행이었던 셈이다(막10:35=38; 마8:18~22; 눅9:23; 22:54).

이와 같은 Nachfolge로의 초청이야말로 예수의 영적 권위의 발

134 | 랍비는 제자 즉, 탈미딤(talmidim, 탈미드의 복수)을 거느렸다는 점에서도 특별했다. 탈미드란 단어는 제자나 학생으로 번역된다. 따라서 사실상 모든 랍비가 학생들의 반을 맡았으며, 이 반은 매우 배타적인 집단이었다. 보통 사람은 평생을 가도 랍비의 학생이 될 수 없었다.

현이기 때문에, 독일 성경 신학자 콘젤만(Conjelmann)은 "예수의 자기 이해의 독자성은 그 제자들과의 관계 속에 각인되어 있다"[135] 고 하였다.

궁극적인 계시의 담당자로서 예수는 '오고 있는 천국'의 은혜와 진실을 신도인 제자들에게 보증했다는 것인데, 그것은 또 '하나님의 대리인', '하나님의 전달자'로서 출현한 예수의 태도, 행위, 사역과 가르침이었다. 요한복음서가 '하나님의 로고스로서의 예수'에서의 의미는 새로운 존재의 진실 바로 그것이었다.

제자의 길은 유일하고 스승 예수의 인격과 그 영적 권위에 가능한 근거를 가지기 때문에 모든 인간적 영위에 선행하여 라디칼한 문자 그대로 신도 일체를 하늘 아버지께 위임하는 것이다(마6:25). 마음껏 내린 결단이 요구된다.

한 사람의 율법 학자가 다가와서 물었다. "선생님, 나는 선생님이 가시는 곳이면, 어디든지 따라가겠습니다." 예수는 그에게 말씀하셨다. "여우도 굴이 있고, 하늘을 나는 새도 보금자리가 있으나, 인자는 머리 둘 곳이 없다"(마8:19 이하).

여기에서 "머리 둘 곳도 없는 인자"라고 방황하는 것같이 보이는 자기증시(自己證示)는 예수 그 사람을 가리키며 또 "세리나 죄인의 친구"로 비난받으며(눅7:34), "사람들의 손에 넘어"(9:44)가며, "고난의 인자"가 된다. 또 말씀하신다. "너는 나를 따라오너라. 죽은 사람의 장례는 죽은 사람들이 치르게 두어라"(마8:22). "누구든지 손에 쟁기를 잡고 뒤를 돌아다보는 사람은 하나님 나라에 합당하지 않다"(눅9:62).

신도로서의 제자의 길은 예수 자신의 사명, 즉 종말론적 하나님

---

135 | 山内一郎(2014). 新約聖書の教育思想. p.26에서 재인용.

의 나라 미션으로의 지속적인 참여를 의미한다. "12명 중 한 사람인 유다"(막14:43)란 말에서 최초의 제자들을 중심으로 하는 상징적인 '12명'이 세워진 것을 부정할 필요는 없지만, 적어도 학파의 형성, 제도, 또는 조직으로서의 예수 학교 설립을 위한 기획은 보이지 않는다.[136]

오히려 예수는 가족, 형제자매(마12:50), 친구(눅12:4; 요15:14)로서의 기도와 사랑의 공동을 목표로 하고, 복음서는 예외 없이 예수와 그의 '적은 무리'의 '스승과 제자가 함께 하는 것', 그리고 이별을 예상한 유훈(遺訓)과 수도(修道)의 흔적을 남기고 있다(막8장 이하; 마18장 이하; 눅9장 이하; 요13장 이하).

'적은 무리'(눅12:32)는 예수와 동일한 영적 권위에 의해 세워져(눅12:12), 마가복음서에서 파견명령 전승(막6:7~13; 마10:5~16; 눅9:3~5; 10:8~12)의 필연성도 여기에 인정된다. 거기에서 또 제자들을 수용하고, 거부하는 것이 그대로 예수의 고백과 그 거부로서 결정된다(마10:32).

예수의 사후 얼마 되지 않아 제자들은 신도의 길을 회복하였다(막10:35~45). 살아 계신 예수와의 새로운 만남으로서의 부활 체험(막16:7)을 전기로 구원을 얻기 위한 유일한 길은 예수를 바라보고 그를 따르는 제자로서의 자각에 살아가는 신앙을 그들이 갱신한 일이다.

교사 예수의 참 이미지는 실상으로서 결정적인 의미와 리얼리티를 획득하는 것도 이와 같은 맥락에 있어서다. 그 최초의 '삶의 자

136 | R. A. Culpepper(1975). *Johnnnine School*. Society of Biblical Literature Dissertation Series. 26, pp.205-257.

리'(Sitz im Leben)[137]에는 부활 전의 예수와 제자들의 공생과 교제, '스승과 제자가 함께 하는 길'이었다.

그런 의미에서 부활은 이전과 이후라는 역사적 콘텍스트의 다름에도 불구하고, 양자의 사이에는 비연속을 매개한 사태로 이해할 수 있는 것이다.

(1) 나사렛 예수는 그리스도인에 있어서는 구원의 주로서 신앙의 대상이지만, 동시에 비(非)그리스도인을 포함한 만인에 있어서는 신앙의 알파, 인생의 스승(ἀρχηγός) 또는 완성자(τελειωτής, 히12:2)이다. 지금 복음서는 그렇게 예수를 증언하고 있다(마23:10; 요13:13).

그리스도교 교육의 장에서는 "우리에 속하지 않은 다른 양"(요10:16)도 안내하는 교사 예수 자신이 부르고 있음을 알아야 한다.

(2) 복음서는 설교되고 믿는 신앙으로 고백되는 그리스도가 단순한 개념으로 변질되지 않기 위해서 마음속 깊이 새긴 스승 예수와 제자들의 만남의 이야기이다. 케뤼그마(신조=예수의 탄생, 십자가, 장례, 부활, 승천)를 배제하지 않고, 오히려 이것을 밑바탕으로 한 목표로 하는 디다케(설교=예수의 생애, 가르침, 제자의 길)로 이름을 붙여도 괜찮을 것이다.

(3) 그러나 복음서라는 문학적 장르는 공통적이라지만 교사로서의 예수의 이미지는 결코 단일한 것이 아니다. 각각 우수하고 개성적이다. 마가는 복음을 키워드로서 권위 있는 '새로운 가르침'의 주체이며 객체이기도 한 교사(디다스칼로스) 예수를 묘사하고 있다.

137 | '삶의 자리, 맥락, 배경'을 뜻하는 독일어로 성경신학에서 사용하는 용어로, 성경을 이해하려면, 성경이 기록된 상황을 아는 것이 중요하다는 뜻이다.

복음의 '책'으로서의 성격을 나타내는 마태복음서는 '율법의 성취자', '해석자인 교사 예수', 누가복음서는 '이야기'의 스타일을 제시하면서 구원 역사의 중심에 우뚝 선 '이웃 사랑의 모범으로서의 교사 예수', 그리고 요한복음서는 "진리(λόγος)의 도성인신으로서의 교사 예수"가 지금도 파라클레토스(보혜사 성령)로서 살아 역사하고 있는 것을 각각 증언하고 있다.

(4) 제자의 길에 대해서도 '십자가와 희망'(마가), '의와 사랑'(마태), '회개와 용서'(누가), '서로의 사랑'(요한) 등 강조점은 각기 다름에도 불구하고 전 복음서를 관통하고 있는 '교사 그리스도론'의 기조는 어디까지나 교리, 교조적(kerygmatic)이라 보기보다는 윤리, 교화적(didactic)이다.

말하자면 '아래로부터의 길'을 지향하고 있다. 교사 예수와의 만남을 통하여 '진리'(보편적 로고스)로의 '개안'(開眼)이 주어진다. '아래로부터의 길'을 거꾸로 올라가는 도상에서 '위로부터의 길'이 개척되는 것이라고 말할 수 있다. 거기에서 살아 계신 '하나님'으로의 '회심'으로의 비약하고, 예수를 그리스도(구원자)로 믿고 고백하는 길로 나아가게 하는 것이 교육의 장의 배후에 있는 궁극적 기도가 된다.

예수는 그리스도교에 의해서 '하나님의 아들'이요, '그리스도로 불리는 사람이다. 그에 관한 첫 복음서인 마가복음서는 서두에서 "하나님의 아들 예수 그리스도에 관한 복음의 시작"(1:1)이라고 밝힘으로써, 자신이 앞으로 진술하는 모든 이야기들이 바로 그것에 관한 이야기일 것임을 밝히고 있다.

5. 예수의 제자 교육 단계와 교육 원리

1. 제자 교육의 8단계

기독교교육학자인 콜만(R. Coleman)은 예수가 제자를 교육하는 단계를 다음과 같은 8단계로 나누어 설명할 수 있다고 하였다. 이를 간략하게 소개하면 다음과 같다.[138]

1. 선발(Selection) 단계: 신심 있고 가르칠 수 있는 사람 소수를 선발한다(눅6:13-17; 막3:13-19). 특출한 학문을 하는 사람도 아니며 영적으로 뛰어난 재능이 있는 사람도 아니지만 장래 지도자로 성장할 수 있는 매우 평범한 사람들을 선발하였다.
2. 연합(Association) 단계: 자신의 시간을 전적으로 군중들에게 봉사할 수 있는 사람들로서 예수를 어떠한 상황에서도 따를 수 있는 사람들로 연합체를 구성하였다.
3. 헌신(Consecration) 단계: 그들은 죄로부터 벗어나(회개하고) 예수와 그의 가르침에 평생을 헌신하는 사람들을 양성하였다.
4. 공유(Impartation) 단계: 예수는 자신을 제자들에게

138 | Robert, Coleman(2011). *Heart of the Gospel: The Theology behind the Master Plan of Evangelism*. Baker Publishing Group, p.126.

나누어 주고 그들은 예수처럼 그들 자신을 남들에게 나누어 줄 수 있는 사람이 되도록 교육하고, 예수와 그들과의 관계는 사랑과 헌신으로 이루어져 간다.

5. 시범(Demonstration) 단계: 예수는 그들에게 온 몸으로 시범을 보이면서 가르쳤다. 예수를 따르는 모든 사람들도 예수가 그들이 배우기를 원하는 것을 시범으로 행동한다.
6. 파견(Delegation) 단계: 복음 전파하러 내보낸다(막6:7; 마10:5; 눅9:1-2). 그들은 예수가 가르친 대로 실지 군중들의 삶의 현장으로 파견된다. 점차적으로 2명씩 그들을 파견한다.
7. 훈련(Supervision) 단계: 제자들의 현장의 실천적 경험을 활용하여 그들이 최선을 다할 수 있도록 보다 실천적으로 훈련한다.
8. 재양성(Reproduction) 단계: 양성된 제자들은 그들 역시 자기와 같은 제자들을 양성하도록 한다.

2. 제자 교육 8단계에 기초한 제자 교육 프로그램 개발

앞에서 살펴본 콜만의 8단계에 기초한 제자 교육 프로그램은 1960년대부터 미국 교회를 중심으로 시작된 제자 교육 훈련과 프로그램 개발에 지대한 영향을 주었다. 이 후 개발된 프로그램들은 한국을 비롯한 전세계 기독교 교회의 교회 교육에 많은 자극이 되

었다.[139]

특히, 다음에 소개하는 3개의 프로그램은 한국 교회의 제자 훈련프로그램 개발에 구체적이고 직접적인 영향을 주었다.[140]

1. 윌슨(Carl Wilson)에 의해 개발된「그리스도와 함께 하는 제자육성학교」(With Christ in the School of Disciple Building).[141]
2. 콜만(Robert, E. Coleman)에 의한「복음 마스터플랜」(The Master Plan of Evangelism).[142]
3. 브루스(A. B. Bruce)에 의한「12명의 훈련」(The Training of the Twelve).[143]

3. 달란트 비유에서 본 교육 원리

도래하는 하나님 나라에 직면하여 회개하라는 예수의 선포는 교육적 방법을 통해 보다 명확하게 전달될 수 있었다. 예수는 다

---

139 | Sanders, J. Oswald(2017). *Spiritual Leadership: Principles of Excellence for Every Believer*. Chicago: Moody Publishers.

140 | 신상법(2007). 한국 교회 제자 훈련의 성격적 평가와 전망. **신학지남** 제74권 제1호. 신학지남사, pp.180-205.

141 | Coleman, Lucien(1977). With Christ in the School of Disciple Building: A Study of Christ's Method of Building Disciples. *Review & Expositor*, Vol.74(3), pp.444-445.

142 | Coleman, Robert E. & Graham, Billy(2014). *The Master Plan of Evangelism*. Grand Rapids: Revell.

143 | Bruce, Alexander Balmain(1995). *The training of the twelve*. New York, A.C.: Armstrong and son.

양한 교육 방법을 사용하여 자신의 메시지를 효과적으로 전달하였다.[144] 이 중에서도 예수는 비유를 통하여 잠자는 사람들의 마음을 깨워 하나님 나라의 비밀을 가르쳐주셨다.

이희능(2005)은 예수가 설교한 비유 가운데 '달란트의 비유'를 통해서 예수의 교육의 원리를 추출하였다. 그가 제시한 세 가지 교육 원리, 절대 평가의 교육 원리, 개별화의 교육 원리, 그리고 상과 벌의 교육 원리를 소개한다.[145]

1. 절대 평가의 교육 원리

예수는 마태복음 25장 14~30절의 달란트 비유를 통해 절대 평가의 교육 원리를 제시하고 있다. 주인이 길을 떠나기 전 세 종을 불러 첫째 종에게는 다섯 달란트, 둘째 종에게는 두 달란트, 셋째 종에게는 한 달란트를 주었는데 세 명의 종이 각각 받은 다섯 달란트, 두 달란트, 한 달란트를 인간 각자가 타고난 기본 능력이라고 볼 수 있다. 이렇듯 사람은 태어나면서 각자 다른 능력과 재능을 갖고 태어난다.

따라서 하나님은 인간을 평가할 때 모든 사람을 동일한 기준에 놓고 평가는 것이 아니라 각 사람의 능력과 재능에 따라 평가한다. 타고난 능력이 다섯 달란트인 사람과 타고난 능력이 두 달란트인 사람을 똑같은 기준에 놓고 평가할 수는 없다.

다섯 달란트의 능력을 갖고 태어났다면 그 사람의 평가는 다섯 달란트에 능력을 수행했느냐에 따라 평가되어야 하고, 두 달란트의 능력을 갖고 태어난 사람은 두 달란트의 능력을 수행했느냐에

144 | 박아청(2017). **예수 교육학의 세계화 신약성경**. 교육과학사, pp.329-350.

145 | 이희능(2005). 마태복음 25:14-30에 나타난 예수의 교육 원리. pp.238-246.

따라 평가되어야 한다.

만약 그가 다섯 달란트의 능력을 갖고 태어나 두 달란트의 능력을 행하고, 두 달란트의 능력을 갖고 태어나 두 달란트의 능력을 행하였다면, 그들 모두는 절대 평가 기준에서 볼 때 성취자라고 볼 수 있다.

그러나 그들의 타고난 능력이 다섯 달란트와 두 달란트 임에도 불구하고 세 달란트, 한 달란트의 능력만 행하였다면 그들은 절대적 평가 기준에서 볼 때 미성취자인 것이다.

예수는 본문에서 다섯 달란트 받아 다섯 달란트를 늘린 종과 두 달란트를 받아 두 달란트를 늘린 종에게 "잘했다! 착하고 신실한 종아!"(25:21, 23)라고 똑같이 평가하였다. 상대적인 평가의 기준으로 볼 때는 다섯 달란트를 받아 다섯 달란트를 늘려 열 달란트를 늘린 종이 두 달란트를 받아 다섯 달란트를 늘린 종에 비해 우월하다고 볼 수 있다.

그러나 본문에서 주인은 두 종을 평가할 때에 상대적 기준을 놓고 평가를 한 것이 아니라 절대적 기준에 따라 평가하여 두 종 모두에게 똑같이 성취자로서의 평가를 내렸다.

그러므로 주인으로부터 다섯 달란트를 받아 다섯 달란트를 남긴 자와, 두 달란트를 받아 두 달란트를 남긴 종, 둘 모두는 절대 평가의 기준에 놓고 볼 때 성취자인 것이다.

예수는 달란트의 비유에서 세 명의 종을 비교하여 상대 평가하지 않고 다섯 달란트 받아 다섯 달란트 늘린 종을 절대 평가하고, 두 달란트 받아 두 달란트 늘린 둘째 종도 같은 방법으로 주어진 달란트에 따라 절대 평가하였다.

한 달란트 받은 셋째 종도 한 달란트만 늘렸더라면, 절대 평가를 한 주인에 의해 첫째 종이나 둘째 종과 같이 똑같은 상을 받았을 것이다.

2. 개별화의 교육 원리

개별화 교육(個別化敎育)이란 교육의 초점을 개인 학습자에게 두고 가능한 한 모든 학습자가 의도한 교육 목표에 도달하도록 하기 위해 각 개인의 능력, 적성, 동기 등을 고려하여 적절하고 타당한 수업 방법 및 절차, 자료의 선택, 평가 등을 변별적으로 실현하는 수업의 형태이다.

개별화 교육은 똑같은 개인은 없다는 기본 전제로부터 출발하기 때문에 학습자의 개인들의 '다른 학습 진도,' '다른 학습 동기,' '다른 학습 준비도' 등을 가설적으로 상정하고 있다. 개별화 교육 방법론에서 볼 때, 각 개인 학습자의 특성에 따라 다양한 수업 방법을 사용함으로서 누구에게나 학습목표를 달성하도록 해야 한다.

예수는 그의 공생애 3년 동안 다양한 무리들을 만나면서 다양한 교육 방법으로 따르는 무리들의 수준에 따라 수준별 교육, 개별화 교육을 실시하였다. 뿐만 아니라 본문의 달란트 비유를 통해 개별화 교육 원리를 제시하고 있다.

3. 상과 벌의 교육 원리

교육은 젊은 세대를 사회의 성원이 되게 하기 위한 그때까지의 축척된 문화의 전달이라는 보수적인 기능과 사회를 더욱 발전시키려는 창조적인 기능을 동시에 갖는다. 교육상의 상벌은 이 두 기능에 모두 관계되고 있다.

보수적인 기능으로서 사회의 가치, 관습, 지식, 기술 등의 교육을 하는 경우에 학습자가 다른 것을 획득하면 벌하고 교정하며,

같은 것을 획득하면 상을 준다. 반대로 창조적인 기능은 그 기준을 뛰어 넘는 것을 요구함으로서, 그 기준을 파괴할 경우 창조성이 있다고 상이 주어지는 일도 있다.

따라서 상벌은 상황에 따라 복잡한 양상을 띠고 있다. 상벌은 상에 대해서는 쾌감을 느끼고 더 한층 학습이 강화되고, 벌에 대해서는 불쾌감을 느껴 그 학습을 피하려는 인간의 경향을 이용하여 바람직한 방향으로 학습자의 성장을 꾀하는데 목적이 있다.

그러므로 교육상의 상벌은 어떤 행위에 대한 응보보다는 학습의 강화에 그 목적이 있는 것이다.

가장 좋은 예가 『구약성경』에서 제시하고 있는 율법들에서 찾을 수 있다. 『구약성경』의 율법들은 고대 근동의 법률과의 유사성에도 불구하고 그것들을 구체적인 법조항과 그것을 어겼을 시에 받게 될 벌을 규정하는 전형적인 법이라기보다는 차라리 이스라엘을 감동시켜서 율법의 요구에 복종시키는 설교된 법이다.[146]

긴 여행에서 돌아 온 주인은 회계할 때, 다섯 달란트 받았던 자는 다섯 달란트를 더 주었고(20절), 두 달란트를 받았던 자도 주인에게 두 달란트를 더 내 놓았다(22절). 그 주인은 이들에게 칭찬을 하면서 상급도 주었다.

그러나 한 달란트를 받았던 종은 한 달란트를 땅에 감추어 두었다가 한 달란트만 주에게 가져왔다(24~25절), 이 때 주인은 "악하고 게으른 종아!"(26절)라고 주인으로부터 벌을 받았다.

하나님은 각 사람의 재능에 따라 달란트를 주셨다. 그가 만약 능력을 받아 그 능력만을 행하였다고 하면 벌을 받게 된다. 비록

146 | 김회권(2008). 구약성경의 율법들-계약법전, 성결법전, 그리고 신명기법전의 원천: 십계명. p.59.

한 달란트 재능만 받았다 할지라도 그가 한 달란트만큼의 능력을 행했다면 그 또한 성취자로서 상을 받게 된다.

이것이 달란트 비유에서 예수가 가르쳐 주신 상과 벌의 교육 원리이다.

4. 복음서에 나타난 교육 원리

이상에서 본 예수의 교육 원리는 예수가 설교한 하나의 비유에서 교육 원리를 추출한 것이기 때문에 이들 교육 원리는 매우 제한된 예수의 가르침으로 제한될 수밖에 없다. 그러므로 최준규(2007)가 복음서 전편(全篇)에서 흐르는 예수의 교육 원리를 추출한 것이 이를 보완하는 데에 도움을 준다.

최준규(2007)는 복음서에 나타난 예수 교육 안에서 5가지 교육 원리를 찾고 있다. 독창성의 원리, 개별성의 원리, 자율성의 원리, 케노시스의 원리, 그리고 공동체의 원리이다. 이 원리들은 상호 배타적으로 구분되기 보다는 서로 밀접하게 연결되어 있으면서 어느 정도 중첩되는 내용을 공유하고 있다[147].

1. 독창성의 교육 원리

독창성(originality)이란 기존의 어떤 것에 의존하지 않고 자신의 창조력을 활용하여 재해석하고 고유의 새로운 것으로 만드는 능력을 말한다. 복음서에 나타난 예수의 교육적 독창성은 하나님의 나라의 해석, 교육 장소, 비유 사용, 그리고 관습의 재해석에서 드

147 | 최준규(2007). 예수의 교육 원리와 현대적 의미. pp.72-77.

러난다.

(1) 예수는 위에서 살펴본 바와 같이 하나님 나라의 전통적인 개념들을 자신의 교육 행위 안에서 재해석하였다. 그는 미래에 도래할 하나님 나라를 자신의 교육적 비전으로 삼으면서, '이미'와 '아직'의 종말론적 현실을 직면한 사람들이 회개하도록 촉구했다.

(2) 예수 교육의 독창성은 그가 끊임없이 움직이면서, 전통적인 교육 장소인 성전과 회당뿐 아니라 촌락이나 길을 걷다가 심지어는 배 위와 같은 비형식적 장소를 적극적으로 활용한 점에서도 드러난다.

(3) 예수의 독창성의 또 다른 예는 그의 탁월한 비유 사용에서도 찾아 볼 수 있다. 오늘날에도 복음서에 나오는 '예수의 트레이드마크'[148]인 비유들을 들으면 놀라움을 금치 못한 사람들이 한둘이 아니다.

그리스챤 작가 얀시(Philip Yancy)는 그렇게 심오한 진리를 일상적인 이야기로 풀어내는 예수의 화술에 경탄했다고 했다. 그리고 그는 다음과 같이 예수의 비유를 설명한다.

> "끈질긴 여인은 끝내 재판관의 결심을 돌이킨다. 왕이 허술한 계획으로 전쟁에 돌입한다. 한 떼의 아이들이 거리에서 싸운다. 어떤 사람이 강도에게 공격 당해 죽은 듯이 쓰러져 있다. 동전 하나를 잃어버린 여인이 모든 걸 잃어버린 것처럼 동전을 찾는다. 예수님의 비유에는 환상의 동물도 비비 꼬인 플롯도 없다. 그저 소박한 주변의

148 | 박아청(2017). **예수 교육학의 세계화 신약성경**. p.394.

일상생활 이야기들만 있을 뿐"[149]

2. 개별성의 교육 원리

예수의 교육이 지닌 개별성의 원리는 먼저 예수의 가르침이 언제나 사람들과 개별적인 만남 속에서 이루어졌다는 것에서 찾아 볼 수 있다.

그의 첫 번째 제자들은 모두 예수와의 개별적인 만남을 통해 불림 받았다(요1:35~51). 또한 바리새인 니고데모도 예수와 개별적으로 대화를 나누고 배웠으며(요3:1~이하), 사마리아 여인도 그러했고(요4:1 이하), 38년 동안 앓고 있던 병자(요5:1 이하), 간음하다 잡힌 여인(요8:1 이하), 마리아(요12:1~8) 등도 예수와의 인격적인 만남을 통해 깨달음을 얻은 사람들이었다.

또 개별성의 원리는 예수가 각기 다른 개성과 능력을 갖춘 사람들을 그들의 특성에 맞게 교육한 데에서도 드러난다. 예컨대, 예수의 제자들은 각기 다른 개성을 지니고 있었는데, 베드로는 충동적이고 변화가 심한 성격을 지니고 있었고, 요한은 젊고 동정할 줄 모르는 성품을 지녔으며, 마태는 세관원으로 멸시를 받는 존재였다.

그러니 예수는 이들의 개성을 살려 베드로는 용감하고 충실한 인물로, 요한은 사려 깊고 사랑스런 인물로, 그리고 마태는 섬세하고 정확한 인물로 성장시켰다.[150]

헤르만 호온(Hermann Horne)은 복음서 안에서 예수가 개별

149 | 김성녀 옮김(2012). **내가 알지 못했던 예수**(Philip Yancy 지음). 서울: 한국기독학생회출판부, p.123.

150 | 박영록 옮김(1978). **선생 예수**(J. M. 프라이스 지음). 서울: 침례회출판사, pp.55-56.

적인 만남을 통해 약 60명의 개인을 나열하면서, "예수가 이들의 개인적 필요, 동기, 태도를 파악하여 이에 맞는 교육을 실시하였다"[151]고 하였다.

홍은경(2005)은 예수의 탁월한 교육 방법은 일대일 관계를 맺는 방법에 있으며, 베드로를 이끌었던 예수의 행위를 멘토의 역할로 보았다.[152]

요한복음서의 같은 대목(21장)에 대하여, 심승환(2005)은 베드로가 깨달음과 믿음에 도달하는 과정을 제자와 스승과의 '상호작용'으로 해설하면서, "진정한 의미의 교육이란 가르치는 자와 배우는 자의 상호 작용을 통해서 이루어진다"[153]고 보았다.

3. 자율성의 교육 원리

예수 교육의 또 다른 특징은 예수가 피교육자의 인격적 자율성을 인정했다는 점이다. 먼저 예수는 사람들이 자신의 가르침을 주입식으로 전달하기 보다는 배우는 이들이 가진 호기심과 정서, 흥미와 필요를 먼저 파악하여 그들의 관심을 집중시켰다.

그의 피교육자들에 친숙한 소재들인 씨 뿌리는 일, 씨앗, 밀과 가라지, 겨자씨 등을 활용하여 그들이 쉽게 이해할 수 있도록 하여, 자신의 메시지를 그들이 온전한 자유의지를 가지고 선택 혹은 거부할 수 있도록 열어두었다.

자율성의 원리의 두 번째 측면은, 예수가 사람들에게 진리를 주

151 | 박영호 옮김(1984). **예수님의 교육 방법론(H. 호온 지음)**. 서울: 양역각, p.176.

152 | 홍은경(2005). 예수에게 배우는 멘토링 원리: 교사교육을 중심으로. **신앙과 학문**. 제10권 제1호, 그리스도교학문연구회, pp.159-199.

153 | 심승환(2005). 공자와 예수의 교육철학에 담긴 가르침과 배움의 상보적 관계. **교육철학**. 제38집. 한국그리스도교교육정보학회, p.129.

입한 것이 아니라 깨닫도록 힘쓴 점이다. 진리 추구란 본질적 목적은 아는 데에 있지 않고 깨닫는 데에 있으며, 진리를 선택하는데 있지 않고 따르길 결심하는 데 있기 때문이다.

예수가 사마리아 여인과 대화하는 대목(요4:1~42)을 보면, 예수는 처음에 여인에게 물을 청하면서 대화를 시작하였지만, 종국에는 여인을 영원히 목마르지 않는 생명수와 구원에 대한 깨달음으로 인도하였다.[154]

4. 케노시스의 교육 원리

'케노시스'(κενωσις)는 바울의 빌립보서 2장의 '로고스 찬가'에 나오는 개념으로, 도성인신(道成人神, incarnation)의 다른 표현인 겸손(humiliation) 혹은 비움(emptying)을 의미하는 헬라어 케노우(κενοω)에서 나온 파생 명사이다.

케노시스는 빌립보서 2장 7절에서 "오히려 자기를 비워서 종의 모습을 취하시고, 사람과 같이 되셨습니다"라는 표현으로 드러나는 예수의 겸손함과 낮춤을 말하는 것이다. 신학적으로 예수의 케노시스는 도성인신의 신비와 유월절의 신비를 포함하는데, 자신을 낮추어 인간이 되신 신비와 목숨을 바쳐 죄인인 인간을 구원한 예수의 사랑을 상징하는 대표적인 표현이다.

교육적으로 볼 때, 먼저 케노시스는 예수의 가난하고 보잘 것 없는 사람들에 대한 연민으로 그들에게 내려가는 '하강'의 움직임을 포함한다. 예수는 당시의 가난하고 소외된 사람들을 가르쳤고, 그들을 격려하고 힘을 실어주는 가르침을 하였다.

예수는 어린이를 축복했고(마19:13~15), 어린이와 같이 되지 않

154 | H. Horne(1998). *Jesus the Teacher*. MI: Kregel Publications, pp.13-14.

으면 하나님 나라에 들어갈 수 없다고 했으며(마18:1~5; 19:13~15), 어린이들을 가로막은 행위를 하지 말라고 가르쳤다(눅18:16).

당시에 또 다른 사회적인 약자는 여성이었다. 여성은 유대 율법을 배울 수 없었고, 회당에서 가르칠 권한이 없었으며, 율법 교사의 제자가 될 수 없었다. 그러나 예수의 가르침은 여성들을 향해 있었고, 여성의 삶을 반영한 어휘로 가득 차 있었다.

예를 들면, 신랑을 기다리는 처녀, 잔치, 식탁, 맷돌, 누룩, 옷 깁기, 물동이 등이었다. 그리고 예수는 여인들에 대한 일화를 많이 말하였는데 대부분 긍정적인 내용이었다.

예컨대, 지치지 않고 탄원하는 과부(눅18:2~5), 믿음을 포기하지 않는 혈루증 여인(마9:18~26)이 그것이다. 그리고 예수는 여성을 자신의 제자로 받아들였다는 사실(막15:40)은 당시의 통념상 매우 놀라운 것이었다.[155]

5. 공동체의 교육 원리

진정한 교육은 지식과 생활이 일치할 때 발생한다. 그러므로 진정한 교육이란 생활 속에서 이루어지며, 삶의 모범을 통한 배움은 오랫동안 가슴에 새겨진다. 그런 의미에서 교육은 본질적으로 공동체적인 활동이어야 한다.

예수는 자신의 사명을 제자 공동체를 형성하는 것으로 시작하였고, 자신의 사명의 결과로 공동체(교회)를 남겼다. 그는 제자들과 공동체를 이루고 살았다. 마가복음서 3장은 예수가 제자 공동체를 형성한 이유에 대하여, 제자들로 하여금 당신과 함께 있고, 큰 능력을 갖게 하려는 것이라고 설명한다.

155 | 정승우(2005). **예수, 역사인가 신화인가**. pp.145-146.

"예수께서 그들을 자기와 함께 있게 하시고, 또 그들을 내보내어서 말씀을 전파하게 하시며, 귀신을 쫓아내는 권능을 가지게 하시려는 것이었다"(막3:14~15).

제자들과 '함께 지내는 공동체'를 통해 예수는 제자들과 깊은 우정의 관계를 형성하였다. 진정한 교육은 교사와 학생 사이가 교육적 관계를 넘어 우정의 관계로 들어설 때 가능하다고 볼 수 있다.

예수는 제자들을 '친구'라고 불렀고, 친구인 그들에게 자신의 모든 것을 알려 주었다. "이제부터는 내가 너희를 종이라고 부르지 않겠다. 종은 그의 주인이 무엇을 하는지를 알지 못한다. 나는 너희를 친구라고 불렀다. 내가 아버지에게서 들은 모든 것을 너희에게 알려 주었기 때문이다."(요15:15).

뿐만 아니라 그는 친구들을 위해 목숨을 바치는 것 보다 더 큰 사랑이 없다고 말한다. "사람이 자기 친구를 위하여 자기 목숨을 내놓는 것보다 더 큰 사랑은 없다"(요15:13)고 한다.

우정의 공동체를 형성한 예수가 제자들에게 행한 교육은 자신의 모범을 통해서였다. 예수의 모범을 통해서 탁월한 교사의 원형을 찾은 기독교 교육 신학자 고용수(2015)는 예수 그리스도는 진정한 리더십을 가진 교사였다고 한다. 그는 "예수께서 교육자로서 존경을 받음은 한마디로 '공감과 소통'의 리더 때문이라"고[156] 평가한다.

예수는 자신의 교육자상을 '선한 목자'와 동일시하면서 "선한 목자는 양을 알고 양을 위하여 목숨까지 버린다(요10:11)", "내가 온 것은 양으로 생명을 얻게 하고 더 풍성히 얻게 하려는 것"(요

156 | 고용수(2015). 공감과 소통의 공동체 형성과 기독교교육의 과제. **기독교교육논총**. 제42집, 한국기독교교육학회, p.28.

10:10)이라고 자신의 사역이 지닌 교육적인 요소를 분명히 드러내셨다.

Chapter3 **제3장**

마가복음서에 묘사된 교사 예수

마가는 생전에 예수를 직접 뵈었는지는 의문이다. 그러나 마가는 본문에 기록된 자료의 대부분을 베드로를 통하여 들었다. 사도 베드로의 강력한 권위를 배경으로 하고 있는 이 복음서가 정경에 포함되었다는 것은 너무나 당연하다.

기록 연대에 관한 『성경』상의 증거는 없으나 최근 대다수의 학자들은 AD65~70년 사이로 보고 있다. 기록 연대의 가장 믿을 만한 그거 자료로는 초대 교부들의 기록을 들 수 있다.

이레니우스(Irenaeus of Lyon, 2c~202년)는 "베드로와 바울이 로마에서 설교하고 교회의 기초를 닦고 있을 때, 마태는 히브리인들 가운데서 그들의 방언으로 복음서를 기록했다. 베드로와 바울이 죽은 후, 베드로의 제자이며 통역가였었던 마가도 베드로의 설교를 기록하여 우리에게 전해 주었다"[157]고 기록했다.

마가복음서는 예수의 말씀보다는 그의 행동을 강조한다. 마가는 교사로서의 예수의 사역과 그 의미를 나타내는 호칭으로서 랍

---

157 | 심상법(2015). 마가복음에 나타난 베드로의 영성: 수난과 기도. **신학지남**. 제82권 제4호. 한국신학정보연구원, p.63에서 재인용.

비, 라보니('선생님')를 4번, 디다스칼레('선생')를 10번, 디다스칼로스('교사')를 2번 각각 사용하고 있다.

요한복음서에서는 랍비, 라보니와 디다스칼레가 동의어로서 사용되어 있는데(1:38; 20:16), 마가복음서의 경우, 양자는 반드시 동의어가 아니다.[158]

1. 마가의 '디다케' 지향

'랍비'가 일정한 훈련을 마치고 서임을 받은 율법 '교사'의 공인 타이틀로서 정착된 시기가 마침내 얌니아회의(Council of Jamnia) 이후라 추정되는 AD80~90년대에 성립한 요한이나 마태에 의한 복음서가 이것을 디다스칼레의 동의어로서 지상의 예수에게 적용하는 것은 일종의 시대착오적인 실수를 피할 수 없다.[159]

그러나 얌니아 이전(65~75년)에 성립한 것으로 간주되는 마가복음서의 경우는 어떤가? '랍비'의 이름에 특히 예수의 활동에 관한 강렬한 인상을 부여한 것 같은 문체 속에서 발견된다.

즉, "랍비님, 저것 좀 보십시오. 선생님이 저주하신 저 무화과나

---

158 | C. H. Dodd(1967). "The Portrait of Jesus in John and in the Synoptics," in *Christian History and Interpretation*, eds.m C. F. D. Moule and others, pp.183-198에서 재인용.

159 | Hershel Shanks(1962). "Is the Title 'Rabbi' Anachronsistic in the Gospel," *Journal Quaterly Researh* 53, pp.337-349.

무가 말라버렸습니다"(막11:21)는 베드로의 말이나 예수에게 다가와서 '랍비'라고 말하고서 입을 맞춘 유다의 배신의 장면(막14:45) 외에 변화산상에서의 변모의 기사 속에서 역시 베드로가 "랍비님, 우리가 여기에 있는 것이 좋겠습니다"고 말한 것에서 볼 수 있다.

그리고 눈먼 바디메오가 "선생님(라보니), 내가 다시 볼 수 있게 하여 주십시오"라고 탄원하는 내용(막10:51) 등 어느 것이나 디다스칼레의 단어를 바꾸지 않은 랍비(ῥαββί, 원뜻은 '위대한 사람')가 부활이전의 예수의 실상을 비쳐주는 일종의 존엄성을 가지면서도, 좁은 의미의 교사를 반드시 지시하지 않는 문맥 속에서 극히 자연스러운 호칭으로서 리얼리스틱하게 사용되고 있다.

이러한 마가복음서의 '랍비'를 마태복음서는 유대의 네거티브한 입술에만 남기고(막14:45, 마26:49), 다른 것은 '꾸리에'로 바꾸거나(마17:4; 20:33), 또는 삭제(21:20)하고 있는데, Q 또는 비유대인을 대상으로 한 누가복음서에서는 모두를 탈락시키고, 요한복음서는 많은 경우, 거의 동의어적인 '디디스카레'를 가지고 대입시키고 있다.

그러나 마가복음서에서 있어서 교사 호칭으로서는 디다스칼로스가 보다 일반적인 것으로 예수는 제자를 포함한 모든 사람들은 예수를 '선생 또는 교사'라는 이름으로 부르고 있다.

직접 제자 이외의 군중 일반 속에서는 예수에게 친근감을 갖고 도움을 요청하는 자나 또는 예수의 반대자들이 디다스칼레(선생)라고 호칭하는 용례는 어느 것이든 마태복음서나 누가복음서에 의해서 채용되었다(막10:17=마19:16=눅18:18, 막12:14=22:16=20:21, 막12:19=22:24=20:28, 막 12:32=10:25).

나아가서 마태복음서에 있어서 아웃사이드에 의한 호칭(8:19; 9:11; 12:38; 17:24; 22:36), 격언(10:24~25)이나 예수의 자기증시

(23:8), 나아가 누가복음서에 있어서 같은 제자 이외에 의한 반대자나 논쟁에서 보이는 용례(7:40; 8:49; 9:38; 12:25; 11:45; 12:13; 19:39; 20:39)가 적지 않다.

이에 대해서 오히려 마가복음서에서 주목할 만한 용법은 마태복음서에도 누가복음서에도 보이지 않는 직접 제자 집단에서 의한 디아스카레의 호칭에서 이것이 랍비(ῥαββί)와 경합, 대립하는 방법이 아니라 오히려 동일하게 예수에 관련되는 전적으로 관례적인 호칭으로서 제자들의 입에 오르고 있다(4:38; 9:5; 38; 10:35; 11:21; 13:1; 14:45).[160]

이러한 디다스카레(διδάσκαλε)가 비그리스도론적 호칭으로서 사용되는 데서 랍비, 라보니와 같이 모든 마가복음서 이전의 전승으로 돌릴 수 있는 가능성도 충분히 인정된다. 그러한 점에서 오히려 제자들에 의한 비그리스도론적 호칭 전승을 배제하지 않고 사용한 것이 바로 마가복음서란 점에 주목할 필요가 있다.

누가복음서는 분명히 마가복음서 13장 4절에 근거하여 여기에 디아스카레를 부가함에도 불구하고 예수에게 이 호칭을 사용하는 주체는 제자가 아니라 '몇몇 사람들'(21:5)이다.

그러면 마가복음서의 디다스칼레는 마태복음서의 비유에서 보이는 생략(막10:20=마19:20, 막10:35=20:20, 막13:1=24:1) 또는 꾸리에(κύριε)와 같이 누가복음서에 의한 에피스타타(ἐπιστάτα, '선생님')의 대입(예: 막4:38 διδάσκαλε=마8:25 κύριε=눅8:24 ἐπιστάτα 와 막9:5, 17절의 병행 구절)에 대해서 어떤 적극적인 의의를 갖고 있는 것일까?

---

160 | J. D. Kingsbury(1981). *Jesus Christ in Matthew, Mark and Luke*. Philadelphia: Pa. : Fortress Press, p.45.

우리는 교사 예수의 내실을 분명히 하기 위하여 우선 이 복음서 전체의 교육적 모티브에 대해서 검토해 보려고 한다.

마가복음서의 주제는 서두의 타이틀(1:1)이 보여주듯이 '복음'이고, 그 체현자인 '예수 그리스도'의 사역 전체가 이 복음의 '전한다'(κηρύσσειν)는 동사에 의해 요약된다(1:14).

그러나 실제로 마가복음서에 있어서 용례를 살펴보면, 명사 유앙겔리온 '복음'(1:1, 14, 15; 8:35; 10:29; 13:10; 14:9)에 대한 명사 디다케(διδαχή, 가르침)의 빈도(5번, 마3번, 눅1번)는 거의 같은데(1:22; 27; 4:2; 11:18; 12:38), 명사 케뤼그마(κήρυγμα)는 보이지 않고, 로고스(λόγος)는 3번(2:2; 4:33; 8:32)이나 나타난다.

그리고 동사 케뤼쎄인(κηρύσσειν)은 한 사람 예수(1:14, 38) 뿐만 아니라 세례자 요한(1:4)이나 12명의 제자(3:14; 6:12), 모든 민족(13:10)에게 연결되어 있는 것에 비해 예수를 주어로 하는 동사는 오히려 디다스칼레가 압도적으로 많고, 15회 사용되어 있다(1:21; 22; 2:13; 4:1; 2; 6:2, 6, 34; 8:31; 9:31; 1:1; 11:17; 12:14; 35; 14:49. 단 6:30은 예외).

그러나 디다케('가르침')의 어간을 갖는 어군의 용례는 마가복음서의 편집부분에 현저한 특색을 나타낸다. 즉, 앞서 열거한 동사 디다스코우(διδάσκω, '가르친다') 및 명사 디다케 20번의 용례는 그 대다수가 문체에서도 그 점이 인정되듯이 편집구(編集句)에 속한다.

알려진 마가복음서에서 나타난 특색적인 용어, '오크로스'(ὄχλος, '군중'), '파스 오크로스'(πᾶς ὄχλος, '군중 모두', 2:13; 4:1; 10:1; 11:18), '달라싸'(θάλασσα, '바다', 앞과 같음), '디다스코우-디다케'(διδάσκω-διδαχή)의 연쇄(1:21; 11:17; 12:35, 38), '유뒤스'(εὐθύς, '곧', 1:21), '아코로우데오'(ἀκολουθέω, '따르다', 6:1)에 추가하

여 '엔 파라볼라이스'(ἐν παραβολαῖς, '비유로', 4:2; 4:11; 12:1), '악켄에플쏜톤'(ἀξεπλσσοντοή, '사람들은 놀랐다', 1:22; 6:2), '수아고우'(συάγω, '모이다', 4:1, 2:2; 5:21 등 4번)도 모두 편집구이다.

문체에 대해서는 '카이-파라탁시스'(καὶ-parataxis, 접속사 καὶ['그리고']에 의한 나란히 배치, 2:13; 4:1), '디다스칼레'('가르치다'의 현재 부정형)을 수반하는 '헤르삭토'(ἤρξατο, '시작하다', 6:2; 8:31), '카이 엘겐 아우티스'(καὶ ἔλγεν ἀὐτὶς, '그리하여 예수는 그들에게 말했다', 4:2; 6:4; 9:31), '에르코우마이'(ἔρχομαι, '간다'의 역사적 현재형, 10:1), '폴라'(πολλά, '많게'의 부사적 용법, 4:2; 6:34; 8:31) 등 마가복음서의 특징적인 언어표현을 몇 군데 추출할 수가 있다.

마가복음서 1장 21절에 관해서 전반(복수 주어)는 선행 책과의 편집적 연결인데 후반(단수주어)은 이적 이야기의 도입으로서 전승에 속한다는 판단도 있지만 같은 이적 이야기의 도입구 3장 1절은 디다스케인(가르치다)을 수반하지 않는 점에서도 근거는 희박하다.

계속해서 편집구 22절에는 예수의 '가르침'과 사람들의 '놀람', 예수의 '권위'에 이것을 대립하는 '율법 학자'라는 마가복음서의 주제적 모티브가 집약되어 있는 점은 주목할 만하다.

다만 1개, 12장 14절은 독립된 호칭 "선생님, 우리는, 선생님이 진실한 분이시고 아무에게도 매이지 않는 분이심을 압니다."는 디다스케인('가르치다', 현재형)이 예수에 대한 사람들의 직접 대화에서 사용되어있는 점에서 마가복음서 이전의 전승에 소급할 가능성이 있다.

다른 용례는 모두 마가복음서에 돌릴 수 있을 것으로 생각된다.

어쨌든 예수의 지상에서의 공적 활동의 시초(1:21~27)와 마지막(12:35~40)이 함께 '가르치는' 사역으로서 특징지을 수 있음을 알 수 있다. Q전승은 오로지 동사 레게인(λέγειν, '말하다')을 사용하고(마5:2), 디다스칼로스는 단지 한 군데(마10:24~25=눅6:40)에서 나타난다.

마가복음서 곳곳에서 보이는 교육적 관점에 대해서는 일찍부터 독일 신학자 로마이야(E. Lohmeyer) 등이 주목하여 왜 이러한 복음서가 형성되지 않으면 안 되었던가에 대해서 동기론적인 문제의식을 가지고 마가복음서 전체 구성을 수준에 이른바 '삶의 자리'(Sitz im Leben)를 구명하고 이 복음서의 뛰어난 디다케적인 관심을 두었다.

1984년에 로빈스(V. K. Robbins)가 새로운 사회, 문학 비평(socio-rhetorical criticism)의 관심영역에서 유대, 그리스, 로마의 광범위한 역사, 문화콘텍스트 속에 마가복음서를 위치 설정하여 이른바 '제사 스승의 이야기'로서 철저한 '마가-디다케'설을 제시하고 있다.[161]

로빈스는 『구약성경』의 엘리야, 엘리사 이야기, 창세기가 묘사하는 아브라함, 신명기가 그리는 모세상(像)과 함께 예컨대, 필론의 「모세의 생애」, 플라톤의 「대화편」 등을 비교 검토하는 역사 문학 사료로 사용하고 있다.

마가복음서의 문체 구조에서 추출 가능한 여러 가지 양식이나 수난 예고(막8:31; 9:31; 10:33~34) 또 전체 구성을 세부적으로 고찰하여 특징을 지을 수 있는 3개의 단계(progressive form)로 교사 예수를 보았다.

---

161 | V. K. Robbins(1984). *Jesus the Teacher. A Socio-Rhetorical Intepretation of Mark*.. Philadelphia : Fortress Press.

즉 큰 틀로서 교사 예수와 '제자'들의 ① 만남과 초청(1:1~3:6), ② 가르침과 배움의 공동(3:7~12:44), ③ 이별과 죽음(13:1~16:8)이라고 하는 플롯의 전개가 어느 것이든 고대 세계에 알려진 여러 언행록 속에 평행으로 이루어져 있다는 것이다.

따라서 마가복음서가 복음서라고 하는 문학 유형을 창출한 의의와 공헌은 유대의 메시아 대망의 성취로서의 예수의 삶과 수난(죽음)을 지중해 헬레니즘 세계의 역사적, 문화적 전통에 적합한 위대한 권위가 있는 교사의 상(像)으로서 의미 깊게 제시한 것이라는 점이 인정된다고 주장한다.

복음서가 단순한 전기, 회고 문학이나 언행록의 장르에서 구별되는 신앙의 '증언'이란 사실을 잊을 수 없다. 또는 과연 마가복음서가 수사학적인 기법을 사용하여 앞서 언급한 연구자들이 재구성하는 것 같은 방식으로 교리를 프로그램화를 고려했는지에 대해서는 의문을 갖지 않을 수 없다.

적어도 문체나 구성이 시사하는 것으로 보아 '5대 설교'를 중심으로 예수의 언어로 집중과 체계화를 시도한 '마태 학파'로 부르는 제1복음서의 위치와는 다른 것으로 생각된다.[162]

그러나 마가복음서의 '예수와 제자' 이해와 나사렛의 예언자적 교사로서 가르침, 삶, 죽은 예수의 사실, 그에 대한 추억(전승)에 근거한 해석이란 점은 틀림없다.

그러므로 '케뤼그마로서의 역사'라는 근본 성격을 갖는 이 복음서의 구상적(具象的)인 이야기 스타일[163], 또는 앞서 언급한 교사

---

162 | K. Stendahl(1991). *The School of St. Matthew and Its Use of the Old Testament*. Uppsala, C. W. K. Gleerup, Lund.

163 | D. Rhoads, J. Dewey, & D. Michie(1999). *Mark as story : an introduction to the narrative of a gospel*. Minneapolis, MN: Fortress Press.

로서의 예수의 사역에 관련되는 주제 모티브(1:22; 10:34~45) 등 현저한 특징이 무시되지 않는 한, 마가복음서가 주로 교회 내에서의 차기 제자 집단을 목표로 스승을 모방하고 '시중드는 사람'(διάκονος)으로서 십자가(고난)의 길을 걷는 신도(Nachfolge)[164]를 위한 '디다케'라는 교육적 목적을 가지고 이 복음을 썼다는 주장에 일리가 있음을 알 수 있다.

2. '권위 있는 가르침'

마가복음서의 권위에 의한 복음서의 제1부는 1장 1절~3장 6절에 있는데, 이것은 예수의 전형적인 사역이 안식일에 회당에서 '가르치는' 랍비의 그것과 동일시된다.

갈릴리 전도의 거점이었던 가버나움에서 예수는 당시의 유대교의 교사, 현자들의 관습에 따라 때때로 회당에 들어가서 가르쳤다(1:21; 3:1; 6:2). 회당에서 가르치는 예수의 모습과 행위는 외적으로는 당시의 토라학자들과 다르지 않았다.

그런데 모든 사람들이 '놀랐다'. 그것은 예수가 권위 있는 자와 같이 가르쳤기 때문이다(1:22). "율법 학자와는 달리"라고 기록되어 있는 것은 말하자면 이상적인 반대자를 고려하고 있음을 짐작

164 | Nachfolge는 독일어로 'Nachfolge Christi'라는 말은 '예수를 따르는 것'을 말하는데, 일반적으로 그리스도의 제자직(Christian discipleship)을 의미한다.

할 수 있다.[165]

즉, 마가복음서에 있어서 예수의 가르침은 율법'학자'에서 보이는 악한 전통주의에 대해 비판적 도전의 의미를 갖고 있었던 것이다. 인간의 삶의 스타일에 관련되는 근본 문제로서의 율법 해석에 있어서도 자기의 기준 체험을 가지지 않고 단순히 지식의 집적이나 탁상공론적인 해석에 의해 모든 것을 만족하고 있었던 학자들 사이에서는 예수의 가르침은 전적으로 사람들의 마음에 감동을 주는 것이었다.

그리고 모든 사람들이 '놀램'(ἐκπλήσσω[에크프레쏘우] 강한 의미의 동사)은 예수에 의한 일정한 전도 가능한 설교에 의한 것이 아니라, 무엇보다도 예수가 권위 있는 자로서 가르치는 한, 거기에 발현되어 있는 리얼리티에 반응하여 사람들이 흔들린 사태—예수의 에디다스켄([ἐδίδασκεν, '놀라다' , 기동적 imperfect]에 호응하는 사람들의 ἐξεπλήσσοντο[에케프레쏜토, '당황하다']와 같은 수동태, 1:22)—를 말한다(1:27; 6:2; 11:8).

그렇기 때문에 마가복음서에 있어서 '교사'로서의 예수의 모습과 사역의 새로움, 그 특색을 분명히 하기 위해서는 이 '권위'의 내실을 정확하게 이해할 필요가 있다.

'권능'(ἐξουσία)이란 여기에서 일정한 신분, 지위, 자격 등을 사람들 앞에서 과시하여 도그마적 교의(教義)를 내보이는 권위주의와는 다른 것으로 예수의 인격에 만난(encounter) 사람이 직접으로 감지한 '예언자적' 권위였던 것이다.[166]

---

165 | M. J. Cook(1978). *Mark's Treatment of Jewish Leaders*. Leiden: Brillp, pp.85-97.

166 | H. C. Kee(1977). *Community of the New Age: Studies in Mark's Gospel*. Mercer University Press, pp.117-119.

이러한 예수의 예언자적 권위를 경영학적 측면에서 볼 때 '지적 자극'이란 개념으로 설명한 최근, 예수의 리더십에 대한 한 연구[167]에 의하면 예수의 이 '권위'가 그의 영적인 리더십의 능력으로 보았다. 그리하여 예수의 리더십을 일반 경영학에서 다루는 변혁적 리더십을 구성하는 주요한 변인으로 예수의 사역에서 매우 중요하게 작용하였다고 논의한다.

그것은 또한 마가복음서에 있어서 예수의 가르치는 사역은 강조하고 있음에도 불구하고, 4장 1절 이하의 비유집, 7장 1~23절을 제외한 전반부는 조직적인 설교 내용이 생략되어 있는(1:23; 2:13; 6:2; 34; 10:1) 이유와 관련되어 있다.

마가복음서에서 보통 의미로 전달 가능한 '디다케'의 집성이나 기술 자체는 구극의 관심사가 아니라 예수는 가르치는 주체임과 동시에 또 가르침의 객체로서 나타내려고 했다는 점이다.

나아가서 마가복음서는 예수의 복음을 마태복음서가 전면에 내세우고 있는 '가르침'(복음)만이 아니라 처음부터 이적적인 '행위'(악령 추방)와 관련시켜 증언하고 있는 것은 이 가버나움의 첫 번째 날의 활동 보고를 통해서 명백하게 드러난다(1:21~28).

이 비상한 '놀램'의 사태가 1장 27절에서 다시 권위 있는 새로운 '가르침'이란 주제어를 수반하여 선언되어 나타난다.

분명히 이적은 빛나는 발현의 장(場)이며, 마가는 한편으로 하나님 출현의 모티브를 내세우는 기법으로 '이적행위자' 예수를 묘사하면서, 동시에 하나님의 아들의 '십자가 위의 죽음'이란 역설을 독자들에게 제시한다.

---

167 | 전영수·황인태·봉현철(2017). 마가복음에 나타난 예수 그리스도의 리더십에 관한 경영학적 연구. **로고스경영연구**. 제15권 제2호. 한국로고스경영학회, pp.4-5.

그러나 그것은 교사로서의 예수의 부정(否定)이나 또는 힘 있는 이적에 대한 가르침의 종속이란 이해에는 연결되지 않는다(4:38; 5:35; 9:5, 17, 38; 10:51; 11:21). 오히려 여기에서도 사람들의 '놀램'의 모티브는 이적의 힘(*δυνάμες*)과 언어의 지혜(*σοφία*)를 통합하는 것 같은 교사로서의 예수 이미지(6:2)를 앞면에 내세우는 효과를 나타내고 있다.

그리하여 가르침과 이적을 서로 나란히 세운 이야기 서술을 전제로 다음의 2장 1절-3장 6절의 매듭을 가진 전승으로 연결시켜 가는 것이 여기에서 보이는 제1 논쟁(제2 논쟁은 11:27~12:34)의 계기는 역시 신체적 치유에 따르는 예수의 죄사함의 권위를 둘러싼 것이었다(2:5~6, 10).

이적 이야기와 죄사함의 선언이라는 2중의 주제를 의도적으로 통합한 마가복음서의 적극적인 해석표현으로 인해 예수에게 고유한 권위 있는 가르침과 이적의 상관관계, 오히려 예수의 가르침의 권위를 구체화하는 표시로서의 이적의 성격이 점차 심화되어 거기에는 예수의 무리들의 교리적인 관심을 파악할 수가 있다(2:13).

분명히 "누구도 하지 않는"(2:17, 21) 것과 같은 격언 같은 말을 사용하거나 "다윗과 그 일행이 먹을 것이 없어서 굶주릴 때에 다윗이 어떻게 하였는지를 너희는 알지 못하였느냐?"(2:25)로 시작하는 도입문, 그 외의 현실적인(2:8, 9) 또는 반어적, 비유적인 질문(2:19, 25; 3:4; 24; 11:30) 등 문체 양식상 전적으로 전통적인 현자를 답습하고 있다.

그러면서도 그 내용도 다분히 랍비문학의 「학가다」적 특색을 나타내면서,[168] 그러나 전체를 통해서 '새로운 권위 있는 가르침'을

---

168 | Augustine Stock(1989). *The Method and Massage of Mark*. Wilmington,

기저로 하는 이른바 현실성과 논쟁 이야기에 전형적인 표현을 취하는 비판성의 모티브가 일관되게 나타나며, 예수의 행위와 언어의 배후에는 탁월한 교사 예수가 서 있는 것을 부정할 수가 없다.

이와 같은 예수 자신의 '능력 있는'(엑쿠시아, εξουσια) 가르침과 사역의 내적 고양은 "인자는 안식일에도 주인이다."는 선언과 "안식일에 선한 일을 하는 것이 옳으냐? 악한 일을 하는 것이 옳으냐? 목숨을 구하는 것이 옳으냐? 죽이는 것이 옳으냐?"(3:4)라는 소크라테스적인 질문에 의해 제1이야기는 클라이맥스에 도달한다.

여기에 '하나님의 사람' 그리스도론을 포섭하는 교사 예수가 시사됨과 동시에 또 율법 학자를 중핵으로 하는 반대자와의 대전, 그들의 모의(3:6; 11:18; 12:12)를 매개로 수난의 '인자'와의 결합을 예시하고 있다.

랍비 논쟁의 형식과 방법을 매개로 한 예수의 독자적인 권위에 대한 사람들의 경탄의 사태는 이 복음서의 제1부 뿐만 아니라 전권을 일관되게 누비는 모티브의 하나이다.

즉, 계속되는 3장 7절~5장 43절에서는 비유들과 4개의 이적 이야기가 편집되어 예수의 권위 있는 '가르침'이 다시 힘 있는 '행위'의 장면 설정 아래 전개된다.

그때 율법 학자(3:23), 인척(3:33), 제자를 포함한 군중(4:13, 21, 30: 5:39) 등 모든 대상 사람들에게 반복하여 반어적, 수사학적 질문을 시도하고, 예수 언행의 배후에 있는 '하나님의 뜻'을 믿고 추구하는 삶의 길이 한층 적극적으로 부른다.

또는 12장 13절~34절에 보이는 다른 논쟁 이야기에서는 예수가 반대자들(바리새파, 헤롯당, 사두개파, 율법 학자들)에 의해 디

Del.: M. Glazier, Liturgical Press, pp.17-24.

다스칼레(선생)로 불리어(12:14, 19, 32), 거기에 랍비적인 논쟁이 야기된다. 각 결말은 예수의 가르침과 인격에 의한 '권위'의 차원을 상기시킨다.

납세에 대한 질문에는 "데나리온 한 닢을 가져다가, 나에게 보여 보아라." "황제의 것은 황제에게 돌려주고, 하나님의 것은 하나님께 돌려드려라"(12:16, 17)는 명령법, 부활의 문제를 둘러싼 위선적인 질문에 대해서는 "너희는 성경도 모르고, 하나님의 능력도 모르니까", "너희는 생각을 크게 잘못하고 있다"(12:24, 27)는 가르침의 형식에서도 각각 권위 있는 교사 예수에 대한 단적인 경탄을 금치 못했던 이야기가 전개된다.

다만 마가복음서에서 예수가 군중의 질문에 보이는 반대자들에게 직접 가르치는 것이 아니라(2:1~3:6; 11:12~12:40), 권위 있는 새로운 가르침에 대한 적대자들의 반응은 제자들이나 군중의 놀람(5:20; 6:2, 51; 7:37; 9:15)에 공명한다기보다는 오히려 이 사태에 대한 두려움이었다(11:18; 12:12; 다만 12:32절은 예외).

그 외 특히 6장 1절 이하, 7장 1절 이하 및 11장 27절 이하의 구절에서 마가가 강조하는 포인트는 제자들의 교화적 사역이 예수 자신의 사역과 인격에 기저를 둔 권위 있는 가르침을 떠나서는 성립할 수 없음을 말하고 있으며, 무엇보다도 스승 예수와 그 인간으로의 '지금 여기'의 신도가 중심인 것은 두말할 나위가 없다.

3. 던지는 질문으로서의 '가르침'

예수는 유대교의 현자, 랍비처럼 때로는 비유를 사용하여 가르쳤는데 지금 제2부 3장 7절~6장 6절의 이야기에서 나타난 '디다케' 지향을 4장 3~32절의 비유집을 중심으로 살펴보려고 한다.

마가복음서는 비유에 의한 계시적 가르침(4:1 이하, 10~13, 33)에 앞서 우선 예수의 활동을 전하는 '정리의 장'(3:7~12)에서 군중 속에 서 있는 예수의 능력 있는 사역을 강조하고, 계속해서 긴 삽입문에 의해서 '교사'로서의 예수 그리스도의 탁월한 권위와 의미를 천명하려고 한다.

즉, 처음에는 직접 제자 12명을 선택한 사실과 그 이름을 기록하고(3:16~19), 그들이 세워진 목적이 "그들을 자기와 함께 있게 하시고, 또 그들을 내보내어서 말씀을 전파하게 하시며, 귀신을 쫓아내는 권능을 가지게 하시려는 것이었다"(막3:14~15; 5:19~20; 6:7)고 규정한다.

마가복음서에서 예수의 가르침의 대상은 군중을 두고 결코 직접 제자들로 한정하는 일은 없지만(4:1~2; 7:14; 8:34; 10:1; 11:18; 12:37~38), 자각적인 신도를 목표로 하는 특히 제자(μαθητής)라고 부르고 예수가 그 상징적인 개념 12명의 제자의 교사로서 내세우고 있다.

마가복음서는 무엇이 '하나님의 뜻'인지를 명시하기 위해서 여기에 예수에 의한 비유를 제시한다. 우선 주목되는 것은 "예수는 다시 …가르치기를 시작하였다, …여러 가지를 가르치시는데…그 가르침 속에서"와 같은 '씨 뿌리는 비유'의 도입구가 있다.

이 장면 설정의 장중한 분위기는 마태복음서의 산상설교의 서언을 상기시킨다. 마가복음서에서 예수의 가르침의 상대로는 여기서도 극히 당연한 12명의 제자(4:10)로 한정되지 않는다. 군중(ὄχλος)이고 그 내용도 모든 사람에게 신앙의 결단을 촉구하는 근원적인 질문이었다.

즉, '들어라'(쉐마)는 명령어로 시작하고 "들을 귀가 있는 사람은 들어라"는 호소로 맺는 3~9절의 오리지날 비유 자체는 이것을 말하는 예수 자신으로의 태도 결정을 촉구하는 것과 같은 인격적 호소였다. 그것은 단순한 랍비적인 설명법이나 수사학적으로 조건부가 있는 말씨를 초월하여 듣는 사람들의 온 몸을 하나님의 창조적인 능력과 은혜(4:8)로 비약시키는 어필이었던 것이다.

전체의 구성은 우선 4장 1~9절, 26~34절의 구조에서 예수가 비유로 '하나님의 지배'를 강조하는 교사로서 제시되어 있다. 그리고 중심부(4:10~12, 13~20, 21~25절)가 비유의 의미와 듣는 사람의 응답의 문제를 전개하고 그리스도론(예수의 인격과 사역='권위 있는 새로운 가르침')과 제자의 길(예수의 부름에 대한 '신도')을 연결시키는 중요한 역할을 감당한다.

마가복음서 4장의 비유들은 빌립보, 가이사랴 이전에서 복음서의 중심이라고도 할 내용을 담고 있다. 거기에 그리스도인의 신앙의 핵심과 제자들의 전도적, 교육적 동기 유발이 반영되어 있는 것은 4장 11~12절의 비유와 13절 이하의 알레고리의 실례에서도 명확히 찾아 볼 수가 있다.[169]

---

169 | J. R. Donahue(1988). *The Gospel in Parable, Metaphor, Narrative and Theology in the Synoptic Gospels*. Philadelphia: Fortress Press, pp.28-62, 194-199.

제시된 비유에 대해서 제자들이 그 의미를 묻는 것에 대해서 예수는 "너희들"에게는 하나님 나라의 비밀을 맡겨 주셨지만, 바깥 사람들에게는 모든 것이 수수께끼로 들린다고 대답하여 "그들이 보기는 보아도 알지 못하고, 듣기는 들어도 깨닫지 못하게 하셔서, 그들이 돌아와서 용서를 받지 못하게 하시려는 것"(4:12)이라는 이사야 6장 9절에서의 자유로운 인용을 한다.

접속사 '히나'(ἵνα, '그것', 또는 '~하기위해')를 목적의 의미를 취하면, 예수는 일부러 듣는 자들에게 이해를 하지 못하도록 수수께끼를 사용하여 가르친 것이 된다.

그러나 이른바 메시아의 비밀론(1:25, 34, 44, 3:11)은 별도로 하고, 예수는 사람들이 파악하지 못하도록 "사람들의 듣는 능력에 맞추어"(4:33) 많은 비유로 가르쳤다.

사실, 비유는 가장 중요한 전달 수단이었기 때문에, 이 '히나'(ἵνα)는 역시 셈적(Semitic) 표현법의 특색으로 원인, 결과의 내용을 목적 구문에서 표현하는 용례로 볼 수 있다.

따라서 해석상 논의가 많은 11절 이하에 대해서는 "예수를 진실로 따르려는 너희들에게는 하나님의 뜻에 대한 비밀을 열어 주셨지만 되돌아가려고 하지 않는 불신자들에게는 의연히 일체가 수수께끼"인 것이다.

그들이 보는 눈, 듣는 귀를 가지고 있지 않기 때문이다. "그러나 그들에게 있어서 듣는 귀를 가지고, 다시 되돌아온다면 하나님의 뜻을 알게 될 것이다."라고 할 수 있을 것이다.

마가복음서의 그리스도론에서 볼 때 여기에서의 수수께끼는 당연히 십자가의 죽음과 연결되는데,[170] 무엇보다 주목되는 점은 여

---

170 | J. R. Donahue(1988). 위의 책. p.44.

기에서 예수의 가르침에 관하여 인용되는 이사야서 6장 9-10절의 내용이 『신약성경』의 다른 곳에서는 오히려 예수 자신(행28:23, 26)과 그의 십자가(요12:40; 롬11:8; 고전1:23)의 이해와 직결되어 있다는 점이다.

여기에서도 마가복음서에서 예수의 디다케가 케뤼그마를 내포하는, 말하자면 교사, 그리스도론을 제시하려고 하는 것이라 볼 수 있다.

마가복음서는 나아가서 마태복음서 13장 18절, 누가복음서 8장 11절과는 달리 어조를 바꾸어 "너희가 이 비유를 알아듣지 못하면서, 어떻게 모든 비유를 이해하겠느냐?"(막4:13)면서 마태복음서에서 이해자로서의 제자 이미지에 대해서 제자들의 몰이해의 동기를 도입하고 있다.

이 점에서 마가복음서는 분명히 '비판의 책'이란 성격을 띠고, 또는 예수에 대한 다양한 반응에 의한 집단의 분별, 분화와 같은 기능을 담당하고 있다.

그리고 보다 적극적으로는 직접 제자들의 불신의 모습을 말하자면 그들의 있는 모습을 비추는 거울 또는 반면교사와 같은 역할을 함으로써 새로운 결단을 촉구하는 마가의 교화적 견해를 여기에서 볼 수 있다.

4장 14~20절에 이르는 비유의 우화적 확대, 재해석의 부분에서는 복음이나 말씀에 얼마나 듣고, 반응해야 할 것인지를 묻고 있는데, 여기서도 이른바 스승-제자-가르침을 전제로 한 일종의 교육적 설교의 실례를 인정할 수가 있다.

비유들에 대해서 다시 4개의 이적 이야기가 게재되어 있는데, 어느 것이든 예수에 대한 신도를 부르는 근본 모티브에 있어서는 다르지 않다.

즉, 야이로의 딸이나 오랫동안 혈루증으로 고생한 여인의 '믿음'(5:21~43; 6:1~6), 전체가 예수의 새로운 권위에의 신도를 부르는 강력한 격려의 의미를 갖고 있다.

폭풍을 잠잠케 하는 이야기에서는 "'선생님'(디다스칼레), 우리들이 죽게 되었는데도, 아무렇지도 않으십니까?"(막4:38)하면서 두려워 떨고 있는 제자들 앞에서 예수는 일어나 바람과 바다더러 "고요하고, 잠잠하여라"고 하시는 권위 있는 말씀으로 폭풍을 잠잠하게 만들었다.

예수는 제자들에게 "아직도 믿음이 없느냐?"는 질문 형식으로 제자들에게 향한 '스승' 예수의 동일한 음성에 제자들이 다시 똑바로 듣게 되었다는 이야기는 교사 예수의 존재와 그의 능력 있는 '사역'에 대한 경외와 경탄을 표출한다.

예수의 권위 있는 '가르침'에 대한 "이분이 누구이기에, 바람과 바다까지도 그에게 복종하는가?"(4:41)고 호응하고 있다.

예수의 '권위 있는 새로운 디다케'는 물론 언어에 의한 '가르침'을 배제하기 않고, '언어→이적'과 같은 전후 관계도 인정된다. 그러나 그것은 좁은 '언어'에 한정되거나 또는 단순히 '행동'과의 대치관계에 있는 것이 아니다.

마가복음서가 예수의 미션을 요약할 때, 마태복음서(4:23; 9:35)처럼 디다스칼레인(*διδἀσκειν*, '가르치다')과 데라퓨에인(*θεραπεύειν*, '고치다')을 병기하는 것을 피하는 이유도 거기에 있는 것으로 보인다.

6장 30절에 '사도들'의 파견 보고로서 사역과 가르침이 병기되는 것은 오히려 예외로 마가복음서의 경우, 좁은 뜻의 언어에 의한 사역은 오히려 케라퓨에인(*κηραπεύειν*, '전파하다')에 관련하여(1:14; 13:10; 14:9; 16:15; 20), 이것이 악령 추방과 대치되어 있다.

이와 반대로 사람들의 놀램의 동인(動因)을 이루는 예수의 '권위 있는 가르침'(1:2)이 그 듀나메이스(δυνάμεις, '힘')와 불가분인 것은 앞서 언급한 바이다. 만일 마가복음서에서 디다케가 오로지 예수의 미션과 관련된 언어적 측면을 의미한다고 한다면 6장 2절의 '지혜'에다 디다케를 바꾸면 적절할 것이다.

지금 이와 관련해서 6장 1절 이하를 주목해 보자. 마가복음서는 갈릴리의 회당에서 가르치는 예수(1:21, 39; 3:1)라는 행위설정의 최종단계에서 선행 문헌이 편집한 예수의 언어(σοφία, 2:1∼3:20∼4:34)와 행위(δυνάμεις, '힘', 1:21∼45; 4:35∼5:43)의 여러 가지 동사 '가르친다'(διδάσκειν)의 한 단어를 가지고 재결합시켜 경탄을 야기하는 교사로서의 예수 이미지를 독자적인 수법에서 선명하게 부각시킬 수 있다.

이처럼 마가복음서는 스스로 이른바 한 사람의 청중으로서 한편으로는 권위 있는 교사 예수의 언행을 생생하게 전하고 이것을 '케뤼그마의 역사화'라는 작업에 공헌하면서, 다른 한편으로는 제자의 무리를 교화와 훈련을 위하여 가르치는 주체이기도 하고 객체인 예수로의 신도(Nachfolge)를 반복하여 촉구하고 있는 것이다.

"어찌하여 믿음이 없는가?"하는 예수의 질문과 나사렛 고향 사람들의 불신앙(6:6)에 대한 그의 놀람과 이상함이 함께하는 사태를 표현하고 있다.

4. 제자에 대한 가르침

예수가 제자들에게 가르쳤던 가르침은 매우 중요하다. 마가복음서를 이해하는 데 중요한 시각 중의 하나는 각 이야기에 등장하고 있는 교훈적 주제를 통한 것이다.[171]

제자들에게 가장 중요한 교훈적 주제는 예수의 세 차례에 걸친 수난 예고(막8:27~9:1; 9:30~37; 10:32~45)와 관련되어 등장한다.

예수는 제자들이 가야 할 십자가의 길에 대한 교훈을 수난 예고와 결부시켜 교훈하는데 각각 다음과 같은 동일한 패턴을 가지고 있다.

예수 자신의 수난 예고(막8:31; 9:31; 10:33~34)와 제자들의 이해 못함(막8:34, 9:1; 9:33~37; 10:42~45)이다. 수난 예고의 내용은 초대교회의 신앙고백의 세 요소(죽음, 묻힘, 부활)[172] 즉, 예수 자신이 고난을 받을 것과 죽임을 당할 것, 그리고 다시 살아날 것에 대한 것이다.

제자도(弟子道) 모델은 하나님의 나라를 통하여 형성된 핵심적인 삶의 형태를 제공하는 본질적인 요소이다. 하나님의 나라의 비밀이 부활한 주의 말씀에 한정되지 않고, 예수의 삶과 죽음에 관련된 모든 것에 포함되었듯이, 하나님의 나라는 선택된 제자들에

171 | 서용원(1999). 마가복음 13장에 나타난 때와 제자직. **신약논단**. 제5집. 한국신약학회, p.199.

172 | 황춘식(2015). 4세기 이전의 신앙고백 「레굴라 피데이」. **피어선 신학논단**. 제4권 제1호, pp.39-40.

게 한정된 것이 아니라 모든 사람에게 개방되어 있다.[173]

마가복음서는 하나님의 나라의 완성 혹은 들어감을 제자도의 기초가 되는 것으로 구성하고 있다.

이미 언급한 바와 같이 마가복음서가 가르치는 스승 예수에 자각적으로 추종하는 자들을 제자(마데테스)라는 술어적 표현으로 호칭하고 있는 것의 의의는 적지 않다.

12명의 용법(9번)도 이 제자 개념(27번)을 전제로 하고, 후자가 보다 포괄적이어서 양자는 거의 동일시되어 있다(4:10; 6:7; 9:35; 11:11; 14:10).[174]

그리고 사도(ἀπὀστιλος)의 이름이 본래의 의미인 파견의 장면에서 1번 나올 뿐이다(6:30). 마데테스('제자')와는 그 어의에서 볼 때 '배우는 자'이고 마가는 무엇보다도 예수의 가르침을 배우고 그의 질문에 듣고 따를 본래적 제자 무리, 따라서 누가복음서나 마태복음서와 대비해서 어느 정도 엄밀한 집단(서클)을 고려한 것이라 볼 수 있다(3:7; 4:34; 6:1; 8:10; 10:46; 11:1, 14; 12:43).

앞서 말한 바와 같이 여러 곳에서 찾을 수 있는 제자의 불신앙이나 몰이해의 모티브(1:37; 4:13; 5:31; 6:35, 41, 45; 7:17; 8:1, 4, 6, 27, 33; 9:14, 18, 28. 31; 10:10, 13, 24. 38; 13:1)가 나타난다.

그럼에도 불구하고, 마가복음서가 서두의 '소명' 이야기나 교사 예수의 권위를 제시하는 맥락(1:16~18; 2:14), 나아가서 수난과 부활의 예수(14:28; 16:7)에 관련되는 가운데 제자들의 신앙을 전하는 것에서도 이 복음서의 비판적 면만이 아니라 오히려 마가의

173 | 박노식(2006). 마가복음의 하나님 나라와 제자도. **신약논단**. 제13권 제2호. 한국신약학회, p.287.

174 | E. Best(1978). "Mark's Use of the Twelve." *The Gospel as Story*. Vol. 69, Issue1-2, p.49.

교화적 면에 대해서 바른 평가를 내릴 수 있을 것이다.[175]

베스트(E. Best)[176]와 스톡(K. Stock)[177]은 마가복음서의 제자들을 긍정적인 시각에서 설명한다. 스톡은 마가복음서가 나타내는 제자들의 특징을 예수와 긴밀한 연합임을 강조한다.

"예수와 함께 함"(막3:14)이 마가복음서의 제자들의 정체성이다. 제자들은 예수의 메시지를 수용하는 역할을 하며 특히 하나님 나라의 비밀을 전수 받는 자로 나타난다(막3:13~19; 4:10~12; 4:34).

물론 제자들이 자신을 버리고 도망 갈 것을 예언하지만 그들이 "예수와 함께 하는 존재"임을 확신시킨다(막14:27, 28).

예수의 죽은 후 여인들에게 자신의 부활에 대한 소식과 함께 다시 갈릴리에서 만날 것을 재확인시키는 것(막16:7)은, 예수와 제자들의 재결합을 전제하는 것이며 이것은 제자들의 많은 실패에도 불구하고 예수와 함께 하는 자로서 사도의 위치를 견고히 해 준다.

베스트(E. Best)는 마가복음서가 제자들에 대하여 가장 긍정적으로 평가한다고 본다. 마가복음서는 역사적인 제자들의 위엄을 비난하려는 의도가 없으며,[178] 제자들을 마가 당시의 이단자나 깨닫지 못하는 자들의 모델로 나타내려 한 것이 아니다.

---

175 | E. Best(1978). 위의 책. pp.93-99.

176 | E. Best(1981). "The Role of the Disciples in Mark." *New Testament Studies 323*(1976-1977). 377-401; *Following Jesus. Discipleship in the Gospel of Mark(Journal for the Study of the New Testament)*. Shefield: Journal for the Old Testament Press.

177 | 김춘기(1989). 마가복음에 나타난 제자직에 대한 고찰. **신학과 목회**. 제3집, 영남신학대학교. p.55.

178 | E. Best(1981). "The Role of the Disciples in Mark." p.128.

마가복음서는 제자들을 복음을 선교하는 역할을 제외하고는 어떤 특정한 지도자나 선포자로 나타내기 보다는 일반적인 그리스도교 공동체의 모델로 표현한 것이다.

제자들의 연약함, 몰이해, 배반 등을 너무 강조하지 말아야 한다. 왜냐하면 예수의 고난과 죽음 앞에서 제자들의 무능력은 예수를 죽이려는 바리새인이나 제사장들의 잔악한 욕망에 비하면 아무것도 아닌 것이다. "예수의 죽음을 바르게 이해하는 데 실패는 예수를 죽이려는 의도보다는 훨씬 덜 심각한 것이다."[179]

마가복음서에서 제자 무리와 교사 예수의 관계는 유대교에 있어서 일반적인 제자 관계를 훨씬 능가하는 것으로 마가복음서 6장 1절~8장 26절에서는 제자들이 예수의 미션에 참여한다. 그들은 더럽혀진 영을 억제하는 권위가 주어져(6:7), 두 사람씩 짝을 지어 나가서 예수처럼 회개를 외치고 악령을 추방하고 큰 병인들을 고친다(6:8~13).

여기에는 따라서 스승과 제자 상호 진솔한 대우(6:35~38; 8:5, 19~20), 예수 측에서 제자들에 대한 구체적인 지시, 권고, 경고(6:31; 50; 7:14; 27; 8:15, 26)를 한다.

동시에 이 참여와 응답의 과정을 통하여 제자들의 측에서 혼란과 몰이해가 나타난다.

거기에서 6장 30~44절, 및 8장 1~10절에 보이는 2가지의 떡 이적 이야기에 의해 그간의 일에 대해 언급하려 한다.

본문에 대해서 예비적인 검토는 생략하지만, 마가가 특히 제자들과의 사이에 문답(6:35 이하)의 의해 예수의 가르침 사역의 독자성을 강조하고 있는 점이 주목을 끈다.

---

179 | E. Best(1981). 위의 책, p.394.

그 내용은 역시 예수의 초월적인 힘의 현실과 만남에 의해 제자들에게 잠재적인 일상성의 입장이 가시화되고 그들이 아직 불신앙 속에 멈추고 있는 현실을 나타내어(6:37, 8:4), 그 사이에 삽입되어 있는 폭풍의 이적 이야기(6:45~52)에 있어서는 제자들이 비본질적인 두려움(6:5~51)으로 해방되지 않은 것은 떡을 먹이신 기적을 깨닫지 못하고, 마음이 무디어져 있었기(6:52) 때문이라 말한다(마 14:33을 비교).

마가복음서의 궁극적 관심사는 여기에서도 단순히 제자들의 몰이해를 비판하는 것이 아니라, 복음에 대한 이해를 초월하여 올바른 신앙으로 지도하여 새롭게 출발하도록 하는 것에 있기 때문에, 제자들의 불신앙과 몰이해의 모습을 직시하면서, 무제한으로 부르는 예수의 사역의 사실이야말로 중요한 것이다.

거기에서 8장 14~21절에서 다시 이적이 말해지는데 여기에서는 예수가 "어찌하여 너희는 떡이 없는 것을 두고 수군거리느냐? 아직도 알지 못하고 깨닫지 못하느냐? 너희의 마음이 그렇게도 무디어 있느냐? 너희는 눈이 있어도 보지 못하였고, 귀가 있어도 듣지 못하느냐? 기억하지 못하느냐?"라고 반의적으로 질문한다.

나아가서 "떡 다섯 개를 오천 명에게 떼어 주었을 때에, 너희는 남은 떡 부스러기를 몇 광주리나 가득 거두었느냐?"는 물음에 대해 제자들은 "열두 광주리입니다"라고 대답하고 있다(8:17, 19).

거기에서 예수는 다시 한 번 "너희가 아직도 깨닫지 못하느냐?"고 반어적으로 질문한다(8:21).

마가복음서는 여기에서도 일종의 아남네시스(anamnesis)[180]의 사상을 채용한 특색 있는 문답 형식에 의해 내용을 한층 현재화

180 | 추억, 회상: (플라톤 철학에서 이데아의) 상기(想起)를 뜻함.

(顯在化)하는 동시에 이것을 통로로서 단적으로 스승 예수와의 교제와 향연의 즐거움을 전하고, 합하여 교회의 미션과 성찬(聖餐)의 정당한 오리엔테이션을 시도하고 있는 것으로 볼 수 있다.

그 근거는 예수가 그들과 함께 있다는 것, 비록 눈이 어두운 사람이라고 하더라도 그리스도로서의 예수를 믿음으로 말미암아 구원받는다는 복음의 사실(8:22; 4:14; 16:7)에 있다.

베드로에 의한 신앙고백을 기점으로 마가복음서는 교사 예수의 제자 교육의 의도를 처음으로 시작한다.

즉 바로 8장 27절~10장 45절에서는 집중적으로 제자들의 믿음을 갖는 결단을 촉구하는 문답을 하여(8:27, 29; 9:11, 28; 10:38), 또 이 단계에서 사제 관계의 내실을 때때로 "누구라도 ~ 한다면" 등 조건이나 명령에 합의하는 문체(ὃς ἐάν(if), τις)나 설명적 접속사(γάρ[for])를 사용하여 표현된다(8:34, 35, 38; 9:35, 37, 50: 1:11).

예수는 제자들과 더불어 벳세다에 이르렀다. 벳세다는 로마 황제 빌립의 영토에 속한다. 새로운 장면은 빌립보 가이사랴 주변에서 일어난다. 이 도시는 황제 빌립을 기념하여 세운 도시이다. 이 지역은 유대인과 이방인을 가르는 경계 지역에 위치하기 때문에 예루살렘을 향한 예수의 여정에 앞서 유대인과 이방인 모두를 향한 예수의 미션을 다시 한 번 조명하기에 적합하다.

마가복음서 4장 41절에서 제자들이 제기한 질문을 이번에는 예수 자신이 주제로 삼고 있다. "사람들은 나를 누구라고 하느냐?"(27절). 제자들의 대답은 마가복음서 6장 14-16절에 나온 견해를 반복한다. 예수는 제자들의 견해를 듣고자 하신다. 그러자 베드로가 대표격으로 대답한다. "주는 그리스도이시니다"(29절). 오랫동안 가졌던 제자들의 오해가 사라지고 드디어 예수님을 제대로 이해한 것처럼 보인다.

이러한 베드로의 대답은 단지 외형적으로만 옳다. 예수는 이외의 반응을 보이신다. "이에 자기의 일을 아무에게도 말하지 말라"고 경고하신다. 이러한 침묵 명령은 귀신 축출 때 나타나는 침묵 명령에서 발전된 것으로 이제 제자들의 신앙고백에도 적용된다.[181]

자신이 메시아라는 사실이 알려지는 것을 예수는 원치 않은 이유는, 메시아 칭호가 오해의 소지가 많은 칭호라는 데 있다. 물론 마가에게 예수는 진정 메시아이고 하나님의 아들임이 분명하다. 예수는 전통적인 메시아 왕의 표상을 능가하는 분이고, 권세 있는 인자로서 다시 오실 것이다(막13:26-27).

그러나 마가의 시각에 따르면 예수의 신적 위엄은 정치적 권세를 드러내는 데 있지 않고, 인간의 구원을 위한 대속의 죽음을 수용하는 데 있다(막10:45). 메시아 칭호에 담겨 있는 이러한 차원을 베드로를 포함하여 제자들은 아직 이해하지 못하고 있다. 따라서 예수는 침묵 명령을 내리고 있는 것이다 .

또 예수의 가르침이 역시 반어적 질문(8:36; 9:12, 50), 아멘에 의한 도입(9:1, 41; 10:15, 29-31), 대조, 반립의 병행주의(10:18, 27, 42~45), 금지의 지시(9:39~40; 10:5~9, 14) 또는 비교의 문체(9:42~49) 등 다양한 수사학적인 구문이 적극적이고 도전적으로 제시된다.[182]

더욱이 8장 31절; 9장 31절; 10장 33절 이하가 예수의 수난에 대한 고지를 제자들의 '오해'를 예비적인 전제로 하는 일종의 디다

181 | 김창선(2012). **공관복음서의 예수**. 서울: 비블리카 아카데미아, p.222.

182 | V. K. Robbins(1984). *Jesus the Teacher. A Socio-Rhetorical Interpretation of Mark.*. p.159.

케 교재를 형성하는 점이 주목된다.

제자들이 반응하는 태도에 대해서 8장 27~33절 이전을 인식의 결여(缺如), 이후를 오해(誤解)로 구분하는 학자도 있다.[183]

예수는 자신의 삶과 죽음의 신분을 통해 "나를 따라오려고 하는 사람은, 자기를 부인하고, 자기 십자가를 지고, 나를 따라 오너라"(8:34), "누구든지 첫째가 되고자 하면, 그는 모든 사람의 꼴찌가 되어서 모든 사람을 섬겨야 한다"(9:35), "인자는 섬김을 받으러 온 것이 아니라 섬기러 왔으며, 많은 사람을 구원하기 위하여 치를 몸값으로 자기 목숨을 내주러 왔다"(10:45)고 말한다.

이 구체적인 부름에 스승 예수의 고난에서의 '디아고노스'(διάκονος, '사환', '시중드는 사람')로서의 신적 필연(8:31의 δεί)이 제자의 길로서 올바르게 계승되지 않으면 안 된다는 강한 Nachfolge(제자의 길)의 모티브가 일관되어 나타난다(9:30~31. 32~34, 35; 10:32~34, 35, 37, 38).

크로산(J. D. Crossan)[184], 푼크(R. W. Funk)[185], 리쾨르(P. Ricoeur)[186] 등에 의하면 마가복음서에 나타난 제자들을 비유적인 양식으로 이해하려는 해석을 취한다.

그 결과, 마가복음서에 나타난 제자들도 비유적 양식으로 이해하려는 해석이 제시되었다. 마가복음서 1장 16~20절에서 예수는

---

183 | T. J. Weeden(1971). *Mark: Tradition in Conflict*. Philadelphia: Fortress Press, pp.26-51.

184 | J. D. Crossan(1973). *In Parables: The Challenge of the Historical Jesus*. New York: Harper & Row, pp.23-37.

185 | R. W. Funk(1966). *Language, Hermeneutic and Word of God*. New York: Harper & Row. pp.12-14.

186 | P. Ricoeur(1976). *Interpretation Theory*. Texas: The Texas Christian University Press. pp.43-47.

하나님 나라를 선포한 후 제자들을 불렀고, 제자들은 모든 것을 버리고 예수를 따르게 된다.

그 후 마가복음서 3장 13~19절에서 예수는 12명을 임명하고 이들에게 하나님 나라의 신비를 알 수 있는 특권을 준다(4:10~11).

그리고 예수의 사역에 동반자로 데리고 다니면서(4:35; 5:21; 6:32, 45, 8:1: 10:13), 자신을 대신하여 선교 현장으로 보내기도 하였다(6:7~13, 30). 그러나 베드로의 고백 이후(8:29) 제자들의 몰이해는 두드러지게 나타난다.

서로 첫째가 되려는 자리다툼(9:33~37), 어린이를 멸시하는 태도(10:13~16), 요한의 욕망(10:35~5), 마지막 때에 대한 제자들의 무지(막13장) 그리고 예루살렘에 올라가서 예수에 대한 배신, 도망(14:10~11, 26~28, 29~31. 32~42, 43~46, 50, 53~72)으로 끝을 맺는다.

이와 비슷하게 커모드(F. Kermode)는 마가복음서에 나타난 제자들을 '비유적 역동성'(parabolic dynamics)으로 해석한다.[187]

이 해석에서 그는 비유의 가장 좋은 특징인 '예기치 못한 전환'을 마가복음서의 제자들 해석에 그대로 적용시켰다.

마가복음서에 나타난 제자들에 관한 이야기는 예수의 비유에 나타난 이야기와 그 문학 구성이 같으며, 그 기능도 '예기치 못한 전환'을 야기시키고 있다.

즉, 제자들은 원래 예수의 추종자로서 예수와 함께 하는 인사이드로 나타난다.

인사이드라면 예수로부터 가장 큰 특권을 받은 자이며 예수의

---

187 | F. Kermode(1979). *The Genesis of Secrecy: On the Interpretation of Narrative*. Cambridge: Harvard University. Press, pp.21-23.

사역을 전승할 수 있는 유일한 사람들이다. 그러나 이야기의 결과는 전혀 반대로 나타난다. 특권을 받은 인사이드인 제자들은 끝에 와서는 예수를 부인하는 아웃사이드로 전락해 버린다.

초대교회의 전통적인 형식에 따르면 인사이드에서 아웃사이드로 전락한 제자들이 예수의 부활 후 다시 인사이드로 회복되는 양식으로 나타난다(마28:16~20; 눅24:36~49; 요20:19~23; 행1:9). 결국 전통적인 방법에 의하면 행복한 결말을 강조한다.

그러나 마가복음서은 그런 양식을 거부한다. 아웃사이드가 된 제자들은 예수의 부활 후에도 개선되거나 재결합되는 것이 아니라 아웃사이드 그대로 남게 된다. 그들은 예수의 부활 후에도 예수를 만나지 못했으며, 사명을 다시 받지도 못하였다. 이것은 마가복음서의 수사학적인 의도이다.[188]

부머샤인(T. E. Boomershine)도 마가복음서가 제자들의 실패와 여인들의 두려움으로 끝나는(막16:8)은 수사학적 충격을 주기 위함으로 설명한다.[189] 김춘기(1987)는 이러한 마가복음서의 수사학적인 의도를 다음과 같이 설명한다.[190]

> 내부인이 외부인으로 전락하는 역전과 다시 내부인으로 돌아오지 못함에 대한 의외성, 그리고 16장 8절로 갑작스러운 끝남 등은 마가의 독창적인 수사학적 의도이며 이런 방법을 통하여 독자들을 참여케 함과 동시에 새로

---

188 | 김춘기(1989). 마가복음에 나타난 제자직에 대한 고찰. p.59.

189 | T. E. Boomershine(1974). "Mark, the Storyteller: A Rhetorical-Critical Investigation of Mark's Passion and Resurrection Narrative." Ph. D. diss., Union Theological Seminary, p.233.

190 | 김춘기(1989). 마가복음에 나타난 제자직에 대한 고찰. p.59.

운 세계로 초청하려는 것이다.

마가복음서는 제자들과 여인들의 실패를 통하여 독자들을 그들과 반대로 예수를 끝까지 추종하는 자들로 초청하려는 의도인 것이다. 여인들의 놀람과 침묵은 전적으로 부정적이지만 공포와 놀람과 두려움에 대한 여인들의 반응은 결과적으로 독자들에게 동정의 감정을 야기시키게 된다.

그러므로 이들의 부정적인 결과는 독자들에게 동정적인 감정을 야기시킴으로서 독자와 실패한 제자나 여인들을 동류로 연합시켜 독자 자신이 이런 경우를 당하였을 때 어떻게 반응할 것인가를 생각나게 해 준다.

결국 마가복음서에 나타난 제자들과 여인들의 부정적 결과는 독자들에게 자신들은 그렇지 않아야 한다는 긍정적인 결과를 야기시킴으로 마가는 고도의 수사학적인 의도가 깔려 있다고 보아야 할 것이다.

왜냐하면 마가 공동체는 심각한 위기 상황에 처해 있기 때문에 마가복음서 결말에 나타난 제자들과 여인들의 실패와 공동체 자신과 쉽게 동질화시킴으로 저들의 실패에 반하여 공동체는 실패하지 않으려는 역작용을 야기시키고 있다.

그렇다면 마가복음서는 표면적으로는 제자들과 여인들의 실패로 서술하지만 내면적으로는 다른 복음서와 같이 제자들과 여인들은 예수의 복음 선포의 사명을 더 완벽하게 감당하고 있음을 나타 내주고 있는 것이다.

커모드(F. Kermode)와 부머샤인(T. E. Boomershine)은 마가복음서가 표현한 제자상은 사실 자체에 대한 서술이 아니라 수사학적인 방법에 의한 것이며, 그 근본 기능은 역전(逆轉)으로 보았다.

앞에서는 마가복음서에 나타난 제자들 자체가 긍정적이든 부정적이든 마가복음서가 나타내려는 제자직의 표상인 관점에서 보았다. 이에 대해 마가복음서의 근본 의도는 복음서에 나타난 제자들이 아닌 다른 계층으로 대치시킨다는 관점이다.

서중석(1987)은 마가 공동체와 베드로 공동체를 분리시키고 있다. 위든(T. J. Weeden)은 마가 공동체를 예수로 표상화시켜, 마가 공동체를 대적하는 공동체를 베드로를 중심한 제자들로 표상화시킴으로 예수와 제자들 간의 적대 관계를 강조한데 비하여 서중석(1987)은 마가복음서에 나타난 제자들의 긍정적인 측면도 강조함으로 마가 공동체는 자신과 대면하고 있는 베드로 공동체와 완전히 적대 관계에 있는 상대가 아니라, '부분 대립'(部分對立)으로 보았다.[191]

이 부분 대립은 사도의 전통성을 주장하는 베드로 공동체와 이들에 대립하는 마가 공동체로 나타난다.

첫째 부류인, 베드로 공동체는 마가복음서에서는 처음에는 긍정적인 모델로 묘사되다가 차차 부정적인 모델로 전락시킨다.

이들은 마가복음서 전반부에서는 예수의 제자로 부름을 받고 12사도로 임명되고, 하나님 나라의 비밀을 전수받아 예수를 대신하여 그 사역을 감당하지만 예루살렘에 가까이 갈수록 그 특권이 무너진다.

예수를 위하여 모든 것을 버리고 따랐지만 또 다른 욕망으로 변하여 예수를 통하여 자신의 꿈을 성취하려 했으며, 결과적으로

191 | 서중석(1987). 마르코 공동체와 베드로 공동체. **신학사상**. 제58집. 한국신학연구소, pp.531-547.

예수의 십자가 죽음 앞에서 도망으로 끝맺게 된다.

마가복음서 14장이 지나면서(50, 72절), 그 동안 중요한 위치에 있던 베드로를 위시한 모든 제자들은 마가복음에서 완전히 탈락하고,[192] 제자들의 실패한 사역은 마가 공동체가 담당하게 된다.[193]

서중석은 실패한 베드로 공동체에 대치로 마가 공동체의 표상을 세 계층으로 설명한다. 하나는 소경 바디메오(막10:46~52) 사건이다. 이 이야기는 제자직 주제들이 나오는 마가복음서 8장에서 10장의 결론 부분에 위치하고 있다.

그가 "겉옷을 내어 버렸다"(50절)는 것은 시몬과 안드레가 그물을 버리고 예수를 따랐다는 것과 같은 의미이며, 52절에 예수를 '길'에서 '따랐다'는 말은 마가복음서의 제자직에 대한 두 주제(길과 따름)[194]를 그대로 나타낸 것으로, 그러므로 김춘기(1989)는 서중석(1987)이 주장하듯이 "이 바디메오 사건은 '이적 이야기'에 속한다기 보다는 '소명 이야기'에 속한 것으로 보았다."[195]

둘째 부류는 어린이들이다(9:33~37; 10:13~16). 마가복음서는 어린이들을 내세워 언제나 제자들의 잘못된 논쟁을 경고하며 참된 제사장을 나타내는 모델로 사용하고 있다.

셋째 부류는 여인들이다(7:24~30; 12:43~44; 15:40~41; 16:1~8). 여인들은 예수의 선포 시작부터 나타났으며, 갈수록 예수의 사역에 접근하다 마지막에는 예수의 체포, 죽음, 부활의 증인으로

---

192 | 이순임(2001). 마가복음에 나타난 여성 제자직. **한국여성신학**. 제46집. 한국여자신학자협의회, p.26.

193 | 서중석(1987). 마르코 공동체와 베드로 공동체. p.536.

194 | 서중석 옮김(1983). **새 시대의 공동체**(Kee, H. C. Kee 지음). 서울: 대한그리스도교서회.

195 | 김춘기(1989). 마가복음에 나타난 제자직에 대한 고찰. p.62.

부각된다.

결국 마가복음서는 그의 복음서에서 소외된 계층—소경, 어린이들, 여인들—을 중심한 마가 공동체와 사도적 전통을 지닌 베드로 공동체의 부분 대립을 보여주면서 결론에 가서 진정한 제자는 사도적 계열을 주장하는 베드로 공동체가 아니라 소외된 계층으로 구성된 마가 공동체임을 부각시킨다.

이들은 스스로를 "목자 없는 양들"(6:34)로 규정하면서 사도 계열을 자신들의 목자로 인정하지 않았다. 그들은 스스로 사도들의 지시나 인도, 중개 없이 부활한 주님께 직접적으로 접근할 수 있다고 주장한다.

이들은 여인들의 역할이 현저했던 평신도 공동체였거나 그런 공동체를 이상적인 모델로 삼았던 공동체였을 것이다.

5. 마가복음서에서 제시한 제자직

그러면 마가복음서의 결론 부분에서 마가가 특히 강조하고 있는 제자직에 대해서 살펴본다.

16장 9~20절에 나타난 예수의 부활과 승천에 대한 기록은 원래 마가복음서에 속한 것이 아니라는 주장도 있지만, 여기에서는 그것과 관계없이 지금까지 마가복음서가 제자에 대한 언급이 있을 때에 제시한 제자직에 대한 것보다, 복음서 결론 부분에서 특히 그가 강조하고 있는 점이 있음을 유의해서 마가복음서가 제시한 제자상을 다루려 한다.

마가복음서 16장 1~8절은 마가의 복음서에서 가장 마가복음서의 특징 즉, 카이(και)의 병렬법적인 방법이 사용된 본문이다. 마가복음서에 나오는 89개의 이야기 가운데 80개가 카이(και, '그리고')란 접속사로 시작한다.

또 다른 마가복음서의 특징인 역사적 현재형 동사의 사용도 이 본문에서 그대로 나타나고 있다.

2절의 에르콘타이(ερχονται, '갔다'), 4절의 데오류신(θεωρουσιν, '보다'), 6절의 레게이(λέγει, '말했다'), 엑크다우베이스다이(ἐκθαυβεῖσθαι, '놀라다'), 엑케테이테(ξητειτε, '찾고있다'), 에드틴(εστιν, '있다'), 그리고 7절의 우파게테(υπαγετε, '가라'), 프로아게이(προάγει, '먼저가라') 등이다.

그리고 마가복음서가 흔히 사용하는 이중 부정(二重否定)도 8절에 나타난다(ύδενί ουδὲνί, '아무에게도 아무 말 못하다').

이 외에도 마가복음서 16장 1~8절에는 오직 마가복음서에서만 나타난 단어들이 나온다. 예를 들면, 4절에 아나쿠리오(ανακυλιω, '돌을 굴리다')와 5, 6절의 엑스데슨베이스다이(εχθονβειοθαι, '놀라다')인데 특히 이 말은 "신약성서 가운데서 전적으로 마가적인 단어이며, 다른 공관복음서에서는 항상 생략되거나, 변경되었다."[196]고 하였다. 이 외에도 마가복음서가 즐겨 쓰는 리아우(λίαυ, '매우', 2절), 프로이(πρώι, '이른 아침', 2절), 에크스타시스(εκστασις, '정신이 나가다', 8절) 등이 있다.

마가복음서는 복음을 예수의 고난과 죽음의 장에서 찾으려 하였다. 그러므로 마가복음서의 중심은 예수의 고난사이며, 그 핵심

196 | J. D. Crossan(1976). "Empty Tomb and Absent Lord," in *Passion in Mark*(ed. by W.H.Kelber. Philadelphia: Fortress Press, p.148.

은 예수의 죽으심, 묻히심 그리고 부활이다.[197]

이 핵심의 사건이 마가복음서 15장 33절~16장 8절에 나타난다. 이 본문은 마가복음의 가장 중심이여 또한 초대 그리스도교 신앙고백의 핵심인 것이다.

이 핵심의 주인공은 누구인가? 김춘기(1989)는 주인공으로 두 종류의 사람들을 들고 이들의 자세에서 예수의 제자직의 원형을 찾는다.[198]

첫째, 예수의 죽음(막15:31~41) 사건에 나타난 참여자는 두 종류의 사람들이다. 하나는 예수의 죽음을 보고, "참으로 이 사람은 하나님의 아들이었다"고 고백한 이방인 백부장이며, 다른 하나는 여인들이다.

마가복음서의 편집 의도가 1장 1절에 나타난 대로 복음은 예수 그리스도가 하나님의 아들임을 믿는 것이라면 이 결론에서 나타난 진정한 고백자는 제자들이나 그동안 예수를 따르던 무리들이 아닌 이방인이며 예수를 십자가에 처형하는 책임자인 백부장이다. 그리고 예수의 추종 무리 중 여인들만이 유일한 예외자로 나타난다.

여기서 설명하는 여인들의 특징은 세 가지이다. 즉 이들은 예수의 삶에서 가장 결정적인 사건의 증인이며(*θεώρουσαι*,'바라보다', 15:40), 예수를 섬기는 자이며(*διηκονουν*, '섬기다', 15:41), 예수를 따르던 자이다(*ηκουρούθουν*, '따르다', 15:41). 이 특징은 초대교회

---

197 | 초대 그리스도 교회 kerygma의 전형은 고전15:3~8절에 나타난데, 그 핵심은 3가지이다. 예수의 죽으심(15:3), 묻히심(15:4), 그리고 부활(15:4)이다. H. Conzelmann(1966). "On the analysis of the Confessional Formula in 1 Corinthians 15:3~5." Interpretation, XX. 참조. 김춘기(1989). 마가복음에 나타난 제자직에 대한 고찰. p.65에서 재인용.

198 | 김춘기(1989). 마가복음에 나타난 제자직에 대한 고찰. pp.66-69.

에 의하면 예수의 제자이며 사도가 될 수 있는 가장 권위 있는 조건들이다.

이 세 가지 조건을 다 지닌 부류는 마가복음서에 의하면 여인들 밖에는 아무도 없다.

14장 50절에 의하면 예수의 제자들은 예수의 체포 현장에서 모두 도망했다. 특히 이 세 가지 조건에서 여인들이 예수를 갈릴리에서부터 섬기며 따랐다는 표현은 여인들이 이미 예수의 제자단에 속하고 있었다는 대표적인 뜻이다.

김춘기(1989)는 여기서 나타난 섬김은 음식을 대접하는 봉사(*δκακονια*)가 아님을 강조한다.[199] 만약 그런 식사봉사였다면 예수가 여행할 때 혼자가 아니었기에 단순형 목적형을 동반한 섬김으로 표현 될 수 없을 것이다.

그러므로 그리스도를 섬기는 일이란 음식 대접과 같은 단순한 봉사를 넘어 예수가 메시아라는 사실을 선포하고 하나님 나라가 임박함을 선포하는 제자직의 수행을 말한다.

'따랐다'는 '헥코루둔'(*ηκορύθουν*)도 최초의 제자들이 예수를 따랐을 때 사용한 단어이며(1:18. 2:14), 소경 바디메오의 사건에서도 나타난다(10:52). 바로 이 동사는 마가복음서가 제자직을 기술할 때만 사용한 전문용어임을 생각할 때, 마가복음서는 여인들의 역할을 단순한 따름과 섬기는 것 이상의 의미를 표현한 것이다.

특히, 세 여인의 이름을 밝힌 것은 특이하다. 이전에도 여인들의 섬김과 따름을 언급하고 있지만, 이들의 구체적인 이름이 나타나지 않는다. 여기서는 분명히 그 이름이 언급됨과 동시에 세 명으로 국한시키고 다른 사람들과 대응시킨 마가의 의도로 보인다.

199 | 김춘기(1989). 위의 책. p.66.

예수의 12제자를 구분하며, 수제자 베드로, 가장 사랑받은 제자 세 명—베드로, 야고보, 요한—그리고 나머지 아홉 제자들이다. 마가복음서는 수제자 베드로를 막달라 마리아로 대치시키고, 사랑받은 세 제자는 막달라 마리아, 젊은 야고보와 요세의 어머니 마리아, 살로메, 나머지 아홉 제자는"그 밖에도 예수와 함께 예루살렘에 올라 온 많은 여인들"(41절)로 대치시키고 있다.

그렇다면 마가복음서는 복음의 핵심 사건 중 첫 사건인 예수의 십자가 죽음에서 거짓 제자의 모습을 참 제자의 모습으로 대치시키고 있다.

거짓 제자들은 복음의 핵심 사건에서 도망가지만 참 제자들은 이 사건의 중심이며 끝까지 예수를 섬기고 따른 제자들이다.

두 번째 사건인 예수의 묻힘에 참여한 사람(막15:42~47)도 두 계층으로 나타난다. 하나는 아리마대 요셉이며 또 하나는 막달라 마리아와 요셉의 어머니 마리아다. 47절에 보면 아리마대 요셉이 예수의 시신을 무덤에 안치시킬 때 여인들은 예수를 모신 곳을 지켜보고 있었다.

여기서도 40절과 같이 여인들의 역할은 증인으로 나타난다.

마지막 사건은 16장 1~8절에서 예수의 부활에 대한 기록이다. 이 사건에서는 여인들 외에 다른 참여자가 나타나지 않는다. 문제는 이 마지막 사건에서 여인들의 역할을 부정적으로 평가해야 하는지 긍정적으로 평가해야 하는지 하는 것이다.

부정적으로 보는 견해는 여인들도 제자들과 같이 제자직 수행에 실패하였다는 해석에 근거한다. 여인들은 예수의 죽음과 묻힘에서는 증인으로 긍정적인 역할을 감당하고 있지만 16장에 표현된 여인들은 부정적인 요소가 많이 나타난다.

여인들은 16장에서 예수의 무덤을 찾아 온 것은 예수의 부활을 기대해서가 아니라 예수의 시신에 기름을 바르기 위함인데 이런 행위는 예수의 죽음에 근본 관심이 있다는 것을 말한다.

이것은 베다니에서 옥합을 깨도 향유를 예수의 머리에 부은 행위보다 부정적으로 평가된다. 더구나 여인들이 흰옷 입은 젊은 청년이 전한 예수의 부활 소식에 두려워 뛰어 나간 행위는 제자들에 예수의 십자가 처형에 두려워 도망한 것과 비교된다.

둘 다 도망의 동기는 두려움(φοβειοθαι)인데 이 말은 믿음 없는 제자들의 상징적인 표현이므로 제자나 여인들이나 종국에는 불신앙의 모습으로 끝나고 있다는 견해이다.

여기에 반하여 긍정적인 평가는 여인들이 안식일 지난 첫날 예수의 몸에 기름을 바르려 간 사건은 예수의 죽음을 강조하는데, 이것은 부활을 배제한 죽음 자체의 강조가 아니라 초대교회의 신앙고백의 세 요소(① 죽음, ② 묻힘, ③ 부활) 중 부활은 아직 경험치 않은 상태에서 위의 절에서 나타난 예수의 묻힘에 참여하는 연장선에서 보아야 한다는 것이다.

마가복음서의 의도는 여인들을 전통적 신앙고백의 단계, 즉 십자가의 죽음과 묻힘과 부활을 연결적으로 설명하고 있기에 마가복음서 16장 1절은 부활 쪽보다는 묻힘 쪽에서 해석되어야 한다.

그렇다면 향유를 바르기 위한 여인들의 행위는 부활을 배척한 행위로 보기 어렵다.

또 하나는 부활의 소식을 들은 여인들이 "놀라 정신없이 무덤에서 나와 무서워 사람들에게 아무 말도 못하였다"는 사실에 대한 해석이다. 부활의 소식을 접한 여인들에게 나타난 현상은 두려움과 침묵이다. '두려워하다'(φοβειοθαι)란 동사는 마가복음서에서는 예수가 행한 이적에 대한 사람들의 반응을 나타내기 위하여 자주 사용된다.

특히, 변화산 사건에서 베드로가 변화하신 예수와 그와 함께 한 모세, 엘리야를 보고 “두려움에 사로잡혀 무슨 말을 해야 좋을지 몰라”(막9:6) 했다.

그러므로 부활의 소식을 접한 여인들의 두려움도 “부정적이며 비겁한 두려움”이나 “믿지 않는데서 나온 두려움”이라기보다는 하나님의 위대한 행위를 접했을 때 인간이 나타낼 수 있는 반응으로 볼 수가 있다.

마가복음서는 16장 5~8절에서 여인들의 두려움과 놀람을 ‘에크다우베이스다이’(*εκθαυβεἱσθαι*, ‘놀라다’, 2번), ‘트로우모스’(*τρουμος*, ‘떨림’), ‘포베이스다이’(*φοβειοθαι*, ‘두려워하다’) 등을 집중적으로 사용하고 있다. 이것은 ‘두려움’이 인간의 이해력을 초월한 지고의 경험으로 인해 야기되는 것임을 지시해 주는 것이다.[200]

그러므로 여인들의 두려움과 그 결과 나타난 침묵은 제자들과 같이 실패의 결과가 아니라 “고귀한 신적 행동과 그 의미에 직면했을 때의 인간의 부족함, 인간의 이해 부족을 강조하려는 것으로 보는 것이 더 타당하다. 이것은 결과적으로 예수의 부활을 가장 잘 경험한 사람을 표현한 마가의 수사학적 방법으로 보아야 한다.

마가복음서는 이처럼 초대교회나 마가복음서를 읽는 독자에게나 뜻밖의 새로운 세 부류의 사람들(이방인과 여인들, 산헤드린의 회원인 요셉과 여인들, 백부장, 아리마대 요셉 그리고 예수의 추종자로서 유일한 여인들)을 결론 부분에서 등장시키고 있다.

마가복음서에서 제자직은 예수와 그의 본보기에 관한 문자적인 추종으로서 이해된다. 예수의 열두 제자들은 예수와 그의 선교를

---

200 | 김득중(1981). **마가복음의 부활신학**. 서울: 컥콜디아, p.46.

잘못 이해할 뿐만 아니라, 예수의 본성과 정체성마저도 제대로 파악하지 못하고 있다.

그리하여 그들은 예수가 체포되고 처형되는 동안 그를 배반하고, 버리고 부정한다.

예수의 특별한 가르침과 질책에도 불구하고, 그들은 고난받는 메시아와 고난받는 제자직으로의 부름을 이해하지 못한다.[201] 유다는 예수를 배반하고, 베드로는 예수를 부정하며, 모든 남성 제자들은 예수를 버리고 도망한다.

이처럼 그 열둘의 남성이 자신들의 생명의 위험을 두려워하여 십자가의 길에서 예수를 따르지 않았던 반면, 여성들은 자신들의 생명과 안전을 내걸고 십자가 앞에 서서 참된 제자직을 예증한다.

6. 예수의 여성 제자들

이순임(2001)은 이상에서 보았듯이 마가복음서에서 시종일관 흐르고 있는 제자직이 예수의 수난을 끝으로 남성들에게가 아니라 여성들에게서 완전하게 성취되고 있음을 보면서 여성 제자직이 어떤 의미를 지니고 있으며, 남성 제자직과 관련하여 어떤 역할을 하는지를 집중적으로 고찰하여 예수의 제자직에 대한 의미를 한층 넓게 하였다.

201 | C. M. Meyer(1994). *Binding Strong Man: A Polictical Reading of Marks Story of Jesus*. New York: Obris Books, p.398.

이순임은 제자직에 요구되는 4가지 조건(① 함께 있음, ② 식탁 교제, ③ 섬김, ④ 선포)을 충족한 여인들의 삶을 조명하였다.

1. 함께 있음

마가복음서 15장 47절은 여성들이 예수가 죽는 순간까지 함께 있었다고 증언하고 있다. 이들은 예수가 갈릴리에 있을 때부터 예수를 좇았고, 예수를 섬겼으며, 예수와 함께 예루살렘을 향하여 길을 걸었다.

공관복음서는 제자들이 예수를 '따랐다'는 말을 75번이나 하고 있다(예컨대, 막1:18; 마4:19; 눅5:11, 27-28)고 기록하고 있다. 그들 가운데는 많은 여성들도 예수를 따랐다. 마가복음서 역시 많은 여성들이 예수를 따랐다는 기록하고 있다.

샤우나(R. B. Shawna)는 그의 「사도들에 대한 사도: 예수의 여성 제자들」(Apostle to the Apostles: The Women Disciples of Jesus)이란 제목의 논문에서 많은 여성들이 예수를 따른 사실은 실제로 예수가 여성들을 제자로 삼았다(being a disciple of Christ)는 것을 보여준다고 설명한다.[202]

섬김(9:35), 함께 있음(3:14), 예수와 길을 걸음(8~10장) 등은 마가복음서 전체를 통하여 나타나고 있는 제자직의 명령이다.[203]

---

202 | R. B. Shawna(2002). "Women in the Gospels" in *Your Daughters Shall Prophesy: A Biblical Theology of Single Women in Ministry*, unpublished thesis(Copyright by Shawna Renee Bound).

203 | W. H. Kelber(1974). *The Kingdom in Mark: A New Place and a New Time*. Philadelphia: Fortress Press, p.15.

그들은 아래에 경우에 함께 있음의 제자직을 수행하고 있다. 마가복음서 15장 40~41절에서 앞의 여성들은 예수의 세 명의 애제자 베드로와 야고보와 요한과 짝을 이루고 있다(5:31; 9:1; 14:33).

마가복음서 16장 1~8절을 보면, 여성들은 예수를 보기 위하여 무덤으로 간다. 비록 죽은 몸일지라도 여성들은 예수가 살아생전에 명령한 제자직을 완성하려고 하는 것이다.

제자라면 마땅히 예수와 함께 있어야 하기 때문이다. 이 여성들은 예수와 함께 있음으로 해서 그리고 결정적으로 예수의 부활을 확인함으로 인하여 예수의 증언자로 가장 먼저 부름을 받는다.

2. 식탁 교제

마가복음서에 식탁 교제에 대한 언급은 다른 복음서에 비해 놀랄 만큼 자주 나타난다.[204]

그뿐만 아니라 그 의미 역시 상당히 은유적이고 상징적이다.

지금까지는 현상적인 먹이심의 기적을 통해서 예수가 몸소 남성 제자들에게 식탁 교제의 모범을 보였으나, 이제는 은유와 상징을 통해서 식탁 교제의 사명이 여성에게로 옮겨가고 있다.

마가복음서의 이야기는 6~8장에서 먹이심의 기적이 하나의 새로운 구조물을 형성한다. 즉 두 사이클을 날개로 하여 수로보니게 여성과 예수와의 먹는 것에 관한 논쟁이 샌드위치를 구성하고

204 | 조태연(1998). 빵과 담론 그리고 영성의 창조. **종교와 영성**. 강남대학교 신학대학 편, 서울: 한들출판사, p.128.

있다.

남성인 예수의 인종 차별적인 말씀(막8:27)에 다분히 반발적인 수로보니게 여성의 대응은 "예수의 선교적 신학적 지평을 이방에게까지 열어준 동인"[205]이었다.

3. 섬김

마가복음서에 나오는 어떠한 남성보다도 더 위대한 여성, 바로 수난절의 서두에서 예수에게 기름을 부은 한 이름 없는 여성의 이야기(14:1~11)를 통해서 예수의 제자직 명령의 하나인 섬김을 발견할 수 있다.

마가복음서에서 이름 없는 이 여성들이야말로 그 열둘과 모든 남성 그리고 인류를 구원하는 사역에 있어서 가장 앞선 인물로 묘사되고 있는 것이다.

또한 이 이야기는 빈 무덤을 찾은 세 여인의 행위와 상응된다. 이들은 마지막으로 섬기기 위해서 무덤을 찾은 것이다. 예수의 고난의 순간에, 그리고 위기의 순간에 언제나 여성들이 거기에 있었다. 그들은 예수의 곁에 있으면서 예수를 섬겼던 것이다.

4. 선포

16장 1~8절의 본문에서 선포하는 여성 제자직의 완성을 볼 수

205 | 이순임(2001). 마가복음에 나타난 여성 제자직. p.23.

있다. 안식일 후에 세 여성이 예수의 시신에 향유를 바르기 위해 무덤을 찾아간다. 이는 예수 생전에 주신 예수의 제자직 명령을 수행하는 것으로서 예수를 섬기기 위한 것이었다.

마가복음서에서 여성들은 고난받는 제자직과 참된 지도권의 본보기로 등장한다. 그들은 예수의 죽음, 장례, 부활의 사도적 목격자들이다.

그들은 예수의 고난에 함께 있었고, 예수의 죽음을 영예롭게 하려 했으며, 그의 부활을 선포하는 자들이 된다.

예수가 스스로 모범을 보임으로써 제시한 제자직이란 예수를 좇고(8:34), 그를 섬기며(9:35), 그가 죽기까지 함께 있으며(3:14), 그의 길을 가는 것이다(8~10장).

이순임(2001)은 마가복음서에서 시종일관 흐르고 있는 "제자직이 예수의 수난을 끝으로 남성들에게서가 아니라, 여성들에게서 완전하게 성취되고 있는 것"[206]이라 본다.

206 | 이순임(2001). 위의 책. p.27.

Chapter4 **제4장**

마태복음서에서 호칭으로 본 교사 예수

세관원 출신인 마태는 다른 사도들보다도 복음서를 기록할 수 있는 적합한 자질을 갖추고 있었다. 그는 직업상 갖고 있었던 속기술로 예수의 가르침을 완벽하게 기록할 수 있었을 것이다. 화폐에 대한 빈번한 언급과 회계와 통계에 대한 각별한 관심은 수치에 밝은 그의 직업적 기질을 보여 준다.

마태복음서를 보면 예수가 단순한 지식의 전수자로 언급되지 않고 있다는 것을 알 수 있다. 예수 자신이 바로 주도적인 교육자이면서, 그의 교육은 자신을 알려주고 자신을 따라 행하게 하기 위한 신체적인 교육 방법을 취하고 있음을 볼 수 있다.

따라서 예수가 시간과 공간 속에서 머무르는 곳, 바로 그곳이 그의 교육의 장이요, 예수의 제자도의 주제들을 발견하는 깨달음의 장소가 되는 것이다. 예수의 탄생을 비롯하여 성장, 교육, 생애의 여러 시간 그리고 십자가의 부활 등은 모두가 선지자를 통하여 예언된 말씀의 성취였다.

1. 마태의 예수에 대한 호칭의 확대

예수는 마가복음서에서는 '제자'를 포함하여 모든 사람들에게서 '선생님, 교사'의 이름으로 부름을 받았지만 마태복음서의 경우, 예수의 그리스도로서의 사역과 예수의 새로운 율법 수여자로서의 교사성(Teachership)의 실제를 다른 어느 복음서보다도 확대, 강화하고 있다.

마태복음서에서는 예수를 지칭하는 수많은 호칭들이 등장한다. 예수(여호와 구원자), 임마누엘(하나님이 우리와 함께 하심), 그리스도, 왕, 빛, 선생, 치료자, 죄를 사해주시는 이, 신랑, 목자, 친구, 지혜, 안식, 더 큰 성전, 안식일의 주인, 솔로몬보다 큰 이, 씨 뿌리는 자, 먹이는 자, 떡, 살아 계신 하나님의 아들, 교회를 건축하시는 분, 왕국을 세우시는 분, 지금의 엘리야, 머릿돌, 주, 부활하신 분, 권위를 가지신 분 등 참으로 다양하다.

예수에 대한 호칭은 마태복음서가 보여주려는 예수를 이해하는 데 특별한 역할을 한다. 역시 마태복음서 서술자가 예수를 지칭하는 호칭, 예수가 자신을 지칭하는 호칭, 그리고 대화 상대자가 예수를 부르는 호칭에서 예수의 정체성을 볼 수가 있다.[207]

그 많은 호칭 가운데서 교육과 관련된 호칭에서 예수의 교육적 이념과 행위를 찾을 수가 있다. 특히, 랍비라고 하는 호칭은 제자들, 그에게 찾아와 상담하는 자들이 흔히 사용하는 호칭이다.

그럼에도 불구하고, 예수를 따르는 제자들의 디다스칼레(διδάσκ

207 | 곽노경(2008). 호칭을 통해 다시 읽는 마태복음. pp.62-78.

αλε)는 오로지 꾸리에(κύριε)가 되는 호칭으로 대치되어(막4:38→마8:25, 마9:5→마17:4, 마9:17=눅9:38→눅17:15), 예수에 대한 랍비는 가롯 유다의 입에서만 나온 말이다(마26:25, 49 vs. 마17:4=막9:5. 9:28=10:51).

다만 제자 이외의 학자, 바리새인(8:19; 9:11; 12:38; 22:16, 36), 사두개인(22:24=막12:19), 부자 청년(19:16=막10:17), 성전세 담당원(17:24) 등, 불신의 반대자를 포함한 아웃사이드에 의한 교사의 칭호는 남는다.

그리하여 마태복음서에 의한 이와 같은 예수에 관한 호칭의 의도적인 구별, '선생님'→'주여'로 이행하는 이유에 대해서는 '주'(큐리오스) 고백에 입장을 둔 집단이 '디다스칼로스'나 '랍비'를 '메시아', '하나님의 아들' 예수에 있어서는 오직 타당하지 않은 이름이었던 그리스도론 신학의 결과라고 설명해 왔다.[208]

그러나 (1) 마태복음서에서 예수의 교사로서의 가르치는 사역 자체는 부정되지 않았고 '주'와의 경합, 대립을 시사하는 자료가 눈에 띄지 않는다(4:23; 9:35; 5:1; 10:24; 23:8~10; 28:18~20). (2) '주여'라는 호격의 배후에는 아람어의 마리(mari, '나의 주')가 상정되어 이것이 유대교의 랍비문헌에서 경외의 호칭으로서 사용된 것이다.

(3) 마태복음서에는 예수의 이적 행위뿐만 아니라 그의 권위 있는 '가르침'에 관련되는 꾸리에(κύριε, '주여')의 용법이 적지 않다는 것(8:21; 16:21; 18:21; 눅9:59, 61; 10:40; 11:1; 12:41)과 나아가서 (4) 마태복음서에서 '큐리오스' 칭호 자체의 보조적 성격 등을 고려한다면, 제자들의 호칭은 '주여'는 반드시 그리스도론적 고

208 | D. E. Garland(1979). *The Intension of Matthew 23*, NT. S. 52, p.59.

양, 강화의 증명에 연결되는 것이 아니라 오히려 '장인'(마이스터)과 같은 정중하고 지고(至高)의 경의를 나타내는 호칭으로 통한다(8:8; 27:63).

실제는 '랍비'나 '디다스칼로스'와 거의 동의적으로 사용되었을 가능성도 있다(막11:3=마21:3, 마14:14=마26:18 및 막9:17, 38; 10:35, 51; 11:3; 요13:13).

이 이차적인 어휘 바꿈은 하나님의 이름을 유대적인 언어의 전통에 따라서 피한 천국이나 아버지와의 역방향의 대응을 나타내는 유대교와의 충돌, 경합 속에서 마태가 취한 유대논쟁 또는 비랍비니즘화의 형적을 나타내주는 것이라 볼 수도 있다.[209]

다른 한편, 관련동사 디다스케인(διδάσκειν, 3:1; 4:17; 10:7)과는 일단 구분하면서 동시에 관련을 갖지 않고, 특히 산상설교을 실례로 하는 새로운 율법(토라) 해석자로서의 예수와 결합하여(5:2; 7:29), 또는 제자나 신앙 집단의 미션과의 관련을 포함해서 충분히 술어로서 사용하고 있다(5:19; 28:20; 21:23; 22:16, 33).

따라서 마가복음서 4장 2절의 비유에 관한 디아스코우(διδάσκω, '가르치다')에 대하여 일반적인 라레오(λαλέω, '말하다')를 대입하여(마13:3), 또는 수난 예고에서 사람의 아들의 운명을 말할 때 가르치는 것을 삭제한(마16:21; 17:22 vs. 막8:31; 9:31) 것도 의도적으로 마가가 예수에 관련되는 디다스케인(διδάσκειν)을 내용을 탈락시킨 채, 귀신을 쫓아내심(1:27), 성전 정결(11:18), 율법 학자에 대한 경계(12:38) 등 거의 무차별적으로 사용하고 있다.

---

209 | G. N. Stanton(1984). "The Gospel of Matthew and Judaism," *Bulletin of the John Rylands Universty Library of Manchester, 66*, pp.264-284.

이에 비해, 회당, 율법, 윤리적 경고에 집중하여[210], 마가에 있어서는 암묵적으로 전제되어 있던 제자와 신앙 집단의 사역에 관련되는 디다스케인(διδάσκειν, 6:30)을 마태는 매우 노골적으로 나타내고 있다.

2. 예수의 자기증시(自己證示)

마태복음서에서 교사 예수의 적극적인 의미를 검토하기 위해서 처음으로 예수의 입에서 거론한 자기증시로서의 '디다스칼로스'의 2가지 용례, ① 26장 18절, ② 10장 24절을 보고, ③ 이그나티우스 등 초대 그리스도교 문헌에도 흔히 인용되는 23장 8절 이하의 본문을 중점적으로 다루려 한다.

우선 마태복음서 26장 18절=마가복음서 14장 14절은 수난이야기 전승에 속하고 마태복음서는 마가복음서에 의존하고 있는데, 수난이야기가 이미 마가복음서 이전에 독립한 전승으로서 존재하고, 그 삶의 좌석으로서는 초대 예루살렘 교단의 예배의 상황을 추정할 수가 있는 한, 거기에는 그리스도론적 모티브가 강조되어 있는 것은 당연한 것이다.

그리고 마가복음서가 특히 "나의 때가 가까워왔다"를 부가하고(막14:41), 십자가에서 예수의 주도를 강조하는 점도 명료하다.

210 | K. Stendahl(1991). *The School of St. Matthew and Its Use of the Old Testament*. 22. Sigler Press, p.3.

마태복음서 10장 24절=누가복음서 6장 40절의 배후에는 유대교단 지혜 문학의 랍비적 격언(Rabbinic Proverbs)을 채용하는 예수의 언어 전승 "제자가 스승보다 낫지 않다"가 상정된다.

마태복음서는 나아가서 "종은 주인보다 높지 않다"고 계속하여 '규리오스' 개념을 도입하여 보완한 것으로 보인다.

진메르만(Zimmermann)은 특히 '디다스칼로스'와 '규리오스'의 구분, 대조와 후자의 우위성을 중시하는데,[211] 앞서도 언급한 바와 같이 마태복음서에서 '큐리오스' 칭호의 보조적 성격에 추가하여 '주인'(κύριος)—'종'(δοῦλος)을 대비하는 메타포 자체 특히, 마태적이라고 말하기 어렵다(눅17:9; 16:13; 마6:24).

이것도 '큐리에'의 호칭과 같이 마태복음서의 비(非)랍비니즘화 내지 반(反)유대적인 메타포적 경향을 반영하고 '아버지-아들'에서 보듯이 뛰어난 관계적인 사태를 지시하는 비유로 해석할 수 있다.

나아가서 10장 17~22절의 제자들의 수난의 불가피성이라고 하는 문맥(요15:20) 속에서 24절 이하를 해석할 수 있을 것으로 생각된다.

어쨌든 이들 예증은 복음서 이외에 소급되는 전승으로서 예수의 입에 오르는 3인칭의 '디다스칼로스'를 다루는 한, 한편에서는 동시대에 있어서 '교사' 그룹의 존재와 일정한 기능을 볼 수 있다.

다른 한편에서는 예수에 관계하는 호칭이 '하나님의 아들', '그리스도', '다윗의 아들' 등 부활 후의 신앙 공동체에 고유한 여러 가지 그리스도론 호칭으로 이행한 신학적 상황의 변화에도 불구하고, 그것들이 서로 '디다스칼로스'의 절대적 용법이 소멸되지 않고

211 | J. D. Kingsbury(1981). *Jesus Christ in Matthew, Mark and Luke*. Philadelphia: Fortress Press. p.93에서 재인용.

병존한 것으로 볼 수 있다.

따라서 마태복음서가 추론한 것이 아닌 한, 유대교와의 접촉, 경합 속에서 새로운 교사로서의 예수의 등장을 시사하는 것이라 볼 수 있다.

그 예수가 어떠한 관점에서 적극적으로 이해되고 묘사되어 있는가를 검토하기 위해서 여기서는 주요한 본문 23장 8절 이하를 논의하려 한다.

23장 8~12절

마태복음서 23장은 24, 25장과 연결되어 있는데, 이 복음서의 앞의 역사와 수난사(케뤼그마)를 틀로 보는 5대 설교집(디다케)[212]의 일부를 이룬다.

마태복음서는 26장 1절에서 배움을 마쳤을 때에 사용하는 정형구(定型句)가 있다. 즉, "예수께서 이 모든 말씀을 마치셨을 때에 …"에 "모든"을 추가하여 바리새파의 잘못된 의에 대한 공적인 비판(23장)과 제자들에 대한 종말의 비밀에 대한 가르침(24장 이하)을 통일적으로 다루어 전체를 아마도 단순한 유대교 비판(Anti-Judaism)을 능가하는 복음의 디다케, 역사의 의미와 공동체(제자무리)의 참모습, 종말론과 윤리와의 관계를 질문하는 예수의 최후의 언급으로 정리한 것으로 보인다.

그러므로 우리들이 다루고 있는 텍스트의 대상도 모두 동일하지 않다. 즉, 2~7절에서는 학자, 바리새파의 사람들이 3인칭으로 비판의 대상으로 올라와 있는데, 실제의 듣는 사람들은 유대 군중

212 | D. Hill(1981). *The Gospel of Matthew*. Grand Rapids, Mich.: Eerdmans, p.44.

과 제자들이다.

8~12절은 직접 제자들, 13~33절은 지도자층의 학자, 바래새파 사람, 그리고 34~39절은 백성 전체, 먼저 예루살렘의 민중을 각각 염두에 두고, 이 장을 일관해서 유대교의 바리새파 주의라는 반대자를 이른바 반면교사로 하는 교단의 자기검증, 그 지도자와 구성원을 위하여 경종을 울리는 문구라는 마태의 교육적 의도를 나타내 주고 있다.

역사적 관점에서 23장 8~10절은 말하자면 '신앙 공동체의 규율'(規律)로 구분된다. 통상적으로 교단의 열광주의 또는 반율법주의의 일탈에 대한 방지책으로서 유효, 적절하게 기능을 한 것으로 생각된다.

여기에서는 이 예수의 언급이 역사적, 신학적 반성에 기초한 마태의 그리스도론(10절)과 결합하여 특히 위계적인 직능으로서의 그리스도교 지도자, 아마도 교사의 타이틀을 가진 집단의 특권의식을 비판하고 경계하는 동기와 반바리새 논쟁의 성격을 전면에 내세우면서 11절 이하의 해석적 추가—겸손과 봉사의 권면—에 의해서 교회의 내외로 향한 예수 닮기를 제창하는 모습을 갖춘다.

10절에서 그리스도와 동격적으로 사용되고 있는 지도자, 스승(καθηγητής)은 『신약성경』의 단출어(單出語)의 하나로 이방인을 위한 랍비=디다스칼로스의 번역사의 변인으로 간주되어 거기에서 10절을 단적으로 8절의 2차적 중복 또는 헬레니즘적 코멘트로 해석하는 경우도 적지 않다.

카데게테스(καθηγητής, '스승')란 어휘 자체는 때로는 헬라의 여러 철학자나 아카데미아의 지도자 등을 말했는데 후기 헬레니즘 시대에는 디다스칼로스와 대비해서 비술어적인 뉘앙스를 강하게 품고 있다는 지적도 있다.

또 의미상 호도스(ὁδός, '길')과 결합한 호데고스(ὁδηγός, '안내자')와 가깝다고 본다면, 단순한 지적, 기술적 교사 또는 파이다고우고스(παιδαγωγός) 등과 이질의 규범자가 되는 윤리적 자질과 종교적 권위를 합쳐서 지도사의 뜻을 나타내고(요14:6), 바리새적인 어리석은 안내자(15:14; 23:16~22, 24; 롬2:19)와 구별해야할 그리스도교적 지도자(히13:7, 17, 24)의 원형처럼 제시되는 경우가 있다.

마태복음서가 옛 예수 전승을 포함한 '공동체 규율'의 '디다스칼로스'나 '랍비'를 보존하고, 이것을 사용하면서 동시에 표상상의 통일을 파괴하고 감히 이질의 비(非)랍비적, 비(非)술어적 호칭을 사용한 의도의 적극적 의미를 생각해 볼 필요가 있을 것이다.

8절, 9절, 10절의 앞의 문장은 어느 것이든 동사 칼레인(καλεῖν)의 부정형을 공유하는데 9절은 능동태, 다른 것은 수동태로서 여기서도 통일이 이루어지지 않고 있다. 나아가서 대명사 '너'의 용법에 문제가 있는데, 문장 구성이나 의미가 분명치 않다.

3. 새로운 율법 교사로서의 예수

마태복음서의 가르침에 포함되는 다양한 전승 유형에서 예수의 여러 이미지를 도출하고 교사 예수의 이미지를 찾아보려고 한다.

많은 비유 전승(마5:14 7:13, 24~27; 10:16; 11:16~19; 13:1~50; 18:12; 20:1~16; 21:28:32, 33~44; 22:2~14; 24:27~28, 33,

43; 25:1~13, 14~29)과 랍비니즘의 전통 사이에 병존 관계가 존재한다. 그 배후에는 이른바 천국의 참된 고지자로서의 '랍비' 예수가 있다.

다른 한편, 생활상의 지혜(6:22, 24, 34; 7:16; 10:24, 26; 24:28; 25:29)나 권고하는 말(5:13; 7:6; 6:19, 25~34; 7:1, 3~5, 7~11, 12; 10:16, 18; 18:8)부터는 인생의 지혜를 제시하는 지혜의 교사, 하나님의 지혜 그것으로서의 예수상(눅7:35→마11:19, 28, 30; 눅11:49~51→마23:34~36)이 떠오른다.

나아가서 축복 설교(5:3~12)나 종말론적 가르침(24:4~31)에서 도출되는 묵시적 예언자로서의 예수, 또는 회의론적인 율법양식(5:21, 6:1~18)에 의해 나타난 변증가 예수 등, 다양한 이미지를 통해서 거기에 마태의 율법 이해와 그리스도론이 연결된 독자적인 사상을 엿볼 수 있다.

결국 복음의 기본이 되는 새로운 토라(율법)의 새로운 교사, 실천적 율법의 해석자가 되는 '교사' 예수상의 정착된 모습이 나타난다.

이 점이 5장 17~20절에서 나타난 예수의 입으로 표현된 율법관을 통하여 보다 선명하게 나타난다. 마태복음서의 경우, 예수 그리스도로서의 엑코우시아(ἐξουσία, '놀람')와 사람들의 놀람을 강조한 마가복음서 1장 27절~3장 7절의 정식적인 선언과 같다(5:1; 7:28; 13:54; 21:23; 22:23).

메시아의 선언에 의한 해석적 미션(5~7장) 계속해서 행위에 의한 실천적 미션(8~9장) 또는 율법과 그 실천으로서의 순서 설정은 마가복음서에 있어서 가르침과 이적이 교차한다(1:21~3:6).

5장 17~20절은 전체로서 단편 전승과 해석의 복합적 성격을 갖지만[213], 마태복음서는 여기에서 우선 '주'로서 제자 집단의 카리스마적 아노미아(ἀνομία, '불법') 열광주의적 선언(7:23; 13:41; 23:28; 24:12)을 비추어 볼 때 유대적 전통에 대결하여 예수는 율법과 예언자들의 가르침 즉, '하나님의 의지' 그것을 성취, 완성을 위해 오셨다(5:17)는 것을 강조했다.

그리하여 이 일종의 구속사적 관점을 율법 존중의 마태복음서에 의해 설명하고, "율법은 일점일획도 없어지지 않고"(5:18), 오히려 예수 제자들에게는 다양한 경계(ἐντολαί)를 그 자신이 행하고, 가르치는(διδάσκειν) 자(者)가 된다(5:19; 9:13; 11:19; 12:7).

마침내 그 '의'(δικαιοσύνη)가 유대교의 바리새 학자의 행위보다 낫지 않으면 하늘나라에 들어가지 못한다(5:20; 3:7~10; 15:12~14; 16:12; 21:28~32, 33~46; 23:1~36)는 하나님 백성의 갈 길을 제시한다.

마태복음서에 의하면 예수의 가르침은 랍비적인 면모를 전제하면서 그러나 결코 단순히 바리새적 사회 법규와는 다른 오히려 그리스도인의 윤리 규범 그것의 선언과 실천으로 부르짖는 것이었다.

예수는 새로운 율법 수여자로서 이른바 '제2의 모세'라는 이해도 가능하겠지만, 그러나 후대의 엣세네파와는 달리 마태복음서는 예수와 모세의 본질적 등위(같은 위치에 두는 것)는 이것을 엄밀하게 부정한다.

도리어 "나는 너희에게 말한다"는 식의 대립적 표현 방법(5:22, 28, 32, 34, 39, 44)을 사용하여 율법의 근원화를 시도하는 것으로 보아, 예수는 모세를 능가하는 질적 새로움을 가지고 가르친

213 | J. P. Meier(1976). *Law and History in Matthew's Gospel: a Redactional Study of Mt 5:17-48*, Biblical Press, pp.243-256.

율법 해석자임을 증언, 제시하고 있다.

구약 율법의 조항을 고정화하여 해석을 없게 하는 바리새적 랍비니즘에 대항하여 핵심적인 형태만을 최소화된 모세 율법으로 생긴 '하나님의 의지'를 해방하고 자유로운 복종이라고도 할 수 있는 새로운 삶의 길을 제시한 것이라 볼 수 있다.

율법의 폐기하는 것이 아니라 성취, 완성하기 위해서 오신 교사 예수 속에 마태복음서는 율법주의와 반율법주의를 함께 지양, 극복하고 그 어느 것도 엄밀하게 한 선으로 그리면서 도리어 새로운 것과 낡은 것(13:52), 전통과 혁신 또는 복음과 율법이라는 긴장을 풀기 어려운 2개의 방향을 재결합하는 가능성을 추구하려고 한 것이다.

하나님의 백성(λαός)으로서의 제자 집단 속에서 참된 이스라엘을 보려고 한 것으로도 생각된다. 이방인의 가르침의 문제도 이것과 관련없는 것은 아닐 것이다(8:5~13; 15:21~28:18~22).

즉 교회론적 견해에서 본다면 재림지연이라는 사태에 직면하고(24:48; 22:7; 23:34; 24:16), 유대전쟁, 성전 파괴(22:7), 예루살렘으로부터의 도피(10:23; 22:7; 23:34; 24:16), 유대교도에 의한 박해(10:17; 13:21; 23:34) 등 다양한 비통한 경험을 겪고 있다.

그러나 최후까지 참고 견디는 것이 하나님의 나라에 들어가는(10:22; 24:8, 13) 약속 때문에 마지막 날을 기다리면서 전 세계에 복음을 전하는 것이 기대되어 있다. 이른바 '전도하는 교회'와 자기를 긍정적으로 동일화한 마태는 그 독자의 신앙 의식에 근거하여 율법과 종말론의 문제를 중심에 두었다.

마가복음서에서의 절박한 종말론, 누가복음서에서 그 후퇴라는 사태에 대해서 마태복음서는 한편으로는 불신의 유대인에 대해 현재적 하나님의 나라를 말하고(11:12; 12:28; 21:43; 23:13), 다른 한편으로는 일부 광신주의적인 교회 내의 자유주의(아노미아, '불법')에 대해서는 심판의 사상을 강조하는 사정을 엿볼 수 있다.

예수의 5대 설교는 모두 심판의 위협으로 마친다. 마태복음서의 교회론적 차원에서 말하자면 종말론적 전망이 윤리적 관심과 결합하여, 디다케 즉 심판과 의의 요구의 근원이 되는 선악혼재(善惡混在)의 교회에 대한 뛰어난 교육적인 의도가 시종일관하고 있는 점을 주목할 필요가 있을 것이다.

또 하나는 마태복음서에서의 예수가 사랑이라는 근본 규정에서 율법과 예언자의 가르침 전체를 통찰하여 모든 백성의 심판도 사랑의 실천을 기준으로 고려하고 있는 점(25:31~46; 7:21; 24:12)을 간과할 수 없다.

그것은 예컨대, 9장 13; 12장 7절의 '변함없는 사랑'(호6:6)의 삽입 또는 부자 청년과의 대화(9:16~22) 속에서 특히, "계명을 지켜라"는 명령법이 사용된다(17절, 23:3; 28:20).

마가복음서나 누가복음서와는 달리 모세의 십계명에 직접 언어로 표현하지는 않지만, 이웃 사랑의 계명이 강조되어 있다(19절)는 사실 등에서도 알 수 있듯이 마태복음서만이 아마도 독특한 '완전' 사상을 나타내고 있는데 "완전한 사람이 되려고 하면"(21절) 한 절을 부가하고 있는 점이 특이하다.

5장 48절에서도 볼 수 있는 이 텔레오스(τέλεος, '완전')는 본래 텔레로스(τέλος)에 유래하는데 인간의 무오류를 말하는 것이 아니라 목표로서의 아버지의 완전에 조준을 맞추어 이것에 주는 것으로서 약함이나 불완전을 몸에 담당하고 걸어가면서 그러나 '목표'를 향하여 성실하게 걸어가는 한, 하나님과 떨어지는 것이 없는 전적인 관계, 이른바 종말론적인 지평에 서는 신앙자의 모습이야말로 '완전'의 본뜻임을 시사하고 있다(빌3:13).

그 근거는 마태복음서에 의하면 '그리스도'이며 유일한 교사인 예수가 율법을 제시한 것(5:17)에 있다. 부언하자면 바리새파를 능가하는 하나님 백성의 '의'(5:20)와 '완전'의 내실이 '사랑'으로 결합하고 있는 점이 분명하다(5:43; 요14:12, 16; 골3:14; 엡4:13).

마태복음서는 가장 중요한 계명이 무엇인가는 질문에 대해서 교사 예수는 "둘째 계명도 이것과 같다"(22:39)고 한다고 기록한다. 한편으로는 '이웃 사랑'을 강조하고, 다른 한 편으로는 율법 전체와 예언자와 관련되어 있다(22:40)고 총괄하고 있다.

여기에 전통적인 계명과 가르침의 전체를 사랑의 실천으로 응축, 수렴하여(5:43~48; 7:12; 9:13; 12:1~8, 9~14; 18:21~35; 19:19; 22:34), 불법이나 위선의 비난도 거기에 집중한다(7:21; 23:4; 24:12).

교사인 예수의 궁극적 리더십의 본질은 바로 "인류 공동체의 조화롭고 행복한 삶을 위한 근본원리로 사랑 곧, 하나님사랑과 이웃 사랑을 내세운 것"[214](마22:37~40)에 있다는 김은호(2014)의 주장은 일리가 있는 것으로 생각된다.

마태복음서는 전체를 일관되게 흐르는 신학적 특징과 단순한 율법 수여자 또는 해석자 이상의 사랑의 교사, 이른바 아가페 급진주의자(26:50)로서의 예수상(像)을 동시에 부각시키고 있다.

마태복음서를 이상과 같이 자세히 들여다보면 예수가 단순한 지식의 전수자로 언급되지 않고 있다는 것을 발견하게 된다. 예수 그 자신이 바로 주도적인 교육자이면서, 그의 교육은 자신을 알려주고 자신을 따라 행하게 하기 위한 신제적인 교육 방법을 취하

214 | 김은호(2014). 마태복음 22장 34절~40절에 나타난 궁극적 리더십. **신학과 실천**. 42권. 한국실천신학회, p.833.

고 있음을 볼 수 있다.

따라서 예수와 그를 따르는 자들의 삶은 공동체의 삶이었다. 그렇다면 예수가 시간과 공간 속에서 머무르는 곳 바로 그곳이 그의 교육의 장이요, 예수의 제자도의 주제들을 발견하는 깨달음의 장소가 되는 것이다.

예수의 탄생을 비롯하여 성장, 교육, 생애의 여러 시간 그리고 십자가의 부활 등은 모두가 선지자를 통하여 예언된 말씀의 성취였다.

마태복음서 전반부에서 곧잘 눈에 띄는 절들은 "이 모든 일의 된 것은 주께서 선지자로 하신 말씀을 이루려 하심이니"(마1:22; 2:15; 2:23; 4:14; 8:17; 12:21; 13:35; 21:4; 26:56)라고 기록된 구절들을 볼 수 있다.

따라서 『구약성경』의 예언된 모든 일들이 『신약성경』에 와서 성취되었듯이, 마태복음서의 제자도는 하나님의 계획하심 속에서 어떤 목적을 향하여 나가는 일련의 과정이라고 할 수 있을 것이다.

하나하나의 사건이 결코 우연한 것이 아니라, 하나님의 주도면밀하신 계획과 의도하시는 섭리를 따라 전개되어 나가고 있음이 마태복음서에 현저하게 드러나고 있다.

마태복음서는 예수의 제자들이 무지와 불신의 단계에서 점점 더 나아가 예수의 제자가 되어가는 제자화 과정 중에서 제자들은 수많은 실패를 경험하게 되고, 선생이 되는 예수는 그들의 부족함에도 불구하고 끝까지 포기하지 않고 제자들을 붙잡고 이끌어 가신다.[215]

---

215 | 강태훈(2009). 마태복음에 나타난 제자도-마태복음13:44~46(값진 진주와 보화비유) 중심으로-. 호서대학교 박사학위논문, p.17.

4. 교육적 미션의 전형

마태복음서 전체의 편집적 맺는 말(28:18~20)에 보이는 부활한 사람의 보편적인 전도 위탁 명령을 도출하였다. 『신약성경』의 교육적 미션론에 관하여 가끔 논의되는 이 본문은 유대인이나 그리스도인에 의한 미션 이해의 전형으로 볼 수 있다.[216]

전승사적으로는 마태복음서가 28장 19절의 전형이 포함하는 전도 명령과 제자 파견의 모티브를 하나님의 아들 그리스도론(18절)을 주축으로 세계 전도(19절)와 세례 및 약속(20절; 1:23)의 모티브와 결합하여 전체를 강화, 통일한 프로세스가 확인된다.

> 나는 하늘과 땅의 모든 권세를 받았다. 그러므로 너희는 가서, 모든 민족을 제자로 삼아서, 아버지와 아들과 성령의 이름으로 세례를 주고, 내가 너희에게 명령한 모든 것을 그들에게 가르쳐 지키게 하여라. 보아라, 내가 세상 끝 날까지 항상 너희와 함께 있을 것이다(마28:18~20).

신학적으로는 "내가 너희에게 명령한 모든 것을 그들에게 가르쳐 지키게 하여라"고 말한 것처럼, 전체로서 마가복음서의 복음(유앙겔리우, '복음', εὐαγγελίου, 막1:1; 16:15), 또는 누가복음서의

216 | 김경진(2010). 마태복음의 제자도 연구. **신약연구**. 제9권 제4호, 한국복음주의신약학회. p.588.

"죄사함을 받게 하는 회개"(눅24:47)에 대해서 마태복음서의 선교 내용의 중점이 "예수 그리스도의 계명"에 있는 점을 분명히 하고 있다.

예수에 의해 낡은 율법이 그 진의를 밝혀지고 지양된 근원화되었기 때문에 복음서 전체가 각 자신 하나의 새로운 '디다케'의 모습으로 제시, 전개되어 부활한 그리스도 예수가 명하는 새로운 '계명'의 준수는 그대로 지상의 예수의 인격과 권위 있는 가르침(7:29; 8:9; 9:6)에 따라 걸으며, 하나님의 창조적 의지의 실현에 따르는 것이 된다.

그러한 의미에서 예수의 역사와 부활 후의 마태 공동체의 현재의 시간적 거리에도 불구하고 이 2가지 때(時) 사이에 존재하는 구속사적 연속성은 오히려 동질성을 선명하게 한다.

다음으로 마태복음서가 여기에서 '세례를 주는 것'(*βαπτίξοντες*)과 '가르치는 것'(*διδάσκοντες*)을 함께 '제자로 삼는 것'(*μαθητεύειν*) 속에 대등구(對等句)로서 종속시켜, 분사의 모습으로 입체적으로 결합하여 교육적 미션의 범위와 구조를 명시하고 있는 수법과 그 의미에 주목한다.

이미 마데튜에인(*μαθητεύειν*, '제자로 삼는 것')이 되는 포괄 개념은 『신약성경』 가운데 사도행전 14장 21절을 제외하고 마태복음서의 편집에 집중하여(13:52; 27:57), '제자가 되는 것'을 말하는데, 28장 19절의 병행 구절 마가복음서 16장 15절 및 누가복음서 24장 47절이 어느 것도 케뤼쎄인(*κηρύσσειν*, '선포하다')을 대입하여 '고지'(告知)로서의 성격을 전면에 내세우고 있다. 이와는 대조적으로 역시 '가르침'으로서의 특징을 보여준다.

또 27장 57절을 보다 오래된 전승인 마가복음서 15장 43절과 비교함으로서 마태복음서의 경우 마데테스(*μαθητης*, '제자')가 어느 정도 교회론적 주제로서 정착되어 가던 사정도 알려져 있다.

나아가서 13장 52절의 "하늘나라를 위하여 훈련을 받은 율법학자"는 '천국의 제자(μαθητεης)가 된 전문가' 말하자면, '학습자'로서의 '교수자'(가르치는 사람)을 함의하고[217], 매우 진전된 미션적 성경 해석을 중심으로 한 신앙 집단의 교육적 관심을 엿볼 수 있다.

이 율법 학자와 교사 예수 사이에는 제자를 매개로 당연히 아날로그적인 관계가 존재하는 것으로 생각된다. 즉, 이 마태 공동체내의 리더의 자질과 기능은 오래된 전승(예수의 말씀에 관하여 16:19; 18:18; 24:35; 28:20)이나 구속사 전체를 새롭게 해석한다고 하는 교육적 과제에 집중한다.

따라서 전승(율법)을 부정하지 않는다는 의미에서는 카리스마적 열광주의나 아노미아(ἀνομία, '불법')와 대결하는 논쟁자, 동시에 그 기계적인 반복을 멀리하고 끊임없이 받고 주고 고치는 것을 수행하는 의미에서는 바리새적 율법주의와 경합하는 변증론자, 그 양면을 갖춘 새로운 율법의 교사, 실천적 해석자인 것이다.

더욱이 여기에서는 '훈련을 받은 자'가 "모든 민족의 사람들"과 결합하고 있는 점을 간과할 수 없다. 마가복음서의 제자 개념이 거의 열둘 제자로 한정되어 적용되는 경우에도(예컨대, 막9:33~37), 마태는 이것을 삭제하고(18:1~4), 모든 그리스도인(교회구성원)에 관련되는 목회적인 가르침에 연결하고 있다(18:5절 이하, 10~20).

예수 자신이 교회의 유일한 교사(디다스칼로스)이기 때문에 마가복음서 9장 41절의 '그리스도를 따르는 자'는 마태복음서에서

217 | 막36:52(하늘나라를 위하여 훈련을 받은 율법 학자는 누구나, 자기 곳간에서 새것과 낡은 것을 꺼내는 집주인과 같다.)

는 단적으로 제자(마데테스)라 부르고, "내가 진정으로 너희에게 말한다. 이 작은 사람들 가운데 하나에게, 내 제자라고 해서 냉수 한 그릇이라도 주는 사람은, 절대로 자기가 받을 상을 잃지 않을 것이다"고 공언한다.

또 마가복음서의 '열두 제자' 집단은 군중과 구별되어 다소 폐쇄된 집단이고, 동시에 그 '몰이해' 때문에 예수의 고립을 초래한 것에 대해 마태의 제자 그룹은 어느 정도 이상화되어 일관되게 예수의 가르침의 이해자, 관리자였음을 시인하지 않을 수 없다(예컨대, 13:16; 51; 14:33; 16:21; 17:13, 23).

마태복음서에서 교사 예수는 결코 고독한 단독자, 숨겨진 메시아가 아니라 제자들과 미션을 함께 하고 파견할 때는 "제자가 스승보다 높지 않고, 종이 주인보다 높지 않다. 제자가 스승만큼 되고, 종이 제 주인만큼 되면, 충분하다."(10:24)고 한다.

여기에서는 디다스칼로스('선생')와 마데테스('제자')의 대응이 꾸리오스('주님')와 듈로스(δούλος, '종')의 주종 관계 일반으로 비교된다. 따라서 '제자'와 함께 하는 교사 예수는 동시에 고귀한 '주'로 동일시되고 그 의미에 케뤼그마와 디다케(23:8~10)가, 그러면서도 교회 형성과 세계 전도라는 복음서 전체를 일관되게 흐르는 동기 유발에 비추어 마태복음서의 예수는 교육적 선교사, 사랑의 목회자라고도 중복할 만큼 교사의 전형적인 타입인 셈이다.

5. 제자들에 대한 마태의 묘사

앞장에서 본 바와 같이 최초의 마가복음서에서 제자들은 다른 복음서와 비교해 볼 때 매우 부정적으로 묘사되고 있다.[218] 물론 마가복음서가 제자들을 긍정적으로 묘사한 부분이 전혀 없지는 않지만, 상대적인 입장에서 볼 때 다른 복음서에서보다는 보다 부정적으로 묘사되고 있다.

반면에 누가복음서에서는 제자들을 긍정적으로 그리고 있다. 무엇보다도 누가복음서에서 제자들은 예수님을 배반하여 도망한 사실이 생략되어 있다는 것은 이에 대한 가장 큰 증거 중 하나로 지적될 수 있다.[219]

한편, 마가복음서와 누가복음서와 비교해 볼 때, 마태복음서에서 제자들은 일방적으로 긍정적이지도 않고, 또한 일방적으로 부정적이지도 않은, 양면적 모습으로 묘사되고 있다.

이런 마태복음서의 제자상(弟子像)의 특징을 이해하기 위해 마태가 최초의 복음서인 마가복음서의 부정적 제사상을 어떻게 완화 내지 약화시키고 있는지를 살펴보자.

218 | G. N. Stanton(1992). *The Gospels and Jesus*. Oxford University Press, p.46.

219 | 김경진(2010). 마태복음의 제자도 연구. p.575.

1. 제자들에 대한 긍정적 이미지

우선 마가복음서 8장 14~21절에는 바리새인의 누룩에 대한 예수와 제자들 간의 대화가 기록되어 있다. 여기서 특히 17절은 제자들에 대한 예수의 통렬한 비판을 담고 있다.

"어찌하여 너희는 빵이 없는 것을 두고 수군거리느냐? 아직도 알지 못하고 깨닫지 못하느냐? 너희의 마음이 그렇게도 무디어 있느냐?"고 세 번에 걸쳐 제자들의 몰이해를 나무라고 계신다. 그리고 마가복음서 8장 21절에서도 예수의 제자들에 대한 비난이 계속되는 것을 본다.

그런데 이와 병행되는 마태복음서의 기사를 보면, 먼저 마가복음서 8장 17절에 해당하는 구절에서 "믿음이 적은 자들아, 어찌하여 떡이 없음을 서로 의논하느냐? 너희가 아직 깨닫지 못하느냐?"(마16:8~9)라고 기록함으로써 상당히 그 비난의 정도를 약화시키고 있고, 또한 마가복음서 8장 21절에 해당하는 마태복음서 16장 12절에서는 마가복음서와는 달리 제자들이 예수의 교육을 통해 비로소 말씀의 의미를 깨달았다고 기록하고 있다.

이러한 마태복음서와 마가복음서의 제자들 묘사의 차이를 감안할 때, 마가복음서의 제자들 묘사가 얼마나 부정적인지 발견하게 되며, 동시에 마태복음서가 이러한 마가복음서의 부정적 이미지를 얼마나 완화시키고 있음을 아울러 발견하게 된다.

둘째, 마가복음서 10장 35~45절에는 예수가 예루살렘 성에 들어가시기 전 제자들 중 야고보와 요한 형제가 예수께 나아와, 예수께서 예루살렘에 입성하게 되면, 얻게 될 영광의 일부를 함께 나누어 갖고 싶다는 그들의 세속적 소원을 아뢰는 장면이 나온다.

마가복음서의 순서에 따르면 이제까지 예수께서는 세 번에 걸쳐 예루살렘 입성 후 맞게 될 자신의 수난적 운명을 교육시켰지만, 제자들은 여전히 이를 깨닫지 못하고 입성 바로 직전까지 여전히 그들의 몰이해와 세속적 욕망을 여실히 드러내고 있다.

그런데 마태복음서 20장 20~29절에서는 이러한 인간적 욕망을 요청하는 장본인이 제자들이 아니라 그들의 어머니로 바뀌면서 아예 두 형제 제자들의 이름조차 생략되어 나타나고 있다(20절, '세베대의 아들의 어미').

따라서 이제 제자들은 더 이상 예수의 가르침을 몰이해한 부정적 모습으로 그려지고 있지 않다. 마태의 이러한 변화는 제자들을 긍정적으로 묘사하고자 하는 또 다른 증거로 볼 수 있을 것이다.

셋째, 예수의 두 번째 수난예언과 관련하여 마가복음서 10장 32절에서는 제자들이 예루살렘으로 올라가는 길에 '놀라고 두려워하는 모습'으로 그려지고 있는데 반해, 마태복음서 20장 17절에서는 제자들의 그런 부정적 모습이 전혀 기록되어 있지 않음을 알 수 있다.

넷째, 마가복음서 9장 33-37절에서 예수는 어린아이를 시례로 들면서 겸손과 교훈을 가르치시고 계시는데, 이는 이런 교훈이 있기 이전에 제자들 사이에서 "누가 더 크냐?"는 다툼으로 인해 생겨난 것이었다(33~34절).

그런데 문제는 이 다툼이 예수의 두 번째 수난예언 바로 다음에 나타나고 있는 데에 있다. 즉 예수의 거듭된 가르침에도 불구하고 제자들은 이를 제대로 이해하지 못하였을 뿐만 아니라, 고난당할 예수의 운명이 곧 자신들의 운명이어야 한다는 사실을 깨닫지도 못하는 어리석고 욕심 많은 모습으로 나쁘게 묘사되어 있다.

이에 반하여 마태복음서에서는 겸손에 관한 예수의 교훈이 소개되고 있지만, 제자들 사이의 순위 다툼이 소개되고 있지는 않다

(마18:1~5). 즉 무지한 제자들을 교정하는 차원에서 비롯된 말씀이 아니다. 이 역시 제자들에 대한 긍정적 표현으로 간주될 수 있는 대목이다.

2. 제자들에 대한 부정적 이미지

이제 마태복음서에서 제자들이 마가복음서에서처럼 여전히 부정적으로 묘사되고 있는 대목들을 살펴보자.

마태복음서 21장 21절은 예수의 저주로 메말라버린 무화과나무를 바라보면서 제자들이 예수께 던진 질문에 대한 답변인데, 제자들의 믿음의 부족을 꾸짖는 것이 마가복음서와 거의 다를 바 없다(막11:23).

또한 예수께서 부활하신 후 갈릴리에서 열한 제자들을 다시 만나셨을 때 그들 중 일부는 여전히 예수의 부활을 의심하고 있었다(마28:17).

이런 제자들의 부정적 이미지는 마가복음서 16장 14절과 누가복음서 24장 36~43절에서도 역시 발견된다. 그리고 마가복음서처럼 마태복음서에서도 제자들은 로마 군병에게 무고하게 체포되신 스승을 저버리고 도망친 것으로 묘사되어 있다(막14:50; 마26:56).

이와 함께 마태복음서에서 제자들은 네 번에 걸쳐서 그들의 적은 믿음으로 인해 주님으로부터 책망받고 있다(마8:26; 14:31; 16:8; 17:20). 또한 예수의 가르침에도 불구하고 제자들의 마음은 여전히 굳어있었다(마13:23; 10~17, 34~35).[220]

---

220 | 이억부 옮김(1996). 제자도(마이클 윌킨스 지음). 서울: 은성, pp.208-209.

김경진(2010)은 이와 같은 점을 고려할 때 "마태복음서의 제자들은 마가복음서에서보다는 나을지 모르지만, 역시 그 부정적 이미지를 완전히 탈피한 것으로 묘사되고 있지 않은 것"[221]으로 보았다.

3. 마태의 제자 묘사의 특징

지금까지 마태복음서가 소개하고 있는 제자들에 대한 긍정적/부정적 이미지에 관한 내용을 살펴보았다. 이런 검토를 통하여 알 수 있는 것은 상대적으로 볼 때 마태는 마가복음서보다 제자들을 보다 긍정적으로 묘사하고 있으면서도 아울러 부정적 이미지를 완전히 제거하지도 않았다는 사실이다.

즉 긍정과 부정이 공존하는 모습으로 제자들은 마태복음서에서 등장하고 있는 것이다. 바로 이러한 양면적 성격이 마태복음서의 제자 묘사의 특징이라 볼 수 있다.

(1) 마태복음서의 제자 묘사의 이러한 특징은 전형적인 경우를 첫 번째로 베드로의 신앙고백 사건에서 발견할 수 있다(마16:13~28).

마가복음서에서는 제자들의 대변자 역할을 하고 있는 베드로에 대하여 그가 한 신앙고백에 대하여는 전혀 칭찬이 없고, 오히려 장차 있을 수난을 예언하신 예수를 책망한 까닭에 도리어 책망을 받는 장면만이 기록되어 있다(막8:27~38).

『성경전서-표준새번역 개정판』에서는 베드로가 예수의 수난예언

221 | 김경진(2010). 마태복음의 제자도 연구. p.579.

을 듣고 '항의'하였다고 기록하고 있다(막7:32). 번역하는 사람들이 이 단어를 한글로만 판단하여 '항의하였다'고 해석하였다. 그러나 헬라어 원본에는 에피스티마오(ἐπιτιμάω)로 되어 있고, 이를 『*New International Version Bible*(1985)』에서는 'rebuke', 즉 '책망하다'로 번역하고 있다.

바로 그 다음절 33절에서 예수에 의하여 베드로에 대하여 사용되고 있다. "예수께서는 돌아서서, 제자들을 보시고, 베드로를 꾸짖어 말씀하였다". 여기서 '꾸짖어'가 바로 에피스티마오(ἐπιτιμάω)에 해당한다.

마태복음서에서는 베드로가 예수께 대하여 "선생님은 살아 계신 하나님의 아들 그리스도이십니다."(마16:16)라고 하는 고백을 함으로써, "시몬 바요나야, 너는 복이 있다. 너에게 이것을 알려 주신 분은, 사람이 아니라, 하늘에 계신 나의 아버지시다. 나도 너에게 말한다.

너는 베드로다. 나는 이 반석 위에다가 내 교회를 세우겠다. 죽음의 문들이 그것을 이기지 못할 것이다. 내가 너에게 하늘나라의 열쇠를 주겠다. 네가 무엇이든지 땅에서 매면 하늘에서도 매일 것이요, 땅에서 풀면 하늘에서도 풀릴 것이다."(마16:17~19)라고 하는, 다른 복음서에서는 발견할 수 없는 각별한 칭찬을 듣게 됨을 본다.

이런 칭찬만을 본다면 베드로가 대표하고 있는 제자들은 마태복음서에서 가장 긍정적으로 묘사되고 있다고 보인다.

그러나 베드로는 칭찬만을 듣고 있지 않다. 마태복음서 16장 21절에서 예수가 장차 다가올 메시아로서의 자신의 수난을 선포하자, 마가복음서에서처럼 베드로는 예수를 책망하게 된다. "주님, 안됩니다. 절대도 이런 일이 주님께 일어나서는 안 됩니다."(22절).

베드로의 이 책망의 말은 오직 마태복음서에만 기록되어 있다. 이로 인해 베드로는 마가복음서에서처럼 "너는 나에게 걸림돌이다. 너는 하나님의 일을 생각하지 않고, 사람의 일만 생각하는구나!"(23절).

이렇게 볼 때, 마태복음서에서 베드로는 다른 복음서에서는 발견할 수 없는 칭찬을 듣기도 하지만, 아울러, 베드로에 대한 책망이 생략되어 있는 누가복음서와는 달리, 제자에 대해 부정적 이미지를 그리고 있는 마가복음서처럼 책망도 역시 듣는 것을 본다.

(2) 제자들에 대한 마태의 양면적 묘사에 대한 두 번째 증거를 마태의 제자와 관련된 어휘 사용에서도 발견할 수 있다.

마태복음서가 제자들에 대하여 사용하고 있는 단어 중 독특한 것은 올리고피스토스(ὀλιγοπιστός)인데, 이는 우리말로 '믿음이 적은 자들'이라고 번역되어 있다(마6:30; 8:26; 14:31; 16:8).

이와 관련하여 주목을 끄는 점이 하나가 있는데, 그것은 마태복음서가 제자들을 결코 '신앙이 없는 자'(ἄπιστος[ἀ+πιστος], '불(不)+신도')라고 부르지 않는다는 것이다. 물론 마태복음서는 그 복음서에서 '아피스티아'(ἀπιστία[πιστίς '믿음'의 반대어], 13:58, '안+믿음')와 '아피스토스'(ἄπιστος[ἀ+πιστος], 17:17, '없음+믿음')를 각기 한 번씩 사용하고 있기는 하다.

그러나 한 번도 이 단어를 제자들에 대하여는 사용하고 있지 않음에 관심을 가질 필요가 있다. 이런 특징을 명확히 보여주는 장면이 마태복음서 17장 14절에서 소개되고 있는 '간질병 들린 소년 치유 사건'이다.

17절에서 예수는 무리들을 향하여는 아피스토스(ἄπιστος, '믿음이 없는 자')를 사용하고 있는 반면에, 20절에서 귀신을 쫓아내지 못한 제자들을 나무라시면서는 올리고피스토스(ὀλιγοπιστός, '믿음이 적은 자들')를 사용하고 있다.

마태복음서는 이런 단어 사용을 통하여 독자들이 발견할 수 있는 것은 마태복음서에서 제자들은 믿음이 전혀 없는 무리들과 구별되는 존재이지만, 그렇다고 믿음이 부요하여 칭찬을 받은 백부장(마8:10)이나 가나안 여자(15:28)와도 구별되는 그런 존재들이라는 것이다.

마태복음서에서 제자들은 믿음이 아주 크지도 않지만 그렇다고 믿음이 전혀 없지도 않는, 그저 믿음이 적은 자들인 것이다. 바로 이러한 점이 마태복음서에서 제자들이 양면적으로 묘사되고 있다는 것을 보여주는 또 다른 증거인 것이다.

(3) 마태복음서가 소개하고 있는 대표적 모델로서의 제사상을 지지하는 또 다른 증거는 바로 '제자의 범위'에 관한 문제이다.

먼저 부정적 모델로서 소개되고 있는 마가복음서의 제자들은 대체로 열두 사도와 거의 동일시되고 있다. 이에 대한 한 증거로 "하나님 나라의 비밀이 열두 제자들에게는 주어졌으나, 외인에게는 비유로 주어졌다"(막4:10~11)고 하는 표현을 들 수 있다.

즉 열두 제자들은 다른 사람들과는 구별되는 제한적 그룹인 것으로 드러나고 있다. 이 밖에도 마가복음서에는 제자들과 예수 간의 사적인 모임에 다른 복음서에서보다 더욱 많이 기록되어 있다(4:10; 4:34; 7:17; 9:28; 10:10; 13:3).

이것 역시 제자들이 제한적 무리였다는 것을 뒷받침해 주는 것으로 볼 수 있다.

그러나 누가복음서의 경우는 마가복음서와는 판이하게 다르다. 일단 누가복음서 6장 17절에 의하면, 제자들은 허다한 무리로 소개되고 있다.

이 허다한 제자들은 확실히 열두 사도들과는 구별되어 나타나고 있는데(눅6:13), 이는 이 허다한 제자들로부터 사도들이 선출되었기 때문이다.

한편, 누가복음서 10장 2절에는 70인 제자들의 파송 장면이 기록되어 있다. 물론 이들을 가리켜 제자란 단어는 사용되지 않았다. 그러나 예수께서 그들에게 준 명령(눅10:4)을 예수의 사역 말미에 사도들에게 하신 교훈(눅22:35)과 비교해 보면, 이들 칠십 인 역시 제자라 부를 수 있음을 발견하게 된다.

그 이유는 누가복음서 22장 35절의 말씀은 열두 사도에게 주신 말씀인데, 거기서 예수께서 언급하신 '전대, 주머니, 신' 등은 열두 사도를 파송할 때 주신 명령에는 포함되지 않고(눅9:3, 지팡이, 주머니, 양식, 돈, 두 벌 옷) 바로 칠십 인들을 파송할 때 주신 명령 가운데 포함되어 있기 때문이다.

이런 시각에서 볼 때, 이제 제자들은 수적으로 이미 칠십 인을 넘어서고 있다. 누가복음서 19장 37절에도 '제자들의 온 무리'란 표현이 나오는데, 문맥상 역시 적지 않은 숫자임을 발견할 수 있다.

이상의 세 대목을 종합해 볼 때, 누가복음서에서 제자란 마가에서처럼 제한된 소수의 무리(즉, 거의 열 두 사도)가 아니라, 공개적인 다수의 무리임을 발견하게 된다.

사도행전에서는 이제 제자란 바로 '교회의 회중'을 뜻하는 것으로 사용되기 때문이다(행2:41; 6:1).

이러한 사도행전에서의 '제자'란 단어의 사용 용례를 감안할 때, 누가복음서-사도행전 두 권의 책의 저자인 누가가 전편과 후편에서 다른 의미로 '제자'란 단어를 사용했으리라고는 생각할 수 없을 것이다.

결국 누가가 그의 복음서를 기록할 때 뒤이어 기록할 사도행전을 염두에 둔 채 이미 제자와 사도를 구분하여 사용하였다고 말할 수 있을 것이다.

6. 마태가 제시한 제자도의 특징

마가복음서의 제자도의 특징은 영웅적 도덕을 강조하는 위기의 제자도이다. 즉, 핍박에 노출된 상황 아래에서 죽기까지 십자가를 지신 스승 예수의 발자취를 따라 십자가를 질 각오로 주님의 뒤를 좇아가는 모습이 바람직한 제자상으로 소개되고 있다.

누가복음서에서는 종말이 연기된 상황 아래에서 일상의 삶이 중요하게 부각됨으로 하여 그리스도인의 윤리가 제자도의 특징으로 소개되고 있다. 이러한 누가복음서의 사회적 상황은 가난한 자들과 어려움에 처한 이웃을 도우라는 구제에 대한 누가의 남다른 강조와 연결되면서 윤리적 제자도의 특징을 더욱 구체화시키고 있다.

이와는 대조적으로 제자도의 특징으로 마태복음서에서 두드러지게 강조되고 있는 것은 '배움'이다. 이런 주장의 근거로 먼저 마태의 어휘 사용을 지적할 수 있다.

마태복음서에서 '배우라'는 예수의 명령을 자주 접하게 된다(마 9:13; 11:29; 24:32) 물론 이 단어는 마가복음서에서도 오직 한 번 사용되고 있다(막13:28).

그러나 이 단어를 마태의 어휘로 볼 수 있는 근거는 '배운다'(μά

νθανω)에 뿌리를 두고 있는 '제자 삼다'(μαθηυεύω)를 오직 마태만이 사용하고 있다는 사실에서 확인된다(마13:52; 27:57; 28:19).

다시 말하면, 마태복음서에서 제자들은 스승이신 예수로부터 거듭하여 배우라는 명령을 받고 있다. 그러나 문제는 배우라는 명령만으로 끝나고 있지 않다는 점이다. 즉 배우라는 명령에 부응하여, 마태복음서에서는 예수가 가르치신 결과로 제자들이 '깨달았다'(συνίθημι)는 반응이 또한 반복적으로 등장하고 있다(마13:51; 16:12; 17:13).

그런데 제자들이 예수의 교훈을 듣고 깨달았다는 이 대목은 다른 복음서에서는 전혀 발견되지 않은, 그야말로 마태만의 독점적 표현이다.

사실 제자들이 예수의 교훈을 깨달았다는 이 부분에서 마태복음서의 제자들은 마가복음서의 '부정적 이미지'(몰이해)를 탈피하고 있다.[222]

다시 말하면, 마태복음서에서 제자들은 예수의 교육을 받으면서 종종 이해하기도 하지만(마15:16; 16:9), 마침내는 깨달음에 이르게 되는 것이다.

이와 관련하여 간과해서는 안 될 대목이 하나 더 있다. 그것은 바로 마태복음서 10장에 나오는 예수의 열두 제자 파송 장면이다.

마가복음서에 의하면, 제자들은 3장에서 선택되어 예수의 사역에 동참하다가 6장에서 파송되어 나갔다가 전도 사역을 마친 후 다시 돌아와 사역 보고를 하는 것으로 기록되어 있다.

그리고 누가복음서에서도 제자들은 6장에서 선택되어 예수의

222 | 김득중(1985). **복음서신학**. 서울: 컨콜디아사, p.65.

사역에 동참하다가 9장에서 파송되어 나갔다가 전도 사역을 마친 후 다시 돌아와 사역 보고를 하는 것으로 기록되어 있다. 그런데 마태복음서에서 제자들은 10장 1~4절에서 선택되어, 바로 이어서 5절부터 파송을 위한 설교를 듣게 된다.

거의 한 장에 걸친 이 유명한 선교 파송 설교는 마가복음서 13장에 나오는 종말론적 설교의 내용을 함께 담고 있다(마10:17~23; 막13:9~13). 결과적으로 이 파송설교는 역사적 사실을 포함하기는 하지만, 이미 마태 당대의 순회 설교가들을 또한 염두에 둔 채 기록되었음을 깨닫게 된다.[223]

그런데 무엇보다도 중요한 것은 11장 1절에 의하면 제자들의 전도파송이 실제로 일어나지 않았다는 사실에 있다. "예수께서 열두 제자에게 지시하기를 마치고, 거기에서 떠나셔서, 유대 사람들의 여러 고을에서 가르치며 복음을 전하였다."

이것은 마가, 누가와는 완전히 다른 마태의 해석이다. 어찌하여 마태는 제자 파송을 기록하지 않았을까?

그 이유는 아마도 마태복음서 28장 19절에서 찾을 수 있을 것 같다. "그러므로 너희는 가서, 모든 민족을 제자로 삼아서, 아버지와 아들과 성령의 이름으로 세례를 주고", 즉 마태복음서의 제자들은 마태복음서 28장 19~20절에서 부활하신 예수의 파송 명령을 받을 때까지는 아직 파송되어서는 안 될, 그 때까지는 계속 배움으로 준비를 갖추어야 할 사람들로 소개되고 있는 것이다.

여기에 바로 마태복음서의 제자도의 특징이 나타난다. 즉 제자란 파송받기 전까지 부단히 배워서 제대로 준비를 갖추어야 할 존재인 것이다.

223 | 김경진(2010). 마태복음의 제자도 연구. p.587.

그러므로 배움으로 준비하지 않은 이들은 자신의 주제를 넘어선 교만한 자들일 수밖에 없으며, 따라서 예수의 사역에 적합지 못하므로 쓰임 받기가 어려울 것이다.

마태복음서의 교육적 제자도의 이런 특징을 돋보이게 하는 것은 예수와 제자들의 사역이 지리적으로 많이 제한되어 나타난다고 하는 점이다.

'길의 복음서'라고 불리는 마가복음서와 비교해 볼 때, 마태복음서에서 예수님과 제자들은 이곳저곳을 순회하며 여행 다니기보다는 한 지역에 정착하여 있는 것으로 묘사되고 있다.[224]

이런 특징의 증거 가운데 몇몇을 살펴보면, 마태복음서 4장 25절에서 예수는 마가복음서 7장 31절과는 달리, 데가볼리 지역을 통과한 것으로 묘사되어 있지 않고, 데가볼리 지경으로부터 나아온 허다한 무리들을 만난 것으로 묘사되고 있다.

예수와 제자들 일행이 시돈과 두로 쪽으로 올라가셨을 때, 단순히 그 경계를 통과한 것으로 묘사되어 있다. 그 이유는 가나안 여자가 "그 지경에서 나왔다"고 마태가 기록하고 있기 때문이다(마15:22).

또한 마태복음서에는 가버나움을 중심으로 하여 많은 사건들이 전개된 것으로 기록되어 있는 까닭에(마4:13; 8:5; 11:23; 17:24) 일부 학자들은 마태복음서 4장 13절과 9장 1절을 근거로 하여 예수가 이 가버나움에 자신의 집을 가졌던 것으로 주장하기도 한다.[225]

이런 입장에서 볼 때 마태복음서의 제자들은 순회하는 전도자의

---

224 | E. Best(1986). *Disciples and Discipleship*. Edinburgh: T & T Clark, pp.5-6.

225 | J. D. Kingsbury(1978). "The Verb Akoluthein as an Index of Matthew's View of His Community", *Journal of Biblical Literature 97*, pp.64-66.

모습보다는 예수와 함께 머물면서 하나님의 나라에 대해 교육받았던 것으로 보인다.

이와 같이 가르침과 교육이 마태복음서의 제자사역의 주요한 내용이 되고 있음을 볼 수 있다. 제자의 가르침의 사역은 예수의 가르침 사역을 계승하며 영속화하는 것이다.

이처럼 마태복음서에서 예수는 산상설교를 비롯하여 다섯 편의 설교를 베풀면서 무지한 제자들을 이해에 이르도록 만드시는 권위 있고 효과적인 교사로서 묘사되고 있다. 마태복음서에서 제자들은 바로 이런 예수로부터 교육받아 그들 역시 권위 있는 교사가 되도록 부름받고 있다(마28:19~20).

1. 선교하는 제자상

마태복음서에서 보이는 제자상의 또 하나의 특징은 선교하는 자로서의 제자상을 제시하고 있다는 점이다. 마태의 교회는 이방사람들 사이에 있으며(20:7), 이방인 앞에서 박해를 받고 있다(10:18)는 사실 등에 미루어, 이방인 그리스도인 대열에 서 있음을 발견하게 된다.

이 교회는 유대인들 및 유대교의 신앙과 습관에 연관되어 있었으며, 유대적 요소가 많이 남아 있던 교회였다. 스트렉커(G. Strecker)는 마태복음서는 아직 유대 그리스도교적인 확신이 미흡하여 유대적 요소와 그리스도교적 요소가 존재하고 있었으나 서로 구분할 수 없고, 서로 논쟁한 흔적을 찾을 수 없다고 주장한

다.[226]

마태복음서만큼 유대 그리스도교적 기독론(예컨대, '다윗의 아들')이 중요한 역할을 하는 복음서는 없다.[227] 마태복음서는 예수의 이방 선교 명령으로 끝난다(28:16~20). 이 명령은 여러 가지 암시와 예고로 준비되었다.

예수께서는 10장 5절에서 제자들에게 이스라엘 이외에서는 하나님 나라를 선포하지 말라고 했다. 마태는 바로 이 구절에서 두 개의 핵심 단어(*πορεύεσθαι*='가다', *ἔθνη*='이방인')를 가져옴으로써 예수의 마지막 선교명령을 새롭게 구성한다.

부활절 이후 이제 마태는 부활한 주께서 제자들을 더 이상 이스라엘이 아니라 이방인에게(도) 보낸다는 것을 말하려 한다. 마태복음서 15장 21~28절은 여전히 이스라엘선교를 지향하고 있으나, 서서히 이방 선교와의 관련을 드러내기 시작하는 부분이다.

여기서 마태복음서 15장 21절과 11장 21절은 분명히 어떤 연관성을 지니는 것으로 여겨진다. 마태는 이스라엘지역인 고라신과 벳새다를 이방 지역인 두로와 시돈과 비교하며, 역시 이스라엘지역인 가버나움을 이방 지역인 두로와 시돈의 위상을 높임으로서 15장 24절을 10장 5~6절과 28장 19절의 교량 역할을 하도록 배치하였다.[228]

그러므로 이방 선교는 마태 공동체에게 매우 중요하다. 마태복음서 전체는 분명 공동체가 이방 선교에 관심을 기울이도록 한다. 마태 공동체에 있어서 또 하나의 중요성은 선교성이다.

이것은 예수의 미션 준비에서부터(마3:1~4:11), 갈릴리 전도(마

---

226 | 전경연(2006). **마태복음**. 서울: 성서연구원, p.142.

227 | 박정수 옮김(2002). **마태 공동체의 예수이야기**(Ulrich Luz 지음). 서울: 대한그리스도교서회, p.27.

228 | 권균한(2006). **마태와 열매신학**. 서울: 한들출판사, pp.195-196.

4:12~18:52), 베뢰아 전도(마19~20:)를 지나 마지막 예루살렘 전도(마4:12~18:52)에 이르기까지 복음서 전체를 통해서 흐르는 마태복음서의 '일관된 사상이다' 특별히 부활하신 예수는 그의 제자들 앞에서 이것을 최대의 교회적 사명으로 명령하였다.

그리고 이 명령을 수행해 나가는 교회를 위해 그가 세상 끝 날까지 동행하며 보호하실 것을 약속하셨다(마28:20).

마태복음서를 집중 연구한 킹스베리(J. D. Kingsburry) 역시 마태복음서 중에서 마태복음서 13장은 대전환점의 기능을 한다고 했다. 그에 의하면 마태복음서 13장을 계기로 예수의 미션은 유대인에게로부터 이방인을 향하는데, 마태 공동체는 부활하신 예수와 함께하심을 '모든 족속을 향한 이방 선교'에서 찾고자 했다고 했다.

예수를 메시아로 고백했던 이 공동체는 회당에서 매 맞고 재판을 받았으며(10:16~20), 비방을 받고(5:11), 욕설을 들어야 했다(12:7). 그러나 이와 같은 공동체의 박해는 이방 선교로의 전환을 통하여 새로운 공동체의 모습을 제시했다.

이제 마태 공동체는 온 세계(24:14; 26:13)와 모든 민족(10:18; 12:18, 21:20; 25; 24:14)을 선교 대상으로 언급한다. 그리고 최후로는 모든 민족 선교(28:19)를 지향하고자 했던 것이다.

『성경』을 통해서 보면 마태복음서에게는 서로 다른 선교의 명령이 주어지고 있는데, 하나는 "차라리 이스라엘집의 잃어버린 양에게로 가라"(10:6)는 명령이고, 다른 하나는 "그러므로 너희는 가서 모든 족속으로 제자를 삼아 아버지와 아들과 성령의 이름으로 세례를 주고"(28:19) 예수의 교훈을 가르치라고 분부하고 있다.

이러한 사실은 AD70년 무렵, '박해받은 교회'로서 마태의 공동체가 아직 유대주의와 완전히 분리되지 않은 것을 지적해 주고 있는 것이다.

그러나 어느 정도 유대적 그리스도인들이 그들의 공동체로부터 이탈하지 않았음에도 불구하고 그들은 그 공동체 안에서, 다른 유대인들로부터 또 다른 공동체로 인정받고 있었다. 이것이 '그들의 회당'(4:23; 9:35; 10:17; 12:9; 13:54; 23:34)이라는 표현에서 나타나고 있다.[229]

마태복음서 본문에서는 선교의 상대로서 이방인이 고려된 흔적을 나타내고 있다. 제자들에 대한 선교의 명령에서 "또 너희는 나 때문에, 총독들과 임금들 앞에 끌려 나가서, 그들과 이방 사람 앞에서 증언할 것이다"(10:18)라고 말하고 있으며, 잔치에 청함을 받는 자들이 참석하지 않음으로 아무나 찾아올 수 있는 곳으로 나가 손님을 초청하고 있다.

초대교회에서 팔레스틴 밖으로 선교를 하게 된 계기는 스데반 처형 후에 예루살렘 모(母)교회가 박해를 받게 되었기 때문이다.

헬라어를 하는 유대 그리스도인들이 박해를 피하여 유대와 사마리아 지방으로 흩어졌고(행8:1), 그 결과 안디옥 교회가 설립되게 되었다.

그러나 마태의 교회는 핍박을 당하고 욕설을 받는 등(12:7) 온갖 박해를 받고 있었다. 그래도 마태복음서 마지막 부분에서 제자들에 대한 '선교의 위임'은 마태 공동체의 교회가 적극적으로 이방 선교에 진출한 것을 나타내고 있다.

229 | 강요섭 옮김(1983). **마태복음 연구: 사람됨의 운명과 기원**(H. C. Waetjen 지음). 서울: 대한그리스도교출판사, p.36.

2. 행하는 제자상

마태복음서의 교회는 이방인 선교가 공동체의 중요한 문제였다. 이방인을 받아들여서 그 공동체를 강화시키기 원하는 사람들과 그것을 배교 행위로 생각하는 사람들 사이에 갈등이 생겨나게 되었다. 마태가 22장 11~13절에 나오는 예복의 비유를 설명하는 이유도 여기에 연관되어 있다.

첫째로, 이 비유는 마태복음서에서만 나오는 비유로 평행 본문인 누가복음서 14장 15~24절에 나오지 않는다.

둘째로, ① 결혼잔치 비유에서는 '종'(δυλος)이라는 단어가 사용되었고(3, 4, 8, 10절), ② 예복의 비유에서는 '하인'(διακνοί)이라는 단어가 사용되고 있다(13절).

셋째로, 결혼잔치 비유에서는 내용적인 모순이다. 10절에 초청한 손님들이 오지 않자 자리를 채우기 위해 "종들이 길에 나가 악한 자나 선한 자나 만나는 대로 모두 데려오니"라고 했다.

그런데 12절에서 난데없이 예복을 입지 않고 참석했다는 이유로 "이 사람아, 그대는 혼인 예복을 입지 않았는데, 어떻게 여기에 들어 왔는가?"하니, 그는 아무 말도 하지 못하였다고 책망을 받고 손발이 묶여 바깥 어두운 데로 쫓겨나오고 있다.

이러한 점으로 보아 이것은 두 개의 비유를 하나로 연결시켜 놓고 있음을 알 수 있다. 이러한 이유는 교회가 이방 선교의 과정에서 믿으라는 초청을 받고 몰려든 많은 이방인들에게 이방인들의 개인적인 준비, 즉 부르심의 초청에 응하는 것으로는 충분하지 않고, 거기에 상응하는 예복, 즉 선행이 있어야 한다는 것을 강조함으로써 믿음만이 아니라 '행함'을 중요시하고 있음을 발견할 수

있다.[230]

마태의 관심은 "이와 같이, 너희 빛을 사람에게 비추어서, 그들이 너희의 착한 행실을 보고, 하늘에 계신 너희 아버지께 영광을 돌리게 하여라"(5:16)는 것이며, 하늘나라에 들어갈 수 있는 자도 '주여, 주여하는 자'가 아니라 다만 "하늘에 계신 아버지의 뜻을 행하는 자"(7:21)이다.

산상설교에서 '지혜로운 건축자와 어리석은 건축자의 비유'(7:24~27)에서 지혜로운 건축자는 "예수의 말을 듣고 행하는 사람"이고 어리석은 건축자는 "예수의 말을 듣고도 행하지 않는 사람"을 말한다.

마태는 여기에서 입으로만 "주여, 주여"하면서 아무런 행함이 없는 사람이 "오직 믿음만으로"만을 내세우면서 도덕폐기론이나 율법무용론에 빠진 사람들을 견제하고 있는 것이다.

마태복음서 25장의 다섯 번째 마지막 설교에서 '열 처녀의 비유'에 대한 비유는 교훈하려는 의도가 서로 유사한 것들임을 주목할 필요가 있다. 즉 '행하는 사람'을 지혜로운 자로, '행하지 않는 자'를 어리석은 자로 규정한 것처럼 준비한 처녀와 준비하지 않은 처녀를 이와 같은 방법으로 나타내고 있다.

결국 이러한 정죄의 초점은 "아무것도 하지 않은 죄"이다. 이러한 비유들은 결국 '행함'을 강조하는 마태복음서의 특징이라 볼 수 있다.

마태복음서의 마지막 설교 중 '최후의 심판의 비유'(25:31~46)는 마지막 심판 때에 축복을 받을 자와 저주를 받을 자들이 어떤 기준에 의해 무엇을 근거로 구별되는 가를 보여주고 있다.

230 | 김득중(1996). 복음서의 비유들. 서울: 컨콜디아사, pp.109-110.

이 비유 안에 나타나고 있는 영원한 축복을 받고 생명으로 들어가게 되는 자는 "주린 자, 목마른 자, 나그네 된 자, 헐벗은 자, 병든 자, 감옥에 갇힌 자"들을 위해 "무엇인가를 행하는 자들"이고, 다른 한편으로 저주받아 영원한 형벌을 받게 된 자들은 그들을 위하여 "아무것도 행하지 않은 자들"이다.

이 비유에서 마태는 심판하는 사람이 그들이 범한 악행에 대하여는 언급하고 있지 않으나, 그들이 행하지 않은 일에 대하여 정죄하고 있다는 점이다.

마지막으로 마태의 공동체를 가장 특징 지어주는 용어는 '작은 자들'(μίκρος)이란 표현이다. 이 표현은 마가복음서의 본문에 이미 나타나고 있는 것으로 마가복음서의 전통에 유래하고 있다.

마태복음서는 이것을 용납하였고 그의 교회 질서 속에서 강조하였다. "이 작은 사람들 가운데 하나"(10:42; 18:6; 10:14)라는 표현은 제자들의 무리라고 볼 수 있다.

Chapter5 **제5장**

누가복음서에 나타난 예수에 대한 헬라어 호칭들

누가는 예수를 직접 보지 못하였다. 따라서 그의 기록은 목격자들의 증언을 통한 자료에 의한 것이다. 본문의 서두에서도 이 점을 밝혔고(1:2), 본문 중에서도 자료를 들려준 사람들을 곳곳에 언급하고 있다(8:3). 누가는 마태와는 다른 관점에서 예수의 행적을 기록하였으며, 사건의 배열에도 차이가 있다. 그는 예수의 비유를 가장 많이 선택하여 기록했으며, 여러 인물 등의 개성을 명백하게 묘사하고 있다.

마가는 '제자' 서클을 선도하는 선교사로서의 교사 예수, 마태는 새로운 율법 해석가로서의 교사 예수를 내세우고 있는 이에 비해, 누가는 교사 예수를 권위 있는 '주'의 사역을 지표로 삼는 '에피스타테스'의 호칭에 의해 구속사의 중심에 우뚝 선, 종말까지의 교회와 선교의 지금의 때를 일관해서 제자들의 무리를 지원하고 이끌어 가는 진정한 주체, 세계의 구주로서의 교사임을 보여준다.

1. 랍비, 디다스칼로스, 에피스타테스 및 디다스칼레

헬레니스트 복음서 기자인 누가는 다양한 히브리즘의 수정을 시도하고 있는데, 아람어에서 유래된 랍비를 그대로 사용하였다. 한편 디다스칼로스(διδάσκαλος, '교사')의 용법은 마태와 공통적으로 사용하고 있다.

세례 요한에 대한 호칭('선생님', 눅3:12)은 별도로 한다면, 예수와 관련되는 이 호칭은 반대자 또는 다양한 계층의 범위에 이른다(7:40; 9:38; 10:25; 11:45; 12:13; 18:18; 19:39; 20:21, 39).

즉 누가는 마가처럼 제자를 포함한 모든 사람들에 의한 예수와 교사('랍비'=디다스칼로스)의 적극적인 동일시를 시도하지 않고, 오히려 마태와 함께 제자들에 의한 디다스칼레(διδάσκαλε, '교사')의 호칭을 적극적으로 피하고 있다.

또 디다케(διδαχή, '가르침')나 그 동사형은 일부 마가로부터 채용하고 있음에도 불구하고(눅4:15=막1:14, 15 등) 예수 자신에 관련되는 '가르침'의 명사형은 적극적으로 억제하고 있다.

다른 한편, 제자들의 예수 호칭으로서는 새롭게 '에피스타테스'(ἐπισάτης, '스승')가 전면에 나온다.

누가는 마태복음서, 마가복음서에는 없는 아웃사이드에 의한 '디다스칼레'를 사용하여(11:45; 12:13), 동시에 호격 '에피스타테스'를 특수 자료(5:5; 17:13)뿐만 아니라 이미 마가의 디다스칼레(4:38), 마태의 꾸리에(κύριε, 8:25)에 대치되는 고유한 용법(8:24; 막9:5(ῥαββί)=마17:4(κύριε)=눅9:33(ἐπιστάτα), 막9장 38절(διδάσκαλε)=눅9장 49절(ἐπιστάτα) 등을 사용한다.

그 이외에 '인자'(人子, 5:24), '하나님의 아들'(1:35; 3:21), '주'(24:47; 행4:12), '그리스도'(2:11), '하나님으로부터의 그리스도'(9:20; 23:35), '왕'(1:32)으로 표시한다.[231]

또는 '고난의 종'(4:17~19; 행3:13; 눅22:7~38) 등 다양한 그리스도론적 칭호에 상대적으로 이 '에페스타테스'의 타이틀을 사용하여, 거의 배타적으로 제자들의 입에 올리고 있는 사실(8:45)은 분명히 주목을 요한다.

2. 권위 있는 가르침

복음서가 예수의 미션을 비롯하여 묘사하는 경우, 서언(막1:1; 마1:1; 눅 1:1~4; 요1:1~18), 탄생, 공생애에 들어가기 전(마1:2~2:23; 눅1:5~2:52), 준비 시기=세례 요한의 사역, 예수의 세례, 시험(막1:2~13; 마3:1~4:11; 눅3:1~4:13)을 병기할 수 있을 정도로 고정된 틀로 존재하고 있다.

누가복음서 4장 14절 이하에서는 마가복음서 1장 14절 이하, 마태복음서 4장 12~17절 또는 요한복음서 4장 43절에 대응하는 예수의 갈릴리 전도로 시작, 그리고 4장 16~30절 누가에 있어서 예수의 공생애 최초의 나사렛에서의 설교(막6:1), 이와 같이 4장 31~42절이 최초의 이적을 전하는 이야기집을 만든다.

231 | 정연락(1995). 누가복음의 기독론: 그 서론. **신학지평**. Vol. 2. 안양대학교 신학연구소, p.55.

따라서 누가가 전하고 있는 이야기집은 누가가 예수의 사역(πρ ἀγμα '일', 1:1, ῥῆμα '모든 일', 행5:32) 전체를 구체적으로 어떻게 프로그램화하여 언어화한 것인가를 이해하는데 매우 중요한 자료가 된다.

우선 누가에 있어서 예수의 전도의 외적 형태는 전통적인 랍비의 그것을 계승하는 것이었다. 극히 자연스럽게 "언제나 하듯이 회당에 들어가서"라는 정형화된 행동이 수반된다(4:15, 16, 31, 44; 19:47; 20:1; 21:37).

이미 4장 16절 이하에서 묘사하는 예수는 당시의 랍비처럼 행동하고, 일어서서, 주어진 성경을 펴서 예언자 이사야서를 낭독한 후, 두루마리를 말고, 담당자에게 전해주고는 자리에 앉는 모습, 회당 내의 모든 사람의 눈이 예수로 집중되었다라고 기록되었다. 계속해서 회당에서의 교육적 설교가 이루어진다.

그런데 그 언어(λόγος)에 권위(ἐξουσια)가 있었기 때문에 사람들은 그의 '가르침'(διδαχή)에 경탄했다(4:32; 4:22).

이 '권위 있는 디다케'란 마가의 언어로 채용되어 있는데 내용적으로는 '케뤼그마'로 상보적으로 새로운 '가르침'(막1:22, 27), 또는 마태에서의 복음의 '율법'(7:28)과는 다르고, 누가의 경우, 예수의 악령 추방(4:33)과 치유(4:40)를 통해서 역사하는 '힘'(δύναμις)의 현시와 결부시킨 일종의 명령적 로고스를 가리킨다(눅4:36; 행10:42; 13:47).

> 이 말이 대체 무엇이냐? 그가 권위와 능력을 가지고
> 악한 귀신들에게 명하니, 그들이 떠나가는구나(눅4:36).

이와 같은 '행위' 증언의 강조는 예컨대, 엠마오도상(途上)의 제

자들의 상기(기억) “그는 하나님과 모든 백성 앞에서 행동과 말씀에 힘이 있는 예언자였습니다”(눅24:19)에서 대응 관계(6:18; 8:1~3; 9:11)를 보인다.

또는 사도행전 1장 1절의 ‘행하시고 가르치신’ 것이란 진술양식(막6:30; 마5:19; 28:15)의 채용, 이처럼 예수의 과거를 언급하는 “이 예수는 두루 다니시면서 선한 일을 행하시고”(행10:38) 등의 증언에서도 충분히 지지를 받는다.

본래 이적 행위자로서의 예수의 강조는 마가에서도 공통적이지만 마가가 언어와 이적을 서로 위치를 설정하여(예컨대, 1:21~3:6), 오히려 양자의 고정된 형식을 취하는데 비해, 마태와 누가는 이것을 표준적으로 구별한 다음에 전자는 ‘케뤼그마(선포), 디다케(교육), 테라페이아(치유)’의 3개 항목을 제시한다(마4:23; 9:35).

결국은 디다케(말씀), 후자는 테라페이아(치유행위)에 각각 중점을 이행시키고 있다.

따라서 마태는 예수의 말씀에 의한 가르침의 결과로서 전하고 있는 사람들의 놀람(7:28)을 전하는데 비해 누가는 이적 이야기 뒤에 놀람을 전하고 있다(눅4:36; 5:1~11; 7:16~17).

거기에서 다시 언어에 의한 ‘가르침’과 침묵시키는 ‘일’의 관계 여하가 문제시된다. 누가에 있어서도 미션의 암호, 가르침의 표어가 복음(케뤼그마)이고, 예수가 하나님의 나라의 선교자였던 것은 변함이 없다.

그러나 누가에게 있어서 예수는 최초의 케뤼그마 자체일 뿐만 아니라 “눈먼 사람의 눈을 뜨게 하고, 압박받는 사람을 자유케 하는” 해방과 고침의 이적이야말로 바로 주의 은혜이며, ‘하나님 나라’(지배)의 증거, 복음의 성취임을 뜻하는 것이 된다.

즉 케뤼그마의 가르침이 테라페이아(치유)를 예시하며 그 의미를 증언하는 역할을 담당한다.

단적으로 말해서 넓은 뜻의 치유=구원(17:19; 행4:12)을 목표로 하는 전도(미션)의 방향과 함께 모세를 능가하는 권위 있는 예언자로서 행동하고 가르치는 예수상을 명료하게 한다(4:32; 7:16; 13:33; 24:19; 행3:22).[232]

그것이 4장 14절 이하와 43절 이하의 총괄적인 상황 설정을 개념틀로서 이것에 이적 이야기(33절 이하, 38절 이하)를 직속시켜 삽입하는 구성, 또는 전편을 통해서 '언어'에 대해 '행위'를 우선시키는 누가의 시도와 일치한다.

예컨대, 5장 이하도 '평지의 설교'(6:20~49)에 선행하여 예수의 엑구시아(*ἐξουσία*, '권위')를 나타내는 여러 이적의 사역을 기록하고(5:4~11, 12~16, 17~26; 6:6~11, 18~19), 그리고 사랑의 표현에 대한 문답에 유명한 '선한 사마리아 사람'의 예화를 부가시키고 있는 것도 누가뿐이다(10:25~37).

마태의 몇 개의 도그마적인 진술 "이 두 계명에 온 율법과 예언서의 본뜻이 달려있다"(마22:40)는 것에 대해 누가는 "네 대답이 옳다. 그대로 행하여라. 그리하면 살 것이다"(눅10:28). "가서, 너도 이와 같이 하여라"(10:37)는 예수의 권고를 내세워 분위기를 고조시키고 있다.

나아가서 그것이 누가에 있어서 사랑의 라디칼리스토로서 걸어온 길 그것(17:11 이하; 19:1 이하; 23:34, 43절 외 6:1~5, 6~11=막2:23~28; 3:1~6; 행2:22)과 불가분 결합하고 있는 점은 간과할 수 없다.

---

232 | P. Minear(1976). *To Heal and to Reveal: The Prophetic Vacation according to Luke*. Scottish Academic Press, p.75.

3. 에피스타테스와 에피스타타의 권위

다음에 예수의 미션과 그 의미에 연관성이 있는 권위(ἐξουσία)와 누가의 호칭 '에피스타테스'('선생님')와의 관련을 알아보려 한다.

누가복음서 5장 5절

마가의 경우, 제자의 소명(1:16~20)이 교사 예수의 활동(1:21 이하)에 있어서 불가결의 전제인 것에 대해, 누가는 이미 이적 이야기를 선행시킨 후에 여기서도 소명과 나타난 이적과 직결시키고 있다.

갈릴리 바닷가에서 시몬 베드로는 "선생님(에피스타테스), 우리가 밤새도록 애를 썼으나, 아무것도 잡지 못했습니다. 그러나 선생님의 말씀을 따라 그물을 내리겠습니다"고 대답한다.

바다는 누가에 있어서 신비적인 하나님의 출현의 장이고, 여기서는 주 예수의 제자 소명이 특히, 힘 있는 이적행위를 매개로 행해서, '에피스타테스'의 칭호가 엑수시아(ἐξουσία)를 실현하는 예수의 힘 있는 사역에 대한 신도의 의지를 표명하는 뜻을 나타내는 암호로서 사용되고 있는 점이 문맥으로부터 명확하게 부각된다.[233]

233 | 장석조(2017). 누가복음에 나타난 '하나님의 나라'와 '주 예수 그리스도'. 교회와 문화. 한국성경신학회. 38, pp.117-118.

누가복음서 8장 24절

사나운 바람을 잠잠케 하는 이적 이야기 속에서 누가는 제자들의 입으로 '에피스타테스'(선생님)를 반복적으로 하게 한다.

"선생님, 선생님, 우리가 죽게 되었습니다"라고 말하고 있는데, 마가는 '선생님(디다스칼레), 우리가 죽게 되었는데도, 아무렇지도 않으십니까?"(막4:38)와 비교하면 살아 계신 하나님의 역사에 대한 그들의 몰이해가 충분히 완화되어(막8:31 이하와 눅9:22 이하와 비교참조), 25절의 예수의 질문 "너희의 믿음이 어디에 있느냐?"는 적어도 제자들의 신앙을 전제로 한다.

또 누가가 에피스타타(ἐπιστάτα)의 호칭에 의해 악의 세력과 투쟁하고 이것을 물리치는 예수의 권위(ἐξουσία)의 주제를 고조시키고 있는 점은 25절에서 "이분이 도대체 누가신가?"에 계속하는 동사 에피스타쏘우(ἐπιστάσσω, '명하다')의 추가에 의해서도 지지된다.

누가복음서 8장 45절

열두 해 동안 혈루증으로 앓는 여인을 치유할 때, 베드로가 "선생님(에피스타타), 무리가 선생님을 에워싸서 밀치고 있습니다"라고 대답하고 있는 것은 누가뿐으로, 마가가 '듀나미스'(힘, 능력)의 개념을 그대로 채용하고 있다(눅8:46=막5:30, 눅5:17; 6:19; 9:1=막6:7절 참조).

예수가 "누군가가 내게 손을 댔다. 나는 내게서 능력이 빠져나간 것을 알고 있다"고 하여 단순하게 '디다스칼레'의 호칭을 가지고 규정하지 않는 예수의 '권위'의 내실을 명확하게 밝히고 있는 것으로 볼 수 있다.

누가복음서 9장 33절

누가복음서 9장 23절에서 예수께서는 "나를 따라오려는 사람은, 자기를 부인하고, 날마다 자기 십자가를 지고, 나를 따라 오너라"고 제자도의 의미를 잘 드러내는 가르침을 처음으로 제자들에게 주신다.

실제로 이 가르침이야말로 철저하고 진정된 회개로의 부름이며, 하나님 나라를 위하여 고난을 받아야만 한다는 점을 강조하고 있다.

이 말씀을 하신 뒤에, 여드레쯤 되어서, 예수께서 베드로와 요한과 야고보를 데리고, 기도하러 산에 올라가셨다. 변화산상의 이야기는 세례 이야기처럼 예수의 생애의 특별한 단계를 보여준다.

이 장면 전체가 모세와 엘리야, 즉 이스라엘과의 관계에 있어서 예수의 본질을 알려주고 있기 때문이다.[234] 역시 베드로의 '에피스타테스'는 마가의 '랍비', 마태의 '큐리에'에 대해서 하늘나라의 실현 내지 예수의 '권위'를 지상에서 확인하고 증언하는 동기에서 표현된 방법으로 볼 수 있다.

그러나 이 변화(변용)에서의 주 예수의 '에쿠스시아'('권위')가 제자들이 졸고 있는(9:32) 사실에도 불구하고, 예루살렘에서의 수난과 부활, 승천이라고 하는 누가의 구속사 프로그램에 관련하여 나타나 있는 것이다.

누가복음서 9장 49절

"선생님, 어떤 사람이 선생님의 이름으로 귀신을 내쫓는 것을 우

234 | 주성종(2006). 예수님의 공생애 사역과 관련한 누가복음 9장 연구. 신학지남. 대한예수교장로회신학대학73, p.187.

리가 보았습니다. 그런데 그 사람은 우리를 따르는 사람이 아니므로, 우리는 그가 그런 일을 하지 못하게 막았습니다"하는 요한의 말에 대한 예수의 응답은 신앙 공동체의 상황을 반영하는 것이었다.[235]

누가는 여기서 마가의 디다스칼레에 대해 에피스타타를 가지고, 지상의 권위 있는 에쿠소시스트 예수를 표명하고 있다. 사람들의 눈에는 당시의 랍비 교사에 지나지 않는 예수가 제자들에게 있어서는 그 이상의 엑쿠시아(ἐξουσία)와 동일시되었기 때문이다.

누가복음서 17장 13절

누가의 전도 여행 기사 속에서 나병 환자 열 사람이 멀찍이 멈추어 서서 소리를 높여 "예수 선생님(Ἰησοῦ ἐπιστάτα), 우리를 불쌍히 여겨 주십시오"라고 부른 이야기가 나온다.

이와 같은 제자 이외에 의한 '에피스타타'의 호칭이 예수의 이름에 지도자적 용법의 씨앗을 보이는지에 대해서는 논의의 소지가 있으나, 어쨌든 예수의 남과 비교할 수 없는 '권위'와 이적의 결합이라고 하는 주제를 동일한 타이틀로 표현하고 있는 점은 주목을 받기에 충분하다.

또는 17장 16~18절의 나병 환자 열 사람 가운데 사마리아 나병 환자 한 사람의 하나님께 영광을 돌리는 태도와 이에 대한 예수의 평가의 언급도 이상과 같은 맥락에서 바르게 이해할 수 있을 것이다.

이상에서 보듯이 누가가 지상의 예수의 '권위'를 가리키고 언급

---

235 | J. M. Creed(1960). *The Gospel according to St. Luke*. New York: St. Martin's Press, p.138.

하는 독특한 호칭으로서 디다스칼로스에서 구별된 에피스테스를 선택한 사실은 마치 '때의 중심'에 선 세계 구원자로서의 예수 해석에 많이 부합 일치하고[236] 있다고 말할 수 있을 것이다.

그런데 지상의 예수가 '에피스타테스'의 이름을 가지고 호칭되고 단순한 '교사'(teacher) 이상의 사람, 오히려 '주'(Lord)의 의미에 부합된다고 생각하는 기저에는 누가적 구속사의 한 측면에서 사도행전에 있어서도 계승, 전개되어 있다.

디다스칼로스는 에피스타테스와 함께 여기에서는 신앙 공동체의 타이틀로서 사용되고 있다(행13:1). 열두 사도나 바울의 '교사'로서의 사역에 관한 이야기는 사도행전 여러 군데에서 찾아 볼 수 있다(행4:2, 18; 5:21, 25, 42; 11:26; 15:1, 35; 18:11; 20:20; 21:21, 28; 28:31 등).

부활과 승천에서 예수가 가르침을 계속하는 사실(행1:3~8; 눅24:25 이하)에도 불구하고 예수에 대한 '교사'의 칭호는 보이지 않고, 오로지 '주'(행1:21; 5:14; 7:59), '그리스도'(2:31, 36; 3:18, 20; 4:26; 5:42; 8:5; 9:22; 18:5, 28)의 존칭이 훨씬 많이 나타난다.

예컨대, 스데반이 순교할 때 "주 예수님(Κύριε Ἰησοῦ)", '주여'라고 기도했다(행7:59). 여기서는 부활과 승천의 예수가 전제되어 있는데, 바울이나 아나니아의 경우에도 마찬가지다(행9:5, 10).

나아가 베드로가 오순절의 의의를 설명하기 위해서 행한 설교 속에서도 나사렛의 예수가 "하나님께서 세우신 분"이시라는 것을 알리기 위해서 무엇보다도 "기적과 놀라운 일과 표징"(행2:22)을 들지만, '교사'로서의 호칭이나 활동에 대해서는 직접 거론하지 않고 있다.

---

236 | J. M. Creed(1960). 위의 책. p.74.

그 외 사도행전의 "여러분이 십자가에 못 박은 이 예수를 주님과 그리스도가 되게 하셨습니다"(2:36)는 언급을 비롯해서 "모든 사람의 주"(10:36), "생명의 근원"(3:15; 5:31) 등, 어느 것도 지상의 예수와 세워진 예수 사이에 타이틀 상에서는 구별을 하지 않고 있다.

도리어 예수가 이미 살아 계실 때부터 그리스도이었고 '주'였음을 구속사의 실질적 연속성이 전제되어 있다. 거기에 누가의 공헌이 있다.

또 사도들이 "이 모든 일에 증인"(행5:32)이라고 말하는 경우, 그 내용은 지상의 예수의 '설교'를 초월하여 오히려 그리스도의 죽음과 부활의 사건에 관련되는 것(30절)이라고도 할 수 있다.

그러나 이상에서 본 누가에서의 예수의 이른바 권위 있는 '주됨'(Lordship)의 세움은 결코 예수의 '교사됨'의 퇴행이나 부정으로 연결되는 것은 아니다. 에피스타테스 자체, 언어적으로는 디다스칼로스와 동의어로 함께 히브리어 랍비(רבי)의 번역어로서 사용되는데 그 용법은 소나 말의 마부로부터 아테네의 원로원장, 수호신까지 극히 광범위하게 걸친 뜻을 가지고 있다.

이른바 호칭으로서는 어느 정도 일반적이었는지는 알 수 없으나 권위 있는 감독, 지도자에 대한 존칭과 병행해서 음악 교사 등 전문적, 직업적인 스승(에피스타테스)의 의미와 부합하는 용법으로 사용되었다.

여기에서 누가는 한편으로는 외견상 전통적인 랍비와 다를 바 없는 예수의 회당 활동을 전하면서(4:16 이하), 예수 제자들에 의한 호칭으로서는 그리스 철학적 디다스칼로스나 유대의 율법 학자(랍비)의 이미지가 희박한 에피스타테스되는 새로운 표상을 채용함으로써 마태에서의 카데게테스(καθηγητής)와 마찬가지로 '주'

되신 그리스도와 교사로서의 예수의 아이덴티티를 확인하려고 한 적극적인 의도를 알 수 있다.

이와 함께 그리스도론을 기저로 하여 실천적, 윤리적 뉘앙스를 포함한 마태의 카데게테스('스승')는 아델포스(ἀδελφός, '형')를 전제로 하고 아노미아(ἀνομία, '불법')의 입장이나 랍비 체제와의 경합, 대결을 하는 한, 교회론적, 그리고 누가의 에피스타테스는 특히 엑쿠시아(ἐξουσία, '권위')의 지표가 말하는 의미를 갖는다. 그 때문에 '주' 타이틀과 중복되는 것 같은 구속사적 내용을 포함하게 된다.

어쨌든 한편으로는 '행위'의 강조에도 불구하고 다른 한편에서는 예수의 '가르침' 사역이 동등하게 강조되어 증언이 이루어진다(24:19; 행1:1).

율법적인 고정된 '설교'(디다케)의 체계화는 이것을 시도하면서 오히려 제자들의 꾸리에의 호칭과 결합한 예수의 권위 있는 '말씀'을 제시하고 있는 점이다(9:61; 10:40; 11:1; 12:41).

또 누가의 경우, 9장 51절~19장 27절에 이르는 긴 여행 기사를 일관해서 거기에 마가복음서 8장 27절 이하, 요한복음서 13~17장의 고별설교와 공통된 '수난의 길'을 전제, 예시하는 내용의 모티브가 존재하는 것도 충분히 이해가 간다.

즉, "예수께서 여러 성읍과 마을에 들르셔서, 가르치시면서 예루살렘으로 여행하셨다."(13:22)고 기록되어 있는데, '주'되신 예수에 의해 파견되어, 그와 함께 예루살렘을 목표로 미션에 임하는 제자들에게 향하신 실천적 권고 속에는 전도의 지시나 그리스도인의 생활의 규범이 제시되어 있다.

누가에 있어서 미션을 위한 예수 제자 훈련이라고 하는 교육 실천의 입장에서 결코 배제되지 않은 사실을 나타내고 있다.

이미 일종의 서곡으로의 ‘어린 시절이야기’ 속에서 12세의 소년 예수가 “선생들 가운데 앉아서”, 그리고 그의 말을 듣고 있던 사람들은 모두 “경탄하였다”(2:46)는 이유가 문답법을 활용한 예수의 성경 해석 능력에 있었다.

그리고 동시에 이 장면 전체가 성전에 머무르는 것과의 구속사적 “있어야 할 것”을 말함으로써(2:49), 유대의 랍비 이상의 ‘장인’ 예수를 예시하고 있는 것으로 볼 수 있다.

당연히 이 행위의 중심 모티브를 나타내는 “부모는 예수에게 말하였다”(ὁ *πατήρ σου*[너], 48절)와 “예수가 부모에게 어찌하여 나를 찾으셨습니까?”(ὁ *πατήρ μου*[나], 49절)의 대조구(對照句)는 본래 초대교회의 문답식 계승으로 유래하는데, 같은 예수에 대한 이해가 복음서 가운데 몇 개 발견된다(눅11:27~28절 외 막3:22~29, 31~35; 6:2~4; 요2:4; 7:3~8).

한편, 사도행전에는 ‘주의 말씀’(*λόγος*)에 대한 상기(기억)가 2회(11:16; 20:35), 나아가 ‘주의 가르침’(*διδαχῆ*, 13:12) 또는 ‘주의 로고스’(*λόγος*)의 용법이 적지 않고(8:25; 12:24; 13:48, 49; 15:35; 19:20), 간접적으로 예수의 교사성의 주장을 보이기도 한다.[237]

이와 같은 세계의 ‘구원자 주’시며, 동시에 제자들에 있어서는 ‘스승’(에피스타테스)인 것 같은 누가의 예수상이 누가복음서의 스타일이나 전체 성격과는 어떠한 상호 작용을 하고 있을까? 이 점을 합하여 고찰하려 한다.

누가가 교사 예수에게 어떻게 관련되어 있으며, 이것을 어떻게 전달하려고 했는가를 충분히 해명하기 위해서는 이 복음서가 무

---

237 | 정연락(2009). 하나님의 말씀선포로서의 설교: 누가복음-사도행전에 나타난 설교의 본질. **한국개혁신학**. 제27권. 한국개혁신학회, pp.89-92.

엇을 지향하고 기록된 것인가를 알아보는 데 매우 중요한 것으로 생각되기 때문이다.

4. 누가복음서의 교육적 기능

누가는 다른 복음서 기자와는 달리 헌사(獻辭)라는 양식을 사용한 프롤로그에서 스스로 집필의 의도, 목적을 기록하고, 이 복음서의 뛰어난 교육적인 기능, 성격을 명확하게 하고 있다. 이 헌사에 대해서는 이미 많은 학자들이 논의한 바가 있다.[238]

> "우리 가운데서 일어난 일들에 대하여 차례대로 이야기를 엮어내려고 손을 댄 사람이 많이 있었습니다. … 데오빌로님, 나도 모든 것을 시초부터 정확하게 조사하여 보았으므로, 각하께 그것을 순서대로 써 드리는 것이 좋겠다고 생각하였습니다. 이리하여 각하께서 이미 배우신 일들이 확실한 사실임을 아시게 되기를 바라는 바입니다"(눅1:1, 3~4).

4절의 동사 카텍케인(κατηχεῖν, '가르치다')은 역시 단순한 전달,

238 | K. H. Clark(2005). *The beginnings of Christianity: an introduction to the New Testament*. New York: T&T Clark, pp.489-510.

고지(예컨대, 21:21, 24)와는 구별되는 다소 술어적인 교회 교육 용어로서 일반화되어 있었던 것이라 볼 수 있다(행18:25; 갈6:6; 고전14:19; 롬2:18).

물론 데오빌로란 인물이 해당 배움을 받는 사람이었는지에 대해서는 확증이 없지만, 누가가 독자들에게 관련되는 세례 전후의 세례 문답의 실천을 염두에 두었을 가능성을 전적으로 부정할 필요는 없다.

마찬가지로 로고스의 내용에 대해서도 2절의 "사람들이 우리들에게 전하여 준 대로"와의 관계에서 이것이 '파라도시스'의 형식(고전11:2; 살전2:15; 3:6; 갈1:14; 골2:8)을 동반하는 예수 그리스도의 구속사적 '일어난 일'(1절)을 가리키고, 고정된 문답의 요지(딤후1:13; 딤전4:6)를 고려할 필요가 없지만, 원초의 신앙고백(살전4:15; 고전15:3~5)의 내용과 결합하고 있는 것은 부정할 수 없다.

그러기 때문에 전승의 '적확성'이 의미하는 것도 이른바 역사적 관찰, 객관적 검증의 차원을 훨씬 초월하여 오히려 주체적인 '지금 여기에'서의 신앙의 확증(4:21; 행2:36)과 관련되는 것은 의심할 여지가 없다.

즉, 신앙의 근거로서의 '전승'의 주장이 아니라, '눈먼 사람의 안내'(눅6:39, 43 이하), '사나운 이리(행20:29)의 물리침', 또는 신앙을 방해하는 마술사, 점치는 사람, 귀신 축출가(행8:9~13, 18~24; 13:8~12; 16:16 이하; 19:13~17), 나아가 사도의 가르침(20:20), 하나님의 계획(20:27)으로부터 이탈시켜 그리스도의 '제자'들을 자기를 따르게 하려고 하는(20:30), 악한 그노시스적 경향을 가진 사람, 교회의 파괴자들을 경계하고 이들과 싸우기 위한 유효한 무기, 매체로서의 '파라도시스'를 강조한다.

거기에서 누가는 이와 같은, 말하자면 신앙의 터전이 되는 매체를 사용하여 사람들이 구원의 확증을 얻는 목적을 수행하기 위하여 구체적인 방법, 수단을 합하여 제시한다.

그것은 ① 전승된 "모든 것을 처음부터 시초부터 정확하게 조사하여"(눅1:3), 수집, ② 그것들을 순서대로 써, 편집이란 넓은 뜻의 역사화의 작업을 포함하여 그 내용을 이미 마가 등 "많은 사람들"(πολλοί)이 손을 댄 예를 들고, "모든 일"을 특히, ③ 이야기의 스타일로 시도해 본다는 것이다.

이것은 '파라도시스'(전승)를 매개로 하는 복음의 '교리문답'의 시도가 원초의 사도적 '케뤼그마'를 왜곡하거나 희생시키는 것이 아니라 이것을 약한 관념화로부터 해방시킨다고 하는 이른바 누가 자신의 아이덴티티를 입증하는 방법이기도 하다.[239]

달리 말하자면 신앙의 주체화를 목표로 복음의 역사를 이야기한다는 교육적 접근이 마치 사도적 전승을 계승하는 역할의 유효한 수단인 것을 확인하는 것이 된다.

그러므로 복음서 기자 누가는 이른바 역사적 기술을 목표로 엄밀한 의미에서 역사를 만드는 사람이라고는 말하기 어렵지만 교회 전통 또는 역사 이야기꾼으로서도 성격을 특징지을 수가 있다.

누가는 스스로 제3세대(예수의 때–교회의 초창기 때–지금의 때)에 속하는 '파라도시스'의 수용인이며, 동시에 복음 전승의 프로세스에 현재 참여하고 있다는 이 프롤로그에서 이른바 교회론적 '우리들'(ἡμεῖς) 즉, 그리스도인의 한 사람으로서 결코 자기의 로고스를 잃어버리지 않고, "처음부터의 목격자" 또는 "말씀의 전파자들" 또는 마가나 '많은' 선구자들의 공공적인 공헌을 인정하

239 | R. J. Dillon(1978). *From Eye-Witness to Ministers of the Word: Tradition and Composition in Luke 24*. Rome: Biblical Institute Press, p.272.

고 그들과 과제를 공유하며 정경 '복음서'의 완성을 여기에 표명하고 있는 것이다.

누가의 복음서는 모든 종교적 혼합 주의나 그노시스의 경향에 대항하거나 또는 박해 상황 아래에서 "인자가 올 때에, 세상에서 믿음을 찾아 볼 수 있겠느냐?"(눅18:8)고 물음을 계속하면서, 예수가 걸어가신 길을 이야기함으로써 구도자, 신도의 욕구에 응답하며 설득력이 있는 교회의 교육적 기능을 획득했다고 생각된다.

그러기 때문에 누가가 표명하는 주제적 '로고스'(1:2, 4; 행1:1)는 마가의 복음(εὐαγγέλιον)과 그의 선교(막1:1, 14절 이하)에서 말하고 있는 지평을 포함하면서(눅4:43 이하, 특히 행15:7; 10:44), 오히려 이것을 보완하는 이른바 계속 교리문답의 내용 범위로서 역사적 예수의 성격을 전면에 내세우고 있는 것이다(행10:44; 13:48).[240]

즉 복음 일의 구두에 의한 '전승'(파라디도나이, *παραδιδόναι*)에 대응하기 위해 기록된 '이야기', 또는 직접적인 선교의 호소(1:1~2)와 간접적인 교육의 부름(3~4)으로도 말할 수 있는 2중의 과제를 달성하여 누가는 그 집필의 의도를 분명히 한 것이다.

즉 마태와 공통적으로 마가의 케뤼그마적 문체와 그 시도 속에서 바울과 동질적인 예수의 '로고스'로의 관심이 없음을 보고, 마태에 있어서 복음의 '노모스'(율법)나 '디다케'(가르침)와는 달리 "우리 가운데서 일어난 일"을 '이야기'하는 스타일로 새롭게 쓴 것이다.

그때 특히, "처음부터" "차례대로" 역사로서 쓴다는 절차를 취

---

240 | G. N. Stanton(1974). *Jesus of Nazareth in New Testament Preaching*. New York: Cambridge University Press, pp.13-31, 84-183.

하였다. 여기에서 헬레니즘시대의 역사가를 자부하는 누가의 연대사적 순서를 전적으로 부정할 필요는 없다(예컨대, 8:1; 행3:24; 18:23).

그리고 황제 아우구스트나 디벨리우스의 세계사에 관심도 하나의 장점에 지나지 않는다(눅1:5; 2:1; 3:1).

그러나 누가에 있어서도 물론 사실성(史實性)이 신앙의 현실성(reality)을 보증하는 것은 아니지만, 그럼에도 불구하고 누가가 "우리 가운데서 일어난 일들"(1:1)에 대하여 차례대로 이야기를 쓴 이유는 하나님의 구속사 이야기를 전하려는 의도에서 비롯된다.

갈릴리에서 시작하여 유대 전토에 "일어난 일"(행10:37; 눅2:15; 24:18)이 "하나님의 큰일"(행2:11, 22)이라는 의미를 갖는 것 즉, 인간의 구원을 위하여 하나님이 세계사 속에 일하시어 이스라엘에 약속한 것처럼, 예수의 삶과 죽음과 부활을 통해서 하나님의 일을 성취하고 지금은 제자들도 그 구원의 역사(미션)에 참여하기 시작하고 있다는 하나님의 역사 이야기(눅24:46; 행2:21; 38~40)를 전하고 싶은 것이다.

하나님의 역사 이야기를 계속하는 것이 누가의 중심 과제이고 미션과 교육의 실천적 관점에서 구속사의 중심으로서의 '성취의 때'를 '교회의 때'와 결합시켜, 선교의 '지금'을 강조하면서 스스로를 교회론적 '우리들'의 한 사람으로 고정해 가는 이야기 흐름이 파악된다.[241]

누가복음서의 교육적 기능은 그러한 의미에서 '파라도시스'의 현재화를 시도하는 전도적 성격을 배제하지 않고, 그러면서도 정리된 '이야기' 문체로 이른바 해석학적인 '역사'교육의 의미를 담당

241 | 정연락(1995). 누가복음의 기독론: 그 서론. p.49.

하고 있다. 그 자체가 장대한 하나님의 구속사로의 초대의 드라마가 되어 있다.

누가가 누가복음서 프롤로그에서 언급한 복음서 진술목적과 지침을 보면 그의 '에피스타테스' 예수는 마가나 마태의 '교사' 예수상과는 교육학적인 측면에서 차이를 보이고 있음을 알 수 있다.

다음에 누가의 교육적 관심에 부응한 교육적 스타일에 관해서 이미 언급한 전체에 걸친 디헤게시스(이야기) 문체(예컨대, 눅7:18~35절을 병행구 마11:2~19절과 비교)에 추가하여 언급해보자.

우선 해석의 포럼으로서 랍비식 교육에서 가끔 채용된 범례의 증언을 사용한 훈계는 다른 복음서와 공통된다(6:1절 이하=막2:23 이하=마12:1 이하). 그러나 헬레니즘의 수사학에서 영향을 받은 소크라테스적인 문답 형식은 다른 복음서보다도 누가복음서에서 더 많이 나타나고 있음을 본다(6:6절 이하; 7:37절 이하; 20:1 이하; 13:10절 이하; 14:1절 이하).

나아가서 누가복음서의 '비유'가 이른바 '예화'를 많이 포함한 사실도 주목을 끈다. 즉, 누가복음서에서는 마태복음서나 마가복음서의 '하나님의 나라', '천국'의 비유에서 보이는 종말론적 사태(초월적)와 일상적 상황의 관계적 대비와 같은 비유 본래의 구조, 성격에 대신하여 사건의 범례(모델)로서의 이야기가 제공되고 있다.

그리고 종말론이 그 자체로서 질의하지 않고, 오히려 윤리화의 프로세스를 동반하는 교화적인 스타일과 기능으로의 이행이 누가복음서에서는 나타난다.

또 마가와 함께 공통적인 누가의 시각적 그리고 구상적인 언어표현(3:22; 행1:10~11; 2:1~4)에 대해서도 이것을 케뤼그마의 전달(커뮤니케이션)의 수준에서의 교육적 배려의 구현이라고 말할 수 있다.

누가 자신의 교리문답식의 삶이 데브(J. W. Doeve) 등의 연구가 지적하는 바와 같이 사도행전 2장 14절 이하의 베드로의 설교가 요엘서 2장 28~32절, 시편 16편8~11절, 110편을 소재로 한 유대교 미션의 해석 방법을 적용한 그리스도교저 강론의 실례로 등장하고 있다.

이와 같이 13장 16절 이하의 바울의 설교는 시편 2편7절, 6편19절, 이사야서 55장 3절, 하바국서 1장 5절 등을 각각 소재로 강론의 실례로 활용하고 있다.[242]

유대교 「미드라시」(Midrash)[243]의 해석은 『성경』자체를 다루고 있다. 그러므로 누가 자신은 여기에서는 하나님의 구원의 사역을 전달하기 위하여 마가적인 케뤼그마, 복음의 무매개적인 고지자로서보다는 유대교의 전통적인 「미드라시」의 계열에 속하는 「문답식 교사」(눅1:48; 8:4~21; 행13:1)의 역할을 자각하고 있다고 볼 수 있다.[244]

---

242 | J. W. Doeve(1954). *Jewish Hermeneutics in the Synoptic Gospels and Acts*. Assen: Van Gorcum, pp. 168-175.

243 | 「미드라시」라는 용어는 이러한 주석 방법에 의해 히브리 성경에서 얻게 된 「할라카」(법률)와 하가다(비법률) 자료들을 모아 놓은 대전집을 가리키기도 한다. '미드라시'라는 말은 '찾다' 또는 '조사하다'라는 뜻을 지닌 히브리어 어근 'darash'에서 유래하며, 성경 본문을 축어적(逐語的)으로 해석하지 않고 그 안에 담긴 정신을 집중적으로 연구·조사함을 가리킨다. 이러한 조사가 필요하게 된 이유는 모세 오경에 '기록된 율법'을 후대의 역사적 상황에 비추어 다시 해석할 필요가 생겼고, 또한 구전 율법의 자리를 놓고 바리새파와 사두개파 사이에 의견이 일치하지 않았기 때문이다.

244 | J. W. Doeve(1954). *Jewish Hermeneutics in the Synoptic Gospels and Acts*. p.89.

5. 제자 개념의 확대

예루살렘 입성에 대해 묘사할 때 마가는 예수의 "앞에 서서 가는 사람들과 뒤따르는 사람들"을 말하고(막11:9), 마태는 여기에 '무리'(ὄχλοι)를 추가한(21:9) 것에 대해 누가는 19장 37절에서 특히 "제자의 무리"가 기뻐하며 그들이 본 "힘 있는 기적을 두고 큰 소리로 하나님을 찬양하는" 모습을 전하고 있다.

바리새파 몇이 예수께 말했다. "선생님(디다스칼레), 선생님의 제자들을 꾸짖으십시오"(39절)라고 하였다. 여기 예수의 가는 길에서 중요한 장면을 정리한 부분에서 마가는 '교사'(랍비)와 밀착한 '열두 제자' 서클은 마태에 의해 개방되어 이른바 무리와 혼합체로서 나타난 것(13:36; 21:10 이하)을, 누가는 '제자' 개념 그것을 확대한 모양으로 제시하고 있는 점이 흥미롭다.

이것은 복음이 선민 유대인의 개념의 틀을 초월하여 전 세계의 이방인 사이에도 전해지지 않으면 안 된다고 하는 사도행전의 '보편주의'적 경향이 복음서에서도 이미 나타나 있다는 것을 암시한다(9:23; 24:47).

누가가 '열두 제자'(9:1 이하) 만이 아니라 '72명'으로 확대된 제자 집단의 파견을 전하고 있는 것(10:1-20), 또는 디다스케인의 용법이 예수의 가르침의 공개적 성격을 강조하고(13:26; 23:5), '제자'가 되는 길로의 부름이 '많은 무리'(14:25~28)를 대상으로 하고 있는 사실과 연결되어 있다.

예수를 따른 많은 '여자들'이 십자가와 부활의 증인이 되는 것도 8장 3절은 예시하고 있다(행9:36절 참조).

이와 같이 누가는 예수의 제자 개념을 폭을 넓이고 있다. 이러한 누가의 발상을 배재욱(2006)은 누가의 청지기의 비유(눅12:35~38)에 적용하여 올바른 청지기의 역할을 모든 제자들에게도 그대로 적용할 수 있을 것으로 상정하여 예수를 따르는 자들에게는 섬김의 지도력을 갖추어야 할 것을 논의하였다.[245]

복음서에 있어서 누가의 확대된 '제자' 개념은 그대로 사도행전에서 그리스도에로의 귀속자에 관한 표상으로서 주 예수의 직접 제자를 가리킬 뿐만 아니라 세계주의적인 입장에서 발전적으로 사용되고 있음을 알 수 있다.

'제자'란 "주의 길을 받아들인 자"(행18:25), 그리고 이 '길'(道)은 걸으려 하는 모든 자에게 열려 있다(9:2; 18:26; 19:9; 24:14).

한편, 사도행전 11장 26절에 의하면 전도가 진전되고, 복음이 널리 퍼져 헬레니즘의 이방인세계에로 수용되어 가는 과정 가운데 제자들은 '그리스도인'이라 부르게 되었다.

따라서 구속사의 프로그램의 발전에 부응하여 사도행전에서는 예수와 관련되는 교사(에피스타테스)를 대치하여 오로지 '주'되신 그리스도의 우위성이 주장되지 않으면 안 되었던 이유에 대해서도 쉽게 이해가 간다.

마가에 있어서는 '제자' 서클을 선도하는 '선교사'로서의 교사 예수, 마태의 새로운 '율법 해석가'로서의 교사 예수를 내세우고 있는 이에 비해, 누가는 교사 예수를 힘(권위)있는 '주'의 사역을 지표로 삼는 '에피스타테스'의 호칭에 의해 구속사의 중심에 우뚝 선, 종말까지의 교회와 선교의 지금의 때를 일관해서 제자들의 무

245 | 배재욱(2011). 누가복음 12:35~48에 나타난 섬김의 지도력. **신학과 목회**. 제35집. 영남신학대학교, pp.175-187.

리를 지원하고 이끌어 가는 진정한 주체, "세계의 구주"(눅2:11; 행 5:31)로서의 교사임을 보여준다.

Chapter6 **제6장**

요한복음서에 묘사된 교사 예수

요한복음서는 네 권의 복음서 중에서 가장 신학적이다. 이 책은 예수 그리스도의 신성과 인격, 그리고 주를 믿는 신앙의 의미를 다룬다. 이 책에서는 예수를 가리키는 가장 다양한 이름들(말씀, 하나님의 아들, 인자, 이스라엘의 왕, 세상의 구주, 메시아 등)이 사용되었다.

요한도 다른 공관복음서와 마찬가지로 '교사'로서의 예수의 이미지를 명료하게 부각시키고 있다. 수많은 '랍비' 또는 '라보니' 호칭의 용법 속에는 마가와는 달리 '디다스칼레'와 동의어의 용례(1:38; 20:16) 외에 '디다스칼레', '디다스칼로스'가 3장 2절, 10절, 11장 28절, 13장 13절 등에도 보인다.

요한복음서에는 나사렛의 '랍비' 예수가 동시에 앞서 계셨고, 이 세상, 그리고 승천하신 '인자'로서 자기증시(自己證示)를 하여 모든 때를 포섭하는 유일한 하늘의 계시자 '하나님의 아들', '그리스도'라는 전 복음서에 특유한 양자의 일체화가 한층 명료하게 표현되어 있다(예컨대, 1:49).

다른 복음서들과 달리 요한복음서는 '영', '성령' 그리고 '보혜사'라는 용어를 제시함으로써 하나의 독특한 성령론을 형성하고 있다.

2세기경 알렉산드리아의 클레멘트를 필두로 하여 많은 신학자들은 요한복음서를 '성령의 복음서'라고 불렀다. 이는 '정신적 복음서', '영적 복음서', '신비적 복음서'라는 뜻으로 예수께서 신비적 체험, 곧 하나님의 체험으로 인도하시는 분으로 계시됨을 가리킨다.[246]

1. 보혜사 성령(파라클레토스)의 등장

사도 요한에게 있어서는 프롤로그의 '로고스 찬가'에 나타난 것처럼, 예수 그리스도만이 "하나님께서 알려주셨다"(1:18)는 사실이다.

제자들에 의한 이와 같은 '랍비' 호칭의 용법은 거의 예수의 수난 시기까지 집중적으로 나온다(1:38; 49; 9:2; 11:8). 그가 세상을 떠날 때가 가까운 11장 이하에서는 특히 '쿠리에'(*Κύριε*, 6:68; 13:6)과 '랍비'가 동일시되어(11:8; 11:12), 고별설교(14~16장)에서는 새롭게 보혜사 성령(파라클레토스)이 가르치는 사역자로서 약속을 받게 된다.

또 직접 제자 이외의 니고데모나 무리가 예수를 '랍비'라고 부르고(3:2; 6:25), 막달라 마리아가 경애의 감정을 품고 '라보니'('선생

246 | 이혜정(2011). 요한복음서의 성령에 대한 의미론적 접근. **가톨릭 신학과 사상**. 68집, 신학과사상학회, pp.93-94.

님')라고 부르고 있는 것은 요한복음서의 특징이다.

예수와 가깝게 있던 나사로의 자매(11:3, 21, 27, 32, 34, 39)나 사마리아의 여인(4:11, 15, 19)은 어느 쪽도 '주'를 호칭으로 하고 있다.

이처럼 요한에 있어서는 호칭집단을 구별할 의도는 보이지 않고 오히려 '랍비'='디다스케레'가 '쿠리에'와 교환 가능한 호칭으로서 사용되고 있다.

디다케(*διδαχή*)는 겨우 2번(7:17; 18:19)밖에 보이지 않는데 동사형 디다스케인(*σιδάσκειν*)은 6:59; 7:14, 28, 35; 8:20, 28; 14:26; 18:20 등) 오로지 예수가 랍비이고, 계시자로서의 가르치는 활동을 나타내는 의미에서 사용되고 있다.

2. 표적의 개념

이미 최초의 제자들의 소명 이야기(1:35 이하, 43 이하) 속에 따르려 하는 자와 랍비와의 만남(1:41), 거기에서 발생한 그들의 '하나님의 아들' 신앙(1:49), 나아가서 이것을 양육하려고 하는 교사 예수의 배려에 가득 찬 말씀(1:42, 50)이라고 하는 줄거리를 파악할 수 있다.

이 책 제2장 첫 부분에 가나의 혼인잔치에서의 첫 번째 표적(세메이온 *σημεῖον*)이 기록되어 있다. 세메이온은 요한의 고유한 신학적 개념[247]으로 학자에 따라서는 이 표적을 단순한 시위적인 데몬스트레이션이 아니라 오히려 단적으로 하나님의 '영광'(δόξα)=아버지의 '이름'(ὄνομα, 17:6)을 나타내기 위한 심볼의 의미가 있다고 본다(20:30절 이하).

주 예수에 의한 진정한 표적의 언행이 사람들의 마음에 보이지 않는 새로운 현실로 열고, 이어서 신앙으로의 비약을 촉진하는 것이다.

이른바 이적 이야기에 공통된 구성 내용에서 요한의 눈에 띄는 특징을 찾아 볼 수가 있다.[248]

니고데모가 예수께로 온 이유도 이와 같은 계시의 모습으로서의 표적과 관련되어 있다(3:2).

예수와 바리새파 율법 학자들과의 갈등 사이에 있는 니고데모와의 문답을 통해서 밝혀진 것은 표적을 언어(λόγος)로서 그러나 결코 단순히 객관적인 일정한 사상 내용이 아니라 오히려 계시자 예수 자신에 대한 증언(μαρτυρία)으로서 받아들여(3:11), 이것을 믿고(12절) 새롭게 태어나 변하는(3절) 것을 의미한다는 것이다(6:27; 7:17; 8:14; 11:25).

예수의 사마리아 여인과의 대화 속에서 보인 예언자적인 날카로운 통찰력은 마치 상대방을 계시자에 직면시켜 진정한 표적의 성격을 띤다(4:16~18).

이 여인을 정상적인 자세로 돌려 회개로 안내할 뿐만 아니라 우선 이 여인이 말하는 간접적인 언어(λαλία)에 의해 많은 사마리아

247 | J. L. Martyn(1968). *History and Theology in the Fourth Gospel*. New York: Harper & Row, p.107.

248 | J. L. Martyn(1968). 위의 책. pp.3-41.

사람들을 예수에 대한 신앙을 불러 권고하여(4:39), 나아가서 그들 자신들이 친하게 예수의 '언어'를 들려주어, 마침내 그를 세상의 구주로서 믿게끔 되었던 것이다(4:41절 이하).

또 갈릴리에서의 두 번째 표적에 대해서도 왕의 신하는 이른바 기적이 아닌 다만 예수의 로고스를 믿는 것에 의해 그 아이가 나음을 경험했다(4:50).

이와 같은 신앙(*πίστις*)에 관련되는 '말씀'='표적'을 매개로 한 예수의 전도활동의 하나의 정점은 6장(2, 14, 30)에 보인다.

동시에 여기에서는 생명의 빵(35, 41, 48)과 성찬의 이야기(51~58)에 계속하여 예수의 공생애의 위기, 즉 많은 제자들의 흔들림(6:66)과 베드로의 신앙고백 "선생님께는 영생의 말씀(*ῥήματα*)이 있습니다"(6:68)가 전승되어, 이곳으로부터 사람들을 피하여 제자들의 신앙 교육에 집중하여 스스로 예루살렘으로의 수난의 길을 걸으시는 주 예수의 모습이 예시된다.

그리하여 요한이 예수의 언어를 공개적으로 전달하는 수단을 나타내기 위하여 마가나 누가처럼 디다스케인(*σιδάσκειν*, '가르치다')이란 동사를 즐겨 사용한 것에 대해서는 이미 언급한 바이지만, 예수의 사역이 '가르침'으로서 받아들여진 사실을 "그들은 모두 하나님에게 가르침을 받을 것이다"(사54:13; 렘31:34)라는 약속의 성취의 모습으로 정식화되어 있다는 점(6:45 이하)도 이해가 간다.

다만 요한에 있어서 예수의 디다케('가르침', *διδαχή*, 7:16; 8:19)는 마태에 있어서 일정한 전달 내용으로서의 가르침과 동일한 것이 아니라, 그의 로고스('말씀') 또는 르하마(*ῥήματα*, '말씀', 3:11 이하; 4:41 이하, 50:24, 47)가 마침내 세메이온(*σημείον*, '표적')과 어렵게 결합되어 신앙으로의 부름이란 독특한 의미를 갖게 되는 것이다.

거기에 단순히 관념적인 영지주의를 과장하는 사람들과 다른 특색이 있는 하나님의 사람, 로고스 그것, 표적 자체로서의 교사 예수상을 반영하고 있다고 볼 수 있다(2:11; 4:53; 6:14; 7:31; 11:45, 48; 12:37~38; 20:31).

3. 하나님께로부터 오신 교사

복음서 기자 마가에 의하면 유앙겔리온('복음')과 병행하여 예수의 권위 있는 가르침(1:22)을 강조하여, 특히 이것을 기적적인 행위와 연결함으로써 교사 예수는 마치 놀라운 모양으로서 나타나 교회의 선교적 주체의 플롯 타입 다름 아니다.

마태는 예수의 교사로서의 역할을 분명히 하기 위하여 우선 그의 말씀을 행위에 우선시킨다(7:28 이하).

그러나 예수는 단순한 율법 해석자=랍비가 아니라, 동시에 사랑의 전도사, 교회의 주인이시다.

또 누가에 의해서는 무엇보다도 '때의 중심'에 우뚝 선 예수의 구원적 '행위'의 전체를 강조되어야 하는 것으로 나타난다. 그 교사성은 특히 '에페스타테스'되는 말로 이미지화된다.

그런데 요한의 경우는 앞서 기록한 바와 같이 예수의 언어와 표적이 불가분하게 결합하여 서로 보완하는 모습에서 사람들의 신앙적 결단을 촉구하기 때문에(예컨대, 10:25), 랍비=디다스칼로스로서의 예수가 언어를 담당하면서 동시에 그 자신이 수용자로서 살아있는 생명의 말씀 그것이다(1:14-18).

따라서 그의 가르침이 바로 그의 삶과 일치하고 있는 것과 맞물려 교사 예수의 언어=표적과 사람들의 신앙의 호응관계가 독자적인 변증법적 표현을 취하고 있다(8:30 이하; 9:5 이하; 10:7 이하; 10:25; 11:1-44; 12:37, 48).

특히, 회당학자=지도자 니고데모가 예수를 권위 있는 "하나님께로부터 오신 교사"로 규정하고(3:2), 예수에 의해 이 이스라엘의 교사가 미드라시적인 토론을 능가하여 그의 증언을 받아들이는 신앙을 요청받고 있는(3:10 이하) 사태가 주목을 끈다.

랍비 니고데모는 하나님의 계시를 충분히 깨닫지 못해서 여기에서는 아직 하나님의 아들 예수를 신앙고백으로 받아들이지 못하고 있다(7:45 이하; 19:38 이하).

초막절 중간에 접어들었을 즈음에, 예수가 성전에 올라가서 가르치기를 시작했을 때(7:14) 사람들은 "이 사람은 배우지도 않았는데 어떻게 『성경』지식을 갖추고 미드라시의 권위자가 되었을까?"고 놀랐다(6:42).

이에 예수는 "나의 가르침은 내 것이 아니라 나를 보내신 분의 것이다"(7:15~16)라고 언명하여 유대인들에 있어서 윤리적인 디다케에 지나지 않는 것이지만(18:19), 사실은 하나님으로부터 나온 로고스인 것을 시사하고 있다.

이와 같은 사용하시는 아버지와의 신비적인 사귐과 상호 작용의 내재적 일체성에 있어서의 현실이 표적에 의한 증언(5:17, 19, 36; 6:40; 8:28; 10:25)과 함께 말씀(가르침)에 의한 증언에 의해 분명하게 된 것에 대해서도 의심할 나위가 없다.

그런데 8장 28절 이하에 "너희는 인자가 높이 들려 올려 질 때에야, '내'가 곧 '나'라는 것과, 또 내가 아무것도 내 마음대로 하지 아니하고 아버지께서 나에게 가르쳐 주신 대로 말한다는 것을 알게 될 것이다"라고 기록되어 있는 것처럼(7:14), 그 니고데모에 의한 "하나님으로부터 보냄을 받은 교사" 이래 요한은 일관해서 아버지에 의해 가르침을 받은 아들의 현실이라는 근본 인식을 근거로 말하자면 하나님의 교육을 고려했을 것으로 생각할 수 있다(6:45절 이하, 이사야, 예레미야 외에 에스겔. 11:19; 18:31; 요엘 3:1).

나면서부터 눈멀었던 사람이 눈을 뜨게 되었을 때 바리새인들에게 대해서 "그가 하나님께로부터 오신 분이 아니라면, 아무 일도 하지 못하셨을 것입니다"(9:33)라고 말 한대로 전후의 문맥을 보면 우선 유대인에 의해 그 분의 제자(9:28)와 모세의 제자(9:28)가 대치되어 모세의 배후에 작용하는 하나님의 권위를 전제로(9:2), 그 이상에서 예수인가 모세인가 하는 2자택일이 문제시되어 있다.

그리하여 고침을 받은 사람은 회당으로부터 추방을 각오하고(9:22), 역시 "하나님으로부터 오신 교사"를 상기시키는 어조로 메시아에 대한 신앙고백을 하고 있다(9:30~32;, 1:41; 4:25).

이미 예수 자신, 유대인이 불쌍히 여기는 율법 학자=교사로서의 모세의 권위(신18:15, 18)에 호소하여 신앙의 반성을 촉구하지만(5:46), 여기에서도 『성경』의 말씀이나 문자로서가 아니라 영원한 생명을 가리키는 예수 자신의 인격에 직접 부딪치는 길을 제시하고 있다(5:39).

이처럼 예수는 통상적인 랍비처럼 스스로의 선생을 가지지 않고, 오히려 살아있는 성경 해석에 의해 자기증언을 기초로 하여 그 '가르침'은 언제나 '기적'과 결합하는 모습에서 제시되기 때문에 그의 '디다스칼로스'의 자질은 '큐리오스'로서의 권위와 하나가 되었다고 말할 수 있다.

또 "나는 ~이다"라는 예수의 자기증시는 요한복음서에 있어서는 큰 특징이라 할 수 있다. '생명의 빵=6:35', '세상의 빛=8:12', '부활과 생명=11:25', '길, 진리, 생명=14:6', '참 포도나무=15:1' 등과 같이 "나는 양의 문, 선한 목자"라는 비유(10:7)에 의해 교회의 양(羊)이 되는 신도와 큰 목자, 큰 교사로서의 그리스도와의 관계가 비유적으로 제시되어 예수는 "나는 양들의 생명을 얻고 또 더 넘치게 얻게 하려고 왔다"(10:10)고 말씀하시고 있다.

그 문맥에서 "나에게는 이 우리에 속하지 않은 다른 양들이 있다. 나는 그 양들도 이끌어 와야 한다. 그들도 내 목소리를 들을 것이며, 한 목자 아래서 한 무리의 양떼가 될 것이다"(10:16)라는 한 마디가 주의 교육적 미션의 이해와 관련해서 매우 중요하다고 할 수 있다.

4. 제자들에게 하신 유언

요한복음서 제1부(1~12장)에서 예수는 랍비(교사)의 모습을 취하고 있는데, 말씀과 표적을 통해 사람들에게 신앙의 결단을 촉구하였다.

여기에서는 일단 넓은 뜻의 많은 제자들이 토론했을 것이다(6:60, 66). 그러나 제2부(13장 이하)에 들어가서는 예수는 '때'가 온 것을 알고, 오히려 소수의 '자기의 사람들'(13:1)을 자각적인 대상으로서 신앙의 비밀을 해명하고, 마음을 부수어 자신의 약속과 격려의 권고에 전념한다(17:11).

13~17장에서 이른바 고별설교의 부분은 마태복음서의 가르침, 마가복음서의 '나를 따르라'의 교리문답의 부분에도 비교될 만큼 제자 교육의 중심적 내용이라 볼 수 있다.[249]

제자의 한 사람이 "주님, 주님께서 우리에게는 자신을 드러내시고, 세상에는 드러내려고 하지 않으시는 것은 무슨 까닭입니까?"(14:22)라는 물음은 이미 최후의 교훈에 앞서 배반자 유다가 예수로부터 배반하고 있는 사실(13:21~30)도 세상에 남는 진정한 제자 서클을 암시하는 요한의 수법이라 볼 수 있다(13:10 이하, 20:19).

유명한 예수의 제자 발 씻는 이야기가 우선 사랑의 행위에 의해(13:1~12), 계속해서 말씀에 의해 일어나는 순서로 기재되어 있는 것이 요한적이라 볼 수 있다.

특히 예수가 자신을 제자들이 "주(主, 큐리에)시며, 선생(디다스칼로스)"이라고 부름에 대한 답변에 요한복음서는 관용구적 주격의 통일적, 상보적 용법에 의해 '주'와 '교사'가 같은 강함과 중요성을 보여주도록 표현하는 점은 주목할 만하다.

예수는 제자의 발을 씻는 데서 '종'(하인)의 할 일을 스스로 '본'(모범)을 보이고, 종말론적 시점에서 지양된 '새로운 계명'을 유언으로 남긴 우리들의 신앙과 생활의 '디다스칼로스=큐리에'인 것이다(13:15, 34).

여기에서도 교사와 '주'에 의해 명령된 것은 전적으로 동일한 한 개인인 셈이다. 사랑(아카페)에 의한 일치라는 내용 규정을 동반하는 '새로운 계명'은 15장 12절, 17절, 17장 22절 이하 등에 있어서 엄밀하고 명백하게 가르치시고 있다.

---

249 | J. L. Martyn(1968). *History and Theology in the Fourth Gospel*. p.138.

이것은 '나의 계명'(14:15, 21), '나의 말'(14:23)을 지킨다는 표현상의 비슷함과 동시에 사랑의 완전을 강조하는 마태(5:48)의 발상에 지극히 근접하여, '포도나무=그리스도의 몸=교회'(15:1)로 연결되는 제자들의 생활에의 실천적 관심을 나타내는 것이라 볼 수 있다.

요한복음서에 있어서 예수는 결코 인간에게 신앙의 결단을 촉구하는 초월적인 계시자에 멈추지 않고, 오히려 동시에 그의 가르침, 계명, 말씀, 표적의 모든 것에 의해 사람들을 이끄는 모범으로서의 '교사'였던 것이다(5:12; 14:12~13; 15:10; 13:16).

그러나 계명의 밑바탕에는 그것을 지원하는 형제애를 가능하게 하는 아버지와 아들의 사랑의 신비(15:9), 특히 주 예수의 선택과 제자들의 그에 대한 사랑의 사실이 대전제로 되어 있다(13:1~11, 20; 15:16; 14:15, 21, 23).

예수의 가르침이 단순한 객관적인 계명이나 율법 해석이 아니라 항상 스승 예수의 인격 그것에 대한 사랑의 응답을 내실로 하는 것임을 강조하는 것은 요한복음서뿐이다.[250]

제자는 '주 또는 교사'와의 인격적 만남과 사귐(1:35 이하)에서 비로소 '말씀과 계명'을 지키는 의미와 힘이 주어져 친구로 부르며(15:5), 주 예수 자신에 의한 "내가 가서 너희의 있을 곳을 마련하면 다시 와서 너희를 나에게고 데려다가 내가 있는 곳에 너희도 함께 있게 하겠다."(14:3)는 큰 약속을 받게 된다.

예수의 지상의 사역하심이 세상에 파견된 계시자에 의한 구원의 역사인 이상, 십자가의 죽음도 '육신이 되어 오신 분'이 앞서 계신

250 | 김문현(2014). 요한복음 13:1~38 내러티브 읽기: 베드로의 인물성격과 역할을 중심으로. **신약논단**. 제21권 제2호. 한국신약학회, p.455.

분의 들림으로 회귀하는 필연적인 '길'이다.

그리고 영광과 성취가 이루어질 때까지의 그 사이, 즉 창조와 심판의 종말론적인 지평에 선 우리들의 '지금과 여기'에서 아버지로서 파견된 다른 '도움의 주'(파라클레토스)='성령'이 교사로서 결정적인 역할을 담당하시는 것이다.

5. 교사로서의 보혜사 성령(파라클레토스)

앞서 서두에서 언급한 바와 같이 다른 복음서들과는 달리 요한복음서에서는 예수 대신에 '보혜사 성령'(파라클레토스)이란 말이 등장한다.

'파라클레토스'(*παράκλητος*)의 용례는 요한복음서의 '고별설교' 속에 있는 5개의 성령(보혜사) 이야기(14:15~17, 25절 이하; 15:26~27; 16:7~11, 12, 12~15) 및 요한1서 2장 1절에 나오는데, 다른 『신약성경』에서는 보이지 않는다.

요한복음서는 『신약성경』 가운데서 가장 개성 있는 복음서이다. 그것은 『신약성경』 전체가 예수에 대해서 명백하게 증언해 주고 있지만, 그 가운데서 요한복음서는 예수에 대하여 다르게 증언해 주고 있기 때문이다.[251]

파라클레토스가 요한복음서의 이해하는 데 매우 중요한 개념

251 | 김춘기(2001). 요한복음에 나타난 보혜사의 기능에 관한 연구. **신학과 목회**. 영남신학대학교. p.61.

이며, 그리스도론적 중요한 개념들, 예컨대, '나는 ~이다', '사람의 아들', '로고스' 등이 못지않은 중요성을 가지고 있다.

여기서는 복음서 기자의 해석과 의도를 존중해서 파라클레토스의 전체상을 파악하고 그 '가르치는' 사역에 대해서 관심을 갖고자 한다.

1. 파라클레토스의 어원의 의미

『신약성경』에는 성령에 관해서 모두 264회를 언급하고 있는데, 거기에는 모두 39개의 다양한 명칭들이 사용되었다. 그중에 중요한 명칭은 성령과 보혜사이다.

파라클레토스란 용어는 『신약성경』 중에 앞서 서두에서 언급한 바와 같이 5회밖에 사용되지 않은 것으로 모두 사도 요한 만이 사용한 독특한 용어이다. 사도 요한은 복음서에서 모두 예수께서 사용하신 것으로 기록하고 있다.[252]

특히, 성령이 요한복음서에서 파라클레토스란 유일무이한 역사적 표현으로, 그리고 인격적 이름을 갖는다는 것은 매우 중요한 의미를 갖는다고 할 수 있다.

어원학적으로 '파라클레토스'는 수동태 동사 '파라칼레인'(*παρακαλειν*)[253]에서 파생된 형용사 명사로, 번역하면 '곁에 불리어진 자' 또는 '불리어져서 곁에 있는 자'라는 뜻이다. 『성경』에서 '파라칼레

252 | 문찬우(2007). 요한복음에 나타난 파라클레토스 '*παράκλητος*' 사역에 관한 연구. 호서대학교. 박사학위논문, p.70.

253 | '파라클레인'*παρακλειν*)은 '곁에'라는 뜻의 '파라'*παρα*)와 '부르다'라는 뜻의 '칼레오'*καλεω*)의 합성어이다.

인'이라는 단어는 어떤 사람을 돕거나 그에게 힘과 용기를 북돋우어 주기 위해 '격려하다''위로하다'는 뜻으로 사용되었다(사40:1; 롬15:4; 고전14:3).

파라클레토스는 '위로자'나 '변호자'또는 '중개자'라는 의미로 이해되기도 한다. 대한성서공회에서 발간한 『성경』에서는 '보혜사'로 번역하고 있는데 비해 한국천주교주교회의에서 발행한 『성경』에서는 '협조자'로 번역하였다.

문맥상 제자들과 함께 머무는 일(14:16~17), 제자들을 가르치고 예수님의 말을 상기시켜 주는 일(14:26), 제자들과 함께 예수님에 대해 증언하는 일(15:26~27), 제자들을 진리로 이끄는 일(16:13~15) 등 주로 예수의 지상활동의 연속성 안에서 말이나 행동으로 제자들에게 도움을 주는 역할로 드러나 있기 때문이다.

'파라클레토스'는 요한복음서의 다락방담화에서 발견되는 독특한 용어로 모두 '보혜사'로 불리는 성령의 오심과 관련이 있다. 『70인역 성경』에서조차 그 사용용례를 찾아보기가 어려우며 요한의 저서 외에는 다른 『헬라어 성경』에서는 찾아 볼 수 없다.

일부 학자는 헬라어의 '파라칼레오'(*παράκλῃω*)의 동사에서 그 의를 강조하고, 초기 영역 번역(14세기)으로 소급하는데 라틴어 confortare에서 나온 이 말은 "강하게 하다", "굳세게 하다"를 뜻하였다.

헬라어 단어는 법정적인 의미로써 변호사는 분명한 의미를 가지며, 요한1서 2장 1절에서는 이러한 의미로 예수를 적용시키고 있다. 예수는 땅에 있는 그의 제자들을 위하여 하늘 아버지 앞에서 변호하는 자이다.

요한복음서에는 파라클레토스는 세상을 확신시키는 법정적인 사역을 이루지만, 그것은 변호하는 파라클레토스보다는 기소하는 파라클레토스의 사역이다(요16:8).

언어적인 해결은 히브리어 멜리츠(מליץ)에서 발견된다. 이 단어는 욥기 33장 3절에서 '중보자'라는 의미로 사용되었다. '멜리츠'라는 단어는 아니지만, 중보자의 개념은 욥기 16장 19절, 25절에서 '변호자'란 의미로 발견되었다.

이 두 구절에서 욥의 탈굼(Targums)[254]은 외래어인 파라클레타(παράκλητα)를 사용한다.

히브리어 멜리츠는 「쿰란문헌」에서 '지식의 해석자', '선생'(교사)라는 의미로 사용되고 다른 곳에서는 '중보자'라는 의미로 사용되었다.

확실한 것은 멜리츠는 중보자와 교사의 개념을 결합시킨 것이다. 탈쿰에서 외래어 페라클레타가 사용된 것을 유추해 보면, 확실치는 않으나 1세기 무렵과 그 후에도 팔레스틴 유대교에서뿐만 아니라, 헬라어 유대교에서도 광범위하게 사용되었을 가능성이 매우 높다.[255]

또한 변호와 교훈의 개념들은 중간사 시대의 문헌에서 중보적인 천사들 가운데서 결합되었고, 유다의 언약 20장 1절에서는 사람 속에 있는 "진리의 영이 모든 것을 증거하고 고소한다"고 언급하고 있다.[256]

그러므로 요한복음서에서 파라클레토스의 이중적인 용법과 어

254 | '탈굼'은 히브리성경을 후일 포로 후기 시대 팔레스타인의 일상용어가 되었던 아람어로 자유롭게 번역한 것이다. 이것은 초기에 구전되었다가 히브리성경으로 읽혀졌으며 아람어 번역본에 이르게 되었다.

255 | 신성종·이한수 옮김(2005). **신약신학**(G. E. Ladd 지음). 서울: 대한기독교출판사, pp.327-328.

256 | 문찬우(2007). 요한복음에 나타난 파라클레토스 'παράκλητος' 사역에 관한 연구. p.71.

느 정도 평행될 만한 배경이 변호와 교훈의 역할을 통합시키고 있는 유대사상에서 발견할 수 있다.[257]

2. 파라클레토스의 개념적 배경

파라클레토스는 요한에게 있어서 고유한 '삶의 자리'를 지닌 독특한 개념이다. 요한복음서 기자의 파라클레토스 개념의 기원은 수세기 동안 연구되어 왔고 경홀히 여길 수 없는 방대한 문제를 제기해 왔다.

그것은 학자들마다 각기 견해가 다르기 때문인데 이 문제에 관해서는 오로지 파라클레토스를 번역할 수 있는 칭호의 모습을 가졌던 사상권(思想圈)을 발견할 때만 가능하다.

영지주의 및 헬레니즘적 배경

종교사학파 학자들인 바우르(F. C. Baur), 빈디쉬(H. Windish), 불트만(R. Bultmann), 벡커(H. Backer) 등은 파라클레토스를 원시 만디아 종파(Mandaeism)[258]의 영지주의에서 그 기원을 찾으려 한다. 이러한 주장은 요한복음서 전체가 혹은 부분적으로 초기의 영지주의 문서에 의존하고 있다는 이론에 근거하고 있다.

불트만(R. Bultmann)은 그의 저서 『*The Gospel of John: a commentary*』(1971)에서 요한복음서 14장 16절 자료는 두 파라클레토스 즉, 예수와 그의 후계자의 시차적인 파견을 가르켰다는

257 | 신성종·이한수 옮김(2005). **신약신학**. p.328.

258 | 중동지방의 만대인들(Mandaeans)이 중심으로 구성된 영지주의의 한 종파.

것이 분명하며 이 사상은 유대교 또는 그리스도교의 영지주의에서 볼 수 있으며, 오히려 「위(僞)클레멘트 문헌」(Pseudo-Clementine Writings), 「만디아 문헌」(Mandaean literature) 등에 전해지며 마니교에서 체계적으로 전개되었다고 본다.[259]

그리고 그는 "파라클레토스란 칭호 역시 '돌보는 자', '돕는 자'의 의미에서 영지주의로부터 나왔을 수 있으며, 파라클레토스로 번역할 수 있는 칭호는 「만디아 문헌들」(Mandaean scriptures)에서 증명되는 영지주의에서 볼 수 있으며, 만디아 종파에서는 돕는 자들과 돕는 존재들에 관하여 수차례 언급한다"[260]고 말한다.

다드(C. H. Dodd)는 요한이 필요에 의해 헬레니즘적 유대교에 접촉되어 있다고 제안하기도 하여 파라클레토스 역시 그리스도에게 적용할 때 필요하여 용어를 사용하고 있다고 하였다.

그러나 요한의 세계는 헬라적인 세계라기보다는 팔레스틴적이고 보다 역사적 예수에 관한 전승에 밀접한 관련을 갖고 있어 헬레니즘적 배경 연구는 신빙성이 없다고 할 수 있다.

유대주의적 배경

선구자, 완성자 관계론: 이것은 주요한 표상이 죽고 떠나면 다른 사람이 그의 일을 계속 수행하고 그의 메시지를 해석하는 여한을 한다는 이론이다. 이것은 『구약성경』에서 모세와 여호수아, 엘리야와 엘리사의 패턴서 예를 들 수 있다.

각 경우, 두 번째 표상은 여호수아가 또 다른 모세이듯, 엘리사

259 | R. Bultmann(1971). *The Gospel of John: a commentary*(Translated by G. R. Beasley-Murray, General ed.). Oxford: B. Blackwell, pp.725-731.

260 | R. Bultmann(1971). 위의 책. p.728.

가 또 다른 엘리야인 것처럼 아주 밀접하게 연결되어 있다. 이것은 파라클레토스와 예수가 밀접하게 연결되어 있다는 것을 알 수 있다.

'영'(靈)의 개념도 이런 관계와 무관하지 않다. 신명기 34장 9절에서 모세가 여호수아에게 안수할 때 지혜의 영으로 채워졌고, 엘리사는 엘리야의 영의 갑절로 받았다(왕하2:9, 15).

예수는 일종의 선구자요, 예비자로 나타나며, 반면에 파라클레토스는 성취를 가져오는 완성자로 나타난다고 설명한다. 그는 예수와 파라클레토스와의 관계가 비로소 그 주제를 통하여 구성된 것이 아니라 세례자와 예수와의 관계가 이미 이 주제를 통해 구성되었다고 본다.

파라클레토스는 예수가 지상에 있을 때에 활동한 것을 계속 수행해 나간다. 그러나 파라클레토스는 예수의 원래적인 완성자가 되지는 않는다.

『구약성경』 에스겔의 인자사상에서도 파라클레토스와 유사한 기능들을 발견할 수 있다.

이처럼 요한복음서의 파라클레토스 개념의 배경을 살펴보면 요한의 파라클레토스의 기본 요소들이 영지주의적 헬레니즘 배경보다는 구약적이고 유대교적인 배경에 흩어져 있다고 볼 수 있다.

성령에 대한 용어로 그 이상의 의미를 부여하여 사용한 것은 단순히 『구약성경』 인물의 자연적인 발전을 의미할지도 모른다.

그러므로 예수와 성령은 신적인 중재자의 발전하는 유대교적 윤곽에 어울릴 수 있었으며, 이 모든 사상들은 요한복음서 기자에 의하여 그리스도교화되었다.

요한 공동체의 종교사적 배경이 종교사상적 변환기 내지 혼란기였다 할지라도 요한 공동체는 유대교에서 기독교로 이어지는 사상적 뿌리를 이탈하지 않고, 오히려 독특한 요한 공동체의 신학을 창출하였다고 평가되어야 할 것이다.

3. 파라클레토스의 사역

『신약성경』 가운데 요한복음서에서만 성령을 '보혜사'(파라클레토스)로 전하고 있다. 요한복음서 가운데서 예수의 고별설교(14~16장)에서 보혜사를 성령으로 전하고 있으며, 고별설교 중에서 나타난 핵심적인 주제 중의 하나가 바로 파라클레토스라 할 수 있다.

보혜사 성령은 예수께서 십자가 사건으로 하나님께 승천하신 후 그의 이름으로 보내시겠다고 말씀으로 약속하신 성령이시다. 파라클레토스의 역할은 크게 두 가지로 나누어 본다면, 그 하나는 제자들에 대한 역할이고, 다른 하나는 세상에 대한 역할일 것이다.[261]

요한복음서에 따르면, 제자들은 보혜사를 알고(14:7), 보혜사는 제자들에게 임하며(16:13), 예수에게 속한 것들을 가지고 제자들에게 선포하시며(16:14), 예수를 영화롭게 하신다(16:14).

또한 보혜사 성령이 예수를 증거하듯이 제자들도 보혜사 성령에 힘입어 예수를 증거해야 한다(5:26~27). 더 나아가 보혜사 성령은 예수께서 말씀하신 것을 또한 생각나게 하시고 보혜사 성령은 아무것도 자신의 임의대로 말씀하시지 않으신다(16:13).

261 | 이덕신 옮김(2001). 요한복음(G. R. Beasley-Murray 지음). 서울: 솔로몬출판사, p.505.

고별설교에 나오는 보혜사 본문들에는 교회와 성령의 관계에 대한 요한복음서의 독특한 이해가 나타나 있다. 보혜사 성령에 관한 요한의 진술은 보혜사를 특별한 일을 하는 성령으로 제시하고 있음을 보여준다.

이 특별한 일이란 바로 예수께서 아버지께로 떠나시고 세상에 없는 동안 신도들의 삶에 임재하고 계시는 예수의 인격적 임재를 말한다.

다른 보혜사이며 진리의 영(靈)이신 파라클레토스(14:16~17)

요한복음서 14장 16-17절, "내가 아버지께 구하겠다. 그리하면 아버지께서 '다른 보혜사를 너희에게 보내셔서', 영원히 너희와 함께 계시게 할 것이다. 그는 진리의 영이시다. 세상은 그를 보지도 못하고 알지도 못하므로, 그를 맞아들일 수가 없다. 그러나 너희는 그를 안다. 그것은, 그가 너희와 함께 계시고, 또 너희 안에 계실 것이기 때문이다."

16절은 다섯 부분(14:26; 15:26; 16:7~11, 12~15)의 보혜사 말씀 중 첫 번째로 다른 보혜사는 성령을 가리키는 것으로(17, 26절), 성령께서 오심은 예수의 오심의 한 방식이다.

전자는 성도의 마음속에서(롬8:26), 후자는 하나님 보좌 우편에서(롬8:34) 각각 성도를 위해 간구하신다.

본 부분에 전 구절인 15절에 "너희가 나를 사랑하면, 내 계명을 지킬 것이다"에서는 예수께서 신도들에게 말씀하며 그들에게 '아가페' 사랑을 기대하고 있으며, 제자들에게 이러한 사랑을 갖고 나타내 보이도록 명하고 있는 것이다.

예수를 사랑하는 것은 "내 계명을 지키라"라는 간결한 명령으로 그 방법을 제시하고 있는 것이다. 그리스도에 대한 참 사람은 그의 가르침을 유일한 지표로 지킬 때 확실하게 나타나며, 예수를 사랑하는 많은 교인들 가운데서 올바르게 예수에게 순종하는 사람이 드물다는 것을 볼 때 이 말씀은 예수의 함축적인 가르침일 것이다.

파라클레토스라는 용어는 수동의 의미를 지닌 동사적 형용사로 '옆에 불리어지는 자'와 동일한 뜻으로 세속 헬라어에서는 법정에서 다른 사람을 돕기 위해 불리어지는 자에 대해서 사용되었지만, 결코 전문용어가 되지 않았다.

더욱이 요한복음서에서의 의미는 더 넓은 뜻으로 제자들을 가르치며, 역사적 예수의 말씀을 생각나게 하며, 해석하는 자로 사용되었다. 요한1서 2장 1절을 참고할 때, '다른 보혜사'란 성령께서 예수의 '다른 자아', '또 하나의 예수'임을 말해준다.[262]

본문의 16절에서는 예수께서 영광 받으신 후에 남아 있게 될 그의 제자들을 위하여 말씀하시고 있다.

"내가 아버지께 구하겠다"라는 말씀은 예수가 자신의 제자를 향한 사랑을 추측할 수 있다. 육은 떠나지만, 영을 통하여 항상 제자들의 마음속에 그들과 함께 있을 것이라는 믿음을 주시고 계시는 것이다.

본문에서는 파라클레토스가 성령과 예수께서 모두 적용되고 있으며, '또 다른 보혜사'란 의미는 이미 예수가 '보혜사'이심을 나타내고 있다.

그리스도의 임무는 세상 죄를 속죄함으로써 하나님의 진노를 소멸하시고 그의 백성들을 사망에서 건져내시어 의와 생명을 획득하게 하시는 것이며, 성령의 임무는 우리로 하여금 예수에게 속하

262 | 이덕신 옮김(2001). 위의 책. p.505.

게 할 뿐 아니라 그의 모든 은총을 받게 하시는 것이다.[263]

17절은 성령을 진리의 영이라고 부르고 있다. 요한복음서 16장 13절에 의하면 이것은 그의 인격적 진리이시므로 그의 백성을 그리스도와 그의 구속으로 구현된 진리의 영역으로 인도하신다는 것을 의미한다. 성령께서는 제자들에게 강림하시어 제자들 중에, 옆에, 그리고 안에 거하실 것이다.

'진리의 영'이라는 말씀은, 진리가 성령의 것이라는 뜻이다. 세상이 그를 받지 못하는 이유는, 세상은 육안에 보이는 대로만 무엇을 믿는 까닭이다.

그러나 성도들이 그를 믿는 이유는, 그가 그들 속에 거하셔서 그들의 마음을 변화시키는 까닭이다. 그것이 "그가 너희와 함께 거하시고, 또 너희 안에 계실 것이기 때문이다."는 말씀이 의미하는 바이다.

또한 '진리의 영'이란 다른 보혜사를 말하며 동시에 예수와 동일시되는 진리이다. 이러한 개념은 쿰란사상으로부터 보다는 유대교의 사상으로부터이다.

요한에 있어서 하나님과 관련하여 '받기', '보기', '알기'는 모두 신앙 용어로서 각각 계시를 받아들임, 예수 안에서 구체화된 보기, 그리고 하나님에 대한 지식이 수반하는 하나님과의 교통 관계로 들어감을 의미한다.

세상의 성령에 대한 철저한 무능력은 예수를 통한 계시의 거절과 그에 따른 하나님의 심판의 대상인 무분별에 기인한다.

그와 같은 자들이 그 증거를 받아들일 때 새 세계에 들어가며

---

263 | J. 칼빈(1978). 신약성경주석-요한복음(존칼빈성경주석출판위위회 옮김). 서울: 성서교재간행사, p.493.

예수와 그의 백성들 통해 드러나는 성령을 보고 알기 시작한다.

예수는 "다른 보혜사를 보내셔서 영원히 너희와 함께 하실 것이라"고 약속하신다. 아버지께서는 이미 제자들에게 가르치고 인도하며 보호하고 또 그들을 악으로부터 보호하시는 한 '보혜사'를 주셨다. 예수는 지상 시간의 종말까지 남아 있을 수 없었다.

예수는 그의 택하신 백성을 위한 하나님의 구속 사역을 행하셔야 하셨고, 또한 영원이란 단지 순전히 영적인 능력에 대해서만 가능하기 때문이다. 그러나 능력은 이제 보냄을 받아야 하는데 심지어 진리의 영조차도 그렇게 되어야 한다.

예수를 진정으로 사랑한다고 하는 것은 쉬운 것이 아니며, 진정한 사랑은 온전한 순종으로 나타난다. 순종을 통해서 나타난 사랑은 분명히 안이한 것이 못 된다.

그러나 예수는 백성들이 성도로서 인생과 고투하고 있는 것을 묵과하지 않았으며, 이에 다른 보혜사를 보내는데 이것이 곧 파라클레토스인 것이다.[264]

고별설교에서는 '성령'이라는 칭호가 한번 나오는 반면에(14:26), 다른 두 칭호인 '진리의 영'이 세 번(14:17; 15:26; 16:13), 파라클레토스가 네 번(14:16; 14:26; 15:26; 16:7) 나와서, 성령의 성격의 여러 면을 알려주고 있다.

파라클레토스와 진리의 영에 대한 가르침은 내용만 아니라 용어도 요한에서만 독특하게 제시되고 있는데, 여기서 공관복음서와 요한복음서에서의 성령에 대한 가르침에서 결정적으로 차이가 나게 된다. 그 주요한 메시지는 예수와 성령의 사역의 연속성에 있

264 | 정혁조 옮김(1991). **주석요한복음**. 서울: 기독교문사, pp.301-302.

다.[265]

예수의 이름으로 보내실 파라클레토스(14:25~26)

요한복음서 14장 25-26절, "내가 너희와 함께 있는 동안에, 나는 이 말을 너희에게 말하였다. 그러나 보혜사, 곧 아버지께서 내 이름으로 보내실 성령께서, 너희에게 모든 것을 가르쳐 주실 것이며, 또 내가 너희에게 말한 모든 것을 생각나게 하실 것이다."

곧, 예수의 승천 후에 보내실 성령을 통하여 하실 말씀은 더욱 자세하고 많다는 것을 의미하는 말씀이다. 예수께서는 가르침의 씨앗을 뿌렸지만 이 씨앗이 제자들의 마음속에 잠시 잠들고 있었다. 그러므로 제자들에게는 필요 없는 것으로 보이는 예수의 가르침이 열매를 맺히고 말 것이므로 그때까지 소망을 갖도록 당부하고 있다.

본문 26절에 여기에서 '너희'란 말은 사도들만 지칭하는 것인데, 이는 사도들이 예수께서 직접 들은 자들은 말씀을 기억하도록 하여 주시겠다고 하기 때문이다.

예수의 말씀을 직접 들은 자들은 사도들이다. 성령의 일은, 예수의 교훈을 되살려 해설하시는 것이므로 예수의 전날 교훈을 사도들의 기억에 되살려 깨닫게 하시는 운동이다.

26절에서 두 번째로 보혜사의 이름이 주어지고 스스로를 성령이라 밝히고 있다. 또한 성자의 이름으로 오신 그 성령의 역할은 첫째, 새로운 계시를 가져다주는 것이 아니라, 예수께서 가져다주신 것을 지적하며 이해할 수 있도록 돕는 것이며, 둘째, 예수의 대리자로서의 역할과 예수의 계시를 회상하고 해석하는 일이다.

---

265 | 이혜정(2011). 요한복음서의 성령에 대한 의미론적 접근. pp.111-112.

성령께서는 '예수의 이름으로' 하나님에 의해 '보내어지실' 것이다. 이 본문은 성령을 예수와 밀접하게 연관시키는 중요한 말씀이다.

요한복음서에서는 계속해서 예수는 하나님의 보내심을 받은 분으로 다시 말해 하나님에게서 기원하시며, 하나님에게서 사명을 받으셨으며, 하나님에서 받은 권위를 지니신 분으로 묘사되고 있다.

예수께서는 자신이 자신의 아버지의 '이름으로' 자신의 아버지의 대리자로 오셨다고 말씀하신다(1:25; 5:43). 하지만 성령께서는 예수의 이름으로 보내어진다.

성령께서는 예수의 대리자로 오신다. 이것은 성령께서 자기 자신의 이름으로 오시지 않는 것은 예수께서 자기 자신의 이름으로 오시지 않은 것과 같다.

그러므로 보혜사 성령의 임무는 예수께서 가르치시고 말씀하신 모든 것을 '생각나게 하시는' 것이다. 가르치시고 생각나게 하시는 이 두 가지 임무는 상호 보완적이지만, 거의 같은 것이다.

이처럼 성령이 오셔서 하는 일은 예수가 하신 모든 교훈을 가르쳐 알게 하는 것이다. 그리고 파라클레토스가 예수의 이름으로 도래한다는 측면에서 보혜사의 역할은 예수를 대신하는 것이다.

예수를 대신하는 파라클레토스의 사역(16:7~14)

요한복음서 16장 7절, "그러나 내가 너희에게 진실을 말하는데, 내가 떠나가는 것이 너희에게 유익하다. 내가 떠나가지 않으면, 보혜사(파라클레토스)가 너희에게 오시지 않을 것이다. 그러나 내가 가면, 보혜사를 너희에게 보내주겠다."

보혜사의 사역에 대한 이해는 요한 공동체의 영성 문제에 대한 해답을 제공해 준다. 보혜사의 사역을 세 가지로 생각할 수 있는데, 예수 그리스도에 대한 사역, 하나님의 백성 곧 그의 제자와 관련된 변론적 사역, 세상과 관련된 보혜사의 사역으로 구별해 볼 수 있다.

보혜사는 제자된 자들의 삶을 지도하고 안내하며 지탱해 주는 특별한 역할을 담당한다. 보혜사의 도움과 안내를 받지 않는 제자들의 삶이란 요한에게서는 불가능하다. 보혜사는 예수께서 올리우심을 받은 후에 그의 자리를 대신하여 예수의 임재를 중개하는 영이다.[266]

보혜사는 승천 이후에 예수의 활동과 임재를 지속하는 그의 영이기 때문에 그의 내주와 인도하심은 제자들 안에 거하시며 사역하실 뿐만 아니라(요14:26) 진리를 회상하게 하시는 사역의 증거, 그리고 심판에 대한 경고의 사역을 감당하게 하신다.

요한은 복음서 기록에서 동적인 낱말을 많이 사용하고 있는데, '생명', '사랑한다', '안다', '믿는다'와 같은 표현으로 신앙생활에 있어 움직이는 생활의 측면을 힘써 묘사하려고 한다(3:58; 4:10-14; 6:63; 7:37; 14:17). 그는 이러한 말을 사용하면서 살아 활동하고 계시는 성령과의 만남의 경험을 강조하고 있다.

성령과 그리스도와의 관계에 대하여 요한은 처음부터 매우 분명하게 선언하고 있는데, "나는 성령이 비둘기같이 하늘에서 내려와서 이 분 위에 머무는 것을 보았습니다"라고 밝히며 성자와 성령 두 위(位)는 하나(一體)가 되어 예수의 생애를 통하여 계속되었다.

요한은 예수의 사역과 성령의 사역이 다 같이 성부로부터 나와서 때로는 예수의 사역으로 때로는 성령의 사역으로 나타난다고

266 | 이한수(2000). **신약의 성령론**. 서울: 총신대학교출판부, p.157.

보고 있다.

요한이 바울의 전통을 이어받아 전통과 현재의 은사를 균형있게 잡힐 수 있도록 가르치는데 머물지 않고 예수와 성령의 밀접한 관계를 더 심화시킨다. 그렇게 함으로써 예수의 승천 후에 예수가 하던 모든 구속 사역과 신도들에게 필요한 모든 가르침과 은사를 성령의 사역에 집중시켰다.

이를 통하여 요한의 선포대로 예수와 성령의 관계는 후에 요한 공동체에 흔들리지 않는 신념을 제공해 준다.

예수의 후계자로서의 파라클레토스

예수는 성령을 '다른 보혜사'(ἄλλον παράκλητος)라고 부르셨다(14:16). 여기에 사용된 '다른'(알론, ἄλλον)이란 말은 '똑같은 종류의 것의 또 하나'이며, 이와 비슷한 말 '에테론'(ἕτερον)은 '다른 종류의 것의 또 하나'이다.

라이트풋(R. H. Lightfoot)은 이를 "알론(ἄλλον)은 똑같은 것이 하나 더 있음을 의미하는 반면에 '에테론'(ἕτερον)이란 다른 두 개 가운데 하나를 의미한다"고 설명한다. '알론'(ἄλλον)은 "같은 것을 모은 것"이라 할 것 같으면 '에테론'(ἕτερον)은 "다른 것을 분리해 놓은 것"을 의미한다.[267]

여기서 성령은 보혜사란 칭호를 통하여 일부분 인격화되며, 그는 아버지와 아들과는 다른 인격이며, 예수가 제1의 보혜사이듯이 그는 제2의 보혜사로 이루어진다.

이러한 인격화를 통하여 그는 예수의 사역을 대신하는 후계자

---

267 | 문찬우(2007). 요한복음에 나타난 파라클레토스 'παράκλητος' 사역에 관한 연구. p.124에서 재인용.

형태가 되며, 고별설교에서는 떠나는 예수의 사역을 계승받는 모습으로 그 입지를 세우고 있다.

보혜사는 예수가 떠난 후에 그의 사역을 계속하기 위하여 아들로부터 제자들에게 보내어진 예수의 후계자였으며, 요한 공동체는 예수가 떠난 이후에도 후계자를 통한 공동체의 존속이 가능하게 되는 것이다.[268]

벌지(G. Burge)는 예수께서 파라클레토스를 통해 신도들에게 말씀하신다는 점에서 요한복음서의 파라클레토스는 그리스도가 떠나가신 후에 그리스도의 임재 그 자체로서 개념화된 것이라고 본다. 파라클레토스는 예수와 분리될 수 없는데, 파라클레토스의 표상과 사역이 예수와 관련하여 정의되기 때문이다.

그리하여 그리스도께서 하나님의 모델로서 묘사되는 방식처럼 파라클레토스는 그리스도의 모델이시다. 파라클레토스 묘사에서 이런 성령에 대한 그리스도적 묘사는 예수의 영광이 부각되게 한다. 파라클레토스는 '인격화된' 성령이시고, 특히 놀랍게도 예수의 인격이 주어지는 것이다.[269]

이와 같은 문맥에 비추어 보면 파라클레토스는 두 위격이다. 즉 예수 자신이 첫 보혜사이시며(요일2:1), 성령은 그와 똑 같은 다른 보혜사이시다.

그러므로 예수께서는 이미 제자들과 함께 있는 파라클레토스 이며 성령은 그를 대신하여 제자들과 함께 그의 사역을 계속하려고 오실 것을 시사한다.

---

268 | 김희성(2000). **부활신앙으로 본 신약의 성령론**. 서울: 대한기독교서회. p.41.

269 | 조택현(2007). 예수와 파라클레토스의 역사적 상관성 연구. 장로회신학대학교 박사학위논문, p.41.

파라클레토스 성령은 가르치시는 선생과 계시자로서 교회를 인도하신다. 예수께서 영광을 받으시기까지(16:25), 제자들은 예수께서 말씀하시고, 행하신 사역의 의미를 수용하거나 온전히 이해할 수 없었다.

따라서 파라클레토스 성령은 그들에게 예수의 가르침을 생각나게 하고, 그것을 해석하도록 하기 주어진다.

이러한 예수와 보혜사와의 관계는 '예수는 보혜사 안에서 현재적이고 그는 영으로 그의 사람들에게 오고 있다'로 증명될 수 있다. 이는 복음서 기자의 견해에 따라 그리스도의 다시 오심과 성령의 오심이 일치됨으로 증명된다. 보혜사 성령은 말씀을 통하여 자기의 공동체를 가르치고 인도하시며, 그들의 실존과 선포를 통하여 세상에 계시되어지는 그리스도 외에 다른 분이 아닌 것이다.

가르침은 예수의 주요한 사역 기능 가운데 하나인 계시를 나타내는 것이며 그리고 이 계시의 본질적인 내용은 아들을 통한 아버지의 자기계시이다. 예수는 이 계시의 중재자가 되며 이 계시의 궁극적인 목적은 아버지로서 나타난다.

그러나 파라클레토스가 가르침의 사역을 할 때, 그 목적은 아버지만이 아니며 아들도 또한 포함된다. 왜냐하면 아들 또한 파라클레토스를 통하여 나타나게 되는 구원의 중요한 한 축이 되시기 때문이다.

파라클레토스는 가르치는 기능을 통하여 예수가 누구이신지, 그가 말씀하신 의미가 무엇이었는지에 관하여 일깨워 주고, 또한 생각나게 하는 기능을 통하여 예수의 말씀을 생각나게 해 준다. 이제 파라클레토스는 예수의 말씀, 그의 인격과 정체성에 관하여 분명하게 말할 수 있도록 그리스도론적으로 가르치고 생각나게 한다.

이러한 가르침의 윤곽이 잡혀지는 과정은 요한 공동체의 투쟁, 특히 유대인과의 치열한 논쟁을 통해서 발전되며 이 논쟁의 과정에서 요한복음서의 그리스도론이 형성된다.

그리고 이런 그리스도론의 형성과 공동체를 계속하여 가르칠 것이라는 예수 약속의 성취를 인도하는 분은 파라클레토스이다. 파라클레토스는 예수의 가르침을 역사 속에서 가르친다. 예수의 역사는 파라클레토스를 통하여 요한 공동체 속에서 이전에 생생했던 역사적 예수의 가르침과 동일한 효력을 가지게 된다.

요한이 공동체 내의 카리스마적 예언주의와, 그리고 공동체 바깥의 유대인과의 논쟁에서 자신의 독특한 그리스도론을 구축해 가면서 끊임없이 견지했던 파라클레토스를 통한 예수 말씀의 가르침과 그 말씀을 생각나게 하는 것이었다.

이 예수의 말씀과 가르침에 근거한다는 주장이 구호 자체로는 호소력이 없었을 터이지만, 요한은 카리스마적 열광주의가 저질렀던 잘못을 반사교훈으로 삼아 예수의 말씀과 가르침과 그것을 이어받는 파라클레토스의 가르침이라는 양축을 근거로 자신의 주장에 결정적인 권위를 세울 수 있었다.[270]

공동체 리더로서의 파라클레토스

예수의 후계자로서의 보혜사의 입지와 그에 상응하는 보혜사의 의미 중 가장 우선시 되는 부분은 바로 공동체의 리더일 것이다. 이처럼 파라클레토스의 공동체의 리더로서의 예수에 대한 사역은

270 | 김윤기(2013). 보혜사, 파라클레토스(παράκλητος)의 비법정적 기능. 장로회신학대학교 박사학위논문, p.24.

세 가지로 나누어 생각해 볼 수 있다.[271]

첫째가 증거적 사역인 선지적 사역이다. 래드(G. E. Ladd)는 자신의 저서에서 선지적 사역에 관한 견해를 밝히고 있다.

"성령의 특별한 기능이란 그리스도를 증거하는 일이며, 사도들과 성령께서 똑같이 증거하는 것은 그리스도를 증거하는 것이다." "예수의 사역 기간 중에 예수가 일차적 책임을 지시고 제자들은 부차적 역할을 하였듯이 지금은 성령께서 일차적 책임을 지시며, 우리에게는 부착적인 책임이 있다."[272]

많은 학자들은 이 파라클레토스의 '증언하는 기능'은 박해 상황을 전제하고 해석하기 때문에 이 증언을 법정적인 증언으로 생각한다. 공관복음서의 종말론적 전승이 파라클레토스이 당국자들 앞에서 제자들을 변호하는 것으로 묘사하는데 비하여, 요한복음서는 파라클레토스가 세상을 고소하는 것으로 표현한다고 말한다.[273]

파라클레토스의 두 번째 사역은 성부와 성자의 말을 대언자적 사역이다. 요한복음서 16장 13절에 "그는 자기 마음대로 말씀하지 않으시고, 듣는 것만 일러주실 것이요"의 의미는 바로 파라클레토스는 어떤 새로운 것을 창안하여 말하지 않고 오직 듣는 것을 말한다.

파라클레토스는 그가 제자들에게 수여할 것을 예수로부터 받을 것이다. 이는 다시 예수가 그것들을 아버지로부터 받은 것과 마찬가지이다. 예수는 진리를 가져오고 보혜사 성령은 이 진리를 열어

---

271 | 문찬우(2007). 요한복음에 나타난 파라클레토스 '*παράκλητος*' 사역에 관한 연구. p.126.

272 | 신성종·이한수 옮김(2005). 신약신학(G. E. Ladd 지음). p.416.

273 | 김윤기(2013). 보혜사, 파라클레토스(*παράκλητος*)의 비법정적 기능. p.62.

서 모든 신도들이 그리로 들어가게 하는 것이다.

파라클레토스는 다름 아닌 예수의 인격과 말씀을 가지신 예수의 역사적 현존으로 이해할 수 있다. 세상을 향한 역사적 예수의 메시지는 심판과 구원을 담고 있다. 하지만 심판의 메시지는 구원의 메시지를 위한 것으로 나타난다. 예수에게서 심판은 구원을 위한 동기적 요소로 나타난다.

파라클레토스에게서 심판의 의미는 예수의 심판의 의미와 같을 것이고 구원의 의미 또한 예수의 구원의 의미와 같다고 할 수 있다.

그러므로 파라클레토스의 사역의 궁극적 목표는 구원론적인 차원을 깨닫게 하는 의미를 가진다고 할 수 있을 것이다.

파라클레토스의 세 번째 사역은 예수를 영화롭게 하는 사역이다. 요한복음서 16:14절에 "그는 나를 영광되게 하실 것이다. 그가 나의 것을 받아서, 너희에게 알려 주실 것이기 때문이다."라고 말씀하고 있는데, 파라클레토스의 오신 목적이 예수의 영광을 드러내려고 오신 분임을 알 수 있다.

파라클레토스는 그리스도의 것을 가지고 제자들에게 알림으로 그리스도를 영화롭게 하며 그가 제자들에게 알려야 될 것을 그리스도에게 받았기 때문에 새로운 계시를 가져오지 않는다.

예수는 아버지를 사람들에게 계시함으로 아버지를 영화롭게 하시고(17:4), 파라클레토스 역시 예수를 사람들에게 계시함으로 예수를 영화롭게 하고 있다.

이러한 기본적 세 가지 사역을 파라클레토스가 실천함으로써 요한 공동체는 예수라는 지도자를 잃은 후에도 끊임없이 신앙의 열정과 선교의 사역까지도 감당할 수 있는 공동체로 존속할 수 있었다.

그리고 요한 공동체와 목적을 달리하는 외부의 공동체들에게는 그들의 변화를 의도하였다는 점에서, 공동체 내부의 구성원들에게는 공동체의 정체성과 사회적 세계를 인지시키는 역할을 수행하였다는 점에서 의미있는 독창성을 가진다고 할 수 있다.[274]

파라클레토스의 변론적 사역

보혜사란 칭호 자체가 앞에서도 언급한 바와 같이 고대 법정적 용어인데, 곤란한 상황에 빠져 있는 피고의 마지막 변론을 법률적으로 돕기 위하여 그 곁에서 속삭여 주는 모습에서 이 용어의 발생을 이해할 수 있다.[275]

예수께서도 고별설교에서 그의 제자들에게 "나는 너희를 고아처럼 버려두지 아니하고, 너희에게 다시 오겠다"라고 약속하셨다. 여기에 기록된 '고아'란 부모의 양육과 사랑을 받지 못하는 아이를 연상하는 의미가 아니다.

이는 유대적 배경에서 '고아'란 아버지 없이 자라는 과부의 자녀를 가리킨다. 예수 당시의 상황에서는 고아와 과부는 항상 사회에서 천대와 압제를 받으며 불공평한 대우를 받아도 무기력하며 법률적으로 보호 받지 못했던 하류 계층을 나타내는 것이다.

그들의 재산과 소유들은 종종 불법적으로 착취되거나 도난당했지만, 그들의 법률적 호소는 무시당했으므로(눅18:2), 『성경』에서 '고아와 과부'들이 언급될 때마다 압박과 위협의 현장에서 의지할 곳이 없는 법률적으로 무기력한 존재들을 가리키고 있다(약1:27).

274 | 손 문(2000). 요한복음서의 부활. **기독교사상논단**. 제2집, 서울: 대한기독교서회, p.386.

275 | 조택현(2007). 예수와 파라클레토스의 역사적 상관성 연구. p.37.

그들이 호소할 곳이라고는 하나님 밖에 없었으며 그들은 눈물로써 늘 하나님 앞에 사회정의를 호소하였다(시10:17 이하: 68:5; 잠23:11).

반면 선지자들은 메시아가 오면 과부와 고아들을 압제한 자들을 향하여 심판적 증인이 되어 그들을 신원하실 것을 선언하였다(말3:5), 즉 메시아께서 불법자들과 압제자들을 향하여 그 범죄한 죄상을 폭로하시며 고아들을 향하여서는 변호하신다는 의미이다.

이상과 같은 맥락에서 이해한다면 파라클레토스는 제자들을 법정적으로 돕는 자, 즉 '대언자'(요일2:1)의 사역을 하시는 분으로 판단할 수 있다.

특히, 히브리서에 나타난 그리스도론은 천상에 있는 성소에서 하늘의 대제자상으로 묘사하고 있다(히4:14~16).

파라클레토스의 변론적 사역은 일반적으로 하나님의 백성 곧 그의 제자와 관련된 사역이라고 하면 선교적 사역은 세상과 관련된 증거의 사역이다. 파라클레토스께서 오신 주된 목적은 새 시대의 도래와 함께 새로운 공동체로 하여금 예수를 위한 증인이 되도록 돕는데 있다(16:7 이하; 행1:8).

제자들은 파라클레토스의 도우심으로 예수가 진리이심을 증거해야만 했다.

파라클레토스를 '진리의 영'이라고 불렀다. 파라클레토스는 제자들과 함께 있으며 제자들 안에 거하며 그들이 진리에 관하여 증거할 때에 그들을 지도하며 도와주는 사역을 한다.

뿐만 아니라 제자들의 마음속에 영향력을 미쳐 예수께서 이 지상 생활을 하시는 동안에 제자들에게 말씀하셨던 모든 진리를 기억나게 하는 회상의 사역을 한다.

이와 같은 제자들의 증거의 사역을 주도하고 조력함으로써 죄에 대한 책망, 위에 대한 증거, 그리고 심판에 대한 경고를 선언한다(16:7).

"그가 오시면, 죄와 의와 심판에 대하여 세상의 잘못을 깨우치실 것이다. 죄에 대하여 깨우친다고 함은 세상 사람들이 나를 믿지 않기 때문이요, 의에 대하여 깨우친다고 함은 내가 아버지께로 가고 너희가 나를 더 이상 못 볼 것이기 때문이요, 심판에 대하여 깨우친다고 함은 이 세상의 통치자가 심판을 받았기 때문이다"(16:8~11).

따라서 제자들의 증거는 단순한 사람들의 증거가 아니라 곧 '진리의 영'이신 예수의 증거요 또한 파라클레토스의 증거인 것이다. 그러므로 예수의 말씀처럼 제자들의 말씀도 '영이요 생명'인 것이다(6:63).

성령이 예수께 속했던 것을 취하여 제자들에게 전하여 선언하시기 때문에 이제 제자들은 이 세상에서 예수의 위치에 서있는 그의 대행자와도 같다. 그들은 그들의 선구자와 사역에서 동질성을 소유한다.

특히 이 세상에서 증거의 사역 때문에 핍박을 받는 일에 있어서도 그들의 선생과 닮았고(15:20), 또한 하나님과 그와 하나이신 예수를 이 세상에 나타내며 증거하는 일에 있어서도 그들의 스승과 닮았다. 성령이 함께 하심 때문에 그들의 메시지는 곧 하나님과 예수의 말씀이 되는 것이다.

그러므로 누구든지 그들의 증거를 받아들이면 곧 예수 그리스도와 하나님을 받아드리는 것이고 그들의 증거를 배척하면 곧 예수 그리스도의 하나님을 거절하는 것이다.

결론적으로 예수께서 제자들에게 파라클레토스를 주심은 제자들에게 선교의 사명을 주심과 맥락을 같이 한다.

그러므로 예수께서 "아버지를 나를 보내신 것 같이 나도 너희를 보낸다"고 말씀하셨고, 예수께서 아버지의 말씀을 하셨고, 아버지의 일을 행하셨던 것처럼 이제 제자들은 예수의 말씀을 이 세상에서 대언하고 예수께서 행하셨던 일들을 대행하도록 위임 맡으며 선교의 사역을 떠나서 파라클레토스의 사역을 기대할 수는 없는 것이다.

6. 파라클레토스와 종말

1. 파라클레토스와 종말의 시대

예수께서 제자들을 떠나 아버지께로 가시는 것은 종말론적 사건이다. 하나님의 보내심을 받은 아들로서, 메시아로서 종말론적인 하나님의 나라를 시작하셨던 예수는 이제 다시 아버지께로 가신다. 예수의 십자가 구속 사역의 절정 이후에 영광 받으시고, 높임 받으신 예수는 아버지께로 가셔서 새로운 시대의 본격적인 장을 여실 것이다.

즉, 파라클레토스께서 예수의 제자들 안에 내주(內主)하시고, 영원히 함께 하시는 새로운 시대인 성령의 시대가 시작될 것이다(요14:16).

또 다른 보혜사이신 성령께서 예수의 사역을 계승하여 계속하실 것이고, 제자들을 예수의 복음 증거 사역의 능력 있는 일꾼으로 세우실 것이다(요15:26~27). 예수의 사역은 단절되지 않고, 예수의 떠난 이후에 진리의 성령이 오심으로 계속되어 지는 것이다.

파라클레토스가 오시면 사람들은 파라클레토스께서 내주하시는 제자들과 파라클레토스를 보지도 못하고, 알지도 못하고, 받지도 못하는 세상 사람들로 나누어 질 것이다.(14:16~17).

요한복음서 14장 25절과 14장 26절에도 현 예수의 시대와 오는 성령의 시대가 대비되고 있다. 요한복음서 14장 25절에서 예수의 가르침 사역은 마감되고 있고, 요한복음서 14장 26절에서 파라클레토스의 새 시대가 대비되고 있는 것이다.

예수께서는 "내가 아직 너희와 함께 있는" 동안에 "이 말을 너희에게 하였다"(14:25)고 말씀하시며, 예수의 육체적 현존의 시대가 곧 마감될 것을 암시한다.

그리고 이어서 예수는 "아버지께서 예수의 이름으로 보내실 성령"(14:26)의 새 시대를 말씀하신다. 파라클레토스의 임재와 사역은 새 시대를 특징짓고 있다.

또한 파라클레토스의 새 시대는 요한복음서 15장 26~27절에도 나타난다. 예수께서 "내가 아버지께로서 너희에게 보낼 보혜사"를 언급할 때, 미래 시제를 사용하여 예수의 말씀의 미래적 약속의 성격을 드러내며, 새 시대의 임박을 암시한다.

또한 예수는 제자들에 대한 세상의 미움과 핍박의 시대가 불가피함을 알려주시며, 예수에 대해 증거하시고, 제자들을 통해 증거하실 것임을 보여 주신다.

파라클레토스께서 제자들을 통해 예수를 증거하심으로 세상은 유죄임을 선고 받게 되는 것이다. 이 새로운 시대에 파라클레토스께서는 세상에서 예수에 대해 증거하시며, 제자들을 통해 예수의 사역을 계속하시는 것이다.

제자들과 세상 모두에게 예수의 십자가 사역과 그의 영광 받으심은 중대한 사건이 된다. 예수께서 영화롭게 되신 후에 파라클레토스께서 오심으로 성자의 사역 시대는 마무리되고, 성령의 새 시대가 본격적으로 펼쳐지는 것이다.[276]

두 시대 혹은 두 통치 시대는 그리스도의 시대가 마감됨으로써 파라클레토스 통치의 새 시대가 시작되는 것이다. 새 시대의 파라클레토스 오심은 세상에게는 정죄와 심판(16:8~11)을 가져 오지만, 제자들에게는 유익이 된다.

파라클레토스의 새 시대에 종말론적 심판이 시작된 것이다. 예수를 믿지 않는 세상은 이미 죄에 대하여, 의에 대하여, 심판에 대하여 유죄 선고를 받게 된 것이다.

그리고 요한복음서 16장 12절과 13절 또한 두 시대의 관점을 보여준다. 현 시대는 제자들이 예수께서 이를 말씀을 감당할 수 없는 시대이다(16:12). "그러나 진리의 성령이 오시면 그가 너희를 모든 진리 가운데로 인도하시는"(16:13) 미래의 새로운 시대가 시작될 것이다.

이 새로운 시대의 제자들은 모든 진리 가운데로 인도될 뿐만 아니라, 미래의 일도 계시 받게 될 것이다. 새 시대의 파라클레토스께서 제자들과 함께 하시며, 인도하시기 때문이다.

새 시대가 오면, 예수께서 하신 말씀이 밝히 드러나게 될 것이다(16:25). 종말의 영이신 성령께서는 새로운 시대에 영광 받으신 예수를 계속 영화롭게 하시는 사역을 지속하실 것이다.

예수의 죽음, 부활과 승천을 파라클레토스를 통해 나타난 예수의 영광은 그의 계승자인 새 시대의 성령의 사역에 의해 지속되어

276 | H. Windish(1968). *The Spirit parallele in the Forth Gospel*. Philadelphia: Fortress Press, p.208.

나타난 것이다. 예수의 영광을 드러내는 사역을 이 종말의 시대가 완성될 때까지 계속하실 것이다.

성령의 임재와 활동은 종말론적 의미를 지닌다. 파라클레토스의 새 시대는 제자들 안에 성령의 내주(內主)하심과 함께 하심으로 제자들의 가장 깊은 필요를 채워주는 시대가 될 것이다. 예수를 영접하여 성령의 은사를 받아 중생한 제자들은 현재의 영생을 소유하게 되고, 예수를 거부하여 성령의 내주와 임재의 은사를 소유하지 못한 세상은 이미 심판 가운데 놓여 있는 것이다.

그러나 제자들은 파라클레토스의 내주와 임재를 체험하는 축복된 종말의 시대를 기쁨으로 살아갈 수 있게 될 것이다. 이 축복의 새 시대에 성령의 내주와 임재와 인도하심의 유익을 예수의 제자들은 누리며 살아가게 되는 것이다.

2. 파라클레토스와 세상의 책망

종말의 시대에 파라클레토스의 세상에 대한 일차적인 기능은 책망하는 것이다(16:8~11). 파라클레토스 성령께서 제자들을 통해 세상의 죄를 깨닫게 하시고, 유죄 선언을 하시는 것이다. 제자들의 말은 단순히 인간의 말에 불과하지만, 성령께서 그들을 사용하시면 제자들의 말은 능력을 갖게 된다.

세상의 죄는 예수를 십자가에 못 박게 한 불신으로, 파라클레토스께서 죄 된 세상을 책망하실 것이다.

파라클레토스 성령께서는 그들의 죄를 깨닫게 하시고, 그들이 심판 가운데 있음을 선언하실 것이다. 그리스도의 죽으심과 부활은 이 세상 임금의 패배를 뜻하며, 이 세상의 임금뿐만 아니라 그의 통치하에 있는 세상이 심판을 받게 될 것임을 의미한다.

파라클레토스께서는 죄에 대해, 의에 대해, 심판에 대해 세상을 책망하실 것이다. 종말의 시대에 예수를 믿지 않고, 거부하는 자들은 모두 정죄하에 있게 되는 것이다.

종말의 시대에 파라클레토스의 세상에 대한 역할은 그들의 유죄를 깨닫게 하고 선언하는 것이다. 세상은 파라클레토스를 볼 수도 없고, 인식할 수도 없고, 받아들일 수도 없다. 세상은 예수를 거부하였고, 유죄 선고하에 있는 것이다.

예수께서 보내신 파라클레토스께서는 우선적으로 제자들을 통해 세상을 책망하실 것이다. 제자들의 복음 선포와 사역을 통해 세상의 불신을 믿지 않음으로 인해 그들의 불신이 유죄임을 깨닫게 하고, 유죄임을 선언하신다(16:9).

또한 세상의 의에 대해 파라클레토스께서는 책망하신다. 그리스도의 올바른 의를 거부하고, 자신의 거짓되고 잘못된 의를 주장하는 세상에 대해 파라클레토스께서 유죄를 깨닫게 하시고 선언하신다.

인간을 구속하시는 그리스도의 의를 거부하고, 세상은 자신의 잘못된 의에 거하며, 유죄 선고를 받게 되는 것이다. 종말의 시대에 파라클레토스께서는 그리스도의 의를 계시하시고, 그 의를 거부하는 세상에 대해 유죄임을 선언하신다.

"이 세상 임금이 심판을 받았으므로" 파라클레토스께서는 이 세상을 심판에 대해 유죄 선언을 하신다. 이 세상 임금인 사탄이 심판을 받고 패배하였으므로, 이 세상 통치자 밑에 있는 세상도 심판을 받은 것이다. 예수의 죽으심과 부활로 인해 이 세상 임금은 패배하였고, 사탄의 통치하에 있는 세상도 심판을 받은 것이다.

여기서 '심판을 받다'(*κέκριται*)는 완료 시제로서 하나님의 아들과 사탄의 법정 대결에서 이미 심판 선고가 완료된 상태임을 나타낸다.

미래의 영원한 심판에 앞서, 이미 현재에 사탄에 대한 심판이 선고된 것이다. 인간의 영적 상태를 보여주는 죄, 의, 심판의 세 요소는 파라클레토스의 사역으로 인해 깨닫게 되면, 선언되는 것이다.

파라클레토스께서 활동하시는 종말의 새 시대에 세상은 제자들과 대비된다. 제자들은 파라클레토스를 받을 수 있지만, 세상은 진리의 영이신 파라클레토스 성령을 받을 수 없다.

그것은 세상이 파라클레토스를 보지도 못하고, 알지도 못하기 때문이다. 세상은 그 분을 보지도 못하고, 알지도 못하기 때문에 그 분과의 인격적인 관계에 들어가지 못한다. 진리의 영이신 성령을 거짓으로 가득 찬 세상은 받아들일 수가 없는 것이다.

파라클레토스의 종말의 시대에 예수에 대한 믿음과 불신이 제자들과 세상을 분리시키는 것이 된다. 그들의 예수에 대한 태도는 구원과 심판으로 갈라지고, 궁극적 운명도 영생과 멸망으로 분리된다.

파라클레토스를 받고 구원을 받는 예수의 제자들과 파라클레토스를 받지 못하고, 예수의 구원의 은혜에서 멀어진 세상은 궁극적 심판을 통해 완전한 분리가 일어나게 될 것이다. 궁극적 분리의 상태인 영생과 영벌은 이 종말의 시대에 증거하시는 파라클레토스께서 그들 안에 내주하시고, 함께 하는가에 의해 결정적으로 좌우되는 것이다.

3. 파라클레토스와 현재적 종말

요한복음서에는 파라클레토스의 새 시대에 경험하게 되는 두 가지 종말론이 나타나고 있다. 미래적 종말론과 현재적 종말론이 그것이다.

미래적 종말론은 약속된 구원이 미래에 완성될 것임을 나타낸다. 심판은 미래 역사의 마지막 날에 올 것이며(12:48), 그 날에 죽은 자들의 부활이 있게 될 것이다(6:39~40; 6:54). 미래의 심판과 부활은 서로 연결되어 있다.

요한복음서의 고별설교는 미래에 있을 그리스도의 다시 오심이 나타난다(요14:). 그리고 예수를 구주로 믿는 제자들이 체험할 미래의 환란도 언급되어 있다(15~16:). 예수를 따르는 제자들이 핍박 받을 것임이 함께 예고되어 있는 것이다.

파라클레토스의 새 시대에 경험하게 되는 현재적 종말론은 제자들이 미래적 기대와 소망은 이미 그리스도와의 관계 속에서 지금 시작되고 있음을 나타낸다. 사람들은 예수 그리스도에 대한 응답에 따라 이미 심판을 받았고, 영생을 얻었다.

예수를 믿는 제자들은 이미 사망에서 생명으로 옮겨진 것이다(5:24). 영생에 대한 예수의 말씀 속에서 현재적 종말론이 부각되어 표현되어 있다(5:24). 영생은 신앙인의 실존적 성격을 의미해 주는 것으로 그것은 미래의 소망이 아니라, 그리스도를 믿고 영접함으로써 현재에 체험되어지는 것이다.

이러한 현재적 종말론은 새로운 것으로 구원의 현재성을 강조한다. 미래의 구원의 소망이 현재에 시작되고 있다는 내용은 미래의 구원만을 지향하던 요한 공동체에 새롭고 신선한 사실이 되었을 것이다. 요한 공동체의 구성원의 소망을 미래뿐만 아니라 현재에도 지향하게 하는 새롭고 혁신적인 내용이었을 것이다.

파라클레토스의 새 시대에 제자들은 미래의 완전한 구원의 축복을 현재 맛보면서 살아가는 것이다. 예수를 믿는 제자들의 미래의 축복이 파라클레토스의 새 시대에 경험되어지는 것으로 이러한 현재적 종말론은 미래에 일어날 축복을 현재에 미리 맛보는 것이다.

그리고 완전히 구원의 축복은 미래에 완성하는 것이다.

그리스도의 제자들은 이미 종말 속에 살면서 미래의 축복을 체험하고 있는 것이다. 따라서 그리스도인은 미래의 소망에만 집착할 필요가 없고, 오히려 현재의 삶 속에서 그 축복을 누리며 살아야 한다. 미래만을 보면서 현재의 축복을 망각해서는 안 될 것이다. 파라클레토스의 새 시대에 미래의 축복은 이미, 여기서 현재에 체험되어지기 때문이다.

그리스도의 제자들은 미래의 소망뿐만이 아니라 현재, 파라클레토스의 새 시대에 여기에서 체험되어지는 축복에도 방향을 돌려 초점을 맞출 필요가 있다. 요한복음서는 미래의 약속뿐만이 아니라, 현재에 대한 약속들도 모두 포함하고 있기 때문이다.

그리스도의 제자들은 하나님의 약속들이 미래에 성취되는 측면뿐만 아니라 현재에도 성취되는 방식에도 모두 유의하며 살아가야 한다. 요한복음서는 미래의 종말론뿐만 아니라 현재의 종말론도 함께 제시되고 있기 때문이다.

파라클레토스의 새 시대에 종말론은 한쪽 면만을 강조하지 않고, 둘 다를 모두 강조한다. 참된 종말론은 미래적 종말로만을 배타적으로 강조하는 것이 아니고, 현재적 종말론만을 강조하는 것도 아이다. 요한복음서의 종말론은 둘 모두를 포함하고 있으며, 현재적 종말론과 미래적 종말론 모두를 인식하고 받아들여야 함을 나타내고 있다.

그러므로 요한복음서에 나타난 파라클레토스의 새 시대의 현재적 종말론과 미래적 종말론은 모두 수용되면서, 반드시 함께 인식되며 강조되어야 할 것이다.

Chapter7 **제7장**

사도 바울의 교육의 주제와 원리

바울은 비록 헬레니즘의 영향하에 있던 다소에서 태어나기는 했으나 엄한 유대교 관습에 따라 유대교 집안에서 자라났으며(빌3:5), 자신의 유대교적인 전통을 자랑스럽게 여겼다(롬9:3; 11:1). 바리새인이 되기 위해서는 율법에 정통한 랍비의 문하생이 되어 철저히 율법을 공부해야만 했는데, 바울은 당시 가장 유명했던 힐렐 학파의 가말리엘 문하에서 공부했다.

바울 자신이 "나는 내 동족 가운데서 나와 비슷한 나이의 많은 사람보다 유대교에서 앞서 있었으며, 내 조상들의 전통을 지키는 일에도 훨씬 더 열성이었습니다"(갈1:14)라고 한 것을 보면 그가 얼마나 유대교에 열심이었는지를 짐작할 수 있다.

유대적 배경을 자랑하는 자들에 대해서도 바울은 "저희가 히브리인이냐 나도 그러하며 저희가 이스라엘인이냐 나도 그러하며 저희가 아브라함의 씨냐 나도 그러하다"(고후11:22)라고 말했다.

그가 교회를 핍박하기 위해 다메섹으로 가는 도중 예수를 만나 '회심'하고부터는 그리스도교의 전파자, 신앙 교육의 실천자로서 생명을 바쳤다. 그는 이름도 바울로 바꾸었다. '바울'로. 그는 아마도 인류 역사상 최대의 전도자라고 말할 수 있다.

"바울 없이는 그리스도교도 없다"는 말은 분명히 일리가 있다. 그는 이후의 서구문명의 방향을 정하였다기보다 세계 문명의 방향을 정한 사람이라고 말할 수 있을 것이다.

1. 바울서신에 나타난 교육에 관련된 용어

1. 파이다고오스

이 용어는 바울서신에서만 나타나는데(갈3:2, 23; 고전4:15), 본래 용어의 의미는 '소년 지도자'의 뜻을 내포하고 있으나 초대교회 시대에는 6세부터 16세까지의 소년들을 훈련하고 지도하던 사람들(주로 노예 신분의 남자)을 파이다고오스(*παιδαγωός*)라고 불렀다.

이 시대의 파이다고오스는 주로 소년들의 품행, 예의범절, 행실 등을 지도하고 감독하는 역할을 하였다. 엄격한 의미에서의 교육자라기 보다는 부유한 가정에 예속된 '소년 훈련인' 내지 '소년 감독인'의 의미를 내포하고 있다.

이 용어는 서신서에서도 이와 같이 부정적인 의미로 사용되어 지고 있는데, 갈라디아서 3장 23-26절에서는 훈련인으로서 파이다고오스의 역할이 끝나는 것을 강조하고 있고, 고린도전서 4장 14-16절에서는 '아버지'와 '훈련인'이 서로 대치 개념으로 나타나고 있다.

갈라디아서 3장 24절에서는 율법(*νομος*)이 파이다고오스와 비교되고 있다.

그래서 율법은 그리스도께서 오실 때까지, 우리에게 개인교사(παιδαγωός) 역할을 하였습니다. 그것은, 우리로 하여금 믿음으로 의롭다고 하심을 받게 하시려고 한 것입니다.

25절에서는 파이다고오스의 역할상의 한계점이 잘 나타내고 있다. 바울은 율법을 파이다고오스(훈련자, 감독자)로 비유함으로써 율법이 우리를 감시, 감독, 훈련하는 역할을 지녔다는 것과 그리스도의 오심과 함께 그의 역할이 끝난 것을 동시에 일깨워 주고 있다.[277]

고린도전서 4장 15절에서도 바울은 자신이 파이다고오스가 아니라 고린도인들의 영적 '아버지'(*πατήρ*)가 됨을 강조한다.

그리스도 안에서 여러분에게는 일만 명의 스승(παιδαγωός)이 있을지 몰라도, 아버지는 여럿이 있을 수 없습니다. 그리스도 예수 안에서 복음으로 내가 여러분을 낳았습니다.

고린도인들과 바울의 관계는 감시, 감독하며 훈련시키는 파이다고오스적 관계가 아니라 영적 '아버지'와 '자녀'의 관계라는 것이다. 이러한 의미에서 볼 때 바울은 파이다고오스적 교육자는 아니었음을 알 수 있다.

277 | 성종현(1985). 바울의 본(본)의 교육. **교회 교육**. 116권. 장로회신학대학교 기독교교육연구원, p.704.

2. 파이듀아테스

이 용어도 『신약성경』에서 두 번밖에 나타나지 않는다. 로마서 2장 20절에서는 바울이 유대인 스스로가 어리석은 자의 '스승'(파이듀아테스, παιδευατής)으로 자처하면서도 자신들이 깨닫지 못함을 지적한다.

히브리서 12장 9절에서는 파이듀아테스가 '훈육자'의 의미로 사용되어지고 있다. 두 구절을 통해서 볼 때 파이듀아테스는 파이다고오스와 유사한 의미로 사용되고 있음을 알 수 있다.

3. 디다스칼로스

이 용어는 『신약성경』에 59번이나 나타난다는 사실을 이미 앞서 언급한 적이 있는데 그 가운데 41번이 예수와 관련되어 사용되어지고 있다.

우리말로 '교사', '선생', 또는 '스승'으로 번역될 수 있는 이 용어는 예수 이외에도 세례 요한, 니고데모, 율법 교사에게도 사용되어 지고 있다.

사도행전 13장 1절, 고린도전서 12장 28절, 에베소서 4장 11절, 야고보서 3장 1절에서는 교회에서 가르치는 자를 디다스칼로스로 칭하고 있다. 디모데전서 2장 7절, 디모데후서 1장 11절에서는 바울이 스스로를 디다스칼로스로 부르고 있다.

고린도전서 12장 28절, 에베소서 4장 11절 등에서 나타나는 바와 같이 초대교회안에는 '사도', '교사'(디다스칼로스)의 직분은 사도, 예언자의 직분과 함께(고전12:28) 가장 오래된 교회의 직분에 속하며, '교사'의 기능은 주로 새 개종자들에게 예수 그리스도의 교훈(산상설교 참조)과 초대교회의 예수 전승 및 공동 신앙고백문을 가르치고 나아가서 『구약성경』을 기독교적으로 새롭게 해석하는데 있었다.

각 교회마다 따로 이러한 소속 교사를 지니고 있었고, 그 교사가 교회 안에서 지닌 기능이 막중한 것이었기 때문에 야고보서는 교사의 잘못에 대한 하나님의 더 가중한 심판을 예고하고 있다(3:1).

바울은 엄밀한 의미에서 파이다고오스('스승')도 아니고 파이듀아테스('훈련자')도 아니었으며 디다스칼로스('교사')도 아니었다. 바울을 스스로 '사도'(아포스톨로스)로 칭하였고, 그리스도의 복음 전파를 위해 선별되고, 이방 세계에 파송된 사도로써의 삶을 사셨지만, 그의 '사도직'은 이방인(=신자) '교육'의 기능을 내포하고 있었다.

바울은 따라서 '교사'나 '스승'으로써의 교육자였다기보다도 '사도'로서의 '교육자'였다고 보는 것이 타당할 것이다.

2. 교육자로서의 바울

1. 피교육자 바울

교육자로써 바울을 논하기 전에 우선 피교육자로서의 바울을 생각할 필요가 있다고 성종권(1985)은 의견을 제시하면서 바울의

피교육자로서의 과정을 다음과 같이 크게 두 단계로 구분한다.[278]

첫째는 다메섹 개종 사건 이전의 한 바리새파 유대인으로서의 율법 교육이고, 둘째는 다메섹 사건을 통한 그리스도 체험 교육이다.

유대 율법 교육은 바울을 철두철미한 엘리트 바리새인으로 만들었고, 율법을 위해서는 사람까지도 죽이고 박해하는 일에 앞장서는 율법의 투사로 만들었지만(행7:57; 8:1, 3; 9:1), 다메섹 계시 사건을 통한 그리스도의 교육은 바울을 박해자에서 피박해자로, 살인 동조자에서 그리스도교 순교자로, 율법의 투사에서 복음과 평화의 사도로 전 인격을 개조하고 변화시킨 새 창조적 성격의 '체험 교육'이었다.

바울은 자신을 박해하는 자(행9:4; 22:7; 26:14 여기서 그리스도로 인해 박해받는 그리스도인과 자신을 동일시함)를 사도로 부르시는 그리스도의 인격을 만남으로써 용서와 사랑을 바탕으로 하는 그리스도의 '화해의 교육'을 받게 된다.

바울의 그 후 전 생애는 짧은 다메섹 도상에서의 그리스도 체험 교육을 통해서 결정적 영향을 받게 된다. 교육자로서의 바울을 이해하기 전에 먼저 확인할 수 있는 것은 바울 자신이 다메섹 사건을 통해서 자신의 삶을 결정짓는 그리스도의 '화해의 교육'을 받았었다는 점이다.

이 '화해의 교육'은 원수(=박해자)까지도 용서하고 구원하는 철저한 '사랑의 교육'이었다. 바울은 바로 이 그리스도의 교육을 통해서 모든 인간 교육의 본질을 터득함으로써 이방인 사도뿐만 아니라 초창기 기독교인들의 교육자로써 뛰어난 면모를 갖출 수 있었으리라고 생각된다.

---

278 | 성종현(1985). 바울의 본(本)의 교육. p.709.

2. 교육자로서 바울

1. 다메섹 사건과 바울

교육자로써 바울의 틀은 앞에서 언급한 바와 같이 다메섹 사건을 통해서 갖추어 진다. 예수의 12제자들이 예수의 공생애 기간 동안에 인격과 인격의 만남을 통해서 하나님 나라 시민으로써의 새로운 전인격 교육을 받을 수 있었던 것과 같다.

이 사도 바울은 바로 이 짧은 다메섹 사건을 통해서 부활하신 그리스도의 인격에 사로잡혀서 변화되는 그리스도의 전인격 교육을 받음으로써 새로운 그리스도인 공동체의 교육자로써 자질과 인격을 갖추게 된다.

그를 위대한 사도적 교육자로 만든 교육장(場)은 유대 회당도 아니었고, 가말리엘 스승의 교실도 아니었으며, 십자가에 달리셨던 예수를 만난 바로 그 다메섹 도상(途上)이었다.[279]

2. 그리스도 중심적 교육

그리스도에 사로잡힌 바울의 교육은 그리스도 중심적 교육이었다. 그리스도를 모든 그의 피교육자의 삶의 중심이 되게 하는 교육이었다.

예수의 삶이 하나님에 사로잡힌 하나님 중심적 삶이었고, 그의 제자 교육은 하나님의 새로운 왕권 통치에 합당한 하나님 나라 시민교육이었다면 바울의 교육은 거기에 구체적으로 그리스도의 삶을 본(本)으로, 모든 그리스도인의 삶의 모델로 제시하는 그리

279 | 성종현(1995). 유대교 교육제도에 비춰 본 예수의 제자 교육과 바울의 성도교육. **장신논단**. 제1집. 장로회신학대학교 기독교사상과 문화연구원, p.232.

스도 중심적 교육이었다.

바울은 부활하신 예수를 메시아로, 구주로, 하나님의 아들로만 전파한 것이 아니고 모든 그리스도인들의 삶의 본으로 가르치고 교육하였다. 바울의 삶 자체가 그리스도 중심적이었듯이 그의 교육 역시 그리스도 중심적 교육이었던 것을 알 수 있다.[280]

3. 본보기 교육

바울의 교육은 예수의 교육과 마찬가지로 가르침과 본(本[튜포스 τύπος])이 서로 일치된 산교육이요, '생활의 교육'이었다.

예수는 모든 제자들을 하나님의 자녀로 선포하셨고, 그들에게 하나님의 사랑을 본받을 것을 촉구했다. 바울은 예수를 모든 믿는 자들의 구주로 선포하고 예수를 본받을 것을 촉구한다.

예수께서 제자들을 위해서 본의 삶을 사셨고, 바울 역시 그의 교회 성도들을 위해서 본의 삶을 사셨다. 예수께서 제자들에게 추종을 촉구하신 것처럼 바울은 그의 교회 신자들에게 그를 본받을 것을 촉구하셨다(고전11:1; 빌3:17). "내가 그리스도를 본받는 자 된 것 같이 너희는 나를 본받는 자 되라"(고전11:1). 이것이 바울 교육의 특징이다. 그는 본을 제시하고 또 자신이 본의 삶을 사심으로써 철저한 본(=추종)의 교육을 실시한 것이다.

4. 사랑의 교육

바울의 교육은 무엇보다도 사랑의 교육이었다. 바울은 그가 세운 교회의 성도들을 영적 자식처럼 대하였고, 또한 영적 자녀처럼 교육하셨다.

---

280 | 성종현(1985). 바울의 본(本)의 교육. p.710.

> 그리스도 안에서 여러분에게는 일만 명의 스승(파이다고오스)이 있을지 몰라도, 아버지는 여럿이 있을 수 없습니다. 그리스도 예수 안에서 복음으로 내가 여러분을 낳았습니다. 그러므로 나는 여러분에게 권합니다. 여러분은 나를 본받는 사람이 되십시오.

여기서 일반 스승과 다른 교육자 바울을 보게 되는데 그는 영적 아버지로써의 자신의 위치를 설명하고 있다. 부모와 자식의 관계는 기본적으로 '사랑의 관계'요, 부모의 자식 교육은 '사랑'을 기본 바탕으로 하는 교육이다. 이것이 일반 교사나 스승들의 교육과 바울의 교육의 차이점이다.

바울은 신자들을 고난과 박해와 분만의 진통 속에서 낳은 자식처럼 사랑하고, 자식처럼 교육시킨 것이다. 부모와 자식 간의 교육은 이론 교육이 아니라 용서와 사랑을 토대로 한 본의 교육인 것처럼 바울의 교육은 사랑과 본을 토대로 하고 있다.

5. 자유의 교육

바울의 본(本) 교육은 주체 의식이 없는 맹목적인 모방이나 주입식 속박을 통한 교육이 아니라 참 자유의 해방의 교육이다.

율법이 초등 교사의 역할을 했고 율법의 맹목적 주입식 교육의 성격을 띠고 있었다면 복음의 교육은 그리스도 안에서 참 자유인이 된 해방인들의 교육이고 개방적이고 진취적인 민주적 성격을 띤 교육이라 할 수 있다.

예수께서 먼저 그의 제자들을 죄에서 해방시켜 자유케 하여 주시고 그들을 교육시켜 천국 복음의 전파자로 파송하신 것처럼(마10:1~15; 막6:7~13; 눅9:1~6), 바울은 그의 복음을 받아들이는 사람들에게 그리스도 안에서의 참 자유의 해방을, 그리고 하나님의 자녀로서의 특권을 선포하고, 그들을 하나님의 자녀로써 교육시키신 것이다.

바울은 결코 보수적이거나 폐쇄적인 교육자는 아니었다. 그는 죄의 사슬에 얽매여 있던 포로와 노예와 같은 이방인들에게 자유와 해방을 선포하였고, "너희는 더 이상 종이 아니라 하나님의 자녀"라는 놀라운 선포를 하였다(갈4:1~7; 5:1). 바울의 교육은 속박에서 자유로, 종에서 하나님의 자녀로의 교육이었다.

그는 피교육자에게 무한한 신뢰와 포부와 꿈을 갖게 하는 긍정적 교육을 시켰고, 신자들이 성숙한 자유인으로써 스스로의 신앙 양심의 결단을 통해서 모든 것을 판단하고 행할 수 있는 능력을 가질 수 있도록 '자율 교육'을 시켰다.

이러한 바울의 '자율 교육' 속에서 모든 율법주의, 형식주의, 바리새 주의적인 교육이 아닌 그리스도 안에서의 참 그리스도교 자율 교육의 본질을 찾을 수 있다.

6. 훈계와 징벌

이러한 바울의 '자유인 교육'은 방종이나 무절제를 의미하지 않는다. 자유가 탈선이나 방종으로 잘못 이용될 때 바울은 단호히 징계와 처벌로 자유의 남용을 막는 것을 알 수 있다(고전5:5, 7; 딤전1:20; 딤후2:17).

바울의 징계와 처벌은 탈선한 자식을 때리는 부모의 회초리 같은 성격을 띠고 있다. 이스라엘 백성을 교육시키던 구약 역사 속의 하나님이 이스라엘의 죄와 탈선에 대해 용서와 심판의 연속적 긴장 속에서 응답하셨듯이 바울은 용서와 징계 속에서 자유와 사랑의 교육을 실천하셨다.

바울의 자유교육은 자식을 사랑하는 부모의 교육과 같은 것으로써 방종과 무절제에 대해 회초리를 사용하는 교육이었지만, 그 회초리는 '아버지의 사랑의 회초리'였다는 점에서 다른 '일만 스승'(고전4:15)의 회초리와 구분이 될 수 있을 것이다(갈4:19; 고후6:13; 빌몬10; 살전2:7, 11).

3. 신앙계승을 위한 신앙 교육의 주제

바울은 자신을 '이방인의 사도'(롬11:3)라고 불렀는데, 이러한 자의식은 광활한 지중해 연안 곳곳에 교회를 세운 그의 열심있는 선교활동에 대응한다. 그의 선교활동의 마지막 단계에서, 바울은 로마를 거쳐, "당시 '헤라클레스의 기둥'이라 부르던, 세계의 서쪽 끝"[281]인 스페인으로 가려고 계획 중에 있었다.

전 세계에 교회 공동체를 세우려는 그의 웅대한 계획은(롬15:19) 각 지역을 대표하는 도시에 교회는 세우는 전략을 통해 수행되었다. 즉, 마케도니아에는 빌립보(빌4:15), 마케도니아와 아가야에는 데살로니가(살전1:7), 아가야에는 고린도(고전16:15; 고후1:1), 아시아에는 에베소(롬16:5; 고전16:19; 고후1:8).[282]

보른캄(Bornkamm)에 의하면 "우리가 알고 있는 최상의 지식

281 | 배현주(2003). 악의 상징을 통해서 본 바울의 고린도 교회 교육. **신약논단**. 제10권 제3호. 한국신약학회, p.689.

282 | 배현주(2003). 위의 책. p.692.

에 따르면, 원시 기독교의 어떤 선교사도 그렇게 목표를 높게 정하고 사람이 사는 세계의 극단까지 복음을 전하려는 계획을 세우지 않았다."[283]

선교사로서의 바울은 그러한 웅대한 계획을 추진하면서 계속 앞으로 전진하였다. 그러나 한편 목회자로서의 바울은 갓 태어난 교회 공동체들을 돌보아야 하는 그의 책임을 잊어버리지 않았다. 교회가 직면하는 문제들을 해결하고 더 진전된 교육을 하려는 그의 주된 방법은 동료 사역자들을 파송하거나 자신이 직접 다시 방문하는 것, 그리고 편지를 쓰는 일 등이었다.[284]

편지를 작성할 때, 바울은 다양한 수사학적 문체들과 신학적 개념들을 이용해서 각양각색의 문제들을 다루었으며, 계속해서 공동체와 개인들을 위한 자신의 교육적 목표를 이루려고 노력하였다. 고린도 교회에 보낸 바울의 편지들은 "교육의 전체 과정"[285]으로서 고안되었다.

이 과정에서 신학 교리들, 수사학적 전략들, 그리고 실천적 경험들이 함께 협조적으로 사용되었다.

공동체 교육은 훈련과 징벌이라는 이중적 의미에서의 훈련 과정을 포함하는데, 이는 공동체에서나 개인적 영역에서나 마찬가지이다. 교육의 이러한 국면은 사회적 통제라고 하는 양면운동을 포괄하고 있다.

---

283 | 배현주(2003). 위의 책. p.690에서 재인용.

284 | Wayne Meeks(1983). *The First Urban Christians The Social World of the Apostle Paul*. New Haven Yale University Press, p.113.

285 | Hans D. Betz(1986). "The Problem of Rhetonic and Theology According to the Apostle Paul", in *L'Apotre Paul Personnalite, Style et Conception du Ministere*, ed A Vanhoye. Leuven: Leuven University Press, pp.26-27.

첫째, 그것은 경계(boundary)를 설정하도록 요구하며, "교리적, 도덕적, 혹은 조직적 훈계들을 위반하고 내부의 불화를 초래하고 그룹 결속력을 약화시키는 일탈자들을 추방할 수도 있음"[286]을 의미한다.

둘째, 그것은 버거(Berger)와 리커먼(Luckmann)이 "퇴보하는 경향을 억지하려는 '처방'(prescription) 혹은 '치료적 방어'(therapeutic defense)라고 부른 기능을 수행한다."[287]

실제로 초대교회는 처음부터 예수의 진리들을 세계 곳곳에 이르러 가르치는 데에 힘써왔다. 사도들은 주의 명령을 따라 그의 증인이 되었다(행1:8). 그들은 직접 눈으로 보고 들은 바를 전파하였다(행4:20; 22:15; 요일1:3). 그들은 교회를 오직 하나님의 계시의 말씀을 따라서만 교육했던 것이다.

따라서 초대교회는 사도적 신앙을 계승한 것이다. 이렇게 "교회교육은 그것의 목적과 취지 그리고 방법론을 오직 그리스도교의 본질에서만 찾을 수 있어야 한다"[288]는 뷔에드(P. H. Vieth)의 주장은 성경적이라 할 수 있다.

사도 바울이 주축을 이루고 있는 사도적 신앙이 그 당시 초대교회를 통해서 실제로 어떻게 계승되었는지를 바울의 설교와 전도 활동을 통해서 살펴보려 한다.

사도 바울의 서신서들을 통해서 사도적 신앙의 본질을 설파하

---

286 | John H. Elliott(1993). *What is Social-Scientific Criticism?* Minneapolis Frotress Press, p.116.

287 | Peter Berger and Thomas Luckmann(1966). *The Social Construction of Reality al Treatise in the Sociology of Knowdedge*. New York; Doubleday, pp.138-163.

288 | P. H. Vieth(1947). The Church and Christian Education. St. Louis: Bethany, p.44.

고자 한 신앙의 주제를 잡아 보면 대체로 다음과 같은 6가지로 정리할 수 있다.

1. 설교와 가르침

사도 바울의 교육 핵심 미션을 설교와 가르침으로 보는 것은 당연한 일이다. 바울의 설교의 본문들을 많이 접할 수 있다. 적어도 사도행전에서만 8개를 찾아 볼 수 있다.

예컨대, 안디옥, 루스드라, 밀레도, 예루살렘 층계 위에서, 예루살렘 공회에서, 가이사랴에서 벨릭스에게, 가이사랴에서 베스도와 아그립바에게 행한 설교(연설)들이 있다.[289]

누가가 기록한 바울의 설교가 실제 바울의 설교와 얼마나 유사하다고 볼 수 있는가? 누가는 12년간 바울의 선교 사역에 동고동락하면서 바울의 문체, 어휘, 기술 등을 그대로 재생할 수 있는 특별한 위치에 있었다. 또는 누가의 기록에 나오는 바울의 설교와 서신서들의 어구는 상당히 유사성이 많다는 것을 보면, 누가가 바울의 설교를 집약적이고 요약적으로 정리했음을 알 수 있다.[290]

누가의 기록에서 보는 바울의 설교는 상황과 청중에 따라 각각 다른 접근을 취하였다.

청중이 유대인인 경우에는 ① 권위로서 『성경』을 사용하고, ② 일반적인 신학적 전통과 문화적 정통에로 동일시한다. ③ 권위로

289 | 정양숙·정삼지 옮김(1994). **설교연구(제이 E. 아담스 지음)**. 서울: 기독교문서선교회, pp.151-153.

290 | 전경연(1982). **원시 기독교와 바울**. 서울: 대한기독교출판사, pp.217-218.

서 세례 요한을 사용한다. ④ 이방인을 향한 그의 사명을 말하기를 보류하고, ⑤ 그들의 문제에 대해 이해를 하도록 하며, ⑥ 개인적인 간증이나 ⑦ 직접적인 개인적 호소를 활용한다.

청중이 이방인인 경우에는 ① 일반 계시를 사용하며, ② 종교적인 관심에 대한 해설과 언급하며, ③ 헬라의 시를 인용하며, ④ 가까이 있는 환경을 이용하고, ⑤ 청중에게 적합한 연설체와 어휘를 사용한다.

이로 볼 때, 바울은 유연성 있게 청중에 적응하여 설교한 것으로 볼 수 있다. 그는 청중을 알았으며, 상황을 직시하여 그의 메시지가 정확히 과녁(청중)에 명중하도록 하는 기술을 갖고 있었다.

바울의 서신서에 나타난 그의 가르침은 "나는 여러분에게 권합니다"라는 바울이 즐겨 사용하는 용어와 함께 시작된다(롬12:1~13; 14~21; 13:1~7; 14:1~23 등). 사실상 바울의 가르침은 서신들을 쓴 동기이기도 하므로, 그 가르침을 전부 나열한다는 것은 매우 방대한 작업이 될 것이다.

그러나 바울이 서신들을 교회에 상황에 따라 일관성을 가지고 교리적인 체계를 세우기 위한 목회적 의도로 기록했음은 자명한 일이다.[291]

바울의 융통성 있는 설교와 교리적 가르침의 중심내용은 무엇인가? 다드(C. H. Dodd)는 사도행전과 바울서신을 검토하여 바울 설교의 중심 내용을 다음과 같이 요약하였다.[292]

---

291 | 정양숙·정삼지 옮김(1994). 설교연구(제이 E. 아담스 지음). pp.153-154.

292 | C. H. Dodd(1980). *The Apostolic Preaching and Its Development*. Grand Rapids: Baker Book House, p.17.

(1) 예언대로 다윗의 씨인 그리스도의 오심

(2) 예언대로 그리스도께서 죽으시고 장사되심

(3) 예언대로 그리스도께서 3일만에 부활하심

(4) 그리스도의 승천

(5) 그리스도의 재림

바울의 설교와 가르침의 핵심이 바로 그리스도교의 핵심 5대 진리에 있다는 것을 알 수 있다. 이것은 바울의 설교사역이 그의 교회에 사도적 신앙을 전수함에 있어 대단히 성공적이라는 강력한 증거가 되고 있다.

바울은 개인적인 간증을 여러 번 사용하였다. 일반적으로 바울이 자신의 회심에 대하여 간증한 곳은 고린도전서 9장 1절, 15장 8~10절, 갈라디아서 1장 13~17절, 빌립보서 3장 4~11절이 인정받고 있다. 그러나 성경 해석가들은 로마서 10장 2~4절, 고린도전서 9장 16~17절, 고린도후서 5장 16절, 에베소서 3장 1~13절을 여기에 더하고 있다.

바울이 자신의 회심을 되풀이하여 간증하고 있는 이유는 다음의 몇 가지로 생각할 수 있다.

(1) 사도직의 기원과 사명의 진정성을 제기(고전9:1, 9:16~17, 15:8~10; 엡3:1~13)

(2) 바울 복음의 신적 계시(갈1:13~17)

(3) 그리스도를 믿는 믿음으로 말미암는 의의 복음계시(빌3:4~11; 롬10:2~4)

(4) 높임 받으신 그리스도의 영광(고후3:4~4:6)

(5) 그리스도의 새 창조(고후5:16)

이를 보면 바울은 자신의 회심 이야기를 각 교회로 보내는 서신에 넣어 진리들을 교회에 교육하는 기저로 사용한 것을 알 수 있다.

바울의 회심 이야기는 그가 교회에 자신의 사도직과 사명만을 주장하는 방편으로서가 아니라, 의의 복음과 부활하신 그리스도의 영광과 그로 말미암는 새 창조와 같은 진리들을 설파하는 훌륭한 원천으로 활용하였던 것이다.

2. 신앙고백

초대교회의 예배에 있어서 신앙고백은 필수적인 요건을 갖추고 있었었다. 비록 완전한 신앙고백은 『신약성경』에서 발견되지 않는다고 하더라도 초대교회는 분명한 신앙고백이 있던 신앙의 공동체였다.

초대교회는 명확한 예배의식과 신앙규범(고후9:13; 빌1:27)을 갖추고 있고 엄격한 회원 자격(고전5:3~5; 딤전1:19~20; 요이9~10)과 징계조치를 시행했던(고후2:5~11) 공동체를 유지하고 있었다.[293] 이처럼 초기 그리스도인들은 분명한 교리적 내용들을 가지고 있었음을 알 수 있다.

이는 사도가 "주께 받은" 것이며, 교회에 "전하여 준" 것이다(고전11:23). 또한 이 사도적 신앙은 직접적으로 혹은 다른 충성된 이들을 통해 간접적으로 교회에 계승되었다(딤후2:2).

293 | 오창윤 옮김(1989). **초대교회 예배(랄프 마틴 지음)**. 서울: 은성출판사, p.91-92.

특히, 바울에게 있어서 '주께 받은 것'은 직접 주께로부터 직접 받은 계시를 말한다. 사도 바울이 자신의 복음을 "내가 전한 복음은 사람에게서 비롯된 것이 아닙니다. 그 복음은, 내가 사람에게서 받은 것도 아니요, 배운 것도 아니요, 예수 그리스도의 나타나심으로 받은 것입니다"(갈1:12).

바울은 자신이 받은 계시의 독자성을 주장하며(갈1:1, 11~12), 다른 사도들의 복음에 대하여 자신의 독립성을 주장한다(갈2:6, 11~14). 그러므로 바울에게 있어서 복음은 모든 전승에 우선한다.[294]

초대교회에서 빈번히 반복되는 한 신앙고백은 "예수님은 주님이시다"라는 간명한 진술이다(롬10:9; 고전12:3; 고후4:5). 바울이 이 진술을 신앙고백으로 역설하였다는 것은 "사람은 마음으로 믿어서 의에 이르고, 입으로 고백해서 구원에 이르게 됩니다"(롬10:10) 하였고, "내가 여러분에게 전해드린 말씀을 헛되이 믿지 않고, 그것을 굳게 잡고 있으면, 그 복음을 통하여 여러분도 구원을 얻을 것입니다"(고전15:2)고 한 것으로 확신할 수 있다.

바울서신에서 가장 유명한 신경적(信經的) 구절은 고린도전서 15장 3~5절이라 할 수 있다. 여기에서 신경적 형식을 찾아 볼 수 있다. 네 개의 접속사(ὅτι, '그리고')로 각 항이 시작되고 있다.

> 1항 "그리스도께서 성경대로 우리 죄를 위하여 죽으셨다는 것"(3절).
>
> 2항 "무덤에 묻히셨다는 것"(4절).
>
> 3항 "성경대로 사흗날에 살아나셨다는 것"(4절).

294 | 김세윤(1994). **바울 복음의 기원**. 서울: 엠마오, p.115.

4항 "게바에게 나타나시고 다음에 열두 제자에게 나타나셨다고 하는 것"(5절).

이것은 바울이 고린도 교회에 전한 복음이었고, 그들이 받은 것이었다. 그러나 11절에서 바울이 이것을 다른 사도들과 동일한 선포임을 밝혔다는 것에 주목할 필요가 있다.

이것은 초기 그리스도인들이 사도적 신앙을 따라서 다음과 같은 신앙고백을 했다는 것을 의미한다. 이 신앙고백은 메이어(E. Mayer) 같은 학자는 "현존하는 가장 초기의 것"[295]으로 본다.

> 성경대로 그리스도께서 우리를 위하여 죽으시고 장사지낸 바 되었다가 성경대로 사흘 만에 다시 살아나사 게바에게 보이시고 후에 열두 제자에게 보이셨다.

여기에서 "성경대로"는 바울이 『구약성경』에서 복음을 본질적으로 규명하였다는 것을 말하며, 초기 교회가 『구약성경』을 근거로 해서 예수의 죽으심과 부활에 대해 이해를 확증했다는 것을 말함이다.

이러한 예수의 죽으심과 부활에 대한 『구약성경』을 근거로 한 신앙고백문들의 편린들이 초기교회에 널리 사용되고 있음을 추정할 수 있다.

이렇게 바울은 주께로부터 직접 받은 계시와 『구약성경』에 근거한 신앙고백문 형식들 그리고 초대교회들의 신앙고백 전승들을 자신의 서신들을 통해서 선포하고 반복함으로써, 교회로 하여금

295 | 오창윤 옮김(1989). **초대교회 예배(랄프 마틴 지음)**. p.99.

사도적 신앙을 온전히 계승하도록 교육하였던 것이다.

또한 바울은 간접적으로는 질문을 통해서 교회에 신앙고백을 하게 하는 교육을 하였다. 복음서를 통해 볼 때, 예수께서는 공생애 사역에서 총 225번의 질문을 던지셨으며, 바울은 이보다 많은 250번의 질문을 했다는 통계가 있다.[296]

바울은 서신서들에서 교리를 다룰 때에 이러한 방법을 사용한다. 예컨대, 로마서 3장 29절에서 "하나님은 유대 사람만의 하나님이십니까? 이방사람의 하나님도 되시지 않습니까?"라는 질문을 한다.

그러나 이미 바울은 그 대답을 질문의 형식 속에 암시했다. 그러므로 로마 교인들에게 그가 원하는 고백을 얻어냈다. 이러한 방식은 바울이 유대교의 가장 기본적 신념인 유일신론을 취하여 유대교를 반박하는 데 사용하고 있는 것들이다.

갈라디아서 3장 2절에 "여러분은 율법을 행하는 행위로 성령을 받았습니까? 그렇지 않으면 믿음의 소식을 들어서 성령을 받았습니까?"는 질문은 개인적 체험으로부터의 논증에 속한다. 개인적 체험이 교리적 진리의 표준이라고는 할 수 없고 오직 계시뿐이지만, 어떤 문제를 판단하는 일에 있어서는 개인적인 체험도 유력한 요인일 수 있다.

바울은 율법과 은혜라는 그의 논증이 추상적으로 보이지 않도록 하기 위해, 예리한 질문들을 그리스도인들의 보편적 체험과 연결시켰다.[297] 이 질문은 다음과 같은 몇 가지 교리적 내용들을 전

---

296 | 송원준 옮김(2000). **예수님의 티칭 스타일(로이 B. 주크 지음)**. 서울: 디모데, pp.370-371.

297 | 김근수 옮김(1993). **갈라디아서 해석: 성경 해석에 대한 방법론(메릴 C. 테니 지음)**. 서울: 기독교문서선교회, pp.122-123.

제한다.

① 개인의 성령 체험은 하나님께 받아들여졌다는 보증이다.

② 이 생활의 지속성은 성령을 더 의존하는 것이다.

③ 갈라디아교인들이 경험한 그 영적 투쟁들은 그 믿음의 점진적 발전이 끝까지 지속되고 있다는 보증이다.

④ 성령께서는 율법으로는 전혀 산출된 적이 없는 그런 이적적인 일들을 아직도 그들 가운데 수행하고 계신다.

이 네 가지가 정상적인 그리스도인의 생활에서의 표준들로 간주되도록 하기 위하여 바울은 이같이 질문하고 대답을 유도하고 있는 것이다.

또한 갈라디아서 3장 19절에서 "그러면 율법의 용도는 무엇입니까?"는 질문을 한다. 이것은 바울의 질문이라기보다 율법에 대한 그의 논증을 유대교 대적자들의 것으로 볼 수 있다.

이것은 갈라디아 교인들이 당면한 문제이기 때문에 바울이 그 질문을 던지고는 있으나 사실상 받고 있는 것이나 다름없다.

이에 대한 바울의 대답은 명쾌하다. 곧 율법은 "약속을 받으신 그 후손이 오실 때까지 범죄들 때문에 덧붙여 주신 것입니다." 바울은 이러한 명쾌한 대답의 출처는 『성경』임을 밝히고 있다(22절). 따라서 그의 질문은 곧 바로 『성경』에 의한 교리적 진술로 이어지는 것이다.

이뿐 아니라, 바울의 이러한 질문을 활용한 교육은 서신서에 수 없이 나타난다. 이는 질문을 듣는 자로 하여금 스스로 대답하거나 배우려는 욕구를 유도함으로써, 교리적 내용을 알게 하는 교육적 기능을 갖는다.

이것은 그리스도 교회의 전통적인 교리문답 공부를 생각나게 한다.

바울의 교리적 질문에 대한 교회의 대답뿐 아니라, 교회의 의견과 질문에 대한 바울의 대답을 통해서 바울이 이러한 문답식 교육을 통해 신앙계승에 주력했음을 알 수 있다.

역사적으로 문답식 교육, 케터키즘의 교육적 기능은 이미 잘 알려진 바이다. 바울이 사용했던 이러한 문답식 신앙 교육의 방법론은 지금도 고려되어야 할 교육 과정의 필수원리이다.[298]

바울의 이러한 입장에서 정일웅(1999)은 역사적인 케터키즘의 신앙 교육적 기능뿐 아니라, 예컨대 기능, 설교적 기능, 기도로서의 기능, 목회 상담적 기능, 신앙고백서로서의 기능 등을 자세히 설명하고 있다.

3. 찬송시와 신령한 노래들

바울의 서신서들 속에는 그리스도교적 찬송의 흔적들을 찾아볼 수 있다. 그린도전서 14장 26절은 "여러분이 함께 모이는 자리에는, 찬송하는 사람도 있고" 했으며, 15절에는 "나는 영으로 찬미하고, 또 깨친 마음으로도 찬미하겠습니다"라고 하여 찬송시를

298 | 김근수(2006). 사도 바울의 교회 교육의 실제-바울서신을 중심으로. **개혁논통**. 제5권. 개혁신학회, p.7.

언급하고 있다.

또한 골로새서 3장 16절에는 "시와 찬미와 신령한 노래로 여러분의 하나님께 마음을 다하여 찬양하십시오"라고 했으며, 에베소서 5장 19절에서는 "시와 찬미와 신령한 노래로 서로 화답하며, 여러분의 가슴으로 주님께 노래하며, 찬송하십시오"라고 하여 "시와 찬미와 신령한 노래"의 존재를 알려주고 있다. 바울은 교회에 찬송을 권면했을 뿐만 아니라, 실제로 자신이 직접 찬송을 하는 자였다.

바울의 서신에는 그리스도교 찬송의 그룹에 속하는 것들이 나타난다. 하나님의 선택의 신비와 긍휼과 지혜를 논증한 바울은 경이에 가득 찬 찬양을 올린다.

로마서 11장 30~33절은 바울이 이미 존재하는 찬양을 전수받아 기록한 것이라기보다는, 바울 자신이 직접 지은 것이라고 볼 수도 있다.[299]

디모데전서 1장 17절에 있는 이 찬송은 하나님을 '만세의 왕'이라는 호칭을 사용하는 유대적 만찬 기도들과 회당의 찬양에서 사용된 구절로 보는 것이 타당하다.[300] 이는 유대인들에게 널리 사용되던 문구인 것이다. 이와 유사한 출처를 가진 것으로는 디모데전서 1장 15, 16절을 들 수 있다.

특히, 에베소서 5장 14절은 바울이 독자들에게 이미 잘 알려져 있는 유명한 구절을 인용한다.

---

299 | 이용주·문선희 옮김(2003). 로마서 주석(C. E. B. 크랜필드 지음). 서울: 로고스, pp.438-443.

300 | 양용의 옮김(1992). 디모데전·후서·디도서: 틴델주석시리즈(도널드 구쓰리 지음). 서울: 기독교문서선교회, p.95.

> 잠자는 사람아, 일어나라. 죽은 사람 가운데서 일어서라. 그리스도께서 너를 환히 비추어 주실 것이다.

이런 찬송을 인용하는 바울의 목적에 대해 신약 성경 학자 랄프 마틴(Ralph P. Martin)은 “오늘날 설교자가 널리 부르고 있는 유명한 찬송을 인용하면서 어떤 점을 강조한 것과 같이, 바울은 에베소교인들을 향한 권면에 그것을 환기시키고 있다”고 말한다.[301]

이 밖에도 그리스도의 신성에 대한 찬송으로는 빌립보서 2장 6~11절에 있으며, 그리스도와 창조, 그리스도 교회를 주제로 한, 2연의 찬송은 골로새서 1장 15~20절, 또한 그리스도의 신성과 우주적 통치에 대하여는 히브리서 1장 3절을 들 수 있다.

이처럼 바울은 자신이 여러 자료들을 합하여 자신이 직접 지은 찬송시와 신령한 노래들이나 당시에 교회에서 사용된 유명한 그것들을 그의 서신들에 인용함으로써 그것들에 반영된 진리를 교회 교육에 교육하고 있는 것이다.

4. 기도

바울은 뛰어난 기도의 사람이었다. 회심한 후의 바울에 대하여 언급하고 있는 요점들 가운데 하나는 “그는 지금 기도하고 있다”(행9:11)는 것이다. 뿐만 아니라 그는 “끊임없이 기도하십시오.”(살전5:17)라고 데살로니가 교회에 명하였다.

---

301 | 오창윤 옮김(1989). **초대교회 예배(랄프 마틴 지음)**. pp.82-83.

서신서에 나타난 바울의 기도의 목록[302]을 보면 한 구절로 된 기도(예컨대, 딤후4:22)에서 11절로 된 기도(골1:3-14)에 이르기까지 대략 41개 정도로 그는 기도의 사람이었음을 알 수 있다.[303] 바울의 기도를 살펴보려는 이유는 그리스인의 기도는 공동체적인 특정을 갖기 때문이다.

그리스도인의 기도가 개인적 특성을 배제하는 것은 아니지만, 훌륭한 개인의 기도모범은 공동체를 통해 발전해 왔으며 공동체적 특성을 갖게 되었다. 바울에게 있어서는 특히 그러하다고 할 수 있다.

바울은 그 자신이 고린도전서 14장 3~5절에서 하나님께 방언을 말하는 자도 교회의 덕을 세우기 위하여 통역하지 아니하면 '각각 다른 음색이 다른 소리를 내지 않으면 알 수 없는 것'과 '나팔소리가 분명하지 않은 소리를 내면, 전투를 준비할 수 없는 것'으로 비유하였다.

바울은 이처럼 기도의 교회적 유익을 매우 강도하고 있다. 이러한 가르침은 바울의 기도의 내용들이 교훈적인 기능을 가지고 있다는 것과 무관하지 않다.

바울의 서신서들이 집회에서 낭독될 때, 그의 기도의 내용이 함께 들려졌다는 것을 생각한다면, 그것이 하나의 교육적 모범이 되었다는 사실을 쉽게 추측할 수 있다.

바울의 기도가 어떤 특징들을 갖는지를 알려면 먼저 그의 기도의 사상적 배경을 간략하게나마 살펴보는 것이 먼저일 것이다.

---

302 | *www.kevinhalloran.net/the-apostle-pauls-prayers-in-the-bible.*

303 | A. W. Pink(2000). *The Ability of God: the Prayers of the Apostle Paul.* Chigago: Moody Press, pp.12-13.

바울이 자기 스스로를 '히브리인 중의 히브리인'이요 가말리엘 문하에서 엄한 율법 교육을 받은 '율법으로는 바리새인'이라고 고백하는 것으로 보아 그의 기도가 유대교의 영향을 받았으리라 생각된다. 또한 그가 살고 있던 세계가 헬라의 문화적 배경을 가지고 있다는 것도 무시할 수는 없다.[304]

유대교의 문헌에 나타난 유대인들의 기도를 살펴보자. 유대인들은 남녀노소를 막론하고 매일 아침저녁으로 3개의 『성경』 본문(신6:4~9, 11:13~21; 민15:37~41)으로 이루어진 '쉐마 기도문'을 낭송하면서 그들의 신앙을 고백했다.

이것과 함께 가장 중요한 기도문으로는 18개의 간구와 찬양으로 구성되어 있는 18간구 기도문인 「쉐모네 에스레」(Shemoneh Esrei)[305]가 있다. 그 내용으로는 찬미와 회개와 죄 용서, 치유, 축복, 회복, 통치 등으로 구성되어 있다.

바울은 적어도 이러한 『구약성경』을 근거로 한 유대교 기도에 영향을 받았다. 바울서신의 축복 기도들이 특히 그렇다.

예컨대, 로마서 1장 25절의 "하나님은 영원히 찬송을 받으실 분이십니다. 아멘"이나 로마서 9장 5절의 "그는 만물 위에 계시며 영원토록 찬송을 받으실 하나님이십니다. 아멘"같은 축복 기도는 바로 유대교적인 방법이라 할 수 있다.[306]

---

304 | 김근수(2006). 사도 바울의 교회 교육의 실제-바울서신을 중심으로. p.11.

305 | '쉐모네 에스레이'는 보통 '아미다'(Amidah, 문자적으로 '일어섬'이란 뜻)라 불리며, 탈무드에서는 종종 '기도'로 불리는데, 서서하는 열아홉 개의 기도이다. '쉐모네 에스레이'란 말은 '열여덟'이란 뜻이다. 그것은 열여덟 개의 기도들 또는 축복들을 원래 포함하였으나 얌네에서 열아홉 번째의 기도가 첨가되었다. 처음 세 개는 하나님께 대한 찬양이다. 그 다음 부분은 원래 열두 개였으나 첨가된 열세 번째의 것과 함께 간구를 포함한다. 마지막 부분 세 개의 축복은 하나님께 대한 감사와 믿음을 표현한다.

306 | David G. Peterson(1994). *Prayer in Paul's Writings: Teach us to pray*(ed.

또한 바울은 헬라의 영향 아래에 있었다. 적어도 그의 서신에는 헬라 문화의 이미지들이 많이 사용되고 있다. 헬라의 정치적 개념이나(빌1:27, 3:20, 엡2:19), 헬라에서의 경기 묘사(고전9:24~27; 고후4:8~9), 헬라의 상업용어(몬1:18; 골2:14), 헬라의 법적 용어(갈3:15, 4:1~2; 롬7:1~3), 노예 시장의 모습(고전7:22; 롬7:14) 등이다.

이 영향은 그의 기도에서도 보인다. 골로새서 1장 9절의 "지혜와 총명"의 이중적 표현은 헬라적 표현이다. 또한 빌립보서 1장 9~11절에 나오는 기도에서 그가 사용한 용어들 곧 '지식', '통찰력', '선한 것' 등은 헬라의 도덕 철학에서 빌려온 것들이다.

따라서 바울의 기도의 형식과 기능면에서는 헬라 서신의 형식과 용어들에 영향을 받고 있지만, 그 내용인 감사, 중보와 같은 『구약성경』과 유대교의 영향을 많이 받은 것으로 짐작할 수 있다.

바울의 기도가 이방의 여러 교회를 구성하고 있는 헬라파 유대인들에게 적지 않은 영향을 미쳤으리라고 짐작할 수 있다. 바울의 기도문들 가운데 몇 가지를 살펴봄으로써 그 중심 사상을 알아보자.

먼저 에베소서 1장 17~19절의 기도를 보자.

> 우리 주 예수 그리스도의 하나님이신 영광의 아버지께서 지혜와 계시의 영을 여러분에게 주셔서, 하나님을 알게 하시고, 마음의 눈을 밝혀 주셔서, 하나님의 부르심에 속한 소망이 무엇이며, 성도들에게 베푸시는 하나님의 영광스러운 상속이 얼마나 풍성한지를, 여러분이 알

D. A. Carson). Grand Rapids Baker Book House, p.92.

게 되기를 바랍니다.

바울은 먼저 하나님을 영광의 하나님으로 부른다. 이 영광은 그가 이미 6절 이하에 언급한 바 있는 창조에 나타난 모든 권세와 위엄, 섭리와 구속이 포함된 것이라 할 수 있다.

그는 이어서 2개의 병행구에서 지식에 관계된 중보를 위한 기도를 한다.

이것은 단순한 지성적인 면만을 말하는 것이 아니라, 지혜에 대한 성경적 개념 곧 "여호와를 경외함이 지혜의 근본"(시111:10)임을 다루는 것이다. 그러므로 바울의 기도는 단지 논리적이고 과학적인 진리가 아니라, 삶을 살아가는 살아있는 진리를 얻도록 하기 위한 기도이다.

또한 바울은 '힘의 강력', '능력', '지극히 크심'과 같은 유사 용어들을 반복하여 사용하고 있다. 이것은 그리스도 안에 있는 하나님의 절대적으로 유일하고 월등한 능력을 강조하고 있는 것이다.

그러므로 에베소 교회를 향한 바울의 기도는 그중심 내용이 하나님에 대한 영광의 선포와 그의 성도를 향한 섭리와 그의 능력에 초점이 맞추어져 있다.

빌립보서 1장 9~11절의 기도 내용을 살펴보자.

> 내가 기도하는 것은 여러분의 사랑이 지식과 모든 통찰력으로 더욱 풍성하게 되어서, 여러분이 가장 좋은 것이 무엇인가를 분별할 줄 알게 되는 것입니다. 그리하여 여러분이 그리스도의 날까지 순결하고 흠이 없이 지내며, 예수 그리스도께서 주시는 의의 열매로 가득 차서 하나님께 영광과 찬양을 드리게 되기를, 나는 기도합니다.

이같이 빌립보 교회를 향한 바울의 기도도 하나님의 영광과 찬송에 그 목적을 두고 있다. 그가 구하는 내용은 모두 하나님의 영광을 위한 것이다. 네 가지 간구의 주제는 ① '풍성한 사랑', ② '분별 있는 지식', ③ '허물없는 성품', 및 ④ '의(義)의 열매'다.

모이세스 실바(Moises Silva)는 이 부분에서 바울이 사용한 문학적 기능에 주목한다. 그는 9절의 "더욱 더"가 점점 강조하는 양식(a stylistic cersecondo)을 통해 논리적인 점진이 있으며, 이를 통해 바울이 3가지의 목적들을 독자들에게 설정한다고 본다.[307]

① 선한 것을 분별하고, ② 그리스도의 날에 흠이 없는 완전함. ③ 하나님의 영광과 찬송. 바울이 사용한 문학 양식을 고려해 볼 때, 이 가운데 가장 고상하고 최종적인 목적은 단연코 하나님의 영광과 찬송이다.

더구나, 이 기도는 골로새서 1장 9~11절의 기도와 그 구조상 매우 유사하다. 이것은 바울이 교회를 향하여 기도할 때에 항상 같은 주제를 그중심에 가지고 있었다는 것을 암시한다. 그것이 곧 하나님의 영광이다.

이 밖에도 하나님의 영광을 위해서 기도하고 있는 부분들은 고린도후서 11장 31절, 빌립보서 4장 20절, 로마서 1장 25절, 에베소서 3장 20~21절이다.

그 외에도 많은 기도문들이 있지만, 특히 감사가 중심을 이루고 있는 것들이 많다. 그가 감사 기도를 드리는 동기는 바로 예수 그리스도의 구원이다.

그러나 그 감사는 고린도전서 1장 9절에서 보는 바와 같이 이

307 | Moises Silva(1992). *Philippians: Baker Exegetical Commentary on the New Testament*. Grand Rapids: Baker Academic, p.49.

내 하나님을 찬송하는 것으로 끝나며, 골로새서 1장 12절에서와 같이 하나님께 감사를 돌리는 것이다.

바울의 모든 기도는 궁극적으로 하나님의 영광에 그 초점이 있다는 것을 알 수 있다. 그가 구체적으로 교회의 유익을 위하여 구하고 있지만, 그 모든 것을 결국 하나님의 영광을 위한 것이다.[308]

이처럼 사도 바울은 기도를 통해 그가 목회적으로 돌보는 교회에게 인간의 제일된 목적을 가르친 셈이다.

5. 성만찬

바울은 서신서들 속에서 성만찬을 설교와 가르침의 주요한 주제로 삼고 있다. 바울은 성만찬에 대한 교훈에 관하여 이것이 "주께 받은 것"(고전11:23)이라고 하였다.

이것은 바울이 성만찬에 대한 자신의 교훈을 강화하기 위하여 주의 만찬의 전통 혹은 전승을 수용하고 전달하는 자임을 분명히 하고 있는 것이다.[309]

바울의 성만찬에 대한 교훈의 내용은 크게 두 가지로 볼 수 있다.

> ① 본질적 내용: 이것을 행하여 나를 기념하여라(고전 11:24~26).

---

308 | 오성춘·권승일 옮김(1996). **기도의 신학(도널드 불러쉬 지음)**. 서울: 한국장로교 출판사, p.203.

309 | David E. Garland(2003). *1Corinthians*. Grand Rapids: Baker Academic, p.544.

② 적용적 내용: 자기를 살피고 주의 만찬에 참예하여라(11:27~28). 모일 때에는 서로 기다리십시오(11:34).

특히, 고린도 교회가 성만찬에 대한 혼란이 있었다는 것을 감안한다면(11:17, 33), 바울의 언급이 단순히 성만찬의 의미를 설명하기보다, 고린도 교회의 성만찬 교리를 체계화하려는 계기를 마련하는 의도였음을 알 수 있다.

특히, ②의 내용은 고린도 교회의 성만찬의 혼란을 고치려는 의도가 보인다. 34절 끝에 바울이 "그 밖에 남은 문제들은 내가 가서 바로잡겠습니다"라고 한 것은 결코 우연이 아니다. 바울이 후에 무엇을 가르치려 했는지에 대하여는 알 수 없지만, 그것이 주의 만찬에 대한 관련된 것이라고 짐작하는 데에는 어려움이 없다.

이로써 바울이 성만찬에 대한 전승을 단지 전달하는 데에만 그치지 않고, 그것에 창조적인 첨가를 하여 성만찬에 대한 의식적 제도를 확립하려는 시도를 하였다는 것을 짐작할 수 있다.

이것은 비단 고린도 교회뿐만 아니라 이 서신을 회람하는 모든 교회에게 성만찬의 의식제도 수립에 적지 않은 영향을 끼쳤을 것이다.

또한 이것은 바울이 성만찬을 교회 교육의 아주 중요한 주제로 삼고 있었다는 것을 의미한다.

4. 바울의 선교원리

조귀삼(1998)은 바울의 선교사역에 담긴 그의 선교원리를 사도행전과 그의 서신서들을 바탕으로 5가지로 제시하고 있는데 사도 바울의 교육 원리를 생각하는데 매우 중요한 시사를 준다.[310] 여기에 간단히 소개하려고 한다.

1. 예수 그리스도가 복음의 중심이 되는 선교원리

사도 바울은 "예수가 그리스도이시다"라고 선포하였다. 비시디아의 안디옥에서 바울은 설교(행13:16~41)하면서 주장하기를 "하나님이 약속하신 대로 이 사람의 씨에서 이스라엘을 위하여 구주를 세우셨으니 곧 예수라"라고 호칭한 것은 바울 신학의 정수(精髓)라고해도 과언이 아니다.

여기에 기록된 것 이외에도 몇 가지 다양한 이름들이 바울에 의해 기록되었다. 즉, '퀴리오스'(*κύριούν*, 롬10:9), '하나님의 아들'(갈4:4) 등등, 바울의 이러한 기독론적 칭호는 그의 다메섹 사건을 통해서 결정되어지고 이전 교회의 전승들과의 만남을 통하여 신학화되면서 반대자들의 논쟁 상황과 이방 사도로서의 선교상황 속에서 선포된다.

310 | 조귀삼(1998). 선교와 교육: 바울의 선교원리. **복음과선교**. 제2권. 한국복음주의 선교신학회, pp.239-278.

2. 이방인을 구원의 역사 속에 포함시키는 선교원리

사도 바울의 선교원리 가운데 빼놓을 수 없는 부분이 이방인을 구원의 역사 속에 포함시키는 사역이다. 바울과 바나바는 비시디아 안디옥에서 유대인들을 향하여 다음과 같이 말하였다.

"우리는 하나님의 말씀을 당신들에게 먼저 전해야 하였습니다. 그러나 지금 당신들이 그것을 배척하고, 영원한 생명을 얻기에 합당하지 못한 사람으로 스스로 판단하므로, 우리는 이제 이방사람들에게로 갑니다."(행13:46; 18:6; 22:18; 28:28).

3. 성령님께 순종하는 선교원리

사도 바울의 선교에 있어서의 성령의 역할은 아무리 강조해도 부족함이 없다. 따라서 이는 하나의 선교원리로 기술함이 타당할 것으로 본다. 성령은 인간들 속에서 인격적인 면, 도덕적인 면, 그리고 신앙적인 측면에서 활동하신다.

초대교회는 선교를 담당함에 있어서 성령의 특별한 지시를 받았다.

4. 문화 속에 적응하는 선교의 원리

바울의 선교원리의 추출에 있어서 또 하나의 생각해 볼 수 있는 것은 적응에의 선교원리이다. 사도 바울은 당시의 다양한 사회구조와 종교들 속에서 "여러 사람들에게 여러 모양"의 적응을 시도하였다. 이것은 그의 세 번의 설교(행13:16~41; 14:15~17; 17:15~31)와 13권의 그의 서신에 잘 나타나 있다.[311]

아덴에서의 설교는 바울이 예루살렘 교회 회의에서 이방인을 위한 사도로 인정받은 후 행한 최초의 설교라는 의의가 있다. 아레오바고 설교는 헬라적 설교로 시작되어 기독교적으로 끝을 맺고 있으며, 그 주제는 하나님에 대하여 알게 하는 것이다.

5. 종말론적 재림신앙을 강조하는 선교원리

사도 바울은 종말론적인 믿음의 신앙을 가지고 선교를 감당하였으며, 이와 같은 그의 사상들을 선교 현장에서 강조하였다. 그가 로마의 옥중에서 골로새의 교인들에게 써 보낸 서신에는 분명히 종말론적인 재림 사상이 나와 있다.

"여러분의 생명이신 그리스도께서 나타나실 때에, 여러분도 그분과 함께 영광에 싸여 나타날 것입니다."(골3:4). 제하르더스 보스(Geerhardus Vos)는 말하기를 "바울은 『성경』에 있는 종말론적인 신념의 편린들을 파악하여 아주 균형있는 형태로 결정화하였기 때문에 기독교 종말론의 아버지라고 한다"[312]

---

311 | 조은식(2008). 교육과 만나는 목회: 선교와 기독교교육; 사도 바울의 타문화 선교. **교회 교육**. 368권. 장로회직학대학교 기독교교육연구원, pp.52-57.

312 | 이승구·오광만 옮김(1993). **바울의 종말론**(Vos, Geerhardus 지음). 서울: 엠마오, p.11.

6. 바울의 교회 목회의 원리

바울은 신학자요 선교사였지만 또한 훌륭한 목회자였다.[313] 바울의 목회자적 관심은 복음 전도를 통해 교회가 설립되었을 때 나타난다. 바울은 복음을 전하므로 그의 사명이 모두 끝났다고 생각하지 않는다. 그는 목회자로서 설립된 교회를 보살피며 기도하는 일을 게을리 하지 아니했다.

바울의 목회자적 관심은 제1차 전도 여행으로 설립된 교회들을 예루살렘 공회 후에 다시 방문하기 원한다는 말에서 증명된다. "우리가 주님의 말씀을 전파한 여러 도시로 신도들을 다시 찾아가서, 그들이 어떻게 지내고 있는지를 살펴봅시다"(행15:36).

바울의 서신들도 설립된 교회를 의식하면서 쓴 서신들이기 때문에 목회적 관심의 소산이라고 할 수 있다.

바울은 2차 전도 여행 때 고린도에서 데살로니가전서, 데살로니가후서, 갈라디아서를 썼다. 그리고 3차 전도 여행때 에베소에서 고린도전서를, 마게도냐(빌립보)에서 고린도후서를 그리고 고린도에서 로마서를 썼다. 로마에 도착하여 투옥된 후 옥중 서신인 에베소서, 빌립보서, 골로새서, 빌레몬서를 쓰고, 풀려난 후 마게도냐에서 디모데전서와 디도서를 쓰고, 다시 투옥된 후 로마 감옥에서 마지막으로 디모데후서를 썼다.

바울 사도는 서신을 쓸 때마다 교회를 의식하고 썼기 때문에 각 서신에는 바울의 목회 원리가 풍부히 담겨져 있다. 박형용(1986)은 바울의 각 서신에 기록된 배경과 계기를 근거로 바울의

313 | 박형용(1986b). 바울의 신학과 설교. **신학정론**. 제4권 1호. 합동신학대학원대학교 출판부, pp.39-56.

목회 원리를 각 서신의 강조점을 중심으로 설명한 바 있다.[314]

314 | 박형용(1986a). 목회자 바울과 그의 목회 원리. **신학정론**. 제4권. 합동신학대학원대학교 출판부, pp.239-260.

Chapter8 **제8장**

목회서신에 나타난 바울의 교육사상

바울서신 가운데 디모데전서, 디모데후서, 디도서를 목회서신(牧會書信)이라 하는 이유는 이 세 서신에서 바울이 젊은 일꾼 디모데와 디도에게 목회 방법을 가르쳤었기 때문이다. 바울은 디모데에게 읽는 것과, 권하는 것과, 가르치는 일에 전념하라고 지도한다(딤전4:12~13).

그러나 목회서신이란 말은 서신들에 대한 정확한 표현은 아니다. 왜냐하면, 이 서신들은 목회적 관심에서 기록된 편람문서가 아니기 때문이다. 그런데도 이 서신들은 목회적 성격을 갖고 있으며, 그 때문에 목회서신이란 명칭은 전혀 부적당한 것만은 아니다.

이 서신들은 목회 임무를 수행하려는 사람에 대한 권면과 지시가 들어 있는 모든 고대 문서의 표본으로써 귀중한 가치를 가지고 있다. 물론 이 서신들은 특별히 각 개인들에게 부쳐진 것이었다. 그러나 이들은 사사로운 서신왕래 범주에 속하지는 않는다.

1. 목회서신과 교육 관련 용어들

사실 현재의 목회서신이라고 불리는 이 세 권이 처음부터 목회서신이라고 불리게 된 것은 아니다. 『신약성경』이 최초로 수록된(AD170년) 『무라토리 정경』(Muratorian Canon)[315]은 목회서신을 공동체에 보낸 서신에 대응되는 '개인 편지'로 분류하여 수록하였다.

그리고 토마스 아퀴나스(Thomas Aquinas, AD1250년)는 디모데전서가 "감독의 훈련을 위하여" 필요한 "일종의 목회 지침"을 담고 있다고 말했다.

그런 이유로 인해 17세기 무렵에는 현재의 목회서신이 「감독편지」(the Ponotifical letters)로 불리워졌다. 현재의 '목회서신'이란 용어는 메리온(L. Marion)에 의하면 폴 안톤(Paul Anton)이 1726~1727년에 할레(Halle)에서 일련의 강의를 하는 중, 디모데전서, 디모데후서, 디도서를 가리켜 '목회서신'(Pastoral Epistles)이란 명칭을 사용하면서부터 생겨났다.[316]

안톤(Anton)은 목회서신이 "기독교 사역을 위한 준비 및 안내를 원하는 사람들에게 적합한 최고의 본이 되는 글들"[317]이라고 설명하였다.

그러나 사실은 바울의 13편 서신 중 로마서를 제외하고 다른

315 | AD170년 무렵에 바울의 13개 서신 전체를 정경으로 인정한 최초의 정경이다.

316 | Soards, Marion L.(1987). *The Apostle Paul: An Introduction to his writings and Teaching*. New York: Paulist Press, p.156.

317 | 앞의 책, p.156..

12편 서신 모두가 '목회서신'이라고 생각해도 잘못이 없다. 왜냐하면, '목회'(牧會)는 목자가 양을 치는 것 같이 목사가 하나님의 자녀들인 신도들을 진리로 가르치며 기르는 것을 의미하기 때문이다.

좀 더 구체적으로 말하면, "목회는 양들이 당면한 위기와 사건을 이해할 뿐만 아니라 같이 동참하여야 하며, 초신자를 방문하고 양육하며, 피곤한 자들을 위로하고 격려하며, 출생한 자를 돌아보고 문제를 가지고 있는 자들을 상담하며, 슬퍼하는 이들을 위로하는 일이므로 목회자의 심신이 피곤할 때가 많으나 때를 따라 내리시는 주님의 은혜와 새 힘으로 피곤과 괴로움이 물러가고 하루하루를 주님의 몸 된 교회와 양 떼들을 위해 일하게 되는 것이다."[318]

그런데 흔히 말하는 '목회서신'에서는 교육과 관련된 용어들이 특히 많이 나타난다. 이 점을 고려해서 목회서신에서 많이 제시하고 있는 교육 관련 용어들을 중심으로 사도 바울의 교육사상을 살펴보려 한다.

『신약성경』에는 일반 헬라어에서 교육 활동을 지칭하는 파이듀에인(*παιδεύειν*, '가르치다') 단어군(單語群)이 24번이나 나타난다. 즉 동사 파이듀에인(*παιδεύειν*)이 13번, 명사 파이데이아(*παιδεία*, '가르침', '교육')가 6번, 나타나며, '교사'를 의미하는 파이듀아테스(*παιδευατής*)와 파이다고오스(*παιδαγωός*)가 각각 2번과 3번 사용된다.

더욱이 『신약성경』에는 가르침과 관련되는 디다스케인(*σιδάσκειν*) 단어군도 무려 220번이나 나온다.

---

318 | 김병원(1985). **목회학**. 서울: 개혁주의 신행협회, p.11.

여기에서는 『신약성경』의 교육사상이 드러난 본문 가운데 특히 목회서신을 중점적으로 다루려 한다. 그 이유는 『신약성경』에서 파이듀에인(παιδεύειν) 단어군이 나타난 구절들 중에서 디도서 2:12절이 가장 의미 깊고 중요한 구절로 보일 뿐만 아니라 『신약성경』의 다른 문서들에 비해 목회서신에서는 파이듀에인(παιδεύειν) 단어군과 디다스케인(διδάσκειν) 단어군이 중심 단어들로 사용되고 있기 때문이다.

이 장에서는 파이듀에인(παιδεύειν)과 디다스케에인(διδάσκειν) 단어군들이 나오는 구절들을 중심으로 목회서신의 교육사상을 살펴보려 하는 이유는 간단하다. 즉, 디모데후서 3장 16절에서는 파이데이아(παιδεία, '가르침', '교육')와 디다스칼리아(διδασκαλία, '가르침')가 함께 사용되고 있고, 디모데후서 2장 25절에서는 동사 파이듀에인(παιδεύειν)이 '가르치다'라는 의미로 사용되는 데다가 디다스케에인(διδάσκειν) 단어군에서는 이 동사가 몇몇 구절들에서 '본보기'를 의미하는 헬라어 튜포스(τύπος, '본보기')와 함께 사용되기 때문이다.

2. 하나님 은혜의 선물인 교육

디도서 2장 11절에는 모든 사람을 구원하시는 하나님의 은혜가 나타났다는 진술이 나오는데, 바로 다음 절인 12절에서 이 은혜와 관련하여 분사 파이듀사(παιδεύσα, '교육하여')가 사용된다.

여기서는 이 구절이 나오는 파이데에인(παιδεύειν, '교육하다')을 세속 헬라어에서 일반적으로 교육 활동을 나타내는 말로서, 수업, 가르침, 인간 형성과 도야의 의미를 내포한다.

그러나 『구약성경』에는 교육을 위한 포괄적인 개념이 없다. 『히브리어 구약성경』에는 가르침과 지도, 질책이나 견책과 같은 일련의 단어들이 들어 있지만, יסר(야싸르)와 מוסר(무싸르)만이 '교육하다', '훈계하다'를 의미할 수 있다.

그런데 보통의 경우에 יסר(야싸르)는 우선적으로 '매질하여 벌하다'란 뜻으로 육체적 체벌을 의미한다. 예컨대, 신명기서 28장 18절에는 어떤 남자가 자신의 부인을 비방하며 누명을 씌워 소문을 퍼뜨렸을 때, 그 성읍의 장로들이 이 남자를 붙잡아 때리는 법이 나오는데, 이 경우 '때리다'를 위해 이탈(יסר)가 사용된다.

잠언서에서도 이 동사가 사용된다. 19장 18절과 29장 17절에서 이 단어는 아버지가 아들을 훈계할 때 사용된다.

31장 1절에서는 어머니가 아들을 훈계할 때 사용되는 전문용어다. 『구약성경』에서 이 어법은 여호와에게로도 전용되는데, 여기서 이 어법은 아버지가 사랑하는 자신의 아들을 징계하는 것같이 하나님도 그의 백성을 징계하신다는 이른바 '여호와의 구원 교육학'을 위한 전문용어로 사용된다(신8:5; 잠3:12).

여기서 יסר(야싸르)와 죄는 서로 상응관계에 있다. 이스라엘 백성이 하나님께 불복종할 때 하나님은 그의 백성을 징계하신다는 것이다(레26:18, 28; 렘2:19). מוסר(무싸르)도 '훈계하다', '징계하다'의 뜻으로 우선적으로 양친에 의한 육체적인 체벌을 의미하는데(잠13:24; 22:15; 23:13), 여기서도 이 단어는 자신의 백성에 대한 여호와의 징계로 전용된다(사26:16; 렘30:14).

다음의 두 가지 논거들은 디도서 2장 12절의 파이듀에인(παιδε

ύειν)을 헬라 세계에서 교육 활동을 위해 일반적으로 사용된 의미인 '교육하다'로 이해하는 데 도움을 준다.

(1) 디도서 2장 12절에서 파이듀에인(*παιδεύειν*)이 세 가지 주요 덕목인 '신중'(愼重, *σωφροσύνη*), '의'(義, *δικαιοσύνη*), '경건'(敬虔, *εὐσέβεια*)과 함께 사용되는 것은 결코 우연이 아니다. 이것은 '교육'과 주요 덕목을 밀접히 연관시킨 헬라의 오랜 전통으로부터 유래한다.

여기서 '경건'은 모든 덕들 중 가장 위대한 덕으로 나타나며, 디도서 2장 12절의 세 덕목과 같은 순서로 '신중', '의', '경건'이 나타난다.

이와 같이 디도서 2장 12절에서 하나님의 은혜의 파이듀에인(*παιδεύειν*)의 목표는 헬라 전통에서처럼 덕스러운 사람이 되게 하는 데 있다. 따라서 여기에 나오는 파이듀에인은 '징계하다'보다는 '교육하다'로 번역하는 것이 더 합당하다.

(2) 디도서 2장 11~14절은 바로 앞에 있는 디도서 2장 1~13절의 '교회를 향한 권면의 말씀'에 논거를 제시하는 단락이다. 그런데 디도서 2장 11~14절이 속해 있는 디도서 2장 전체는 이른바 '건전한 교훈'에 관한 단락이다.

왜냐하면 이 단락은 표제어에 해당하는 1절에서 "그대는 건전한 교훈에 맞는 말을 하십시오"라는 권면으로 시작하고, 이 단락의 끝 절인 15절에서 이 권면이 다시 나타나고 있기 때문이다.

그런데 이 '건전한 교훈'은 일련의 명령문들로 구성된 2~10절에서 긴 윤리적 지시들로 이루어져 있다. 이 지시들은 교회 공동체의 각 계층의 사람들(나이 많은 남자들, 나이 많은 여자들, 젊은 여자들, 젊은 남자들, 교직자들, 그리고 노예들)에게로 향하고 있으며, 이것들은 모두 비난받을 일이 없는 삶의 방식을 목표로 하고 있다.

여기서도 이 윤리적 지시들이 대부분 헬라적 통속 철학에서 유래하는 덕목들로 이루어져 있는 것을 발견할 수 있다.

이와 같이 여기서 '건전한 교훈'이 윤리적이고 실천적인 면에 강조점을 두고 있고, 이와 관련해서 파이듀에인이 사용되는 것을 볼 때, 디도서 2장 12절의 파이듀에인은 '교육하다'라는 뜻으로 사용되고 있음을 알 수 있다.

그러면 디도서 2장 11~14절에 나타난 교육사상을 보다 구체적으로 살펴보려 한다.

여기서 저자는 하나님의 은혜의 교육 활동에 대해 언급하면서 그의 교육의 이유와 목적을 제시한다. 이유는 사람들이 불경건하고 속된 욕심에 빠져있기 때문이고, 목적은 이 세상에 있는 동안 이러한 욕심에서 벗어나 신중하고 의롭고 경건하게 살도록 하여 그리스도가 다시 나타나실 때 궁극적 구원에 이르도록 준비시키는 데 있다는 것이다.

이 내용은 바로 다음 단락인 3장 3~5절에서 볼 수 있는 이른바 '전에는—이제는' 대조와 연관해서 이해할 수 있다. 불경건과 속된 욕심은 그리스도 이전과 밖에서의 인간의 상황에 대한 표현이고, 바로 다음에 나오는 덕 목록은 이제 그리스도를 믿는 사람들이 하나님의 은혜의 교육적인 활동을 통해 이루어야 하는 그리스도교적 삶에 대한 표현이다.

위에서 본 바와 같이, 여기에 나오는 덕스러운 삶의 내용은 헬라적 윤리 철학에서 사용된 주요 덕 목록과 일치한다. 따라서 여기서 하나님의 은혜의 교육 목표가 그 당시 교회 밖의 크레코-로마적 주변 세계와 같이 덕의 획득에 있다는 것을 확인할 수 있다.

그러나 여기서 양자 간에 차이점이 있다는 것도 아는 것이 중요하다. 양자가 교육의 목적을 덕의 획득에 두는 것은 같지만, 디도서는 이 그레코-로만(Greco-Roman) 주변 세계와 달리 그리스도가 다시 나타나실 때 얻을 궁극적 구원과 연관시킨다. 그리고 교육의 주체와 방법 면에서 양자는 분명히 차이점을 보여준다.

헬라인들의 교육의 이상은 모든 인간의 조화로운 형성이었다. 그들은 인간의 형성과 도야를 교육의 중심으로 삼았을 뿐만 아니라 인간의 능력에 대해 절대적 신뢰를 보냈다.

그러므로 그들의 교육사상은 인간 중심적인 것이 되었다. 그들에게는 교육의 주체도 인간이었고, 교육 방법도 인간의 자율적인 방법이었다. 그들은 인간의 잠재적인 가능성을 인간이 개발한 교육을 통해 끌어 올리면 더 높은 차원의 인간이 될 수 있다고 생각했다.

이에 반해서 디도서 저자는 여기서 하나님 중심적인 교육사상을 피력한다. 여기에는 본질적으로 인간 자신에게는 선을 행할 수 있는 능력이 없다는 인간 이해가 전제되어 있다.

그러므로 디도서 저자는 모든 사람을 구원하시는 하나님의 은혜가 우리를 교육한다고 진술한다. 여기서 그는 하나님의 교육을 오직 그의 백성이 받도록 하는 하나님의 은혜의 선물로 표명하고 있으며, 진정한 교육자는 인간이 아니라 하나님이라는 것을 강조한다.

또한 디도서 2장 11~13절의 부연 구절인 2장 14절에서 저자가 제시하는 하나님 은혜의 교육의 주요 교육 방법을 읽어낼 수 있다.

이 절에서 나오는 그리스도의 십자가 죽음에 관한 진술은 하나님의 은혜의 교육의 주요 방법을 위한 상징으로 이해될 수 있다.

왜냐하면 이 죽음의 목적이 "그리스도께서는 우리를 위해서 자기 몸을 내주셨습니다. 그것은 우리를 모든 불법에서 건져내시고,

깨끗하게 하셔서, 선한 일에 열심을 내는 백성으로 삼으시려는 것입니다."로 진술되고 있기 때문이다.

여기서 디도서 저자는 자기 몸을 내어주는 희생과 사랑이 그리스도교 교육 방법의 본질적인 특징임을 암시해 준다. 다시 말해서 디도서 저자는 그리스도의 십자가 죽음에서 하나님 은혜의 교육의 궁극적 방법을 보는 것이다.

3. 『성경』에 의한 교육

디모데후서 3장 15절에서 저자는 『성경』이 그리스도 예수를 믿는 믿음으로 말미암아 구원에 이르는 지혜를 주는 책으로 소개한다. 그리고 16절에서는 『성경』이 하나님의 영감으로 쓰인 점과 이 책의 유익성에 대해 언급한다.

여기서 저자는 『성경』의 유익성과 관련해서 네 가지 교육학적 용어들, 즉 ① 디다칼리아(*διδακαλία*, '가르침'), ② 엘레그모스(*ἐλεγμός*, '논박'), ③ 에피아놀도이스(*ἐπανόρθωις*, '바로잡음'), ④ 파이데이아, *παιδεία*, '교육')를 사용한다. 몇몇 주석가들[319]은 이 네 용어가 두 그룹으로 짝지어져 있다고 보고 처음 두 가지를 교리에 관한 것으로, 다음 두 가지를 행위(실천)에 관한 것으로 이해한다.

---

319 | 양용의 옮김(1982). **디모데 주석(도널드 구쓰리 지음)**. 서울: 기독교문서선교회, p.243. G. W. Knight III((1992). *The Pastoral Epistles*(NIGTC). Grand Rapits: Eerdmans, p.449. 채천석·이덕신 옮김(2009). **목회서신(윌리암 D. 마운스 지음)**. World Biblical Commentary 46. 서울: 솔로몬, p.1075.

그런데 목회서신에서 '가르침'은 단지 교리만을 말하는 것이 아니다. 목회서신에서 나오는 '가르침'이라는 용어는 복음뿐만 아니라 윤리적 가르침까지 포괄하는 총체 개념이다.

또한 여기서 나오는 '논박'과 '바로잡음'이라는 용어들은 교직자와 거짓교사들과의 대결 맥락에서 사용되고 있는 것으로 이해하는 것이 적절하다. 왜냐하면 이것은 앞 장인 2장 21, 25절에서의 언급과 같은 의미로 이해할 수 있기 때문이다.[320]

즉, 2장 21절에 의하면, 교직자는 거짓 가르침과 연관된 불미한 것에서 떠나야 하나님이 요긴하게 쓸 귀하고 거룩한 그릇이 되고 모든 선한 일을 하기에 알맞은 그릇이 될 것이라고 한다. 그리고 25절에서는 주의 종으로서의 교직자는 잘 가르치고 참을성이 있어야 하고 반대자들(거짓교사들)을 부드러운 마음으로 바로 잡아주어야 한다고 말한다.

마지막에 나오는 파이데이아(*παιδεία*)는 이 당시 그레코-로만 주변 세계에서 일반적으로 '교육'이라는 의미로 사용하던 명사다. 그런데 여기서는 '외로움을 위해 교육하는 데'라는 표현이 주목을 끈다. 여기에 나오는 '외로움'은 앞에서 본 디도서 2장 12절에 나오는 '의로움'(의롭고)과 같은 덕성으로서의 '의', 윤리적인 '의'를 의미한다고 볼 수 있다.

지금까지 살펴본 바와 같이, 디모데후서 3장 16절에서 저자는 『성경』이 일반 그리스도인들뿐만 아니라 거짓교사들을 교육하는 데 유익한 책이라는 점을 강조한다.

여기서 저자는 『성경』의 내용에 기반을 둔 그리스도교의 구원

---

320 | 이광진(2014). 목회서신의 교육사상. **신약논단**. 제21권 제2호. 한국신약학회, p.569.

선포와 교육이 교직자의 중요한 과제임을 알려 준다. 그리고 『성경』에 의한 교육의 목표는 신도들이 의로운 삶, 즉 선한 일을 할 수 있게 해주는 데에 있다.

4. 징계로서의 교육

디모데전서 1장 20절에는 후메내오와 알렉산더라고 불리는 두 사람이 다시는 하나님을 모독하지 않도록 하기 위해 교육을 받아야 한다는 내용이 나온다.

여기서 동사 파이듀에인의 의미를 이해하기 위해서는 이 동사가 나오는 히나(ἵνα) 문장 앞에 있는 "내가 그들을 사탄에게 넘겨주었다"라는 문장의 의미를 알아야 한다. 왜냐하면 목회서신에서 바울이 두 사람을 사탄에게 넘겨준 것은 그들이 교육을 받아 다시는 하나님을 모독하지 않도록 하기 위한 것이라는 언급과 연관되기 때문이다.

선한 목적을 위해 누군가를 사탄에게 넘긴다는 관념은 욥기 2장 6절에서도 볼 수 있다. 사탄은 욥의 신앙의 신실성을 시험하기 위해 욥에게 육체적 고통을 가하는 하나님의 대행자로 나온다.

그러나 욥기의 구절은 디모데전서 구절의 실제적인 병행구가 될 수 없다. 왜냐하면 욥기에서 '사탄에게 넘겨줌'은 죄인이 아니라 경건한 자에게 해당되며, 더구나 사도에 의해서가 아니라 하나님 자신에 의해 일어나기 때문이다.

거짓교사를 사탄에게 넘겨주는 목적은 단순히 형벌을 가하는 데에만 있는 것이 아니라, 회개할 수 있도록 교육하는 데 있다. 그러므로 여기에 나오는 파이듀에인은 단지 가르친다는 의미보다는 준엄한 징계로서의 교육을 의미한다는 것을 알 수 있다.

5. 가르침으로서 교육

1. 디모데후서 2장 25절

이 구절에는 목회서신의 바울이 디모데에게 반대하는 사람들을 온화하게 교육해야(παιδεύειν) 한다고 권면하는 내용이 나온다. 그렇게 하면 하나님께서 그들을 회개시켜서 진리를 깨닫도록 하시지 않을까 해서라는 것이다.

성경학자들 가운데는 여기에 나오는 동사 파이듀에인의 의미를 앞에서 본 디모데전서 1장 20절에서 처럼, '징계하다'로 이해하거나, '가르치다'와 '징계하다'라는 의미를 동시에 보는 이들이 있다.

여기서 파이듀에인의 의미를 명확히 알기 위해서는 이 구절의 인접 문맥을 살펴보는 것이 중요하다.

디모데후서 2장 23~26절 단락에서 저자의 목표는 '건전한 교훈'에 반대하는 거짓교사들과 대결해야 하는 상황에서 교직자가 주님을 어떻게 섬겨야 하는지를 가르치는 데에 있다.

저자는 23절에서 디모데(교직자)에게 주의 종은 어리석고 무식한 논쟁을 멀리하라고 명령한다. 그리고 23절에서 그 근거로 이런 논쟁이 싸움을 낳는다는 것을 수신자들이 이미 알고 있다는 점을 상기시킨다.

그런 다음 그는 24절에서 주의 종이 거짓교사들과 구별되어야 하는 세 가지 행동 지침을 언급한다. 즉, 주의 종은 싸워서는 안 되고 모든 사람들을 온유하게 대하고, 잘 가르치고(διοκτικός, 디스크티코스, '잘 가르치는'), 참을성이 있어야 한다는 것이다.

그리고 25절에서는 이 거짓교사들을 온화하게 교육해야(παιδεύειν)한다고 명령하면서, 25절과 26절에서 이에 대한 목적을 제시한다. 즉, 이렇게 하면 하나님께서 이 거짓교사들을 진리를 깨닫도록 회개시키고, 악마에게 사로잡혀 그의 뜻대로 하던 그들이 그 악마의 올무에서 벗어나 다시 정신을 차리지 않을까 해서다.

이 문맥에서 볼 때, 다음 네 가지 요소가 25절의 동사 파이듀에인(παιδεύειν, '가르치는')의 의미를 이해하는 데 도움을 준다.

> ① 25절은 2장 24절에서 디모데에게 요구하는 세 가지 특별한 자질들의 열거를 요약한 것으로 볼 수 있다. 따라서 25절의 파이듀에인('가르치는')은 24절의 디스크티코스(δισκτικός, '잘 가르치는')와 거의 동의어로 사용된다고 볼 수 있다.
>
> ② 26절의 목적절에서 볼 수 있는 바와 같이, '진리의 깨달음'과 '정신 차림'에 대한 관심은 25절의 파이듀에인이 헬라적 의미인 '가르치다'(지도하다)라는 뜻을 지닌다는 것을 알게 한다.
>
> ③ 25절의 파이듀에인은 23절에 나오는 아파이듀토스(ἀπαίδευτος, '무식한')와 대조되는 내용으로 사용된다. 따라서 여기서도 파이듀에인을 '가르치다'(지도하다)라는 의미로 이해할 수 있다.

④ 25절에서 파이듀에인이 '온화하게'(ἐν πραΰτηι) 어구와 함께 사용되는 것은 이 동사가 형벌의 의미에서 '바로 잡다'나 '징계하다'라는 뜻으로 사용되지 않는다는 것을 말해준다.

지금까지의 고찰에 근거해서 볼 때, 디모데후서 2장 25절에서 파이듀에인은 앞에서 본 디모데전서 1장 20절에서처럼 '징계하다'라는 의미로 사용되는 것이 아니라, '가르치다'(지도하다)라는 의미로 사용된다고 결론을 내릴 수 있다.

2. 디다스케인 단어군에 대한 고찰

목회서신에서는 '가르치는 것'을 교직자(목회자)의 중심적 책무 중 하나로 기술한다. 이 서신들에서는 디다스케인(διδάσκειν)이 앞에서 본 파이듀에인(παιδὐεύειν)과 거의 동의어로 사용되고 있고, 디다스케인 단어군이 자주 나오기 때문에, 이 단어군을 통해 목회서신이 말하는 교육사상을 살펴볼 필요가 있다.

가. 디다스케에인(Δισάσκειν)

(1) 디모데전서 4장 11절("그대는 이것들을 명령하고 가르치십시오.")에서 디모데는 명령하고 가르치라는 지시를 받는데, 여기서 두 개의 동사(παράγγελλε와 διδάσκε)가 사용되어 있다.

첫 번째 동사 파라겡겔레(παράγγελλε, '명령하라')는 원래 군사용어에 속한 말로서 권위 있는 사람이 내리는 명령을 뜻하는 단어인데, 여기서는 교회지도자의 권위 있는 명령을 위해 사용된다.

그리고 두 번째 동사 디다스케(διδάσκε, '가르쳐라')는 위에서 본 파이듀에인(교육하다)과 동의어로서 교회 지도자의 가르치는 활동을 위해 사용된다. 여기서 말하는 가르침의 내용을 알기 위해서는 11절의 앞 단락을 주의깊게 살펴보아야 한다.

4장은 교회 공동체 안의 거짓 가르침에 대한 언급으로 시작한다. 특히, 3절에서 저자는 거짓 가르침의 주요 테마들에 속하는 결혼 금지와 금식 명령에 대해 언급한다. 그리고 3절에서 그는 특히 금식 명령을 창조 신앙에 의거해서 거부한다.

그런 다음 저자는 6절에서 그 앞에 있는 진술들을 요약하는 대명사인 타우타(ταῦτα, '이것들')를 사용하여 그 앞에 있는 진술들을 요약한다. 여기서 저자는 디모데가 '이것들'을 형제들에게 일러주라고 지시한다.

그리고 저자는 디모데에게 거짓 가르침을 거절하고 경건한 생활을 하기 위해 늘 자신을 훈련하라고 지시한 후, 8~10절에서 '생명에 대한 약속'과 '확인 정형 어구', 그리고 구주이신 하나님께 희망을 둔다는 구원론적 진술로 위의 지시에 대한 논거를 제시한다.

그런 다음 저자는 11절에서 다시 대명사 타우타를 사용함으로써 6~11절 사이에 있는 내용을 요약하면서 '이것들'을 명령하고 가르치라고 지시한다. 따라서 여기서 디모데가 가르쳐야 할 내용은 거짓교사들과의 대립 속에서 창조주 하나님이 주시는 좋은 선물과 경건훈련에 대한 강조라는 것을 알 수 있다.

(2) 디모데전서 6장 2절에서도 위에서 본 디모데전서 4장 11절과 아주 유사한 어구가 나온다. "그대는 이것들을 가르치고(διδάσκε) 권하시오(παρακάλει, 가르치다)."

여기서 디모데가 가르쳐야 할 내용은 5장 1절~6장 2절의 내용, 즉 교회 공동체 안에 있는 각 그룹을 겨냥한 지시들, 장로들의 보수 문제와 장로들에 대한 송사에 관한 경우에 취해야 할 행동 및 그들의 안수와 관련된 지시들이다.

(3) 디모데후서 2장 2절은 바울 전승의 전달에 대한 저자의 강렬한 관심을 보여 주는 구절이다. 여기서 저자는 바울 전승의 전달 내용을 짧게 '그대가 많은 증인 앞에서 내게 들은 것'으로 표현한다. 이 표현은 이 구절의 앞 문맥인 1장 6절의 언급으로 미루어 볼 때 성직 안수식 거행 상황과 관련시킬 수 있다.

그리고 이 구절에 나오는 단어 파라도우(παράθου)는 앞 문맥인 1장 12, 14절에 나오는 파라데케(παραθήκη, '위탁한 재산', '놓아둔 것')와 연관이 있다고 볼 수 있기 때문에, '그대가 들은 것'은 이 파라테케를 의미한다고 볼 수 있다.

이 파라테케는 목회서신에서 거짓교사들에 대항하여 바울 전통의 연속성을 간직하고 이 전통의 내용을 순수하게 보존하기 위해 사용된 가장 중요하고 결정적인 개념이다.

2절을 이렇게 해석하면, 2절의 "그래서 그들도 다른 사람들에게 가르칠 수(διδάξαι) 있게 하시오"는 디모데에 의한 새로운 교직자의 안수식과 관련된 지시로 이해할 수 있다. 이 상황과 관련해서 저자는 임명받는 교직자들의 중요한 책무로서 파라테케에 속하는 메시지를 다른 사람들에게 잘 가르쳐 전달할 수 있는 능력을 제시하고 있다.

(4) 디모데전서 2장 12절에서 디다스케인(διδάσκειν, '가르치다')이 아우데테인(αὐθετεῖν, '지배하다')과 병행적으로 사용된다. 그리고 11절에서는 이것에 대조되는 말로서 '배우다'(μανθάνειν)가 나타난데, 여기서 이것은 '조용히 복종하는 가운데' 이루어져야 한다는 것이다.

그러므로 교회 공동체 안에서 배워야 하는 사람이 취해야 하는 적절한 자세는 아무런 말없이 복종하는 가운데 배우는 것이 적합한 행동이라는 것을 말하는 것이다.

여기서 목회서신의 교육사상의 일면을 확인할 수 있다. 즉, 배우는 행위는 교사에게 조용히 복종하는 것을 의미하고, 가르치는 행위는 권위를 행사하거나 지배하는 것을 의미한다.

(5) 디도서 1장 11절에서 저자는 거짓교사들의 활동에 대해 언급한다. 이들은 '해서는 안 될 것들'을 가르친다고 말한다. 이와 비슷하게 저자는 디모데전서 1장 3절과 6장 3절에서도 이 거짓교사들의 활동에 대해 언급하는데, 여기서는 '다른 것을 가르치는 것'으로 표현한다.

디모데전서 4장 1절에서는 올바른 가르침에 해당되는 '건전한 가르침'과는 다른 가르침의 내용을 말한다. 여기서도 저자의 교육사상의 일면을 찾아볼 수 있다. 즉, 교육에서는 무엇보다도 가르침의 질이 중요하다는 것이다.

나. 디다스칼리아(Διαδασκαλία)

(1) 목회서신에서 디다스칼리아(διαδασκαλία, '가르침', '건전한 가르침', '가르치는 일')는 신약성경의 다른 문서들에서와 달리 매우 자주 나타난 것(15번)을 볼 때, 이 단어는 목회서신에서 매우 중요하게 다루어지면, 또한 중심 개념이라고 해도 과언이 아닐 것이다.

(2) 목회서신에서 이 명사는 가르치는 행위의 의미로 네 번 사용된다. 저자는 여기서 특히 교회 안에서의 교직자의 가르치는 활동에 관심을 보인다.

교직자는 가르치는 일을 잘 살펴야 하고(딤전4:16), 이 일에 힘써야 하며(딤전4:13), 가르치는 일에 순결해야 한다고 피력한다(딛

2:7). 그리고 가르치는 일에 수고하는 교직자를 더욱 존경하라고 한다(딤전5:17).

(3) 목회서신에서 디다스칼리아는 가르쳐야 하는 내용의 의미로 열 번 사용된다. 여기서는 특히 거짓 가르침과 대조되는 '건전한 가르침'이 강조되는데, 이 어구는 목회서신에서 규준 개념으로 사용된다. '좋은 가르침'(딤전4:6)과 '경건에 상응하는 가르침'(딤전6:3)도 이와 같은 맥락에 있다.

이 '건전한 가르침'의 의미에 대해서는 목회서신 저자가 이 개념을 본보기로 사용하는 디도서 2장 1~15절이 잘 보여준다. 이미 앞에서 필자가 디도서 2장 1-15절 전체가 '건전한 가르침'을 다루는 단락이라는 것을 언급한 바 있다.

앞서 언급한 바와 같이, 2~10절에서 '건전한 가르침'은 각 교인들을 향한 상세한 윤리적 지시들로 이루어져 있다. 그리고 이와 동시에 이 '건전한 가르침'은 하나님의 구원 행동에 대한 신앙고백으로서 복음에 대해 언급하는 신앙고백적인 문장들(11절과 14절)로도 이루어져 있다.

이 두 문장은 바로 앞의 2~10절에 나오는 윤리적 지시들에 대한 근거로서의 역할을 하고 있다. 즉, 그리스도인들의 구체적인 행동들은 예수 그리스도 안에 나타난 하나님의 구원 행동으로부터 나오는 결과라는 것이다.

우리는 디모데전서 1장 11절에서도 볼 수 있다. 여기서 말하는 '건전한 가르침'은 복되신 하나님의 영광의 복음을 따르는 것이다. 따라서 목회서신의 '건전한 가르침'은 단순히 복음과 동일시되거나 윤리적인 가르침으로만 이해될 수 없다.

이것은 복음으로부터 파생된 것으로서 복음과 윤리적 가르침만으로 이해될 모두 포괄하는 규준 개념으로 이해되어야 한다.

(4) '건전한 가르침' 이외에 가르쳐야 하는 내용이라는 의미로 디다스칼리아가 사용되는 구절은 모두 여섯 번 나온다.

① 디모데전서 4장 6절에 나오는 '좋은 가르침'은 위에서 언급한 '건전한 가르침'과 유사한 표현이다. 여기서 저자는 바로 위에 있는 내용을 교인들에게 가르치면 그는 자신이 추구하고 있는 좋은 가르침으로 양육을 받아 예수 그리스도의 훌륭한 종이 될 것이라고 말한다.

여기서도 저자의 교육사상을 인식할 수 있다. 즉, 제자는 '좋은 가르침'을 배워야 하고, 배운 것을 지속적으로 따라 행해야 한다는 것이다.

② 디도서 2장 10절의 "우리 구주 하나님의 가르침을 빛내자"라는 표현은 언어적으로 11절의 "모든 사람들을 구원하시는 하나님의 은혜가 나타나서 우리를 교육하여"와 일치한다.

여기서 하나님의 은혜의 교육은 덕스러운 삶(12절)과 궁극적 구원(13절)을 목표로 한다. 따라서 이것을 디도서 2장 10절의 '하나님의 가르침'의 내용으로 볼 수 있다.

디모데전서 6장 1절의 "하나님의 이름과 그 가르침에 욕을 돌리지 않게 해야 합니다."라는 표현도 위의 디도서 2장 10절의 표현에 상응하기 때문에 여기에 나오는 '가르침'도 디도서 2장 11절과의 연관 속에서 이해할 수 있다.

그리고 디모데전서 6장 1절에 윤리적 가르침이 나오기 때문에, 여기서 '교육하는 하나님의 은혜'에 상응하는 윤리적 행동을 위한 교육과 학습도 '하나님의 가르침'에 속한다고 볼 수 있다.

③ 디모데전서 6장 3~5절에서 저자는 잘못된 것을 가르치고 건전한 말씀들 및 경건에 상응하는 가르침을 따르지 않는 사람은 무지하고, 논쟁만을 일삼고, 지성이 썩는다고 비판한다.

이 구절들의 언어적, 내용적 주요 관심사는 경건에 대한 지시에 있다. 이때 경건은 "믿음과 행위의 하나 됨으로서의 경건이다". 여기서 '가르침'은 이 하나 됨에 기초해서 올바른 하나님 인식과 이에 상응하는 삶의 연관성을 깨닫도록 하는 데 목적이 있다.

④ 디모데후서 3장 10절에서 저자는 디모데에게 여러 윤리적 덕목들과 함께 자신의 가르침을 따랐다고 칭찬한다. 이를 통해 저자는 디모데전서 2장 7절과 디모데후서 1장 11절에 나오는 삼중적 칭호(전도자와 사도와 교사)에서 강조된 바와 같이 교사로서의 바울의 인격을 부각시킨다.

여기서는 스승과 그의 가르침을 잘 따라야 하는 제자의 도리를 중요시한다.

여기에 나오는 '나의 가르침'의 내용은 앞에 있는 구절들(딤후 1:9~10; 13; 2:2, 8, 11~13, 15)과 목회서신에서 바울적인 가르침을 전하고 있는 모든 구절들에 해당된다.

따라서 여기서도 위에서 본 '건전한 가르침'의 의미와 같이 복음과 윤리적 가르침을 모두 포괄하는 '가르침'을 생각해야 할 것이다.

⑤ 디모데후서 3장 16절에 나오는 '가르침'에 대해서는 앞에서 이미 다루었다. 여기서도 이 용어는 복음과 윤리적 가르침을 모두 포괄하는 개념으로 사용되고 있다.

다. 디다케(Διοαχή)

디다케('가르침')는 원래 계속 전해야 하는 신앙론을 위한 초기 그리스도교의 전통적인 개념이다. 이러한 의미로 이 단어는 사도행전에서 중요한 역할을 하고(2:42), 순수한 바울서신에서는 규준

개념으로 사용된다(롬6:17; 16:17).[321]

그런데, 목회서신에서는 이 단어가 바로 위에서 본 디다스칼리아(διδασκαλία)보다 훨씬 적게(단 2번) 사용될 뿐만 아니라, 순수한 바울서신에서처럼 규준 개념으로 사용되지 않는다.

위에서 본 바와 같이, 목회서신에서는 '건전한 가르침'이 규준 개념으로 사용된다. 그러면 목회서신에서 이 단어는 어떤 의미로 사용되고 있는지 살펴보려 한다.

(1) 디모데후서 4장 2절

디모데후서 4장 1~5절은 저자가 종말론적 배경 하에서 전도자의 일을 위해 디모데에게 명령하는 단락이다. 2절에서는 제자에게 제시하는 교육적 책무들이 나온다. 즉, 제자(교직자)는 말씀을 꾸준히 전파하고 끝까지 참고 가르치면서 책망하고 경고하고 권면하라는 것이다.

왜냐하면, 사람들이 건전한 가르침을 받아들이지 않고 자기 욕심에 맞추어 귀를 즐겁게 하는 말만 하는 교사들을 많이 모아들일 것이며, 그들은 진리를 듣지 않고 꾸민 이야기에 귀를 기울일 것이기 때문이라는 것이다(3~4).

따라서 위에서 언급한 교육적 책무들, 즉 끝까지 참고 가르치면서 책망하고 경고하고 권면하라는 지시는 거짓교사들과의 싸움이라는 맥락과 연관되어 있으며, 여기에 나오는 가르침(διδαχή)의 내용은 '건전한 가르침'과 상통한다는 것을 알 수 있다.

321 | 이용우(2008). 디다케, 예수의 교육학-복음서들에 나타난 '디다케' 어군의 내용 분석을 통한 예수의 교육에 대한 고찰. p.45.

(2) 디도서 1장 9절

이 구절은 디도서 1장 7~9절에 나오는 감독의 자격 요건들 중 하나다. 여기서 저자는 감독이 가르침에 의거한 신실한 말씀을 굳게 지키는 사람이어야 한다고 언급한다.

그 이유는 이런 감독이야말로 건전한 가르침으로 남을 권면할 뿐만 아니라 반대자들도 꾸짖을 수 있기 때문이다.

이 구절에 나오는 감독의 자격 요건은 디모데후서 2장 24~25절에 나오는 '주의 종'의 능력 및 행동 방식과 거의 일치한다. 이 두 군데에서 다루는 중요한 문제는 거짓교사들과 대립하는 상황에서 교직자의 가르치는 능력에 관한 것이다.

여기서 저자는 거짓교사들에 맞서서 교직자는 건전한 가르침에 의거해서 잘 가르칠 수 있는 능력을 지녀야 한다는 점을 강조한다. 여기서 저자가 '가르치다'와 '교육하다'를 동의어로 사용하는 것을 볼 수 있다.

라. 디다크티코스(Διοακτικός)

이 형용사(디다크티코스, Διοακτικός, '가르치기를 잘하는')는 『신약성경』에서 오직 목회서신에만 나타난다. 이 형용사는 디모데전서 3장 2절에서 감독의 자격 요건들 중 하나로 나타나는데, 이것은 다른 자격 요건들처럼 모든 그리스도인들에게도 요구되는 덕목으로서가 아니라 특별히 교직자를 위한 덕목으로 제시된다.

디모데후서 2장 24절에서는 '주의 종'의 임무와 관련해서 이 덕목이 사용되고 있다.

여기서 교회 안에서의 교직자의 가르치는 능력에 대한 저자의 특별한 관심을 인식할 수 있다. 특히 디모데후서 2장 24절은 거짓교사들과의 싸움이라는 맥락에서 저자가 교직자의 가르치는 능력을 매우 중요시 여겼다는 것을 보여준다.

6. 본보기 교육

목회서신에는 저자의 교육사상과 관련하여 '본보기'를 의미하는 헬라어 튜포스(τύπος)가 2번(딤전4:12; 딛2:7) 나온다. 그리고 '본보기'라는 단어가 나오지는 않지만 내용상 본보기 교육을 암시하는 구절이 한 군데 있다(딛1:9~10).

이 구절을 중심으로 목회서신의 '본보기 교육'에 대한 관점을 살펴본다.

1. 디모데전서 4장 6-16절

디모데전서 4장 6~16절에는 올바른 교회지도자의 상이 묘사되고 있는데, 12절은 이 중 두 번째 단락(12~16)에 속해 있다.

위에서 본 바와 같이, 11절에서 저자는 디모데(교직자)에게 6~10절에 기술된 것들을 가르치라고 권면한 후, 바로 다음 구절인 12절에서 교직자의 말이나 행실에나 사랑에나 믿음에나 순결에 있어 신도들의 본보기가 되어야 한다고 권면한다.

그리고 다음 구절인 13절에서 저자는 '『성경』 읽는 일', '권면하는 일'과 함께 '가르치는 일'에 힘쓰라고 권면한다. 이와 같이 교직자의 모범적인 삶으로서의 촉구는 가르치는 일과 연관되어 있는데, 이러한 저자의 본보기 교육에 대한 관심은 15절에서도 엿볼 수 있다.

여기서는 디모데 자신과 그의 말을 듣는 사람들의 구원을 위하여 디모데가 발전하는 모습을 보여야 한다고 촉구한다.

이것은 바로 12절에서 언급된 내용, 즉 교직자는 신도들의 본보기가 되어야 한다는 권면과의 연관 속에서 이해할 수 있다.

2. 디도서 2장 1~10절

디도서 2장 1~10절은 이른바 '건전한 가르침'과 관련해서 교회 안의 여러 그룹을 향한 권면들을 모아 놓은 단락이다. 이 중 7절은 디도(교직자)를 향한 권면의 말씀인데, 여기서 저자는 교직자가 모든 점에서 자신을 선행의 본보기로 보여 주어야 한다고 권면한다.

그 이유는 그의 교육 이해에 있다는 것을 바로 다음에 나오는 내용에서 확인할 수 있다. 7~8절에서 저자는 디도의 가르침의 방법에 대해 언급한다.

즉, 교직자는 가르치는 일에 순수하고 위엄 있는 태도를 보여야 하며, 책잡힐 데가 없는 건전한 말을 해야 한다는 것이다.

그리고 8절에서 저자는 교직자가 이렇게 해야 하는 이유를 기술한다. 그 이유는 대적하는 자에게 가르치는 교직자에 대해 험담할 빌미를 제공하지 않도록 하기 위함이다.

여기에 가르치는 일에는 가르치는 자의 모범된 삶이 반드시 선행되어야 한다는 저자의 소신을 볼 수 있다.

3. 디도서 1장 9절

디도서 1장 9절은 감독의 자격 요건이 나오는 부분(7~9절)에 속해 있다. 앞에서 이미 언급한 바와 같이, 여기에는 '본보기'라는 말이 없지만, 내용으로 볼 때 이 구절 역시 본보기 교육에 대한 저자의 관심을 보여준다.

9절에서 저자는 감독(교직자)의 자격 요건으로 가르침에 의거한 건전한 말씀을 굳게 지키는 사람이어야 한다는 점을 제시하는데, 9절을 보면 이 내용도 본보기 교육의 맥락에서 언급되고 있는 것을 알 수 있다.

즉, 교직자가 건전한 말씀을 굳게 지키는 사람이 될 때, 그는 건전한 가르침으로 남을 권면하고 반대자들도 설득시킬 수 있을 것이라고 하기 때문이다.

7. 12사도들의 교육

12명의 사도 중 어느 누구도 본래 학식있는 사람은 아니었던 것 같다. 베드로, 안드레, 야고보, 요한은 어부였고, 레위(마태)는 세무원이었으며, 몇 사람은 열심당원이었다. 나머지 사람들의 교육 배경은 알려져 있지 않다.

이들 중 레위를 제외한 어떤 사람도 훌륭한 정규 교육을 받았던 것 같지는 않다. 기대하여 볼 수 있는 최상의 것은 이들이 가정에서 교육받았고 초등학교(여기서는 시골 회당 같은 곳)에 보내졌고, 유대인 회당에 참석하였고 때때로 대축제 기간 동안 예루살렘과 그곳 성전을 여행했으리라는 정도이다.

이들을 대체로 교육받지 못한 평범한 사람들이었다. 이들로 하여금 그를 따르라고 부른 후, 예수는 이들을 가르쳤다. 이들은 군중 속에서 예수의 가르침을 들었을 것이다. 그러나 예수는 군중을 떠나 은밀하게 그 이상으로 그의 제자들을 가르쳤다(막4:10).

그러므로 사람들의 위대한 교사인 예수의 훌륭한 가르침을 고려하지 않으면 안 된다. 『성경』의 증거자료들을 보면 예수의 가르침이 권위의 능력을 갖고 있어서 베드로와 요한이 성전 문에서 앉은뱅이를 고친 결과, 예수에 대하여 증언할 기회를 갖게 되었을 때 누가는 다음과 같이 이 때 일어난 일을 기록하고 있다.

> 그들은 베드로와 요한이 본래 배운 것이 없는 보잘것 없는 사람인 줄 알았는데. 이렇게 담대하게 말하는 것을 보고 놀랐다. 그리고 그들은 그 두 사람이 예수와 함께 다녔다는 사실을 알았지만, 병 고침을 받은 사람이 그들 곁에 서 있는 것을 보고는, 아무 트집도 잡을 수 없었다(행4:13).

물론 능력 있는 예수의 가르침과 더불어 성령의 새로운 능력이 같이 했다는 사실을 망각해서는 안 된다. 이 능력이 베드로와 요한의 삶과 가르침 속에 그리고 그것들을 통하여 효력을 발휘하였던 것이다.

에필로그 Epilogue

『구약성경』을 중심으로 실시된 유대인의 신앙 교육은 지난 2천 년이 넘도록 세계를 방랑하던 그들을 유대인으로서의 개인 아이덴티티를 견고히 해줄 뿐만 아니라 히브리 민족으로서의 아이덴티티를 굳게 확립해 가도록 하였다.

그 신앙 교육의 중심에는 언제나 '토라'를 중심으로 한 『구약성경』에 대한 실천이 있었다. 따라서 『구약성경』은 히브리인의 민족의식 교육의 교과서이면서 교육 지침서라 해도 무방하리라 본다.

『신약성경』은 성자 하나님 예수 그리스도의 이 지상에서의 사역(교육)을 기록한 책으로 특히, 4복음서는 예수의 복음 전파 활동의 핵심을 진술한 책이다. 복음서의 메시지는 완전히 동일한 것이지만 각 복음서에 따라 교육적 뉘앙스에 약간 다른 느낌이 들어 일부러 조금은 혼잡스럽고 중복되는 점도 있지만 각 복음서를 개별적으로 그 교육적 의미를 살펴보았다.

복음서에 등장하는 '선생님'이란 칭호나 예수가 '가르쳤다'는 단어에 대한 헬라어 어원적인 탐색을 통해서 드러난 예수는 세상에서 가장 훌륭한 스승이요, 탁월한 교사이시다. 그런 면에서 『신약성경』을 '예수의 교육학'이라고 불러도 무방하리라.

예수의 하나님이 인간으로 오신 예수의 구원사역이 그이 말씀대로 계속해서 그가 보내신 보혜사 성령 파라클레토스 하나님에 의해 초대교회를 거쳐 2천년을 지나오면서 오늘날까지 전개되고 있다.

『성경』 전체를 정리해서 하나님의 구원의 역사를 교육적 활동으로 보려고 『성경』의 수많은 책 가운데 교육과 관련된 용어를 가장 많이 사용하고 있는 몇 권을 선정하여 살펴본 바, 『성경』은 바로 삼위일체 하나님(성자 예수)의 구속 사업(교육 활동)을 나타내는 구원 사상이라는 점이 부각되었다.

『성경』을 구성하고 있는 모든 책(66권)이 한결같이 그 초점을 예수에게 맞추고 있음을 볼 수 있었다. 그러므로 예수 그리스도가 곧 『성경』의 중심이라고 말할 수 있다. 『성경』의 교육사상이란 예수의 교육사상 다름 아니다.

강성두(2006). **욥기의 삶과 고난이해**. 서울: 대한기독교서회.

강성열 옮김(1999). **구약지혜 문학의 이해**(Crenshaw James L. 지음). 서울: 한국장로교회출판사.

강영수(2003). **유태인 오천 년사**. 서울: 도서출판 청년정신.

강요섭 옮김(1983). **마태복음 연구: 사람됨의 운명과 기원**(H. C. Waetjen 지음). 서울: 대한그리스도교출판사.

강용태(2015). 구약성경의 제사와 예배적 교훈에 관한 연구. 중앙신학대학교 박사학위논문.

강태훈(2009). 마태복음에 나타난 제자도-마태복음13:44~46(값진 진주와 보화비유) 중심으로-. 호서대학교 박사학위논문.

게르하르트 킷텔·게르하르트 프리드리히 지음(1986). **신약성서 신과사전(브라밀리 편역, 번역위원회 역)**. 서울: 요단출판사, 1901.

고용수(2015). 공감과 소통의 공동체 형성과 기독교교육의 과제. **기독교교육논총**. 제42집, 한국기독교교육학회, 13-46.

곽노경(2008). 호칭을 통해 다시 읽는 마태복음. **신앙과 학문**. 제13권 제3호. 그리스도교학문연구회, 57-85.

권균한(2006). **마태와 열매신학**. 서울: 한들출판사.

그리스도교문서선교회 옮김(2015). **고대 이스라엘 문화와 구약성경**(Niditch Susan 지음). 서울: 그리스도교문서선교회.

기동연(2015). 구약시대의 공적인 형태의 신앙 교육. **성경과 신학**. 제75집, 한국복음주의신학회, 35-67.

김경래(1997). **구약성경 난제: 창세기, 출애굽기, 레위기**. 서울: 대장간.

김경식(2008). 바울 윤리의 기원과 배경-고린도전서 8:1~11:1을 중심으로. **신약연구**. 한국복음주의신약학회, 483-515.

김경식(2012). 로마서에서의 신명기 32장 사용연구. **신약연구**. 한국복음주의신약학회, 930-960.

김경진(2010). 마태복음의 제자도 연구. **신약연구**. 제9권 제4호. 한국복음주의신약학회, 573-596.

김구원 옮김(2013). **이스라엘의 성경적 역사**(Provan Iain외 2인). 서울: 대한그리스도교서회.

김근수 옮김(1993). **갈라디아서 해석: 성경 해석에 대한 방법론**(메릴 C. 테니 지음). 서울: 기독교문서선교회.

김근수(2006). 사도 바울의 교회 교육의 실제-바울서신을 중심으로. **개혁논통**. 제5권. 개혁신학회, 1-22.

김동환(2013). 마가복음서의 종말론적 디다케에 관한 연구. 호서대학교 박사학위논문.

김득중(1981). **마가복음의 부활신학**. 서울: 컨콜디아사.

김득중(1985). **복음서신학**. 서울: 컨콜디아사.

김득중(1996). **복음서의 비유들**. 서울: 컨콜디아사.

김문현(2014). 요한복음 13:1~38 내러티브 읽기: 베드로의 인물성격과 역할을 중심으로. **신약논단**. 제21권 제2호. 한국신약학회, 430-476.

김병원(1985). **목회학**. 서울: 개혁주의 신행협회.

김상래(2014). 요나의 기도(욘 1:17~2:10)에 묘사된 요나의 성격 이해. **구약논단**. 제53집. 한국구약학회, 223-255.

김상화(1975). 교사로서의 예수. **그리스도교사상**. 제202호, 77-88.

김성녀 옮김(2012). **내가 알지 못했던 예수**(Philip Yancy 지음). 서울: 한국기독학생회출판부.

김세윤(1994). **바울 복음의 기원**. 서울: 엠마오.

김영봉 옮김(1984). **열두 제자 훈련**(A. B. 브루스 지음). 서울: 생명의 말씀사.

김영욱(2003). **신명기Ⅰ**. 서울: 그리심.

김영헌 옮김(1997). **주님의 제자 훈련계획**(로버트 콜만 지음). 서울: 두란노.

김윤기(2013). 보혜사, 파라클레토스(파라클레토스)의 비법정적 기능. 장로회신학대학교 박사학위논문.

김은호(2014). 마태복음 22장 34절~40절에 나타난 궁극적 리더십.

신학과 실천. 42권. 한국실천신학회, 825-851.
김의원·민영진(2007). **사사기·룻기**. 서울: 대한그리스도교서회.
김정훈(2004). 선지자 요나의 메시지 초점연구. **인문학연구**. 제8집. 관동대학교 인문과학연구소, 5-34.
김주한(2015). 바울서신에 나타난 기독교 정체성 형성의 목회적 원리들과 적용. **성경과 신학**. 제75권. 한국복음주의신학회, 69-112.
김진규(2012). 시편의 문맥적 이해의 복음주의적 성경 해석의 기여. **성경과 신학**. 제62집. 한국복음주의신학회, 187-211.
김진섭(2010). 토라 613계명(타르야그 미쯔보트)의 현대적 의미. **인성과 쉐마 논문집**. 제2권. 쉐마교육학회, 106-149.
김진섭(2010). 성령님과 쉐마교육-말씀·기도·인성의 3대(대) 평생학습. **인성과 쉐마**. 제1권 1호. 쉐마교육학회, 85-137.
김창선(2005). **한국 교회를 위한 21세기 신약성서 해설**. 서울: 시유시.
김창선(2012). **공관복음서의 예수**. 서울: 비블리카 아카데미아.
김춘기(2001). 요한복음에 나타난 보혜사의 기능에 관한 연구. **신학과 목회**. 영남신학대학교. 61-81.
김태원(1991). 신학적 인각학과 교육신학의 두 주류. **복음과 신학**. 제1집. 부산신학대학, 153-200.
김혜원(2012). **예언서**. 서울: 생활성서사.
김회권(2008). 구약성경의 율법들-계약법전, 성결법전, 그리고 신명기법전의 원천: 십계명. 법학논총. 제19집. 숭실대학교 법학연구소, 29-63.

김희성(2000). **부활신앙으로 본 신약의 성령론**. 서울: 대한기독교서회.

칼빈, J.(1978). **신약성경주석-요한복음(존칼빈성경주석출판위위회 옮김)**. 서울: 성서교재간행사.

남승택(2001). 예수의 삶에서 드러난 교육적 과정. **신학전망**. 제134호. 광주가톨릭대학교 신학연구소, 64-87.

류근상 옮김(2004). **구약에서의 설교와 교육**(Walter C. Kaiser Jr 지음). 서울: 크리스찬출판사.

문세화(1979). 호칭 그리스도론. **신학전망**. 1979년 6월호. 광주가톨릭대학교 신학연구소, 14-38.

문찬우(2007). 요한복음에 나타난 파라클레토스 '파라클레토스' 사역에 관한 연구. 호서대학교 박사학위논문.

박노식(2006). 마가복음의 하나님 나라와 제자도. **신약논단**. 제13권 제2호. 한국신약학회, 279-317.

박아청(2017). **교육학의 원조 구약성경**. 서울: 교육과학사.

박아청(2017). **예수 교육학의 세계화 신약성경**. 서울: 교육과학사.

박영록 옮김(1978). **선생 예수(J. M. 프라이스 지음)**. 서울: 침례회출판사.

박영호 옮김(1984). **예수님의 교육 방법론(H. 호온 지음)**. 서울: 양역각.

박요한 영식(2002). **고통은 왜: 욥기 해설**. 서울: 성바오르.

박정수 옮김(2002). **마태 공동체의 예수이야기**(Ulrich Luz 지음).

서울: 대한그리스도교서회.

박종수(2010). 구약성서의 인간 이해. **한국그리스도교신학논총**. 한국그리스도교학회. 제73집, 5-28.

박창현(2009). 요나서에 드러난 하나님의 선교. **선교신학**. 제20집. 한국선교신학회, 155-184.

박형용(1981). **주해 사도행전**. 서울: 성광문화사.

박형용(1986a). 목회자 바울과 그의 목회 원리. **신학정론**. 제4권. 합동신학대학원대학교 출판부, 235-261.

박형용(1986b). 바울의 신학과 설교. **신학정론**. 제4권 1호. 합동신학대학원대학교 출판부, 39-56.

방선기(2004). 제자 훈련의 이론과 실제. **기독교교육총서** 19. 대한예수교총회.

배재욱(2011). 누가복음 12:35~48에 나타난 섬김의 지도력. **신학과 목회**. 제35집. 영남신학대학교, 161-187.

배현주(2003). 악의 상징을 통해서 본 바울의 고린도 교회 교육. **신약논단**. 제10권 제3호. 한국신약학회, 689-721.

백금산(2009). **하나님의 더 큰 열심 때문에. 요나·하바국: 어떻게 설교할 것인가?(목회와신학 편집부 엮음)**. 서울: 두란노아카데미. 25-38.

서영준(2012). 성경적 인간 이해에 기초한 기독교교육-인간, '하나님의 형상' 개념을 중심으로-. **인간연구**. 제23호. 가톨릭대학교 인간학연구소, 147-176.

서영준(2015). 개혁주의 관점에서 살펴본 쉐마교육. **개혁논총**. 제35권. 개혁신학회, 327-364.

서용원(1999). 마가복음 13장에 나타난 때와 제자직. **신약논단**. 제5집. 한국신약학회, 179-204.

서중석 옮김(1983). **새 시대의 공동체**(Kee, H. C. Kee 지음). 서울: 대한그리스도교서회.

서중석(1987). 마르코 공동체와 베드로 공동체. **신학사상**. 제58집. 한국신학연구소, 531-547.

성종현(1985). 바울의 본(本)의 교육. **교회 교육**, 116권. 장로회신학대학교 기독교교육연구원, 703-713.

성종현(1995). 유대교 교육제도에 비춰 본 예수의 제자 교육과 바울의 성도교육. **장신논단**. 제1집. 장로회신학대학교 기독교사상과 문화연구원, 211-238.

성주진(2002). **사랑의 마그나카르타**. 수원: 합동신학대학원출판부.

소형근(2012), 역대기 역사서에 나타난 이방인 이해. **구약논단**. 제44집. 한국구약학회, 158-177.

손 문(2000). 요한복음서의 부활. **기독교사상논단**. 제2집. 서울: 대한기독교서회.

손석태(2006). **목회를 위한 구약신학**. 서울: 그리스도교문서선교회.

손석태(2007). 여호와만을 사랑하라: 신명기 6~7장 주해와 적용.

신명기: 어떻게 설교할 것인가?(목회와신학 편집부 엮음). 서울: 두란노 아카데미, 267-284.

송원준 옮김(2000). **예수님의 티칭 스타일**(로이 B. 주크 지음). 서울: 디모데.

신득일(2000). 그리스도교교육의 원형으로서의 구약성경의 언약과 교육. **논문집**. 제25집. 고신대학교.

신상범(2007). 한국 교회 제자 훈련의 성격적 평가와 전망. **신학지남** 제74권 제1호. 신학지남사, 180-205.

심상법(2015). 마가복음에 나타난 베드로의 영성: 수난과 기도. **신학지남**. 제82권 제4호. 한국신학정보연구원, 61-83.

신성종·이한수 옮김(2005). **신약신학**G. E. Ladd 지음). 서울: 대한기독교출판사.

심승환(2005). 공자와 예수의 교육철학에 담긴 가르침과 배움의 상보적 관계. **교육철학**. 제38집. 한국그리스도교교육정보학회, 113-138.

안근조(2013). 구약성서 잠언에 나타난 마음교육. **그리스도교교육정보**. 제39집. 한국그리스도교교육정보학회, 375-403.

안병무(1990). **갈릴래아의 예수**. 서울: 한국신학연구소.

양용의 옮김(1982). **디모데 주석**(도널드 구쓰리 지음). 서울: 기독교문서선교회.

양용의 옮김(1992). **디모데전·후서·디도서: 틴델주석시리즈**(도널드 구쓰리 지음). 서울: 기독교문서선교회.
오성춘·권승일 옮김(1996). **기도의 신학**(도널드 블러쉬 지음). 서울: 한국장로교 출판사.
오창윤 옮김(1989). **초대교회 예배**(랄프 마틴 지음). 서울: 은성출판사.
옥한흠(2003). **다시쓰는 평신도를 깨운다: 제자 훈련의 원리와 실제**. 서울: 국제제자 훈련원.
유은종(2011). **마음으로 읽은 소예언서**. 용인: 킹덤북스.
유재덕(2015). 교사로서의 역사적 예수 연구: 유대적 관점에서. **그리스도교교육논총**. 제44집, 145-175.
유화자(1998). 이스라엘의 교육 방법에 관한 고찰. **성경과 신학**. 제25집. 한국복음주의신학회, 329-365.
이광진(2014). 목회서신의 교육사상. **신약논단**. 제21권 제2호. 한국신약학회, 559-598.
이덕신 옮김(2001). **요한복음**(G. R. Beasley-Murray 지음). 서울: 솔로몬출판사.
이사야(2015). 예언서에 나타난 선교사상. **대학과 선교**. 제30집. 한국대학선교학회, 43-71.
이숙종 옮김(1994). **그리스도교교육의 발생**(L. J. 쉐릴 지음). 서울: 대한그리스도교서회.
이순임(2001). 마가복음에 나타난 여성 제자직. **한국여성신학**. 제46

집. 한국여자신학자협의회, 10-28.

이억부 옮김(1996). **제자도(마이클 윌킨스 지음)**. 서울: 은성.

이용우(2008). 디다케, 예수의 교육학-복음서들에 나타난 '디다케' 어군의 내용분석을 통한 예수의 교육에 대한 고찰. **미래교육학연구**. 제21권 제1호. 연세대학교 교육연구소, 35-68.

이용주·문선희 옮김(2003). **로마서 주석(C. E. B. 크랜필드 지음)**. 서울: 로고스.

이용호(2007). 구약성서에 나타난 인간 이해: 창세기와 잠언을 중심으로 한 인간 창조에 나타난 인간 이해. **한국신학논총**. 6집. 한국신학교육연구원, 129-157.

이중수(1994). **선지자의 침묵: 요나서 강해**. 서울: 양무리서원.

이한수(2000). **신약의 성령론**. 서울: 총신대학교출판부.

이혜정(2011). 요한복음서의 성령에 대한 의미론적 접근. **가톨릭 신학과 사상**. 68집, 신학과사상학회, 92-128.

이희능(2005). 마태복음 25:14~30에 나타난 예수의 교육 원리. **그리스도교교육정보**. 제12집, 221-254.

임동원(1996). 요나서에 나타난 아이러니의 기능. **신학과 현장**. 제6집. 목원대학교신학대학 목원신학연구소, 166-185.

임상국(2016). 구약성서에 나타난 토라 교육사상. **신학과 세계**. 제88집. 감리교신학대학교, 35-67.

임인환(2006). 신명기에 나타난 유대인의 교육관. **성경과 고고학**.

50. 한국성서고고학회, 24-37.

장미자(2007). **언약규정, 토라 준수의 중요성. 신명기: 어떻게 설교할 것인가?(목회와신학 편집부편)**. 서울: 두란노 아카데미, 45-59.

장석조(2017). 누가복음에 나타난 '하나님의 나라'와 '주 예수 그리스도'. **교회와 문화**. 제38집. 한국성경신학회, 102-135.

장일선(2000). **삶을 위한 지혜: 히브리 지혜 문학 연구**. 서울: 대한그리스도교출판사.

장재(2013). 교육자 모세사상의 보고(寶庫), 신명기 32장. **개혁논총**. 제13집. 개혁신학회, 75-117.

장재(2010). 모세가 제시한 바알브올 사건의 의의. **개혁논총**. 제13집. 개혁신학회, 259-288.

전경연(1982). **원시 기독교와 바울**. 서울: 대한기독교출판사.

전경연(2006). **마태복음**. 서울: 성서연구원.

전영수·황인태·봉현철(2017). 마가복음에 나타난 예수 그리스도의 리더십에 관한 경영학적 연구. **로고스경영연구**. 제15권 제2호. 한국로고스경영학회, 1-22.

정승우(2005). **예수, 역사인가 신화인가**. 서울: 책세상.

정양숙·정삼지 옮김(1994). **설교연구(제이 E. 아담스 지음)**. 서울: 기독교문서선교회.

정연락(1995). 누가복음의 기독론: 그 서론. **신학지평**. Vol.2. 안양대학교 신학연구소, 49-61.

정연락(2009). 하나님의 말씀선포로서의 설교: 누가복음-사도행전에 나타난 설교의 본질. **한국개혁신학**. 제27권. 한국개혁신학회, 66-101.

정웅섭(1979). 교사 예수의 교육. **그리스도교사상**. 제123권, 119-228.

정중호(1991). 모세의 노래(신명기 32:1~43)와 호세아-베가의 갈등. **한국그리스도교신학논총** 제8권. 한국그리스도교학회, 120-145.

정중호(1995). 신명기 32:1~43과 호세아의 유사성에 관한 연구. **구약논단**. 제1집, 한국구약학회, 91-107.

정혁조 옮김(1991). **주석요한복음**. 서울: 기독교문사.

조귀삼(1998). 바울의 선교원리. **복음과선교**. 제2권. 한국복음주의 선교신학회, 239-278.

조규만(2005). **하느님 나라**. 서울: 가톨릭대학교출판부.

조병수(1995). 사도 바울의 인간에 대한 이해. **성경과 신학**. 제18권. 한국복음주의 신학원, 75-89.

조선국(2000). 그리스도교교육의 원형으로서의 구약성경의 언약과 교육. **논문집**. 제25집. 고신대학교, 69-80.

조성국(2002). **기독교 인간학: 하나님의 형상인 전인적 인간**. 고신대학교 기독교교육연구소.

조은식(2008). 선교와 기독교교육: 사도 바울의 타문화 선교. **교회**

교육. 368권. 장로회신학대학교 기독교교육연구원, 52-57.

조태연(1998). **빵과 담론 그리고 영성의 창조. 종교와 영성**. 강남대학교 신학대학 편. 서울: 한들출판사. 128-137.

조택현(2007). 예수와 파라클레토스의 역사적 상관성 연구. 장로회신학대학교 박사학위논문.

주성종(2006). 예수님의 공생애 사역과 관련한 누가복음 9장 연구. **신학지남**. 제73집. 대한예수교장로회신학대학, 180-209.

채천석·이덕신 옮김(2009). **목회서신(윌리암 D. 마운스 지음)**. World Biblical Commentary 46; 서울: 솔로몬.

최준규(2007). 예수의 교육 원리와 현재적 의미. **종교교육학연구**. 제25권, 한국종교교육학회, 65-84.

한수환(2002). **영적존재로의 인간학**. 서울: 기독교문서선교회.

허 혁 옮김(1983). **요한복음서 연구**(R. Bultmann 지음). 서울: 성광문화사.

현용수(2006). 자녀교육: 유대인의 선민교육. **인성과 쉐마**. 제51권. 한국상담선교연구원, 43-58.

현용수(2010). 구약의 지상명령과 그의 구속사적 입장에서 본 쉐마와 창18:19 연구. **인성과 쉐마**. 제1권, 13-47.

홍국평 옮김(2015). **예언서**(마빈 A. 수위니 지음). 서울: 대한그리스도교서회.

홍은경(2005). 예수에게 배우는 멘토링 원리: 교사교육을 중심으로.

신앙과 학문. 제10권 제1호. 그리스도교학문연구회, 159-199.
홍익희(2013). **유대인 창의성의 비밀**. 서울: 행성:B잎새.
황춘식(2015). 4세기 이전의 신앙고백「레굴라 피데이」. **피어선 신학 논단**. 제4권 제1호, 33-56.

井上洋治(1982). **新約聖書のイエス像**. 東京: 女子パウロ会.
田川建三(1968). **原始キリスト教史の一断面 福音書文學の成立**. 東京: 勁草書房.
山本七平(1980). **聖書の常識**. 東京: 講談社.
松木治三郎(1992). **イエスと新約聖書の教会: イエスと新約聖書との関係**. 東京: 新教出版社.
真山光彌·廣瀬久允·笠井健一(1988). **新約聖書の思想**. 東京: 学術図書出版社.
山内一郎(2014). **新約聖書の教育思想**. 東京: 日本キリスト教團出版局.

Alister E. McGrath(2006). *Christianity: An Introduction*. Malden, MA: Blackwell Publishing.
Almbladh, K.(1986). *Studies in the Book of Jonah*. Lund: Bloms Boktyrckeri AB.
Aubet, M. E.(1993). *The Phoenicians and the West: Polictics, Colonies and Trade*. Cambridge: Cambridge University

Press.

Bagatti, Bellarmino(1969-2001). *Excavations in Nazareth*. Jerusalem: Franciscan Printing Press.

Barclay, W.(1999). *The Parables of Jesus*. The William Barclay Library, The William Barclay Library. Louisville: Westminster John Knox.

Barton, Bruce(1991). *Life Application Bible Study Notes*. Tyndale House Publishers, Inc., Carol Stream, IL.

Berger, Peter and Luckmann, Thomas(1966). *The Social Construction of Reality al Treatise in the Sociology of Knowdedge*. New York: Doubleday.

Best, E.(1978). "Mark's Use of the Twelve." *The Gospel as Story*. Vol. 69, Issue1-2, 143-269.

Best, E.(1981). "The Role of the Disciples in Mark." *New Testament Studies 323*(1976-1977). 377-401; *Following Jesus. Discipleship in the Gospel of Mark*(Journal for the Study of the New Testament) Shefield: Journal for the Old Testament Press.

Best, E.(1986). *Disciples and Discipleship*. Edinburgh: T & T Clark.

Betz, Hans D.(1986). "The Problem of Rhetoric and Theology

According to the Apostle Paul", in *L'Apotre Paul Personnalite, Style et Conception du Ministere*, ed A Vanhoye. Leuven: Leuven University Press.

Blackaby, Henry & Richard(2001). *Spiritual leadership: moving people on to God's agenda*. Nashville, Tenn.: Broadman & Holman Publishers.

Boomershine, T. E.(1974). "Mark, the Storyteller: A Rhetorical-Critical Investigation of Mark's Passion and Resurrection Narrative." Ph. D. diss., Union Theological Seminary.

Borg, M. J.(1987). *Jesus: A New Vision: Jesus, a new vision: spirit, culture, and the life of discipleship*. San Francisco: HarperSanFrancisco.

Bornkamm, Guenther(1969). Paul. tr D. M. G. Stalker. New York: Harper & Raw.

Bourgel Jonathan(2017). "The Holders of the 'Word of Truth': The Pharisees in Pseudo-Clementine Recognitions 1. 27-71," *Journal of Early Christian Studies* 25. 2, 171-200.

Bruce, B.(1991). *Life Application Bible Study Notes*. Tyndale House Publishers, Inc., Carol Stream, IL.

Bruce, Alexander Balmain(1995). *The training of the twelve*. New York, A.C.: Armstrong and son.

Bultmann, R.(1971). *The Gospel of John: a commentary* (Translated by G. R. Beasley-Murray. General ed.). Oxford: B. Blackwell.

Burkett, D.(2002). *An introduction to the New Testament and the origins of Christianity*. Cambridge University Press.

Buxbaum, Yitzhak(2008), *The Life and Teachings of Hillel*. Brand: Jason Aronson, Incorporated.

Carson, Herbert M.(1960). *The epistles of Paul to the Colossians and Philemon: an introduction and commentary*. London: Tyndale Press.

Charlesworth, J. H.(1985). *Jesus within Judaism: New Light from Exciting Archaelogical Discoveries*. Minneapolis. MN: Fortress Press.

Charlesworth, J. & Pokorny, P.(2009). *Jesus research*. Grand Rapids: William B. Eerdmans Publishing Co.

Chilton, B. D.(1989). *Profiles of a Rabbi: Synoptic Opportunities in Reading about Jesus*, BJS 177, Scholars Press.

Christine R. Y.(2010). "Shaping Desire: A Parent's Attempt." *Journal for Preachers*. Vol.33, 54-61.

Clark, K. H.(2005). *The beginnings of Christianity: an introduction to the New Testament*. New York.

Conzelmann, H(1970). "History and Theology in the Passion Narratives of the Synoptic Gospels." *Interpretation 24*, Vol.24(2), 178-197.

Cook, M. J.(1978). *Mark's Treatment of Jewish Leaders*. Leiden: Brillp.

Creed, J. M.(1960). *The Gospel according to St. Luke*. New York: St. Martin's Press.

Crossan, J. D.(1973). *In Parables: The Challenge of the Historical Jesus*. New York: Harper & Row.

Crossan, J. D.(1976). "Empty Tomb and Absent Lord." in *Passion in Mark*(ed. by W. H. Kelber. Philadelphia: Fortress Press.

Crossan, J. D.(1991). *The Historical Jesus: The Life of a Mediterranean Jewish Peasant*. San Francisco: HarperSanFrancisco.

Culpepper, R. A.(1975). Johannine School. *Society of Biblical Literature*. 26.

Dillon, R. J.(1978). *From Eye-Witness to Ministers of the Word: Tradition and Composition in Luke 24*. Rome: Biblical Institute Press.

Dodd, C. H. (1931). "Jesus as Teacher and Prophet." in

Mysterium Christi, ed by G. K. Bell/A Deissmann, 53-66.

Dodd, C. H.(1964). *The apostolic preaching and its developments*. New York: Harper & Row.

Dodd, C. H.(1980). *The Apostolic Preaching and Its Development*. Grand Rapids: Baker Book House.

Doeve, J. W.(1954). *Jewish Hermeneutics in the Synoptic Gospels and Acts*. Assen: Van Gorcum.

Donahue, J. R.(1988). *The Gospel in Parable, Metaphor, Narrative and Theology in the Synoptic Gospels*. Philadelphia: Fortress Press.

Donaldson, J.(1973). "The Title Rabbi in the Gospels-Some Reflections on the Evidence of the Synoptic," *Journal of Quaterly Research* 63, 287-291.

Edersheim Alfred(1999). *The Life and Times of Jesus the Messiah*. Grand Rapids, Mich.: Christian Classics Ethereal Library.

Elliott, John H.(1993). *What is Social-Scientific Criticism?* Minneapolis Frotress Press.

Fabry, H.-J.(1995). "בל leb; בבל lebab." *Theological Dictionary of the Old Testment*. vol VII. Michigan: William B. Eerdmans Publishing Incorporated.

Fretheim, T. E.(1977). *The Message of Jonah: A Theological Commentary*. Minneapolis: Augsburg.

Funk, R. W. (1966). *Language, Hermeneutic and Word of God*. New York: Harper & Row.

Garland, D. E.(1979). *The Intension of Matthew 23*. Leden: E. J. Brill.

Garland, D. E.(2003). *1Corinthians*. Grand Rapids: Baker Academic.

Goldingay, J.(2003). *Old Testament Theology: Israel's Gospel*. Downers Grove: IVP Press.

Harris, Stephen L.(1985). *Understanding the Bible*. Palo Alto: Mayfield.

Harrison, Everett F.(1971). *Introduction to the New Testament*. Grand Rapids: Eerdmans.

Hill, D.(1981). *The Gospel of Matthew*. Grand Rapids, Mich.: Eerdmans.

Horne, H.(1998). *Jesus the Teacher*. MI: Kregel Publications.

Kamesar, Adam, ed.(2009). *The Cambridge Companion to Philo*. Cambridge University Press.

Kee, H. C.(1977). *Community of the New Age: Studies in Mark's Gospel*. Mercer University Press.

Keener, Craig S.(2003). *The Gospel of John: A Commentary*. 1. Peabody. Mass.: Hendrickson.

Kelber, W. H.(1974). *The Kingdom in Mark: A New Place and a New Time*. Philadelphia: Fortress Press.

Kermode, F.(1979). *The Genesis of Secrecy: On the Interpretation of Narrative*. Cambridge: Harvard University Press.

Kingsbury, J. D.(1978). "The Verb Akoluthein as an Index of Matthew's View of His Community", J. D. Kingsbury(1978). "The Verb Akoluthein as an Index of Matthew's View of His Community", *Journal of Biblical Literature 97*.

Kingsbury, J. D.(1981). *Jesus Christ in Matthew, Mark and Luke*. Philadelphia: Fortress Press.

Knight III, G. W.((1992). *The Pastoral Epistles*(NIGTC). Grand Rapits: Eerdmans.

Koester, H.(1971). "One Jesus and Four Primitive Gospels," *Trajectories through Early Christianity*. Philadelphia: Fortress Press.

Kummel, W. G.(1979). *Introduction to the New Testament*. London: SCM Press.

Landes G. M. (1967). "The Kerygma of the Book of Jonah: The Contextual Interpretation of the Johan Psalm," *Interpretation*. 21, 3-31.

Lisco, F. G.(1850). *The Parables of Jesus*. Daniels and Smith Publishers, Philadelphia.

Lucien, Coleman(1977). With Christ in the School of Disciple Building: A Study of Christ's Method of Building Disciples. *Review & Expositor*, Vol.74(3), pp.444-445.

Magness, L.(1975). "Teaching and Learning in the Gospels: The biblical basis of Christian Education." *Religious Education*. Nov-Dec., p.633.

Malina, Bruce J.(2001). *The New Testament World: Insights from Cultural Anthropology*. 3rd edition. Louisville: Westminster John Knox Press.

Manley, Pippert, Rebecca(2010). *Out of the Saltshaker & Into the World: Evangelism as a Way of Life*. Downers Grove, US: InterVarsity Press.

Marion, Soards L.(1987). *The Apostle Paul: An Introduction to his writings and Teaching*. New York: Paulist Press.

Martyn, J. L.(1968). *History and Theology in the Fourth Gospel*. New York: Harper & Row.

Maurice, Casey(2010). *Jesus of Nazareth: An Independent Historian's Account of His Life and Teaching*. New York: T&T. Clark.

McDermott, Ryan(2013). "The Ordinary Gloss on Jonah." *The Journal of the Modern Language Association of America*, 128 (2), 424-438.

McKay, H. A. & Clines, D. J.(1993). *Of Prophets' Visions and the Wisdom of Sages. Journal of the Society of the Old Testament*. 109. Sheffield: Sheffield Academic Press.

Meeks, Wayne(1983). *The First Urban Christians The Social World of the Apostle Paul*. New Haven Yale University Press.

Meier, J. P.(1976). *Law and History in Matthew's Gospel: a Redactional Study of Mt 5:17-48*. Biblical Press.

Metzger, Bruce M. & Ehrman, Bart D.(1985). *The Text of New Testament*. Oxford University Press, Inc.

Meyer, C. M.(1994). *Binding Strong Man: A Polictical Reading of Marks Story of Jesus*. New York: Obris Books.

Minear, P.(1976). *To Heal and to Reveal: The Prophetic Vacation according to Luke*. Scottish Academic Press.

Nakanose, S.(2004). *Josiah's Passover: Sociology and the*

Liberating Bible. Eugene: Wifp & Stock Pub.

Neusner Jacob(1994). *Introduction to rabbinic literature*. The Anchor Bible reference library. New York: Doubleday.

Olson, D. T.(1994). *Deuteronomy and the Death of Moses: A Theological Reading*. OBT. Minneapolis: Fortress Press.

Oswald, Sanders, J.(2017). *Spiritual Leadership: Principles of Excellence for Every Believer*. Chicago: Moody Publishers.

Otto, R.(1943). *The Kingdom of God and the Son of Man: A Study in the History of Religion*(translated from the revised German edition by Floyd V. Filson and Bertram Lee-Woolf). London: Lutterworth Press.

Pentecost, J. D.(1998). *The parables of Jesus: lessons in life from the Master Teacher*. Kregel Publications.

Perkins, P.(1989). *Jesus as Teacher*. Cambridge University Press.

Peterson, David G.(1994). *Prayer in Paul's Writings: Teach us to pray*(ed. D. A. Carson). Grand Rapids Baker Book House.

Pink, A. W.(1967). *Greaning from Paul: Studies in the Prayers of the Apostle*. Chigago: Moody Press.

Rad, G.(1962). *Old testament: The Theology of Israel's Histrorical Traditions*, trans. D.M.G. Stalker. New York: Evanston: Harper & Row Publishers.

Rhoads, D. Dewey J. & Michie D.(1999). *Mark as story : an introduction to the narrative of a gospel*. Minneapolis. MN: Fortress Press.

Ricoeur, P.(1976). *Interpretation Theory*. Texas: The Texas Christien University Press.

Robbins, V. K.(1984). *Jesus the Teacher. A Socio-Rhetorical Intepretation of Mark*. Philadelphia : Fortress Press.

Robert Coleman(2011). *Heart of the Gospel: The Theology behind the Master Plan of Evangelism*. Baker Publishing Group.

Robert, Coleman & Schmuki, Philipp(1991). The master plan of discipleship. *Asia journal of theology*, Vol.5(2), p.454.

Robert, Coleman E. & Graham, Billy(2014). *The Master Plan of Evangelism*. Grand Rapids: Revell.

Robinson, J. A. T.(1962). *Twelve New Testament Studies*. London: SCM Press Ltd.

Sampley, J. Paul(1971). *Paul*, by Günther Bornkamm, Trans. by D. M. G. Stalker. New York: Harper & Row.

Sanders, E. P.(1985). *Jesus and Judaism*. Philadelphia: Fortress Press.

Sarna, Nahum M.(1962). *Exploring Exodus: The Origins of Biblical Israel*. New York: Schocken Books.

Sarna, Nahum M.(1989). *Genesis*. New York: Jewish Publication Society.

Shanks, Hershel(1962). "Is the Title 'Rabbi' Anachronsistic in the Gospel," *Journal Quaterly Researh* 53, 337-349.

Shawna, R. B.(2002). "Women in the Gospels" in *Your Daughters Shall Prophesy: A Biblical Theology of Single Women in Ministry*, unpublished thesis(Copyright by Shawna Renee Bound).

Silva, Moises(1992). *Philippians: Baker Exegetical Commentary on the New Testament*. Grand Rapids: Baker Academic.

Simon, U.(1999). 'Jonah,' *Jewish Publication Society Bible Commenatary*, Philadelphia: Jewish Publication Society, xx. p.167.

Stanton, G. N.(1974). *Jesus of Nazareth in New Testament Preaching*. New York: Cambridge University Press.

Stanton, G. N.(1984). "The Gospel of Matthew and Judaism," *Bulletin of the John Rylands Universty Library of*

Manchester, 66.

Stanton, G. N.(1992). *The Gospels and Jesus*. Oxford University Press.

Stein, R. H.(1978). *The Method and Message of Jesus' Teaching*. Philadelphia: Westminster Press.

Stendahl, K.(1991). *The School of St. Matthew and Its Use of the Old Testament*. Uppsala, C. W. K. Gleerup, Lund.

Stock, Augustine(1989). *The Method and Massage of Mark*. Wilmington, Del.: M. Glazier, Liturgical Press.

Vieth, P. H.(1947). *The Church and Christian Education*. St. Louis: Bethany.

Viviano, B. T.(1990). "Rabbouni and Mk. 9:5," *Revue Biblique*. Vol. 97, No. 2, 207-218.

Weber, H. R.(1979). *Jesus and the Children, Biblical Resources for Study and Preaching*. John Knox Press.

Weeden, T. J.(1971). *Mark: Tradition in Conflict*. Philadelphia: Fortress Press.

White, John(2001). *Excellence in leadership: the pattern of Nehemiah*. Leicester : Inter-Varsity Press.

Windish, H.(1968). *The Spirit Parallele in the Forth Gospel*. Philadelphia: Fortress Press.

주제어

ㄱ

ㅂ

ㅅ

ㅇ

ㅍ

ㅎ

인명

한자

A

B

C

D

E

F

G

H

K

L

M

N

O

P

R

S

ㅁ

ㅂ

ㅅ

ㅇ

ㅈ

저자약력 Profile

박아청

계명대학교 사범대학 교육학과(B.A)
연세대학교 대학원 교육학과 문학석사(M.A)
(일본)국립오사카대학교(大阪大學) 대학원 학술박사(Ph.D)
(미국)미조리-캔사스시티대학교(UMKC) 사범대학 연구교수
계명대학교 사범대학 학장, 교육대학원 원장
한국교육학회 감사, 한국교육심리학회 회장,
(현)계명대학교 명예교수, 한국아동교육학회 회장

저서

〈자기의식세계의 탐색〉〈나, 자기 그리고 교육〉
〈내가 내답게〉〈정체감연구의 과제와 전망〉
〈청소년과 아이덴티티〉〈성격심리학: 성격과 인간 이해〉
〈인간과 교육〉〈아이덴티티론〉〈아이덴티티의 탐색〉
〈청년과 아이덴티티〉〈아이덴티티의 세계〉
〈아이덴티티의 탐색 II〉〈자기의 탐색〉〈성격심리학의 이해〉
〈사춘기의 이해〉〈에릭슨의 인간 이해〉
〈교육심리학의 접근방법〉〈자아실현의 심리〉
〈교육심리학의 이해〉〈학습의 진단과 치료〉
〈성격심리의 세계〉〈정체감과 교육〉
〈교육학의 원조 구약성경〉〈예수 교육학의 세계화 신약성경〉